Metallica

Mick Wall

Metallica
A biografia

Tradução
Daniela Pires, Leandro Woyakoski e Marcelo Barbão

GLOBOLIVROS

Texto fixado conforme as regras do Novo Acordo Ortográfico da Língua Portuguesa
(Decreto Legislativo nº 54, de 1995)

Editor responsável: Carla Fortino
Assistente editorial: Sarah Czapski Simoni
Tradução: Daniela Pires / Leandro Woyakoski / Marcelo Barbão
Preparação de texto: Fabiana Medina
Revisão de texto: Gustavo Mesquita
Revisão técnica: Caio Cabelo / Ricardo Seelig
Paginação: Linea Editora Ltda.
Capa: Craig Fraser / The Orion Publishing Group Ltd. (Londres)
Fotos de capa: 1ª capa: © C Flanigan/FilmMagic/Getty Images;
4ª capa: © Evan Agostini/Getty Images Entertainment (Lars Ulrich),
© Mick Hutson/Redferns/Getty Images (Kirk Hammett e Robert Trujillo).

1ª edição, 2012
2ª edição, 2013
5ª reimpressão, 2019

Dados Internacionais de Catalogação na Publicação (CIP)
(Câmara Brasileira do Livro, SP, Brasil)

Wall, Mick
Metallica: a biografia / Mick Wall; tradução
Daniela Pires, Leandro Woyakoski e Marcelo Barbão. –
2. ed. – São Paulo: Globo, 2013.

Título original: Metallica : enter night.
ISBN 978-85-250-5341-1

1. Metallica 2. Metallica - (Banda de rock)
3. Músicos de rock - Estados Unidos - Biografia
I. Título.

13-00788 CDD-782.42166092

Índice para catálogo sistemático:

1. Metallica : Músicos de rock : Biografia e
obra 782.42166092

Direitos de edição em lígua portuguesa para o Brasil
adquiridos por Editora Globo S.A.
Rua Marquês de Pombal, 25 – 20230-240 – Rio de Janeiro – RJ
www.globolivros.com.br

Para
Vanessa Lampert

Sumário

Agradecimentos

Este livro não teria sido escrito sem a ajuda valiosa das seguintes pessoas, a quem agradeço de todo o coração.

Em primeiro lugar, minha esposa, Linda Wall, que viajou comigo pra lá e pra cá. Também ao meu agente e bom amigo Robert Kirby, da United Agents, e Malcolm Edwards, da Orion, em quem habita o verdadeiro espírito do editor cavalheiro. Também expresso minha gratidão sincera a Elizabeth Beier, da Saint Martin's Press. E a Charlotte Knee, Ian Preece e Stephen Fall. Pessoas sensacionais, a exemplo de Michelle Richter, Katy Hershberger, Brendan Fredericks, Gemma Finlay e Angela McMahon.

Também agradeço sinceramente a duas pessoas cuja pesquisa para o livro excedeu a obrigação: Joel McIver e Malcolm Dome. A seguir, vêm aqueles cuja contribuição foi menos específica, mas que muitas vezes me ajudaram em cima da hora. São eles Diana e Colin Cartwright, Damian McGee, Bob Prior, Chris Ingham, Scott Rowley, Sian Llewellyn, Ian Fergusson, Russ Collington, Alexander Milas, Megan e Dave Lavender, Yvonne e Kevin Shepherd. E especialmente a Evie, Mollie, Michael, Tad e Ruby, que sempre me ajudaram como podiam, que Deus os abençoe.

E finalmente, é claro, a Lars Ulrich, James Hetfield e Kirk Hammett, pelas lembranças e pela música...

Prólogo

Pouco antes do amanhecer

Fazia frio naquela maldita manhã sombria, a temperatura caindo abaixo de zero enquanto o ônibus de excursão branco e sujo rodava na velha rodovia de mão única. Era fim de setembro, mas na Suécia, onde o sol nunca dorme no verão, as noites já voltavam a ficar longas. Em breve, cairiam nevascas pesadas e a escuridão duraria 24 horas, formando aquele desolador período em pleno inverno em que as taxas nacionais de suicídio sobem, junto com o consumo de drogas e álcool. Por ora, contudo, a estrada à frente estava limpa. Realmente fazia frio e estava escuro, mas não chovia havia dias, e o chão debaixo das rodas do veículo estava seco como ossos velhos.

Somente o motorista estava acordado — ao menos foi o que ele disse depois. Todo o resto — os quatro integrantes da banda, o tour manager e três homens da equipe de apoio — estava dormindo nos frágeis beliches de madeira aparafusados nas laterais do fundo do ônibus, cujas janelas haviam sido forradas com papelão para evitar correntes de ar. O ônibus, um modelo inglês com o volante no lado direito, não era o ideal para longas jornadas noturnas por estradas fora da Inglaterra, onde o tráfego fluía à direita, não à esquerda. Mas tanto o motorista quanto o ônibus eram calejados. Ao contrário da banda que transportavam, os dois já haviam cruzado aquelas estradas muitas vezes. Nada tinha dado errado até então; nem daria naquele momento.

Mas deu.

Eles discutiram a respeito mais tarde. E ainda discutem, um quarto de século depois. Havia gelo na estrada? Fazia frio para isso, mas não tivera chovido — nem caído neve ou granizo — em nenhum dos dias anteriores. Então o motorista teria adormecido no volante? Estaria bêbado, ou, quem sabe, chapado? Se fosse assim, por que a polícia, que o prendeu no local, o liberou em seguida, sem nenhuma acusação? Será que havia algo errado com o ônibus? Novamente, os peritos afirmaram que não. Quando examinaram as ferragens, não encontraram nenhum problema mecânico. A única coisa que todos sabiam era que o ônibus enfrentou dificuldades depois que a estrada fez uma leve curva à esquerda. E que o motorista, sentado à direita, percebeu isso quando o ônibus derrapou e invadiu o acostamento de cascalho, as rodas do lado direito deslizando na terra.

Completamente alerta naquele momento, os olhos arregalados, o motorista girou o volante com tudo para a esquerda, tentando levar o ônibus de volta à estrada. Por um instante, julgou ter conseguido, mas a traseira derrapou para a direita, e as enormes rodas de trás também deixaram a estrada e começaram a sacolejar na terra. Em pânico, o motorista lutou para controlar a situação.

Não adiantou. As pessoas acordavam no fundo, caindo dos beliches, aos gritos. O ônibus continuava derrapando e sacudindo. Em questão de segundos, o veículo rodou, ficando totalmente na contramão, e suas rodas por fim pararam ao bater com tudo contra o meio-fio do outro lado da estrada. Ouviram-se barulho de vidro quebrando, mais gritos, súplicas, e então se deu o momento mais aterrador: o ônibus tombou de lado, atingindo o chão com uma pancada ensurdecedora.

Das nove pessoas a bordo, duas ficaram presas debaixo dos beliches, que caíram uns sobre os outros, da esquerda para a direita, conforme o ônibus tombava. Cinco tiveram ferimentos leves — um dedo do pé quebrado e algo mais — e um jazia morto sob o ônibus acidentado, apenas as pernas à mostra. O motorista teve sorte. Ele escapou com alguns cortes e contusões leves.

O sol estava prestes a nascer, mas ainda estava escuro, um frio de congelar. Um dos primeiros a sair dos destroços foi o baterista, um rapaz baixinho e magrelo de cabeleira castanha que se levantou e deu um pinote pela rodovia, sem saber aonde ir, totalmente perdido, tão atordoado que nem sentia a dor do dedo quebrado no pé — esse jovem inteligente e astuto, que já tinha visto tantas coisas na vida, ainda não vira nada assim. Não mesmo.

Atrás dele veio o roadie de guitarra, um gigante de dois metros de altura que se arrastara do local aonde havia sido arremessado dos beliches. A porta da frente, à esquerda, era agora um alçapão no teto por onde escalara, somente de cueca, com as costas doloridas em razão da batida contra a lateral do beliche, quando o acidente o lançara para fora da cama.

Pela saída de emergência traseira saiu o vocalista, alto, transtornado, também só de cueca e meias, berrando e guinchando, louco da vida, seguido pelo guitarrista, outra figura magricela e baixinha, tossindo e chorando, com os grandes olhos escuros repletos de cinzas e ainda sonolentos. Todos gritavam, ninguém sabia o que estava acontecendo, nem o que fazer. Ainda estava escuro, um frio de rachar, e ninguém estava preparado para aquilo, seja lá o que tivesse acontecido. Só sabiam que era uma coisa ruim, ruim pra cacete. Ruim pra cacete ao quadrado...

Quando o segundo ônibus trazendo o resto da equipe apareceu uma hora depois, a primeira das sete ambulâncias também já havia chegado, mas somente o tour manager parecia entender o que realmente acontecera. Ele estava tão chocado que nem imaginava como contar aos outros que, enquanto entravam nas ambulâncias e partiam para o hospital, eles estavam deixando para trás um dos seus. E não era qualquer um, mas aquele que todos julgavam sortudo. Aquele de quem mais gostavam, aquele que sempre respeitaram, mesmo tirando sarro dele ou ignorando seus conselhos, pois seu senso de integridade, de certo e errado, sempre fora um pouquinho demais para os outros, apenas jovens babacas que nem sempre escolhiam o certo, mas o que era divertido.

Com a escuridão sumindo, o céu cinzento do alvorecer sobre a cabeça de todos, os rapazes subiram nas ambulâncias e foram embora, ainda sem saber que estavam deixando para trás não apenas o passado, mas também o futuro.

O futuro com que haviam sonhado e dividido uns com os outros, tendo expressado ou não, até o instante em que o ônibus derrapou naquele trecho invisível de gelo, com o trouxa do motorista, se não adormecido, tampouco desperto o suficiente para acompanhar a estrada cheia de curvas; o mapa do tesouro que todos sabiam pertencer a eles até o momento em que o diabo resolveu agir e mudou suas vidas para sempre.

Até o momento em que Cliff Burton, o baixista, foi embora antes deles, levando consigo a alma da banda com o nome mais idiota da história do heavy metal: Metallica.

PARTE UM
NASCIDO PARA MORRER

"Fuck it all and fucking no regrets"
[Foda-se tudo, sem arrependimentos]

— James Hetfield, "Damage, Inc.", 1986

Um
O príncipe

Foi um momento tão inesperado e bizarro que, anos depois, eu me perguntava se aquilo realmente tinha acontecido ou se era uma falsa memória produzida pelo trauma. Mas ainda me lembro de Lars descendo de muletas a escada do Hammersmith Odeon.

Não me lembro do show — de quem era ou qual foi —, mas só do momento em que ele cambaleou escada abaixo no maior gás, me chamando: "Ei, Mick, seu puto! O que está pegando?".

As portas da frente já estavam trancadas, e os fãs tinham ido embora havia muito tempo, por isso só consegui pensar que ele ficara tomando drinques pós-show como eu, fazendo hora até de madrugada no bar dos bastidores, e agora estava procurando um táxi para voltar para casa. Porém, eu não o tinha visto. No estado mental em que me encontrava, meu campo de visão estava limitado, apertava tanto os olhos que até doía. Era a primeira vez que eu saía desde que minha mãe havia morrido semanas antes. Mais jovem do que sou agora, ela fora derrotada por um câncer no cérebro, e o final, embora relativamente repentino, fora precedido por circunstâncias muito duras, excruciantes para ela, deploráveis para nós que a acompanhávamos.

Lars desceu os degraus num instante e aproximou o rosto do meu. "Oi", ele disse. Fiz alguma brincadeira sobre as muletas. "É por causa do dedo do pé", ele respondeu, embora fosse uma notícia tão velha que nem merecia ser mencionada. Devo ter parecido confuso. "Eu quebrei." Eu o encarei. "No acidente", ele acrescentou, impaciente.

Eu estava acostumado com astros do rock, mesmo com aqueles que ainda não eram famosos, como Lars, que esperavam que você soubesse de todos os detalhes de seu trabalho e se mostrasse fascinado com eles. Mas mesmo assim... Dedo do pé quebrado? Acidente? Que acidente?

Mas ele não queria falar disso. Lars veio saber se eu também tinha ido ver o show deles.

Novamente, fiquei perplexo. Ele sacou na hora. "Quando tocamos aqui, panaca!" Ah, agora eu entendi. O Metallica também tinha tocado recentemente no Hammersmith Odeon. Como seu mais novo defensor na imprensa roqueira britânica, fazia sentido que ele esperasse me ver na primeira vez em que a banda fosse a atração principal numa casa de prestígio. Porém, estava na cara que eu não tinha ido. Na verdade, eu devia estar no hospital, ou indo ou voltando de lá. Era isso ou eu tinha estado no inferno.

Só que naquela hora eu não sabia transformar aquilo em palavras. Mal conseguia explicar para mim mesmo, que dirá para outra pessoa. Eu tinha 28 anos, e meu mundo, ao mesmo tempo, diminuíra e se expandira de um jeito que ainda lutava para entender. Ele estava com 22 anos e não tinha o menor interesse naquilo. A única coisa que importava era o Metallica, seu puto!

"Não", respondi, cansado demais para tentar mentir. "Foi bom?"

"Quê?", ele explodiu? "Se foi bom? Você não viu?" Ele me olhou com um ar de decepção associada a raiva e choque. "Sim, foi bom pra caralho! Você perdeu um puta show! Os ingressos esgotaram, e os fãs enlouqueceram!"

"Ah, que legal. Desculpe não ter visto, cara."

Seus olhos ultrajados estudaram os meus. Um garoto precoce se transformando rapidamente num homem, Lars devia estar apaixonado demais pelo Metallica e pelo barato que estava vivendo para se distanciar e pensar nos outros, mas ele não era idiota, e naquela hora deve ter sacado alguma coisa na minha cara — sem saber exatamente o que era, o bastante para perdoar aquela mancada, mas não para esquecê-la, não num futuro próximo —, pois mudou de assunto e, depois de zoar mais um pouco, foi embora mancando, ainda descontente comigo, mas não tão ofendido, ao menos era isso que eu esperava. Ele e seu dedo quebrado do pé...

Vi como ele desaparecia na noite, acompanhado pelo guarda-costas, à procura de carona para casa ou seja lá para onde estivesse indo.

Acidente, pensei, que acidente?

Quando James Hetfield conheceu Lars Ulrich, sacou qual era a dele na hora. "Um riquinho", pensou com seus botões. Você conhece o tipo: um cara que tem tudo, o filho único que desconhece um "não". E ele era assim. Nascido numa casa do tamanho de um castelo, na elegante cidade de Hellerup, a parte mais chique do município de Gentofte, na porção oriental da Dinamarca, Lars Ulrich veio ao mundo no dia 26 de dezembro de 1963. Um presente de Natal atrasado para um casal sem filhos de trinta e poucos anos — velhos, naquela época, para serem pais —, Lars foi considerado especial desde o dia em que nasceu. Era um conceito que ele logo começaria a compartilhar.

Seu pai, Torben, era um tenista veterano com mais de cem partidas na Copa Davis — tendo levado a equipe a várias finais — e membro do *jet set* emergente do pós-guerra; sua mãe, Lone, espécie de matriarca boêmia, lutava para manter os pés do marido, que vivia se mudando, no chão. Astro da era do tênis amador aos quarenta anos, que continuava vencendo partidas do Grand Slam quando se profissionalizou tardiamente no final dos anos 1960, os interesses de Torben não se resumiam ao esporte. Como o Ministério de Esportes da Dinamarca daquela época amadora restringia a participação em torneios no exterior a apenas 56 dias por ano, ele teve tempo para se tornar também um talentoso redator do jornal *Politiken*, clarinetista de vários grupos de jazz e, mais tarde, artista, cineasta e adepto do budismo. Um tipo meio Gandalf, cabeludo e dono de uma barba longa cuja obsessão com o condicionamento físico e mental continuou muito tempo depois de encerrada a carreira de tenista, como lembrou numa entrevista em 2005. "Eu podia jogar tênis à tarde, depois fazia um som à noite, seguia até a redação do jornal para escrever críticas e, na sequência, talvez encontrar amigos pela manhã para tomar café, e então ensaiar com a banda ao meio-dia e jogar tênis às 15 horas. De repente, não tinha dormido por três ou quatro dias."

Seu único filho também passaria o dia inteiro cheio de energia; as recordações mais antigas da infância de Lars estão emaranhadas com as obsessões constantes do pai e sua vida hiperativa.

"Até entrar na escola, aos sete anos, nós viajávamos para todo canto", Lars me contou em 2009. "Estados Unidos, Europa, fomos à Austrália algumas vezes... Passamos um inverno na África do Sul, acho que em 1966 ou 1967." O pai "participava do Aberto da Austrália todos os anos em janeiro. E isso numa época em que viajar de avião não era tão comum. Era uma jornada e tanto chegar lá... E passamos muito tempo em Paris, Londres, todos esses lugares." Mas o tênis era apenas "o emprego fixo". A casa "vivia repleta de arte e música". Um amante do estilo quando Copenhague era uma incubadora de músicos de jazz contemporâneo, Torben tocava clarinete e saxofone, e Lars passou a infância numa casa que ecoava música, segundo recorda: "Ben Webster, Sonny Rollins, Dexter Gordon, todos passaram temporadas consideráveis na Dinamarca. Era um cenário saudável e [meu pai] escreveu bastante sobre isso".

O quarto de Lars ficava ao lado da sala de música onde Torben mantinha a coleção de discos, de onde provinha um fluxo sonoro contínuo. Neneh Cherry, filha do lendário saxofonista Don e, mais tarde, cantora de sucesso por mérito próprio, cresceu no mesmo bairro e foi amiga de infância. "A casa sempre estava cheia de gente e havia muita atividade até tarde da noite — ouvindo um monte de discos de jazz, Hendrix, Stones, The Doors e Janis Joplin... Muitos músicos, escritores, artistas e afins circulavam pela casa quando eu era pequeno." Além de rock e jazz, contou Torben, Lars também foi exposto à "música indiana, todos os tipos de música asiática, cantos budistas, música clássica. O quarto dele ficava colado à sala onde eu tocava esse som a noite inteira, e acho que ele também ouvia enquanto estava dormindo, então pode ter captado muita coisa sem ter consciência disso".

O relacionamento próximo de Torben com a emergente cena jazzista dinamarquesa culminou no convite a Dexter Gordon para ser padrinho de Lars. Na verdade, sua primeira participação num palco profissional se deu aos nove anos, pulando e berrando ao microfone durante uma apresentação do padrinho numa boate em Roma, aonde os pais foram durante uma noite de folga do Aberto da Itália. "Parecia um cachorro louco", nas palavras do pai. As viagens constantes também deram a Lars facilidade com idiomas, sendo capaz de conversar desde pequeno em dinamarquês, inglês, alemão e "um pouquinho de outras línguas". Era um estilo de vida itinerante que lhe deixaria "sempre à vontade na estrada. Fui a lugares com meu pai aonde nunca fomos com o Metallica". Isso também deu ao menino uma sensação suprema de direito adquirido; uma autoconfiança muito forte de que nenhuma porta ficaria fechada para ele por muito tempo, a ideia de que talvez não fosse bem-vindo em algum lugar nunca lhe passou pela cabeça.

Embora Lars tenha herdado do pai o amor por música e arte, foi da mãe, Lone, que herdou a capacidade gerencial que aplicaria na carreira com o Metallica. Além de cuidar bem dos dois homens de sua vida, "minha mãe era a administradora, uma espécie de gerente da família", ele me contou na última vez em que conversamos em 2009, nossa zilionésima entrevista numa amizade que agora já dura mais de 25 anos. "Meu pai não sabia que horas eram, em que mês estávamos, qual era o ano. Ele não sabia em que país estava. Ele era um desses caras eternamente perdidos, de uma maneira linda, no momento presente. Falo isso de um jeito muito positivo. Já minha mãe cuidava em tempo integral de todos os elementos práticos da vida dele. Então, sem dúvida foi da minha mãe que herdei parte da minha capacidade organizacional mais rígida."

Acima de tudo, naquela época, havia o tênis. O pai de Torben também havia sido um tenista de sucesso. Durante mais de vinte anos foi executivo do mercado publicitário e participou de 74 jogos pela Copa Davis antes de virar presidente da Associação Dinamarquesa de Tênis na Grama. Quase inevitavelmente, embora não houvesse uma pressão explícita para fazer isso, Lars cresceu esperando seguir o que virara o negócio da família. Mas, para ele, o tênis e o amor pela música se harmonizariam de modo ainda mais significativo. Em 1969, durante a estada anual de seis semanas da família em Londres — em função de Wimbledon e torneios satélites em Eastbourne e Queen's —, o pequeno Lars, com cinco anos, foi levado ao seu primeiro show de rock: o famoso concerto gratuito feito pelos Rolling Stones para 250 mil pessoas no Hyde Park. Ele ainda tem as fotos que os pais tiraram dele. "Acho que me levaram a alguns shows de jazz em clubes locais na Dinamarca ao longo dos anos", Lars me contou. Segundo ele, na maioria das vezes no reduto favorito dos Ulrich, o Montmartre, que Torben ajudava a cuidar. "Mas, em termos de shows de rock, o dos Stones de 1969 foi, sim, o primeiro." Porém, sua primeira paixão musical genuína foi pelas bandas de rock pesado do começo dos anos 1970, como Uriah Heep, Status Quo e, principalmente, Deep Purple, que assistiu ao vivo pela primeira vez aos nove anos. Ray Moore, tenista sul-africano amigo de Torben, ganhara ingressos para o show, que aconteceria na mesma arena de um dos torneios de que estava participando. Quando um amigo desistiu de última hora, ele ofereceu o ingresso que estava sobrando para o filho de Torben. Nas palavras de Lars, "eu pirei!". Não saía de sua cabeça "durante dias, semanas!". Ele logo ficou pentelhando o pai para comprar o seu primeiro disco do Deep Purple, *Fireball*. Só que, dessa vez, Torben não foi encorajador. "Ele dizia que era quadrado, e o baterista, branco demais." Mas o filho não dava ouvidos ao pai. "Tenho uma personalidade obsessiva", ele mais tarde diria. "Aos nove anos, tudo se resumia ao Deep Purple." Conforme envelheceu, passou a seguir a banda. "Eu ficava o tempo todo sentado do lado de fora do hotel deles em Copenhague esperando Ritchie Blackmore sair para persegui-lo na rua." Quando, quase trinta anos depois, perguntei ao adulto Lars, pai de três filhos, qual era seu álbum predileto, ele respondeu sem titubear. "Meu favorito de todos os tempos ainda é o *Made in Japan*", o duplo ao vivo do Purple de 1972. Contudo, o primeiro show para o qual comprou ingressos na fila do gargarejo foi para ver o Status Quo, na Tivoli Koncertsal, em Copenhague, em 1975, descrito mais tarde por Lars como "uma espécie de lavagem cerebral". Ele tinha onze anos e só conseguia pensar em como tinha chegado lá. "Como fiquei tão perto? Algum dos bêbados vindos da Suécia bateria em mim ou, pior, vomitaria em mim?" Tão perto do palco, mal podia enxergar onde a banda estava. A poucos metros dali, o *frontman* Francis Rossi "parecia um deus do rock, com mais de três metros de altura, um metro e meio de cabelo e uma Telecaster que parecia uma arma do caralho".

Lars começou a frequentar a loja de discos mais conhecida de Copenhague, a Holy Grail, cujo atendente era seu herói, apresentando-o a bandas de rock menos conhecidas na época, como Judas Priest, Thin Lizzy e UFO. Ele fantasiava ter uma banda de rock, escrevia nomes de músicas e títulos de álbuns nos livros escolares, vivendo no seu mundo imaginário do estrelato roqueiro. O rock começou a ser o único interesse que o jovem, cada vez mais independente, não se sentia obrigado a compartilhar com os pais. Além de fornecer companhia para uma criança solitária crescendo na estrada, cercado por bondosos "tios" e "tias" do tênis e, em casa, acostumado a conviver com pessoas mais velhas metidas a artistas que o deixavam fazer o que bem quisesse. Como mais tarde disse ao escritor David Fricke, "desse ponto de vista, foi uma educação muito aberta". O que, porém, significava que ele precisava se virar nessa atmosfera boêmia. "Sempre tive de acordar sozinho de manhã e pedalar até a escola. Eu acordava às 7h30, descia as escadas, e a porta da frente estava aberta — umas seiscentas cervejas espalhadas na cozinha e na sala de estar, mas ninguém em casa. Havia velas acesas. Assim, eu fechava as portas, fazia o café e ia para a escola. Voltava para casa e tinha de acordar meus pais..." Se por um lado isso o tornava "bastante independente", por outro, era bastante solitário. "Para os meus pais, eu poderia ir ver o Black Sabbath doze vezes por dia, mas eu tinha de me virar, entregando jornal ou qualquer outro jeito de conseguir dinheiro para comprar os ingressos. E também precisava achar uma maneira de ir ao show e voltar." A paixão por rock pesado barulhento — estilo que combinava muito mais com sua personalidade sociável e expansiva — continuou no início da adolescência e, embora seu futuro ainda estivesse ligado às mesmas quadras de tênis onde o pai ficara famoso, a dedicação ao esporte começava a minguar. Esse processo se acelerou quando, aos treze anos, ganhou da avó a primeira bateria — não um kit para iniciantes, mas uma Ludwig, uma bateria de ouro entre roqueiros.

Por conta de sua personalidade extrovertida e do excesso de vontade de ser o porta-voz do Metallica (segundo alguns), perguntei certa vez por que um *frontman* nato terminou no fundo do palco como baterista. "Bem, existe um probleminha", respondeu Lars sorrindo. "Eu não sabia cantar. Quando eu tentava cantar no chuveiro, minha voz me irritava. Então, como não conseguia ganhar nem uma plateia de um só no chuveiro, vi que não ia rolar. E eu sempre adorei tocar bateria. Nem me lembro de um dia ter pensado: 'Ser baterista e ter uma personalidade tipo A vai gerar conflito'. Nunca me ocorreu que eu não poderia ser eu mesmo. Aquele lance de se você for o baterista terá de ficar calado e só falar quando lhe dirigirem a palavra, em segundo plano. Nunca encanei nisso."

Ironicamente, foi apenas quando deu o primeiro passo como tenista profissional que sua atenção enfim se focou na bateria — ao se matricular, aos dezesseis anos, na agora mundialmente famosa academia de tênis de Nick Bollettieri (então, a primeira do gênero) na Flórida. Segundo Lars, "quando se cresce nos círculos [do tênis] você praticamente é arrastado. Não me lembro de ter parado para pensar e tomar a decisão de ser um tenista profissional; eu só conhecia aquilo. Somente mais tarde, depois que terminei a escola e nos mudamos para os Estados Unidos para eu me dedicar mais ativamente ao esporte — por minha própria conta, longe da sombra do meu pai —, percebi que não apenas não tinha o talento para seguir seus passos como tampouco a disciplina necessária. Você tem dezesseis anos, já bebe umas cervejas, tem as primeiras experiências com garotas e outras coisas e, de repente, precisa passar seis horas por dia rebatendo aquelas merdas de bolas de tênis pra lá e pra cá. Ficou meio... disciplinado demais para o meu gosto". Ele riu.

No final, ficou menos de seis meses na Flórida estudando com Bollettieri. "Foi em 1979 depois que terminei a escola — meio que para descobrir se queria fazer aquilo. Eu ainda estava mais ou menos apaixonado pelo esporte. Foi no primeiro ano [em que funcionou], muito antes de Monica Seles, [Andre] Agassi, Pete Sampras ou qualquer um dos outros [que foram para lá]." Juvenil ranqueado entre os dez melhores da Dinamarca, ir para os Estados Unidos foi um choque. E sobre a mudança de Miami para Los Angeles: "Eu ia fazer o colegial numa escola porque meu pai era amigo íntimo do tenista Roy Emerson. Assim, eu frequentaria a mesma escola que Anthony Emerson [o filho de Roy] e faria parte da equipe de tênis com ele. Mas adivinhem só: eu não era um dos sete melhores jogadores de tênis do colegial. Não entrei na porra da equipe de tênis do colegial! Para ver como era competitivo. Era uma loucura!". Havia outras questões desencorajadoras. Torben era alto, Lars, baixo, tendo apenas 1,67 m, uma desvantagem marcante. Mesmo assim, Bollettieri acredita que, com a devida dedicação, Lars poderia ser um bom tenista de nível médio. "Ele se movia extremamente bem e tinha muita habilidade." E embora "soubéssemos que Lars não seria tão alto quando seu pai nem ficaria mais forte", o grande problema era "a falta de dedicação ao trabalho rigoroso que seria necessário". Ou, nas palavras de Torben, numa entrevista de 2005 a Leigh Weathersby: "[Lars] se interessava bastante por tênis naquela época, mas também tinha muito interesse por música. Depois de um ano, ele ainda queria ver shows, e acho que a academia onde estava não aprovava muito suas ausências, então ele tomava broncas por chegar muito tarde". Nessa época, segundo Lars me contou, "eu meio que percebi que esse lance de tênis talvez fosse ficar de lado e, quem sabe, a música se tornasse uma atividade em tempo integral".

Se o interesse natural adolescente por garotas, cervejas e um baseado ocasional foi um fator primordial na troca da raquete pelas baquetas, a indisposição do jovem Ulrich pelo tênis também coincidiu com um momento no rock que estava prestes a escrever seu próprio ruidoso capítulo na história da música: a pretensa e de nome complicado New Wave of British Heavy Metal (ou NWOBHM).* "Foi em março de 1980", Lars contaria mais tarde, "que

* Em português, Nova Onda do Heavy Metal Britânico. (N.T.)

entrei numa loja de discos nos Estados Unidos, procurando pelo último álbum do Triumph ou alguma merda do gênero, e fui fuçar no setor de importados. Isso foi bem antes de sacar o que estava rolando na Inglaterra; então, quando achei um disco chamado *Iron maiden*, não fazia a menor ideia de quem ou o que era. A ilustração na capa do Eddie [o cadáver mumificado que viria a decorar todos os discos do Maiden] poderia ter sido usada por qualquer banda, mas as fotos empolgantes na contracapa se destacavam. Havia algo pesado pra caralho naquela energia — tão agressivo. Curiosamente, só ouvi o disco quando voltei à Dinamarca porque não tinha vitrola."

Sem saber, Lars topara com uma das mais importantes referências que logo se transformaria num divisor de águas da história do rock. Em meados de 1979, ainda sem contrato com uma grande gravadora, o Iron Maiden já era uma banda claramente em ascensão. Motivada pelo sucesso inesperado de *The soundhouse tapes*, EP demo de três faixas bancado pela banda e gravado praticamente de graça, a *Sounds* — então uma das revistas semanais de música mais populares da Grã-Bretanha — havia publicado a primeira crítica de uma apresentação ao vivo da banda, um show no Music Machine, no distrito londrino de Camden Town, onde o Iron Maiden foi encaixado entre o Angel Witch, uma cópia do Black Sabbath, e o *boogie* mais blueseiro e de velha guarda do Samson (que contava com o futuro vocalista do Maiden, Bruce Dickinson, então conhecido como Bruce Bruce). Geoff Barton, editor-adjunto da *Sounds*, que viu o concerto, escreveria mais tarde: "Lembro-me claramente de o Maiden ser a melhor banda da noite, infinitamente preferível aos adoradores do Sabbath e muito à frente do Samson". Contudo, o que realmente o intrigava, como Barton viria a me dizer, "é como bandas como o Iron Maiden ou o Angel Witch pudessem existir naquela época", quando o punk e o new wave aparentemente haviam matado o hard rock e o metal. Pressentindo que o assunto renderia, Barton falou com Alan Lewis, editor da revista, sobre fazer uma matéria de capa não apenas sobre o Iron Maiden, mas com toda a nova geração de rock pesado que batizou, deliberadamente usando o estilo chamativo dos tabloides, de a New Wave of British Heavy Metal. "Sinceramente, eu não achava que essas bandas tinham alguma ligação musical particular, mas era interessante que tantas estivessem aparecendo ao mesmo tempo. Era uma coisa boa para os roqueiros genuínos, que tinham se inibido e deixado de andar no visual enquanto esperavam o punk passar." Eles haviam começado "publicando uma reportagem sobre o Def Leppard, que acabara de lançar o primeiro EP independente de quatro faixas, *Getcha rocks off*. Depois, veio o Maiden", seguido por "Samson, Angel Witch, Tygers of Pan Tang e Praying Mantis. Também fizemos matérias sobre eles, e a coisa não parou mais."

O que nem Barton previra, porém, era o efeito enorme que uma frase quase cômica inventada numa tarde chuvosa na redação da *Sounds* teria sobre o mundo da música. "Publicamos a matéria [sobre a NWOBHM], e a resposta que tivemos dos leitores e das outras bandas foi fenomenal. Estava claro que, independente do nome, algo estava acontecendo. De repente, parecia haver novas bandas de heavy metal pintando em todo canto. É lógico que nem todas eram [boas] como o Iron Maiden e o Def Leppard, mas o simples fato de estarem tentando era notícia, e seguimos nessa toada por quase dois anos." Ironicamente, considerando o pouco-caso que seria esperado da maioria dos críticos musicais do pós-punk por qualquer banda chamada Praying Mantis ou Angel Witch, a motivação por trás desse ressurgimento vinha de uma insatisfação, semelhante à do punk, com que uma nova geração de garotos encarava as bandas já consolidadas, as quais só se preocupavam em fazer álbuns que as agradassem. Em 1979, Led Zeppelin, Pink Floyd, Emerson, Lake & Palmer e Yes (membros proeminentes da então realeza roqueira vigente) raramente eram vistos nos palcos britânicos e, quando se dignavam a fazer uma aparição rápida, trocavam a ideia de turnê por algumas datas exparsas (e lucrativas) em grandes arenas impessoais como a Earls Court, em Londres. As bandas de rock tinham se tornado pomposas e afetadas; a música que tocavam envelhecia antes da hora. Como resultado, a distância entre quem estava no palco e na plateia nunca fora maior.

A reação punk era um desejo de apagar o passado para começar novamente do zero. Mas, em sua pressa de derrubar o edifício, o punk deixara de lado o óbvio — que, em sua base, o hard rock e o heavy metal não eram tão diferentes do que o melhor punk rock considerava ser: cru, vivo, sem medo de ofender, sem medo de ser ridicularizado pelas roupas que usava e pelo estilo de vida que escolheu expor; alerta às possibilidades criativas de existir provocativamente longe do *mainstream*. As bandas da NWOBHM também haviam absorvido as lições mais práticas do punk: era possível lançar edições limitadas de seus discos por pequenos selos independentes, como um estímulo para depois fechar contratos de longo prazo com grandes gravadoras. Assim, foram lançados o EP *Getcha rocks off*, do Def Leppard, pelo selo da banda, Bludgeon Riffola, e o EP caseiro *The soundhouse tapes*, do Iron Maiden (cópias originais dos dois só podem ser adquiridas agora por centenas de libras). Já Saxon e Motörhead, embora estritamente falando não se enquadrassem na categoria NWOBHM, foram jogados nesse meio, quase que por acaso temporal e pelo fato de suas primeiras gravações também terem sido lançadas por selos independentes.

Ainda a exemplo do punk, os fãs da NWOBHM começaram a publicar fanzines. Títulos como *Metal Fury* e *Metal Forces*, na Grã-Bretanha, e similares pelo mundo, como *Metal Mania* e *Metal Rendezvous*, nos Estados Unidos, e *Aardshok*, na Holanda, deram o mesmo salto da imprensa marginal para as prateleiras das lojas de discos e bancas de jornal à medida que a demanda por reportagens sobre o novo cenário revitalizado do rock britânico crescia rapidamente. Com a *Sounds* abrindo caminho, o restante da imprensa musical britânica de grande circulação também se preparava para entrar na cena. Malcolm Dome, que a vida inteira fora um devoto do heavy metal e do hard rock e então era o editor-adjunto da Dominion Press, editora que publicava títulos voltados para a educação científica, começou a escrever matérias *freelance* sobre o mundinho NWOBHM para o *Record Mirror*, mais tarde tornando-se o principal redator da *Kerrang!*. Ele descreve o intervalo entre 1979 e 1981 — a apoteose da NWOBHM — como "alguns dos anos mais empolgantes para o novo rock que este país já viu". Dome entrou no *Record Mirror* depois que o jornalista especializado em rock da empresa, Steve Gett, fora chamado para trabalhar no *Melody Maker*, periódico mais famoso, disposto a não perder o que corretamente viam como a chegada de um estilo importante e — especificamente — cada vez mais popular. Em 1981, a imprensa britânica estava pronta para gerar a primeira revista do mundo dedicada ao rock e ao metal, a *Kerrang!* — originalmente tocada por Geoff Barton como um suplemento da *Sounds* para continuar apoiando a cena da NWOBHM, que começava a ser levada a sério e a ganhar projeção na Grã-Bretanha e no mundo.

Nas palavras de Dome, "o Maiden era visto como o principal nome da NWOBHM. Com a possível exceção do Def Leppard, eles estavam muito à frente de todos. Mas, é claro, como em qualquer cena musical, ela se alimentava de si mesma". Por conta da atenção da mídia que ambas estavam gerando, as duas bandas assinariam contratos com grandes gravadoras; Iron Maiden com a EMI, e Leppard com a Phonogram. Na verdade, virou uma corrida para ver qual das duas chegaria primeiro às paradas nacionais. O potencial comercial do Maiden ficou aparente para a EMI quando o EP The *soundhouse tapes*, lançado numa edição limitada em novembro de 1979 pelo selo Rock Hard Records, vendeu 5 mil cópias. Nunca pensadas para o varejo, o vinil de sete polegadas só era vendido por reembolso postal, ao preço de 1,20 libra, incluindo a postagem e o manuseio, e distribuído por um amigo da banda chamado Keith Wilfort, que convocou a mãe para ajudá-lo no processo, centralizado na casa da família em East Ham. Miraculosamente, eles conseguiram despachar mais de 3 mil cópias na primeira semana.

Depois que a banda assinou com a EMI, a coletânea de NWOBHM, *Metal for muthas*, liderou o ataque, sendo lançada em fevereiro de 1980. Fruto da imaginação de Ashley Goodall, jovem contratado da EMI, *Metal for muthas* exibia nove bandas aclamadas da NWOBHM, sendo Iron Maiden a mais proeminente e a única a ter duas faixas ("Sanctuary" e "Wrathchild"). O restante do disco trazia uma mistura de faixas de adeptos verdadeiros da NWOBHM, como Samson ("Tomorrow or yesterday"), Angel Witch ("Baphomet"), Sledgehammer ("Sledgehammer"), Praying Mantis ("Captured city") e, de maneira mais oportunista, "tapa-buracos" da velha guarda, como Toad the Wet Sprocket, Ethel the Frog e até Nutz, ex-contratada da A&M, que mal podia ser classificada como "nova" em qualquer estágio de sua carreira pouco notável. Como Malcolm Dome, que resenhou o disco para o *Record Mirror*, diz agora, "achei todos empolgantes. Foi uma pena não terem conseguido também o Def Leppard e o Diamond Head, [mas] ainda acho um belo resumo daquela época".

A turnê de divulgação de *Metal for muthas* foi mais representativa e trouxe Maiden, Praying Mantis, Tygers of Pan Tang e Raven, todos membros autênticos da elite da NWOBHM. O então guitarrista do Maiden, Dennis Stratton, que tinha acabado de entrar, me contou ter ficado "chocado com a reação [que os shows] causavam nos fãs". Ainda segundo ele, "musicalmente, estava no limite do punk rock... o público era fanático. Para mim, todos faziam heavy metal, mas por algum motivo os fãs viam que o Maiden era diferente". O colega guitarrista do Maiden, Dave Murray, lembra das "pessoas esperando a turnê chegar. A impressão era de que o lance punk estava meio que chegando ao fim e havia essa lacuna que todos esperavam ser preenchida por alguma coisa nova. E foi ótimo, porque o rock estava supostamente morto, mas na verdade havia uma porrada de garotos indo aos shows ou formando bandas".

Quando o álbum homônimo *Iron maiden* foi lançado na primavera de 1980, ele logo chegou à quarta posição das paradas britânicas. Em função disso, cópias importadas começaram a inundar os Estados Unidos antes do lançamento oficial, mais para o final do ano. Na Costa Oeste, Lars Ulrich foi um dos primeiros a comprar o seu. Como ele me disse: "Eu recebia a *Sounds* semanalmente e encomendas especiais da Bullet Records [selo independente especializado em NWOBHM]". New Wave of British Heavy Metal "proporcionou um novo sentido, um novo limite para o rock tradicional dos cabeludos. Eu era um adolescente dinamarquês fã do Deep Purple que achava que não tinha como a coisa melhorar e, de repente, fiquei vidrado em todo esse lance da NWOBHM. Sei que soa esquisito, mas isso mudou minha vida". O único problema "é que não havia ninguém com quem pudesse falar disso. Quando cheguei a Los Angeles, me sentia quase sempre deslocado". Matriculado no colegial em Newport Beach, na Backbay, ele era o aluno estrangeiro de sotaque engraçado e gosto esquisito por roupas e música. "Havia uns quinhentos garotos com camisas cor-de-rosa da Lacoste e um cara com a camiseta do Saxon — eu. Não gostava de brigar. Eu não era assim. Era mais um lobo solitário. Um estranho — cuidando da minha vida, vivendo no meu mundo sem me relacionar com nada ao meu redor, nem na escola nem em Newport Beach", onde então morava com a família. A NWOBHM era o "heavy metal tocado com atitude punk", ele insistia. "Meu coração e minha alma estavam na Inglaterra com Iron Maiden, Def Leppard e Diamond Head, enquanto eu estava nesse deserto musical sem graça do sul californiano sendo bombardeado por REO Speedwagon e Styx. Eu tinha todo o material enviado da Inglaterra. Andava pela escola com a camiseta do Saxon, e as pessoas me olhavam como se eu fosse de outro planeta." Lars confessou ter tentando se integrar à cena local indo ver o Y&T no clube Starwood, em Hollywood, pouco antes do aniversário de dezessete anos, mas os únicos amigos de verdade com quem se identificava — e que entendiam o que significava desfilar com uma camiseta do Motörhead ou do Iron Maiden — eram aqueles com quem se correspondia no então emergente cenário da troca de fitas cassete.

Finalmente, Lars fez amigos de gosto similar ao seu, dois roqueiros ligeiramente mais velhos de Woodlands Hills: John Kornarens e Brian Slagel. "John era um grande fã do UFO", relata agora Slagel, e "nós havíamos ido ver Michael Schenker [ex-guitarrista do UFO] tocar no Country Club, em Reseda. Isso deve ter acontecido em dezembro de 1980. Depois do show, John estava no estacionamento e viu um moleque usando uma camiseta europeia do Saxon. Tirando nós dois, ninguém conhecia o Saxon em Los Angeles. Então John foi correndo para saber onde ele tinha comprado a camisa." Kornarens contou mais tarde: "Vi um baixinho cabeludo com uma camiseta amarrotada do Saxon e fui atrás dele. O Lars ficou todo animado porque achava que era o único em Los Angeles. Assim começamos a falar da NWOBHM e no dia seguinte, ou no outro, passei na casa dele para uma maratona de NWOBHM". Logo, juntaram-se à pequena gangue nerd outros caras de Los Angeles maníacos pela NWOBHM, como Bob Nalbandian, Patrick Scott e, longe dali, Ron Quintana, em San Francisco, e K. J. Doughton, no Oregon, e todos deram contribuições pequenas, mas decisivas, para o desenvolvimento inicial do Metallica. "Obviamente, havia muita inocência", Lars sorriu, quando, em 2009, o estimulei a se lembrar de mais coisas. "Havia muita energia juvenil, um monte de moleques de todos os cantos que provavelmente só tinham em comum o fato de serem párias, solitários e sofrer para se enquadrar no estilo norte-americano de conduzir a vida, como escola, objetivos, sonhos e toda essa merda. E todos havíamos descoberto a música e curtíamos as mesmas coisas, esse lance incrível meio que [inventado] pela imprensa britânica. E foi muito positivo. Todos acreditávamos naquela parada vinda da

Inglaterra. E também porque isso nos unia, e era algo que estava acontecendo longe dali, o que deixava tudo ainda mais fascinante. Não havia acesso imediato, em termos de presença física. Era muito fácil se imaginar em meio àquilo tudo. E a New Wave of British Heavy Metal proporcionou isso para muitos de nós."

"Achávamos que ele era um metaleiro europeu maluco", contou Ron Quintana, que conheceu Lars no fim de 1980. Contudo, segundo Ron: "Meus amigos do parque Golden Gate e eu logo passamos a respeitar o conhecimento de Lars relacionado a bandas sobre as quais só tínhamos lido a respeito ou, o mais comum, só havíamos visto os logotipos e suspeitávamos que fossem pesadas... [Lars] conhecia essa parada desde o comecinho e, para mim, era um especialista em bandas novas". Brian Slagel, que hoje cuida do bem-sucedido selo Metal Blade, descobriu a NWOBHM no esquema de troca de fitas, no qual se envolveu no colegial, trocando suas fitas cassete caseiras com uma lista cada vez maior de amigos fanáticos. No fim das contas, "comecei a trocar fitas ao vivo [com gente] do mundo inteiro", contou. Um de seus correspondentes era da Suécia e mandou uma fita de um show do AC/DC, na qual também gravou algumas faixas "de uma banda nova chamada Iron Maiden" no final. "Era *The soundhouse tapes*, três músicas na sequência do fim do material do AC/DC. Pirei! Era fantástico! O que *é* isso?" Brian pediu ao correspondente sueco informações sobre a NWOBHM e depois passou a adquirir edições importadas da *Sounds*, "que conseguia comprar numa das lojas locais de disco", para saber mais. Logo ele havia reunido um conhecimento impressionante sobre a emergente cena britânica e começou a compartilhar suas descobertas com os amigos. Para começar, "havia eu, meu amigo John Kornarens e Lars". Uma vez por semana eles se encontravam para percorrer todas as lojas de discos independentes que vendiam cópias importadas desse rock decididamente não americano. "Só havia umas três ou quatro lojas e elas ficavam a uma hora de distância uma da outra [de carro]. Havia a Zed Records [em Long Beach]. A Moby Disc [em Sherman Oaks] ficava mais perto de onde eu morava. E havia algumas outras de cujos nomes não me lembro agora", incluindo "uma loja em Costa Mesa, que ficava bem longe. Íamos todos num carro só e tínhamos de pegar Lars onde ele morava [Newport Beach]. Como Lars tinha vindo da Europa, conhecia coisas que ignorávamos, e tínhamos coisas que ele não tinha, assim nós três nos tornamos bons amigos por causa do nosso amor pela NWOBHM". Lars tinha dezesseis anos; Brian e John, dezoito. Mas era Lars quem parecia ter a vantagem. "Ele era um moleque pirado cheio de energia. Quando visitávamos essas lojas, Lars saía do carro e entrava na seção de metal antes que eu pudesse desligar o motor. Quando gostava de alguma coisa, ele mergulhava de cabeça." Lars curtia tanto a NWOBHM "que queria fazer parte dela".

Patrick Scott, um ano mais novo que Lars, mas — por causa do sistema escolar da Dinamarca — da mesma série que ele no colegial, tinha ouvido falar do "moleque dinamarquês" muito antes de conhecê-lo. "Todos nós frequentávamos um lugar chamado Music Market." Scott e o amigo Bob Nalbandian também iam e "perguntávamos se a nova *Kerrang!* havia chegado, mas diziam que um baixinho dinamarquês já tinha levado. Queríamos saber quem era ele porque sempre chegava antes de nós. Ou então estávamos procurando *singles* [importados da Grã-Bretanha] na Neat [Records] e falavam que o dinamarquês tinha passado e levado. Assim, ficávamos frustrados, mas queríamos conhecê-lo. Estávamos muito a fim de conhecer pessoas nessa mesma onda". Quando finalmente se conheceram pelos classificados de um jornal gratuito de Los Angeles chamado *The Recycler*, Patrick ligou para Lars, que o convidou para passar na casa dele. Segundo Scott, "ele tinha uma coleção de discos incrível que me deixou babando, e nós ficamos amigos. Ele vinha na minha casa e assistíamos partidas de tênis. Minha família foi uma das primeiras a ter TV a cabo, então ele vinha para ver e ficar com a gente". Outro membro da turma, Bob Nalbandian, agora escritor e DJ, não satisfeito em bater perna pelas lojas atrás de discos novos, também era um prolífico colecionador de importados vendidos por catálogo. Uma vez, quando Lars encomendou um doze polegadas de *Heavy metal mania*, do Holocaust, ele se ofereceu para pedir um também para Bob. Passado um mês, Bob recebeu um telefonema de Lars dizendo que os discos finalmente haviam chegado e que ele deveria pegar o seu. "Fiquei feliz, não via a hora de ouvir. Só que ele falou: 'Houve um problema. A sua cópia foi tirada da embalagem e deixada perto do fogão'. Veja bem que ele disse a *sua* cópia! Então, a minha ficou deformada.

Assim, peguei o carro e dirigi 110 quilômetros até a casa dele só para ouvir, e era fantástico. Não discutiria com ele por minha cópia estar toda ferrada. Afinal, pensei: 'Onde vou arrumar outro *Heavy metal mania?*'. Havia dois: o do Lars e o meu. Então montei a tábua de passar roupa da minha mãe e tentei endireitá-lo."

Lars gravava para os amigos fitas com raridades altamente valorizadas de grupos como Crucifixion, Demolition, Hellenbach, Night Time Flyer — "todas essas coisas da NWOBHM", recordou-se Patrick Scott. Em troca, apresentou a Lars grupos como o Accept, da Alemanha, e uma novidade dinamarquesa, o Mercyful Fate. Lars, que havia conhecido a banda, mas nunca escutado suas músicas, ficou bastante impressionado com o primeiro EP de quatro faixas intitulado simplesmente *The mercyful fate EP,* também conhecido como *Nuns have no fun.* Ele implorou a Patrick: "Troco qualquer coisa da minha coleção por ele!". Mas Patrick, igualmente obcecado, não trocava. Só que a banda pela qual Lars realmente se apaixonou foi o Diamond Head, que trazia algumas características de grupos clássicos da NWOBHM, como Iron Maiden, mas as incorporava em sonoridades roqueiras claramente da velha guarda, emprestadas de velhos deuses como Led Zeppelin, Deep Purple e Black Sabbath. Lars os conheceu por meio de uma fita do primeiro single, "Shoot out the lights", que ele considerava "bom, mas normal". Todavia, quando leu na *Sounds* sobre *Lightning to the nations*, álbum da banda produzido de modo independente e vendido pelo correio, ele não conseguiu resistir e fez o pedido. Contente, mais tarde lembraria como "cada cópia era assinada por um dos membros do quarteto, e a sorte decidia qual autógrafo você teria". Lars, que tinha uma sorte dos diabos, ficou com a assinatura do vocalista, Sean Harris — um prêmio raro para o fanático pela NWOBHM.

Entretanto, a demora na chegada do disco à casa dos Ulrich resultou numa troca de correspondência com Linda Harris, mãe de Sean e então coempresária da banda. "Ela me escreveu cartas bacanas [e] mandou *patches* e singles, mas nada do álbum! Até que finalmente, em abril de 1981, o disco de rótulo branco chegou e fiquei impressionado com os riffs e o frescor." Na verdade, ele ficou tão impressionado que, mais tarde, o Metallica tocaria ao vivo e depois gravaria cinco das sete faixas do álbum, incluindo "Am I evil?",

"Helpless", "Sucking my love" e "The prince". Em particular, ele ficou encantado com a música "It's electric", da qual já ouvira uma versão em outra suposta coletânea de NWOBHM chamada *Brute force*. "Era incrível! Hoje, se você olhar a capa do disco e comparar a foto dos caras do Diamond Head com as de qualquer outra banda, verá que eles tinham uma atitude e energia inigualáveis. Havia algo especial no Diamond Head, sem a menor dúvida." Mas todo pensamento secreto que Lars pudesse ter de virar músico era contido. Certamente, nenhum de seus amigos colecionadores tinha qualquer suspeita da sua ambição de criar a melhor banda de NWOBHM do mundo. "Inicialmente, não havia nenhum sinal de que Lars quisesse montar uma banda", diz Brian Slagel. Então um dia, na casa dos pais de Lars, Brian notou uma bateria "desmontada num canto. Ele falou: 'Vou montar uma banda', e nós respondemos: 'Sim, Lars, claro que vai'."

Mas quando Brian Slagel criou um fanzine, *The New Heavy Metal Revue*, Lars sentiu que deveria se apressar e também inventar um projeto seu. "Adorava tantas bandas excelentes que achei que seria interessante fazer algo do gênero", Slagel afirmou. "Não havia ninguém aqui nos Estados Unidos que realmente conhecesse alguma coisa sobre essas bandas de NWOBHM." A primeira edição foi "criada por curtição" no começo de 1981. "Nós escrevemos críticas e outras coisas sobre o Maiden e algumas bandas norte-americanas, xerocamos e tentamos levá-las aonde fosse possível." Foi nessa época que Slagel também começou a trabalhar numa loja de discos independente, a Oz Records, onde entrou em contato com "um monte de importadores, assim consegui mais um espaço para distribuição". Com o fanzine à venda nas mesmas lojas que ele e Lars conheceram como fãs caçadores de cópias importadas de NWOBHM, a vontade que Lars sentia de se envolver de alguma maneira ficou insuportável. Foi nessa hora que ele remontou a bateria e voltou a treinar. Porém, o problema de ser baterista é que, quando se toca sozinho, só dá para avançar até certo ponto. É preciso tocar com outros músicos para aprimorar a técnica. Por não ter nenhum amigo músico nem remotamente interessado no estilo que queria tocar, Lars tentou encontrar uma solução para o problema anunciando nos classificados musicais do jornal local *The Recycler*: "Baterista procura outros músicos de metal para tirar um som. Tygers of Pan Tang,

Diamond Head e Iron Maiden". Lars me contou que "isso foi em fevereiro ou março de 1981. E eu estava simplesmente *maluco* e *obcecado* com todo aquele movimento vindo da Inglaterra, conseguindo todos os singles e ouvindo todas as bandas, fazendo todas aquelas coisas. E durante aquela primavera, de 1981, tentei encontrar outros músicos para tirar um som e tocar metal de verdade, mas foi completamente infrutífero. Então eu meio que fiquei de saco cheio com a situação e quis passar o verão na Europa".

Desiludido com a vida na agradável Newport Beach, frustrado por suas aparentemente vãs tentativas de encontrar almas similares com quem tocar bateria e, embora não tivesse admitido a si mesmo na época, envolvido em uma busca desesperada por algo que preenchesse o vazio deixado na sua vida — e na de seus pais — pelo fracasso ao tentar a carreira de tenista, Lars procurava uma fuga rápida e, talvez, uma oportunidade mais realista de conhecer outras pessoas que sentissem o mesmo que ele pela música. Ao conversar com os pais, eles o apoiaram, como sempre. Na Dinamarca, ele podia viajar sozinho. "Naquela época na Dinamarca, uma criança de oito ou nove anos podia tomar o ônibus até a sala de espetáculos, ver o show e depois voltar sozinho", contou Torben. "E se dormisse no ônibus, o motorista diria: 'Está na hora de levantar e ir para casa'." Nesse contexto, deixar o filho de dezessete anos pegar sozinho um avião que cruzasse o Atlântico estava longe de ser um problema — desde que ele prometesse escrever e, quando possível, telefonar, só para a mãe saber que estava bem, e com o acordo tácito de que, quando voltasse, iria ao menos tentar algum plano, como fazer faculdade ou arrumar um emprego. Lars comprou uma passagem de ida e volta para Londres e se preparou para partir — sozinho.

Então, algumas semanas antes de viajar: "Recebi uma ligação de um cara chamado Hugh Tanner que tinha visto meu anúncio [e] veio para tocarmos, trazendo um tal de James Hetfield...". Só que aquele primeiro encontro não rolou direito. Hugh e James foram juntos conhecer Lars. Sem saber ao certo quem estava fazendo teste para quem, a primeira música que tocaram foi "Hit the lights". Lars "tinha um prato que vivia caindo", contou James. "Era preciso parar enquanto ele consertava." Quando acabou, ele pensou: "Que porra foi essa?". A questão não era apenas a habilidade rudimentar de Lars na bateria, tinha a ver com "seus trejeitos, olhares, sotaque, comportamento". James chegou a dizer "seu cheiro", refletindo a diferença entre o padrão norte-americano de higiene, de um banho por dia, e o hábito mais "europeu" de ficar dias sem tomar banho, usando a mesma camiseta e jeans até ficarem duros de suor. Para James Hetfield, Lars poderia ter descido de uma espaçonave. Um estranho numa terra estanha, ele não via como a parceria poderia dar certo entre os dois.

Lars tampouco se impressionou com James. A voz dele naquele tempo ainda não tinha virado o rosnado feroz pelo qual se tornou famoso. Ao contrário, ele cantou usando uma afetada voz aguda de *castrato* irritado, uma mistura de Rob Halford, Robert Plant, e um esquilo estrangulado. Lars também ficou chateado pelo que considerou uma clara energia hostil emanando do vocalista, que mal falou e se recusou a fazer contato visual. Depois do primeiro encontro com o homem que mais tarde qualificaria como "o rei do distanciamento... quase temeroso de contato social", Lars passou o resto daquele dia completamente desiludido. "Fizemos um ensaio e não rolou quase nada", ele me disse, "e fiquei meio puto com aquilo tudo." Não com tocar, mas com a ideia de nunca achar alguém nos Estados Unidos com quem fazer um som. Em vez disso, agarrou-se a outro plano que estava tramando: deixar os Estados Unidos e voltar à Europa. Não para a Dinamarca, mas para a Grã-Bretanha, "onde estava a ação". Quando, com a mesma petulância incorrigível que exibia nos dias em que esperava nos saguões dos hotéis pelo autógrafo de Ritchie Blackmore, escreveu a Linda Harris perguntando se um dia poderia visitar a ela e ao filho e ver a banda tocar, Linda concordou, sem nunca esperar que passasse disso. Mas ela nunca havia conhecido alguém como Lars Ulrich.

"O Lars sempre vinha com essas ideias", contou Brian Slagel. "A gente respondia: 'Sim, Lars, claro'. Assim ele falava em ir para a Inglaterra nestes termos: 'Preciso ir para lá, começar a sair com as bandas'. Sim, claro. Achávamos que ele iria. Então ele foi, e lembro que nos ligou uma vez: 'Adivinhem o que estou fazendo?'. 'O quê?' 'Curtindo com o Diamond Head!' 'Ah, sim, claro.' 'Não acreditam?' E ele punha Sean Harris ao telefone. Ele não apenas os tinha *visto* como também ficara amigo deles. Era uma loucura! Ele pensava em coisas que queria fazer e conseguia, coisas que você nunca acreditaria que pudessem rolar, o lance do Diamond Head é um dos muitos exemplos. Fiquei de queixo caído, um moleque de dezessete anos indo sozinho para a Inglaterra.

Uma coisa é ir para lá, conhecer a cena e ver os shows, mas sair com a banda foi simplesmente incrível".

Lembrando agora da chegada de Lars Ulrich ao seu meio, quase três décadas depois, Brian Tatler, guitarrista do Diamond Head, ainda ri da audácia do jovem fã. "Ele começou a mandar cartas manuscritas dizendo que morava nos Estados Unidos e adorava a NWOBHM. Depois ele soube que estávamos fazendo uma turnê no verão de 1981, a grande turnê em que tocamos no Woolwich Odeon, comprou uma passagem e veio para a Inglaterra ver o Diamond Head, seu grupo preferido. Ele era só um fã; não falou que era baterista ou coisa assim. A gente falava: 'Esse tal de Lars dos Estados Unidos mandou outra carta'. Daí ele pintou no Woolwich Odeon, se apresentou, e ficamos impressionados porque ninguém nunca havia saído de lá para ver o Diamond Head antes. Parecia uma proeza e tanto. Eu nunca tinha posto os pés nos Estados Unidos, e ele tinha dezessete anos, foi aos bastidores e se apresentou! Ficamos lisonjeados. Perguntamos onde estava hospedado, e ele disse: 'Não sei, vim direto do aeroporto'. Perguntei se ele não queria ficar na minha casa. Aí ele entrou no carro; depois disso, ia conosco a todo canto", incluindo mais dois shows da banda: um em Leeds, outro em Hereford, "todo apertado no banco de trás do Austin Allegro de Sean".

Lars ficou uma semana na casa do Brian. O guitarrista ainda morava com os pais, e Lars dormiu no quarto dele, no chão recoberto por um carpete fino, em um velho saco de dormir comido por traças. Na maioria das noites, eles iam beber em bares. "Uma noite voltamos caminhando para casa porque perdemos o ônibus e ficamos completamente encharcados", contou Brian. "Ele disse que não tinha roupa para trocar. Achei uma calça boca de sino amarela velha do meu irmão no fundo do guarda-roupa, e ele vestiu. Devia ter batido uma foto. Ele era uma figura, sabe? Cheio de gás e energia. Cheio de entusiasmo pela NWOBHM." Quando voltavam do pub, sentavam-se juntos para ver uma fita betamax que Brian conseguira recentemente, do California Jam de 1974 — o festival que foi um dos primeiros shows do então desconhecido vocalista David Coverdale no Deep Purple. Segundo Brian, Lars "adorava aquilo. A gente costumava assistir de madrugada. E ele imitava os solos porque curtia muito o Deep Purple e Blackmore". Outro vídeo adorado era o do Lynyrd Skynyrd abrindo para os Stones em Knebworth, que Brian gravara da TV. Lars rolava no chão imitando o solo de "Freebird".

Perguntei como o adolescente Lars se mantinha financeiramente em sua temporada na Inglaterra. "Ele estava cheio da grana!", revelou Brian. "Acho que o pai dele era bem de vida ou coisa assim. Eu pensava como ele podia ter todo aquele dinheiro. Ele devia ter umas 150 libras." Era um valor substancial em 1981. "Lars queria comprar de mim um monte de exemplares da *Sounds*. Eram números que ele não tinha e traziam uma porrada de reportagens interessantes sobre o Angel Witch ou sei lá o quê. Ele também foi até a Pinnacle Records, a distribuidora. Acho que descobriu como chegar lá. Ele desapareceu um dia e disse que ia à Pinnacle. O cara pegou o trem, descobriu onde era e voltou carregado de álbuns e compactos. Ele comprou uns quarenta discos! Depois sentávamos e tocávamos, ele punha um disco atrás do outro, do Fist, Sledgehammer, Witchfynde e sabe Deus o que mais. Falávamos 'esse é bom' e 'não gostei dessa parte aí'. Ficávamos dissecando os álbuns. Depois de uma semana, ele foi para a casa de Sean e passou um mês lá, dormindo no sofá e atacando a geladeira. Sean dizia que [Lars] passava a noite inteira ouvindo 'It's electric' nos fones de ouvido." Brian deu uma risadinha. Mais importante, Tatler se lembrou de como o jovem Ulrich nos "observava [quando] ensaiávamos. Eu ia compor na casa de Sean e [Lars ficava] sentado no canto olhando, só observando... Sean tinha um gravador de quatro canais, um TEAC, e a gente gravava umas demos no processo. E provavelmente [Lars] estava captando a energia, é assim que se compõe, é assim que se faz".

Mas ele mencionou que tocava bateria?

"Ele nunca tocou no assunto. Nunca disse: 'Sou baterista' ou 'vou montar uma banda' ou 'posso experimentar sua bateria?'. Vai ver ele não se achava tão bom ou não julgava estar à altura de Duncan [Scott], sei lá. Ele era apenas um bom rapaz [e] tinha um sotaque muito estranho. Isso nos divertiu por semanas."

De acordo com as informações coletadas, Lars Ulrich terminou a estada de verão na Grã-Bretanha arrumando um jeito de ir ao Jackson's Studio, em Rickmansworth, onde outra de suas bandas prediletas, o Motörhead, estava gravando o álbum *Iron fist*. Lemmy, líder do Motörhead, disse: "Não me lembro de Lars no estúdio enquanto gravávamos o disco. Não estou dizendo que ele não esteve lá, mas isso foi há muito tempo, e minhas lembranças desse período são muito nebulosas". Antes de acrescentar com benevolência: "Mas se Lars disse que passou por lá, não vou contradizê-lo". Lemmy, porém, se lembrou de um Lars Ulrich bastante jovem presente em vários shows na Costa Oeste durante a primeira turnê norte-americana da banda, abrindo para Ozzy Osbourne, no começo daquele mesmo ano, algumas semanas antes de Lars ir para o Reino Unido. Isso bateria com o fato de Brian Tatler se lembrar de Lars levá-lo para ver o Motörhead durante sua estada naquele verão, quando a banda foi a atração principal no estádio de Port Vale, onde, ao contrário do que acontecia nos Estados Unidos, Ozzy Osbourne era o "convidado especial" para abrir o show. "[Lars] disse que conhecia o Lemmy e que descolaria umas credenciais", relatou Tatler. Assim, eles pegaram o trem para Stoke-on-Trent, onde Lars falou mesmo com Lemmy e conseguiu credenciais para que ambos assistissem ao show dos bastidores.

"Conheci Lars por volta de 1981", confirmou Lemmy. "Com certeza foi antes de o Metallica existir. A primeira vez foi no meu quarto de hotel em Los Angeles. Ele se apresentou como o cara que cuidava do fã-clube do Motörhead nos Estados Unidos — no fim das contas, tratava-se de uma divisão não oficial dos Motörheadbangers, e ele era o único membro. Na verdade, ele nunca teve nada a ver com o fã-clube oficial, embora claramente adorasse a banda. Nunca vou me esquecer do encontro porque ele quis beber comigo, e estava na cara que não conseguia me acompanhar, e aí vomitou. Não foi tão ruim, nem o fiz limpar ou coisa do gênero, mas insisti para que usasse um babador enquanto ficasse comigo no quarto." Com um sorriso, continuou: "Curiosamente, ele também vomitou na vez seguinte em que nos encontramos. Ele não tinha melhorado em nada seus hábitos de beber. Talvez eu devesse ter dado umas aulas para ele. Ou então se trata de algum cumprimento dinamarquês estranho. Lembro-me de uma noite — deve ter sido por volta de 1985 — quando me encontrei com Lars no St. Moritz Club [centro de Londres]. Quem me conhecia sabia que eu estaria lá embaixo no caça-níqueis. Ele chegou e insistiu que fôssemos beber — e acho que ele pagou a maior parte da conta. Então, fomos beber e ele acabou desmaiando. Mas reconheço seu valor, porque ele não desistia...".

Outra banda com quem Lars Ulrich certamente fez amizade no verão de 1981 foi o Iron Maiden, só que não na Grã-Bretanha, e, sim, durante o show num pequeno clube em Copenhague, onde ele fez uma parada estratégica para vê-los antes de voltar para os Estados Unidos. "Conheci Steve Harris [baixista e fundador da banda] em 1981." Eles estavam tocando "num lugar do tamanho de uma sala de estar". Todavia, para o garoto rico de dezessete anos e aspirante a superastro, naquele momento o "Iron Maiden era a melhor banda de rock do mundo". Segundo ele, a importância "não se resumia à música". Havia quantidade e qualidade; fatores que mais tarde ele usaria deliberadamente no Metallica. O Maiden punha "nos discos dez minutos a mais de música do que qualquer outra banda de rock". Eles tinham "o melhor visual, as camisetas mais legais, tudo". Havia uma "sagacidade em sua organização que era fantástica para fãs como eu, sendo uma grande inspiração para nós no Metallica. Eu queria oferecer a mesma coisa aos garotos que curtiam nossa banda". Aquele show também seria a última vez que Paul Di'Anno, então vocalista, cantaria com o grupo. Ele foi cortado para que o vício em drogas não atrapalhasse a escalada meteórica do Maiden. Quando foi aos bastidores depois do show para cumprimentar os caras e pegar autógrafos, Lars reparou que havia um líder no Iron Maiden: Steve Harris. Isso lhe ensinou uma lição importante, que depois contaria a Harris: "Democracia não funciona numa banda".

O moleque maluco com sotaque esquisito e energia para dar e vender estava aprendendo rápido. Ou, como me disse mais tarde, "essa é uma das razões da existência do Metallica, pois fui aprender na fonte com Motörhead, Diamond Head e Iron Maiden. Eu não largava do pé deles — como um parceiro, absorvendo e aprendendo a energia. Foi o que me fez perceber que eu também queria entrar nessa jogada".

Dois
O Leão Covarde

Foi em Miami ou, quem sabe, Tampa, na turnê Monsters of Rock de 1988, caminhando pelo corredor do hotel, Kirk e eu.

"Ei", ele disse, "estou sentindo cheiro de... O que é isso? Espere aí... Lavanda?"

"É", sorri. "Passei um pouco. Estou com dor de cabeça."

"É, lavanda é bom pra isso, né?"

"É, chamam de armário de remédios engarrafado."

"Pois é. E como se usa? Joga umas gotas nas roupas?"

"Sim, ou pode esfregar nos pulsos ou nas têmporas. É melhor do que aspirina."

"Claro."

Eu gostava de Kirk. Era um alívio falar com ele. Nós dois éramos vegetarianos, fumávamos maconha pra caramba e gostávamos de ficar largados. Paramos, esperando o elevador chegar. A porta abriu, e James estava dentro.

"Oi", disse Kirk, sorrindo.

"Oi", disse James, sem sorrir.

"Oi", eu disse, mas ele me ignorou, mal meneou a cabeça. Não fiquei surpreso. Para James, eu era apenas mais um amiguinho de Lars, entre muitos. Decidi ignorá-lo e continuar conversando com Kirk.

"Então, você também curte óleos essenciais?"

Kirk fez cara de pavor. "Quê?", ele balbuciou. "Não! Eu... não! Li um pouquinho sobre o assunto, mas não diria que curto." Ele falou em tom de piada, enquanto James nos observava com desdém, nos fuzilando com os olhos.

Foi como receber um balde de água na cabeça — ou coisa pior. Cale essa boca, idiota! Não se fala de coisas gays como óleos essenciais na frente de James! Meu Deus do céu, você ficou louco, porra?

Percebendo a mancada, quis sair correndo, mas não houve escapatória, então entramos no elevador e ficamos em silêncio até chegarmos ao saguão. Quando entramos juntos no bar, notei que Kirk se movia como James. Resolvi fazer o mesmo, para não destoar dos dois. A fita de um show de Andrew "Dice" Clay retumbava no telão, nós nos sentamos para ver, pedimos três garrafas (grandes) de Sapporo e fizemos palhaçadas. Dice era um cara bem ao estilo do Hetfield, não suportava viadagem nem estrangeiros. Dizia a real; uma metralhadora verbal. Percebi que Dice era um cara bem ao estilo do Metallica. Eu só esperava que o aroma de lavanda não atrapalhasse a cerveja de James...

Dizem que os opostos se atraem. Esse não foi o caso quando Lars Ulrich e James Alan Hetfield se conheceram, em maio de 1981. Nascido em Los Angeles, em 3 de agosto de 1963, aparentemente a única semelhança entre James e Lars parecia ser a idade. Enquanto Lars era pequeno e franzino, um europeu bonitinho metido a besta que comia com a boca aberta e passava dias sem tomar banho, James era alto e esguio, um jovem norte-americano forte com antepassados irlandeses e alemães que escovava os dentes duas vezes ao dia e sempre usava cueca limpa. Se Lars não calava a boca, James só falava o necessário. Enquanto o passado de Lars era marcado por dinheiro, viagens, música, arte e liberdade hippie multilíngue, James vinha de uma família comum da classe operária, com crenças religiosas fundamentalistas severas, com um pai ausente e tendo de enfrentar a dor da morte trágica da mãe. Enquanto Lars estava pronto para atravessar qualquer porta e se apresentar, James ficava na sombra, sem nem sequer conseguir encarar os outros. Às vezes, as pessoas confundiam sua reticência com timidez, mas James não era tímido, era dono de uma fúria vulcânica; tinha o dedo leve no gatilho. Anos mais tarde, James contaria que seu "filme preferido era *Três homens em conflito*". "Por quê?", eu quis saber. "Porque existem três personagens completamente diferentes, e eu vejo um pouco de mim em cada um deles." Dava para entender o que ele queria dizer. Um cara fechado, usando costeletas, James era viril, durão, sua personalidade remetia a uma época não tão remota em que colonizadores matadores de índios que falavam e caminhavam do seu jeito construíram os Estados Unidos, com as armas fumegando. Pelo menos era assim que eu o via de longe. De perto, porém, para o jovem James Hetfield o mundo muitas vezes era um lugar assustador, cheio de falsidade e traição, com mentirosos que só iriam desapontá-lo. Esse era o sentimento mais temido por ele e, para se defender, James usava a raiva. Num instante memorável, ele foi descrito como o leão covarde de *O mágico de Oz*, mas James Hetfield na verdade se parecia com o próprio mágico — um personagem tímido e inseguro se escondendo atrás de uma grande imagem assustadora na tela.

Virgil, o pai de James, era caminhoneiro. Um cara grande, ambicioso, que gostava da vida ao ar livre e terminou tocando a própria transportadora. Ele se casou com a mãe de James, Cynthia, quando ela estava no fundo do poço; uma mulher separada que não era mais jovem e tinha dois filhos, Christopher e David. Virgil era um bom sujeito que também lecionava meio período na escola dominical; um homem responsável que James, o primeiro dos dois filhos que teve com Cynthia, respeitava apesar de sua severidade. Uma vez, quando James e a irmã caçula, Deanna, fugiram de casa, Cynthia e Virgil os encontraram se escondendo "a umas quatro quadras de distância". Quando os conduziram para casa, James recordou, "eles levaram uma surra de perder o rumo". Embora James e Deanna vivessem "brigando como cão e gato", eles sempre se ajudavam na frente dos pais. Como James me disse em 2009, "um ajudava a limpar a bagunça do outro e a encobrir inventando histórias. Era um desses lances de amor e ódio". Os meio-irmãos mais velhos eram mais distantes, "praticamente com uma geração de diferença, e, infelizmente, não havia muita ligação. Eles não eram velhos o bastante para me aconselhar nem novos para entender o que eu queria ouvir ou curtir, então era uma situação intermediária esquisita, mas minha irmã e eu éramos muito próximos".

Quando James Hetfield tinha treze anos, o pai saiu de casa um dia e não voltou mais, nem para se despedir. Na vã esperança de que talvez o marido voltasse, Cynthia dizia aos filhos mais novos que o pai simplesmente partira numa longa viagem de negócios. Demorou semanas antes de ela dar as más notícias a James e Deanna. Mesmo assim, não houve explicação, só que o papai tinha ido embora, não voltaria, e vamos deixar por isso mesmo, está bem, crianças? Não. Nada bem, na verdade. Nem um pouco bem, principalmente para Deanna, a princesinha do papai que sempre fora a "rebelde", segundo James, e que então saiu completamente dos trilhos. A reação de James também foi turbulenta, porém menos óbvia. Ele guardou tudo para si, adotou uma aparência severa, não exatamente brava, apenas inexpressiva, dura, que ele chamava de cara de "fique longe de mim, porra", a qual mostraria pelos próximos vinte anos, mais ou menos. "Era muito confuso para mim, quando criança, não saber o que estava acontecendo", revelaria James mais tarde. Chegar da escola e notar que faltavam coisas do pai — levadas por Virgil enquanto os filhos não estavam para causar o mínimo de comoção — não aliviava o choque, somente aguçava a dor e a sensação de traição. "Era tudo meio escondido. Este é um grande defeito de caráter que ainda carrego: acho que todo mundo está escondendo alguma coisa de mim."

Na escola, antes de o pai sumir, James contou que era um "aluno bem mediano. Bastante quieto, reservado, que cumpria as obrigações, depois ia para casa se divertir e brincar, com qualquer coisa". Amante de esportes, os únicos empecilhos, segundo ele, eram as consequências da obediência rigorosa dos pais ao sistema de crenças da Ciência Cristã. Um nome inadequado, visto que a religião proíbe seus seguidores de ter qualquer relação prática com a ciência, incluindo, o pior, a medicina moderna, seja tomando aspirina para dor de cabeça ou recebendo tratamento hospitalar por causa de um acidente ou doença fatal. Uma dessas novas religiões norte-americanas nascidas no século XIX que ninguém mais neste planeta levaria a sério, ela ainda exerce grande domínio em certos segmentos da classe trabalhadora dos Estados Unidos. E James ainda suspira fundo quando pedem para falar a respeito. "Não tinha impacto na escola. Eles não tinham escolas próprias nem era como estudar numa escola católica. Mas, certamente, me afetou. Afetou mais a mim do que à minha irmã e irmãos, pois eu... Sei lá, acho que encarei como algo pessoal." Ele fez uma pausa, escolhendo as palavras. "Nossos pais não nos levavam ao médico. Basicamente dependíamos do poder espiritual da religião para nos curar ou nos proteger de doenças ou machucados. Por causa disso, na escola, a pedido dos meus pais, eu não podia participar das aulas de saúde, para aprender sobre o corpo, para conhecer as doenças e questões afins. E, por exemplo, se eu tentasse entrar no time de futebol americano, era preciso ir ao médico, levar um atestado... Eu tinha de explicar ao treinador que nossa religião não permitia. Então eu me sentia excluído... Um pária. As crianças riam disso, e eu encarava como algo pessoal. Um dos lances mais traumáticos para mim era [quando] a aula de saúde começava e eu ficava de pé no corredor, o que era quase um outro tipo de castigo. Ei, você foi mau, terá de ir à diretoria ou ficar na porta da sala. Então, quem passava me olhava como se eu fosse um marginal, entende?"

Era duro, mas segundo ele isso também ajudou a formar sua personalidade. Não que James tivesse essa compreensão naquela época. "Quando se é jovem você quer ser igual a todo mundo, não quer ser diferente, mas vejo a singularidade disso agora, o que me ajudou a aceitar e adotar minha individualidade." Para James, foram essas experiências difíceis na infância, de sempre ser o estranho da escola, que criaram sua capacidade de não andar em bando, de sempre ficar meio distante do resto do grupo. "Ajudou a traçar meu próprio caminho, falo até do aspecto espiritual; quando se é criança não dá para compreender o conceito de espiritualidade. Era um tipo de conceito muito adulto e, para mim, não ir ao médico era estranho. Tudo que via eram as pessoas na igreja com ossos quebrados e que eles estavam se curando da maneira errada — isso não fazia sentido para mim. Então, quando eu falava essas coisas para os técnicos ou professores, só estava falando pelos meus pais, não falava por mim mesmo, era um lance meio que de me vender, algo que nunca mais quero fazer. Só que isso também ajudou a, mais tarde, adotar um conceito espiritual e, de fato, ver o poder disso, ao lado do atual conhecimento da medicina, então isso ajudou a formar meu conceito de espiritualidade."

Todavia, levou anos, com o auxílio de longas sessões de terapia, que ainda acontecem, para que James Hetfield estivesse pronto para tocar nesses assuntos. Depois que o pai foi embora em 1977, "falei para minha mãe que não iria mais à escola dominical, que ela teria de me obrigar. E ponto final". Já a música — uma das poucas formas de expressão permitidas a ele quando criança de que podia desfrutar sozinho — primeiro se tornaria um consolo, depois uma defesa e, por fim, uma inspiração. Mas muito antes de se interessar por rock, houve o piano clássico, que Cynthia — cujos passatempos eram ópera amadora, pintura e design gráfico — o estimulou a estudar aos nove anos. James me disse: "Foi o seguinte: minha mãe me viu na casa de um amigo espancando um piano. Eu estava mais ou menos tocando bateria no piano, e ela pensou: 'Ah, ele vai ser músico, vou matriculá-lo numa escola de piano'. Estudei durante alguns anos e era um lance meio chato porque estudava peças clássicas, coisas que não ouvia no rádio, entende? Eu me lembro que era na casa de uma senhora, e o grande barato eram os biscoitos no final, então havia uma compensação. Mas me lembro que ela primeiro tocava as músicas que íamos aprender, havia uma chamada 'Joy to the world' [uma canção natalina adaptada de um velho hino religioso inglês]. Pensei que fosse [ele começa a cantar] 'Joy to the world' [o sucesso pop do Three Dog Night, de 1971], mas não era. Fiquei animado pensando que já havia ouvido meu irmão tocá-la. Só que era teoria." Desestimulado na época, ele agora "fica feliz de ter sido forçado a usar a mão esquerda e a direita para fazer coisas diferentes, e também a cantar ao mesmo tempo, o que me deu uma noção do que faço agora e uma ideia de como isso poderia ser natural. Assim, cantar e tocar ficou mais fácil do que provavelmente seria se não tivesse estudado piano".

Ele descobriu o rock graças à coleção de discos dos irmãos mais velhos. "Eu sempre estava procurando alguma coisa diferente, algo que nem todos curtissem. Quando eu era fã do Black Sabbath, todos os meus amigos diziam: 'Ah, minha mãe não me deixa ter esse disco. É assustador e vou ter pesadelos'. Eu achava isso engraçado, então tinha de sair e comprar." Bandas como os Beatles "e porcarias do gênero são coisas que nunca curti muito". Foi nessa mesma época que James resolveu tocar a bateria do irmão David, mas não rolou. Segundo me contou, ele tinha catorze anos quando pegou uma guitarra pela primeira vez e quis saber como todos aqueles barulhos eram feitos. Não se "lembra de aprender" a tocar de verdade. "Comecei com um violão, eu ficava fuçando, depois aprendi os acordes, e a coisa rolou assim, acho. Mas foi rapidinho, pois logo eu estava numa banda, em um ano ou dois, tocando covers, que é o jeito certo de se aprender a tocar." Ele também "reduzia a velocidade dos LPs, tentando aprender algo". Ouvindo, copiando, repetindo, sempre sozinho. "Gostava de ficar sozinho", James contou mais tarde ao escritor Ben Mitchell. "Gostava de poder me isolar do mundo. E a música ajudava bastante nisso." Ele punha os fones de ouvido e viajava, curtindo Kiss, Aerosmith, Ted Nugent e Alice Cooper — hard rock 100% norte-americano. Sem ironias, música boa para caras curtos e grossos que não dançavam, mas gostavam de festejar. "Eu não ouvia outras coisas até ser apresentado ao Lars." O primeiro show a que assistiu foi em julho de 1978, pouco antes de completar dezesseis anos, quando viu o AC/DC abrir para o Aerosmith na Long Beach Arena. *Rocks*, disco do Aerosmith de 1976, "era um dos álbuns que eu podia ouvir sem parar; era repleto de coisa boa". No mesmo verão, James também comprou ingresso para os dois dias do California World Music Festival, que também contou com o Aerosmith, ao lado de Ted Nugent e Van Halen. "Lembro de acompanhar um amigo, que estava vendendo drogas. Ele rasgou uma parte do ingresso, que tinha uma espécie de arco-íris na borda, picou em pedacinhos e os vendeu como se fossem ácido. Eu perguntei: 'Que história é essa?'. Ele usou o dinheiro para comprar cerveja." Enquanto atravessava o público para chegar na frente, James lembra de ter ficado "impressionado" pelo fato de Steven Tyler, vocalista do Aerosmith, ter chamado a plateia de "filhos da puta". "Pensei: 'Ei, você pode fazer isso?'."

Já marcado como solitário no colegial, a exemplo de Lars Ulrich, foi a música que colocou James Hetfield em contato com outros colegas solitários igualmente obcecados, tais como Ron McGovney, que mais tarde seria o primeiro baixista do Metallica. Colega de sala na East Middle School, McGovney se lembra de ter conhecido Hetfield na aula de música, atraído pelo fato de ele "ser o único cara da turma que sabia tocar guitarra". Como James, Ron também não pertencia a nenhuma das panelinhas escolares. "Havia as animadoras de torcida, os atletas, o pessoal da fanfarra." James e Ron terminariam com outros "vagais", como os amigos Dave Marrs e Jim Keshil, "matando o tempo sem pertencer a nenhum grupo social". Ron não curtia apenas rock feito James. Ele era um "fanático por Elvis" e ficou "arrasado" quando Presley morreu. Por sua vez, Ron e James descobriram uma afinidade no interesse pela música de Led Zeppelin, ZZ Top, Foreigner e Boston. Dave e Jim eram mais parecidos com James, curtindo muito Kiss e Aerosmith. O estranho no ninho, Ron, foi influenciado pelo gosto dos outros, partilhando com eles o interesse por bandas britânicas de protometal, como o UFO. Por causa disso, Ron começou a ter aulas de violão. "Eu não manjava nada de baixo", lembrou-se. Ele só queria aprender a tocar "Stairway to heaven". Quando mais tarde naquele ano Hetfield se tornou amigo de dois irmãos chamados Ron e Rich Valoz, que tocavam respectivamente baixo e bateria, e então de Jim Arnold, outro guitarrista iniciante, McGovney se ofereceu para ser o roadie. A banda se chamava Obsession e, a exemplo de todos os grupos do colegial, tocava covers de músicas dos artistas preferidos. Isso significava tocar o material mais fácil de Black Sabbath ("Never say die"), Led Zeppelin ("Rock and roll"), UFO ("Lights out") e Deep Purple ("Highway star"). Os três membros da linha de frente se revezavam no vocal: Jim Arnold, quando era a vez do Zeppelin, Ron Valoz, em "Purple haze", e James era o cara do UFO, atacando petardos como "Doctor, doctor" e "Lights out".

Depois de um longo tempo ensaiando na casa dos irmãos Valoz, nos arredores de Downey, a nova banda fez apresentações ocasionais em "cervejadas" de quintal, tocando por bebida e a chance de se exibir. Mas, mesmo assim, continuaram tocando nas noites de sexta e sábado na casa dos irmãos Valoz. McGovney se lembrou dos irmãos como "gênios da elétrica", que "instalaram um sistema de luzes" no espaço que montaram na garagem dos pais. "Dave Marrs e eu ficávamos lá cuidando do painel de controle e acionando as lâmpadas, estrobos e tal." Era "um show inteiro numa garagenzinha". James disse: "Tocávamos Thin Lizzy, algumas coisas do Robin Trower... sons de bandas da época que eram um tanto pesadas". James saiu do Obsession, segundo relatou, quando "mostrei uma composição e nenhum deles gostou, então foi nessa hora que me despedi dos caras, pois eu queria começar a compor, e eles não se interessavam por isso". James saiu acompanhado de Jim Arnold, seguido pelo irmão Chris, para formar outra banda de vida curta batizada de Syrinx. "Eles só tocavam covers do Rush", conta McGovney. "Essa durou pouco."

Essa fase, porém, teve um fim abrupto quando a mãe de James morreu de câncer em 1980, depois de agonizar lentamente por ter se recusado a fazer tratamento e até mesmo a tomar analgésicos em seus últimos dias, quando já era tarde demais. James e Deanna foram forçados a morar com o meio-irmão David — dez anos mais velho que James, casado e vivendo numa casa própria a uns trinta quilômetros dali, em Brea, onde trabalhava como contador. A mudança fez com que James tivesse de viajar até Downey para ensaiar com o Syrinx. O grupo chegou ao fim logo depois, quando as implicações da morte da mãe de James deram início a uma nova tristeza. Ele também terminou com seu primeiro namoro quase sério. Parecia que nada mais daria certo. Indisciplinada como sempre, Deanna em breve seria expulsa da casa de Dave, preferindo localizar o pai e ir morar com ele. James, que "não queria ter nada a ver com" o pai, ficou quieto onde estava, achando que o divórcio motivara a doença da mãe. Como disse à *Playboy,* em 2001, "minha mãe se preocupava bastante, e isso a adoeceu. Ela escondia da gente. De repente, ela estava num hospital. E, de repente, havia falecido". Como era típico dele, o fechado James não contou a notícia devastadora da morte da mãe para ninguém. "Nem imaginávamos", McGovney relatou mais tarde. "Ele sumiu por uns dez dias, e achamos que tinha viajado. Quando falou que a mãe tinha acabado de morrer, ficamos chocados." Seguindo as crenças na Ciência Cristã, não houve funeral para Cynthia nem nenhum período de luto. Não houve tempo, como James diria mais tarde, "para chorar e receber apoio. Foi apenas: a casca morreu, o espírito foi embora e vamos tocar o barco".

Em Brea, James se matriculou na Olinda High School, onde se juntou durante algum tempo ao aspirante a baterista Jim Mulligan e a outro guitarrista, Hugh Tanner, que abordou depois de vê-lo carregando uma Flying V na escola. Eles batizaram a banda de Phantom Lord, embora ela nunca tenha passado do estágio de ensaios, principalmente porque não tinham baixista. Desesperado, James recorreu a Ron McGovney. Ron nunca tinha se visto como baixista, nem tinha contrabaixo, mas James insistiu dizendo que seria fácil e que ensinaria os acordes básicos. Relutante, McGovney concordou, alugou um baixo no Downey Music Center, e o quarteto começou a ensaiar na casa dos pais do Ron. Essa foi uma mudança no panorama que, de maneira repentina, levou James a ter coragem suficiente para sair da casa do meio-irmão em Brea, mudar para a casa de Ron, em Downey, e trabalhar como porteiro para pagar as contas — o primeiro de uma série de subempregos que teria ao longo dos anos. "Meus pais tinham uma casa principal com três casas menores nos fundos para alugar", conta McGovney. "A propriedade seria destruída para a construção de uma via expressa. Meus pais deixaram que James e eu morássemos de graça na casa do meio. Transformamos a garagem em estúdio." Como largaram a escola, ambos estavam ganhando uma graninha. "Eu trabalhava na oficina de caminhões dos meus pais durante o dia", relembrou Ron. Enquanto isso, James arrumou emprego numa "fábrica de adesivos" chamada Santa

Fe Springs. Eles usaram o primeiro salário para fazer o isolamento acústico da garagem, colocaram drywall, e James pintou as vigas de preto e o teto de cinza. Ainda com as paredes brancas e o carpete vermelho, o Phantom Lord tinha um lugar para chamar de seu e, a partir do qual, crescer.

Em sua última aparição no livro do ano do colegial, no item "planos", Hetfield escreveu "tocar música. Ficar rico". Contudo, como a maioria das bandas jovens, o Phantom Lord se separou antes da primeira apresentação, sinalizada pela saída de Hugh Tanner, um bom guitarrista que estava de olho na carreira de empresário musical. Sem perder o ânimo, os outros simplesmente botaram um anúncio procurando outro guitarrista no jornal local *The Recycler*. Entrou, ainda que brevemente, Troy James, e houve uma mudança na direção musical descrita por McGovney como um "lance meio glam". Ainda era um rock 100% norte-americano, porém mais inclinado para um estilo com refrões pesados e chamativo que, em breve, seria popularizado por arquétipos da Sunset Strip, como Mötley Crüe e Quiet Riot, que então construíam seus nomes nos clubes de Hollywood, e bandas completamente calcadas em similares britânicas como Girl (liderada por Phil Collen, futuro guitarrista do Def Leppard, e Phil Lewis, vocalista do L. A. Guns), cuja música "Hollywood tease" seria tocada pela banda. Eles também bolaram outro nome para acompanhar o novo som: Leather Charm. Por mais difícil que seja agora imaginar o rude James Hetfield tentando se passar por vocalista de glam rock e fazendo beicinho, ele se entregou de corpo e alma à nova estratégia, deixando até a guitarra de lado para assumir somente os vocais. Foi também com o Leather Charm que Hetfield fez as primeiras tentativas de tocar canções originais, três das quais, remodeladas, seriam gravadas dois anos mais tarde no primeiro disco do Metallica — um protótipo de "Hit the lights", que, para Ron McGovney, seria em sua maior parte obra de Hugh Tanner; e duas músicas do Charm nas quais James se envolveu mais, "Handsome ransom" e "Let's go rock 'n' roll" cuja versão aprimorada e muito mais rápida depois virou "No remorse", épico do Metallica.

Mais uma vez, porém, o novo grupo só havia conseguido apresentações em festas nas casas de amigos até que decidiu se separar. Dessa vez foi Mulligan o primeiro a cair fora; ele aceitou um convite desafiador para tocar numa banda local especializada em covers do Rush. Troy James também saiu, deixando James e Ron mais uma vez sozinhos na garagem prata e preta. Para tentar ajudá-los, Hugh Tanner contou a eles sobre um anúncio que vira no *Recycler*: "Baterista procura outros músicos de metal para tirar um som. Tygers of Pan Tang, Diamond Head e Iron Maiden". Foi a menção ao Iron Maiden que chamou a atenção dele. Ninguém do Leather Charm conhecia tão bem a NWOBHM quanto Lars Ulrich — aliás, quem conhecia? Apesar disso, eles tinham passado a tocar uma versão de "Remember tomorrow", do Maiden. Mesmo assim, James e Ron não se entusiasmaram com o anúncio. Nos últimos tempos, nada havia dado certo, por que agora daria? Odiando vê-los tão desanimados, Hugh se ofereceu para responder o anúncio e marcar um encontro com o anunciante — um moleque de sotaque engraçado de Newport Beach chamado Lars — num estúdio local que ele agendara sob o pretexto de gravar uma demo, cuja conta fora deixada para Lars, como James contaria mais tarde. Ron, que nunca se convencera completamente de ser baixista, agora estava mais concentrado numa possível carreira como fotógrafo de rock, então nem se preocupou em participar daquele primeiro encontro com Lars. Não que fizesse diferença. Nem James nem Hugh tiveram nada de bom a dizer depois do encontro. O moleque era "esquisito" e tinha um "cheiro estranho". Ele nem sabia tocar bateria direito. Foi tudo uma perda de tempo. "A gente comia no McDonald's, ele comia arenque", assim James resumiria aquele primeiro encontro vinte anos depois. Lars era simplesmente de "outro mundo. Seu pai era famoso. Ele era rico. Um filho único rico. Mimado — é por isso que fala tanto. Ele sabe o que quer, vai atrás e sempre conseguiu o que quis".

No entanto, aquela hostilidade não era totalmente mútua. Uma das primeiras coisas que Lars fez depois de voltar das férias de verão na Europa foi ligar para James e convidá-lo para ir à sua casa. James bancou o arredio, como se nem lembrasse quem era Lars, usando a cara de "fique longe de mim, porra". Astuto, Lars achava que se James entendesse melhor com quem estava lidando seria menos hostil à ideia de criar uma "banda para fazer uns improvisos" com ele, deixando de lado, por ora, as nítidas deficiências de Lars como baterista. No mínimo, podiam curtir um som juntos. Obviamente, James mudou de ideia na primeira vez em que visitou a casa dos pais dele. "Eu passaria dias somente olhando a coleção de discos do Lars. Ele me apresentou um monte de coisas diferentes." James, que "talvez pudesse comprar um disco por semana", ficaria de queixo caído com Lars "voltando com vinte da loja!". Como Lars depois me contaria, "quando voltei para os Estados Unidos em outubro de 1981, estava cheio de energia por ter passeado pela Europa e depois liguei para James porque achava que havia algo interessante nele, parecia curtir o mesmo tipo de som que eu". Mas, depois de um primeiro encontro tão insípido, imaginei o que o levara a tentar conhecer melhor o fechado futuro *frontman*. Nitidamente, eles tinham pouco em comum. "É mesmo?", ele zombou. "Sem sombra de dúvida." O que então intrigara Lars a ponto de tentar novamente? Primeiro, foi porque James era o único conhecido que poderia estar interessado em formar uma banda de NWOBHM, "em vez de copiar o Van Halen". Num sentido mais profundo, ele também sentira outra coisa. "Embora eu não me rebelasse porque meus pais eram legais demais para eu me rebelar contra eles, passava muito tempo imerso no mundo da música. E o James também. O que tínhamos em comum, mesmo vindo de mundos e culturas distintos, era o fato de sermos solitários e identificarmos um no outro algo que nos conectava num nível mais profundo. Para mim, era muito difícil achar algo com que me identificar no sul da Califórnia. É por isso que James e eu nos tornamos tão bons amigos, pois ambos tínhamos problemas sociais", prosseguiu Lars, dando uma risadinha envergonhada. "De um jeito diferente, mas..." Ele deu de ombros e desviou o olhar.

Para James, essa conexão só se manifestaria mais tarde, quando o Metallica se tornou uma "família" para ele. Ele insistiu que, inicialmente, a música era o mais importante. Ainda assim, na primeira vez em que foi à casa dos pais do baterista, James ficou muito impressionado, e não foi apenas com a coleção de discos. A energia era muito diferente da de sua antiga casa, onde a presença de estranhos era rara e apenas às vezes bem-vinda, a não ser que seguissem a mesma fé religiosa, o que era rapidamente estabelecido. "Eu buscava pessoas com as quais pudesse me identificar", disse James. "Não me identificava muito com minha família e, basicamente, ela se desintegrou diante de meus olhos quando eu era criança. Uma parte de mim deseja a família, e a outra não suporta pessoas." Na casa de Lars todos eram bem-vindos, as diferenças, celebradas, o individualismo, estimado. E no quarto dele havia uma parede repleta de discos, a maioria de bandas de que James nunca ouvira. Na visita seguinte a essa caverna com tesouros da NWOBHM, levou um gravador e encheu fita após fita com músicas de bandas como Trespass, Witchfinder General, Silverwing, Venom, Motörhead, Saxon, Samson... Parecia não ter fim. "Bombardeei James com todas essas bandas britânicas novas, e logo ele estava disposto a fazer alguma coisa que se destacasse naquele oceano de mediocridade."

Brian Slagel lembrou-se de ter saído com Lars pouco depois de sua volta da Europa. "Ele tinha um monte de discos, e eu queria ouvir as histórias sobre ficar lá [com o Diamond Head] e todas essas coisas. Eu estava com um ciúme danado, lógico, mas fascinado por ele ter conseguido." Antes da viagem à Europa, "éramos apenas moleques doidos zanzando por aí, mas quando [Lars] voltou, ele definitivamente estava mudado. Dava para notar que tinha curtido muito ficar com a banda, e ver a vida desses caras deu a ele muito mais motivação para tentar montar [sua própria] banda. Foi nessa época que ele praticou bastante, tocando bateria direto e tentando achar com quem tocar. Tudo se tornou mais sério depois que voltou da viagem." James também tinha pensado muito na vida enquanto Lars estava na Europa, concluindo que continuaria no Leather Charm, principalmente como vocalista. Então, somente com um baterista com quem improvisar, ele, apesar de relutante, voltou a pegar a guitarra. Para começar de fato, faltava um baixista. Era inevitável James sugerir Ron McGovney, ideia que parecia fazer sentido para todos, menos para Ron, que não curtia nem um pouco as chances da nova parceria. "Quando ele e Lars tocaram pela primeira vez, eu o achei o pior baterista que já tinha ouvido", Ron mais tarde contaria a Bob Nalbandian. "Ele não conseguia manter o ritmo e, comparado a [baterista do Leather Charm, Jim] Mulligan, Lars não sabia tocar. Então eu disse a James que ele era uma bosta." Mesmo depois que Lars passou a ensaiar com eles regularmente, Ron não deu o braço a torcer. "Ficava vendo os dois tocarem; a coisa estava melhorando, mas continuava sem querer voltar a tocar."

Ainda um novato no pedaço, um colegial saindo com caras que pareciam mais velhos e tinham empregos fixos, teria sido fácil a novidade perder a graça e se desgastar em razão da longa viagem que era preciso fazer todos os dias depois da escola, de Newport Beach até onde Hetfield e McGovney viviam, e

Lars sabia que pelo menos um dos dois não gostava nada dele. Só que estamos falando de Lars Ulrich, que enfim achara alguém disposto a tentar fazer seu quase sonho se concretizar, mesmo que parcialmente, então nada o deteria. Além disso, contou que "depois de voltar da Europa, estava com um puta gás!". Embora nunca tenha discutido isso, Lars também estava determinado a provar aos pais que não agira errado ao abandonar o tênis e que o lance da música estava progredindo. "Não éramos carreiristas", Lars Ulrich insistiria anos depois, mas ele nunca fez nada pela metade. Assim, a afirmação de que seu "grande tesão" naquele estágio consistia meramente em "tocar quinze músicas da NWOBHM nos clubes de Los Angeles" e o fato de ele e James se encontrarem "todo dia às seis" e "mandarem ver" como se o mundo fosse acabar mostram como ambos estavam determinados a transformar aqueles ensaios em algo muito sólido e de longo prazo. "Tocar aquelas músicas era como levar o headbanging um passo além", disse Lars. Uma bela descrição de tudo que ele faria ao longo das três décadas seguintes.

Entretanto, Brian Slagel lembrou-se de Lars estar "bastante frustrado" durante esse período e que ele e James chegaram a parar de ensaiar por um tempo. "Não estava dando em nada", disse Slagel. "Era muito complicado para o Lars porque James era o único cara em seu círculo de amizades que tinha algum conhecimento do estilo musical de que ele gostava. James curtia algumas daquelas bandas, mas eles não achavam ninguém com quem tocar." Contudo, houve um progresso: Lars e James encontraram um nome para a banda: Metallica. Porém, nenhum dos dois poderia reivindicar a criação para si. Na verdade, o nome "Metallica" fora sugerido por outro amigo anglófilo de Lars, Ron Quintana, que havia conhecido no esquema de troca de fitas. Ron primeiro conhecera Bob Nalbandian e a turma depois de ter uma carta publicada numa das primeiras edições da *Kerrang!*. Inspirado pela *Kerrang!* e pelo pequeno sucesso, igualmente impressionante a seus olhos, do fanzine *New Heavy Metal Revue* de Brian Slagel, Quintana pretendia criar uma publicação norte-americana similar.

Ron Quintana se lembrou da noite em que mostrou a Lars uma lista de possíveis títulos para sua tão sonhada "super-revista de heavy metal". Lars tinha viajado a San Francisco para encontrar Ron durante a pausa nos ensaios com

James, e os dois viviam "falando nomes de bandas e fanzines quando passeávamos ou íamos às lojas de discos locais", contou Quintana. Lars já havia mostrado a Ron uma lista com possíveis nomes de bandas — "os piores, mais genéricos e americanizados, como nomes de carros *hot-rod* e *trans-am*" — como Red Vette e Black Lightning. Em troca, Ron mostrou a Lars uma lista com possíveis títulos para a nova revista, como *Metal Death*, *Metal Mania* e vários outros do mesmo estilo. Também fazia parte da lista o nome *Metallica*. Lars falou: "Ah, que nome bacana". Então, rápido como um raio: "Como vai chamar a revista? Que tal *Metal Mania*?". Ron curtiu. "Achei engraçado", Quintana disse, "porque eu tinha lançado a *Metal Mania* em agosto de 1981 e não falava com o Lars havia pelo menos seis meses quando ele ligou contando que tinha batizado sua banda de Metallica. Eu já estava no terceiro número e feliz com o nome *Metal Mania*. E nem sabia que Lars tocava bateria nessa época!". Além disso, contou rindo, "eu preferia *Metal Mania* a *Metallica*". Até então, Lars e James haviam compilado uma lista com mais de vinte possíveis nomes, como Nixon, Helldriver, Blitzer e — um dos preferidos no começo, pelo menos para Lars — Thunderfuck. Mas, ao sair da casa de Ron naquela noite com o nome "Metallica", o assunto estava encerrado. Moleque doido, sim, de sotaque engraçado, mas muito inteligente.

Foi por meio de outro amigo que Lars encontrou sua próxima grande oportunidade. Desde que começara a trabalhar na Oz Records e a publicar o fanzine, Brian Slagel via cada vez menos Lars, Bob, Patrick e os caras. Ele também estava ajudando a promover shows locais de metal num clube pequeno chamado The Valley e tinha até começado a escrever notas sobre a cena de Los Angeles para a *Sounds*. Brian também estava fazendo alguns trabalhos para a rádio local KMET — uma estação roqueira conhecida pelos muitos ouvintes como The Mighty Met —, fornecendo discos para um programa de metal semanal apresentado pelo DJ Jim Ladd (que ficaria famoso como o "DJ fictício" no disco e na turnê Radio K.A.O.S., de Roger Waters, em 1987, entre outras pontas célebres feitas em discos e no cinema ao longo dos anos). Como Lars também "morava bem longe", Slagel "não o via tanto" quanto antes. Contudo, isso mudou quando Brian teve a ideia de lançar uma coletânea independente intitulada *The new heavy metal revue presents... Metal massacre*. Inspirado no anterior *Metal for muthas,* "o que realmente me motivava", ele contou, "era o fato de que havia bandas boas tocando em Los Angeles e ninguém sabia nem se importava". Entre os grupos daquela época que ele adorava estava o Exciter, com George Lynch na guitarra, que depois ficaria famoso com o Dokken. "Eu adorava a banda e nada aconteceu com eles — porque ninguém se importava. Isso me chateava muito."

Alguns anos depois, ao testemunhar o surgimento de uma geração de bandas de Los Angeles, como Mötley Crüe e Ratt, Slagel decidiu fazer algo a respeito. Falou com os importadores com que trabalhava, os caras que forneciam discos para a clientela fiel ao metal da loja, e perguntou se distribuiriam uma coletânea produzida por ele com bandas de metal de Los Angeles. Eles toparam. Tudo motivado pelo que acontecera com a cena da NWOBHM, *Metal for muthas* e coletâneas do gênero. "Achei que seria legal lançar algo do gênero aqui em Los Angeles." Durante o colegial, Slagel havia trabalhado meio período na Sears, vendendo por comissão máquinas de escrever e câmeras fotográficas, e assim economizou algum dinheiro "para fazer faculdade em algum momento". Ele investiria, então, todos os centavos dessa economia no disco *Metal massacre,* além de oitocentos dólares emprestados de uma tia gentil e um pouquinho da mãe. John Kornarens também investiu o que pôde, em troca do crédito de "produtor assistente". As bandas só precisavam oferecer suas músicas. De acordo com Slagel, "procurei todas as bandas e falei que, se gravassem alguma coisa, eu colocaria na coletânea, e todas falaram: 'Claro, por que não?'. Era a única exposição que teriam". Mesmo assim, "eu mal consegui o dinheiro para mandar prensar 2.500 cópias". Os discos teriam custo de "um pouco mais de um dólar cada, somando uns 3 ou 4 mil dólares no total". Numa época em que os discos eram vendidos a 7,99 dólares nas lojas normais, *Metal massacre* seria vendido por 5,50 dólares. "O custo unitário era de 1,50 dólar, mais uns cinquenta centavos para despachar, então talvez lucrássemos uns 3 ou 3,50 dólares por disco, mas ainda tínhamos de pagar um pouquinho para os grupos. Então, não era um empreendimento para ganhar grana. Eu nem queria saber disso. Só desejava mostrar todas aquelas bandas de Los Angeles. Nem pensava em montar um selo ou algo do gênero, era mais um desdobramento da revista."

Com todos os acordos com as bandas "na base do aperto de mão porque não tínhamos dinheiro para pagar um advogado", nada estava registrado por escrito até que um advogado recém-formado, William Berrolm, que por acaso tinha escritório um andar acima da Oz Records, se ofereceu para fazer os contratos pela pechincha de dez dólares a hora. "Pensei que talvez pudesse pagar aquilo. Assim, ele fez os contratos e foi procurar as bandas para que assinassem. Ele ainda é nosso advogado." (Berrolm representaria artistas do nível de Stevie Ray Vaughan, Garbage, Butch Vig, o produtor do Nirvana, e "um monte de gente graúda".)

Quando Lars Ulrich soube o que seu chapa Brian Slagel estava tramando, "[ele] me ligou um dia e perguntou: 'Se eu montar uma banda, posso participar da coletânea?'. Respondi: 'Claro, sem problema, por que não?'". Segundo Slagel, o único problema era que o "Metallica não existia naquela época". Lars e James nem ao menos se reuniam para ensaiar com muita frequência "porque não conseguiam achar mais ninguém com quem tocar". Mas quando Lars ouviu sobre a *Metal massacre,* decidiu que não precisava de banda. Ele só precisava que James concordasse em ajudar a gravar uma fita demo. Só que se passaram semanas antes que Brian voltasse a ter notícias de Lars. "Liguei avisando da proximidade do prazo para definir se a música dele entraria no disco e queria saber se ele estava dentro. Ele respondeu: 'Diga o dia e a hora para entregar e garanto que estará na sua mão até lá.'" O silêncio voltou a reinar até o dia em que Slagel e Kornarens estavam no Bijou Studios masterizando o disco. Eles tinham desistido do Lars quando, de repente, lá pelas quinze horas, a porta foi escancarada e lá estava o baixinho maluco de sotaque engraçado, segurando uma fita cassete na mão. Brian riu quando se lembrou da cena. "Eles gravaram a música num pequeno Fostex de quatro canais. Não era uma gravação para lançar, mas era tudo que conseguiram. Eles praticamente a fizeram na noite anterior, somente Lars e James. Coube a Lloyd Grant, professor de guitarra de James, tocar a guitarra solo."

Para que a gravação entrasse no disco finalizado, ela precisava ser transferida para uma fita de rolo, serviço pelo qual o estúdio cobrava cinquenta dólares. Mais problemas. De acordo com Slagel, "Lars não tinha o dinheiro e eu também não. Por sorte, meu amigo John tinha a quantia, então ele emprestou a grana para que a música fosse transferida, masterizada e finalizada". Brian afirmou não saber se John voltou a ver a cor do dinheiro. Como Kornarens contou mais tarde, "Lars começou a entrar em pânico, todo agitado, olhou para mim e perguntou: 'Cara, você tem cinquenta paus?', E cinquenta dólares era bastante dinheiro então. Peguei minha carteira e havia 52 dólares, uma quantia alta para ficar carregando de bobeira em 1982, mas eu tinha, então dei para o Lars, que falou: 'Você vai ficar conhecido como John Kornarens, o 50 Bucks,* em todos os lançamentos do Metallica no futuro!'. De qualquer modo, ele conseguiu que a música entrasse na *Metal massacre*."

"Hit the lights", a faixa que Lars e James gravaram juntos para a coletânea de Slagel, embora creditada unicamente a Hetfield/Ulrich, pode bem ter sido, como outras pessoas sugeriram, uma antiga música do Leather Charm originalmente composta por Hugh Tanner. Porém, o que a dupla fez com ela sob a influência da NWOBHM levou a canção a uma direção totalmente diferente, incluindo o digno vocal agudo de Hetfield, ao estilo do Diamond Head. A principal diferença, porém, estava na velocidade e na força, e, comparada a qualquer outra faixa de *Metal massacre* — que contava com bandas mais experientes como Ratt, Malice e Black 'N Blue, que fechariam contratos com grandes gravadores —, "Hit the lights", do Metallica, saltava aos olhos. Apesar da letra trivial ("When we start to rock / We never want to stop...")** e da melodia primária, bastante repetitiva, a canção explodia dos alto-falantes num borrão de velocidade e barulho, soando como um longo crescendo, fazendo as outras faixas de *Metal massacre* parecerem horrivelmente tediosas, irritantemente lentas e imediatamente datadas. Com Ulrich na bateria, Hetfield na guitarra, baixo e vocal, a música também trazia um solo de guitarra da única outra pessoa a participar da faixa e que também desempenhou um papel pequeno, mas importante, no início do Metallica — um guitarrista jamaicano, alto e negro chamado Lloyd Grant, que Lars e James haviam testado para a banda alguns meses antes. Como Grant contou depois, "respondi a um anúncio do *Recycler* que dizia: 'Procura-se guitarrista de heavy metal para música

* Em português, 50 Dólares. (N.T.)
** "Quando começamos a agitar / Não queremos parar." (N.T.)

mais pesada do que a do cenário de Los Angeles'". Mais tarde, Lars o qualificaria como "um Michael Schenker negro". Embora Lloyd "soubesse tocar guitarra solo como um filho da puta", de acordo com James, ele não foi aceito principalmente porque "não era muito preciso no ritmo".

Mas James considerou Lloyd bom a ponto de fazer algumas aulas de guitarra com ele. Poucas horas antes de Lars entregar a fita de "Hit the lights" para Brian Slagel, James decidiu que a faixa precisava de um pouco da energia dos ataques furiosos da guitarra de Lloyd Grant. Como só tinham um gravador de quatro canais — um canal para a guitarra, outro para o baixo, o terceiro para a bateria e o último, o vocal —, não havia espaço para um *overdub*. Contudo, como o fim da música era marcado por um *fade out*, James sugeriu que "entrasse uma guitarra solo no canal da voz". Assim eles pararam na casa de Lloyd a caminho do Bijou Studio e "ligaram um amplificadorzinho de merda [pelo qual Lloyd] fuzilou um solo. E foi na primeira tomada". Nas palavras de James, "é um solo do caralho!". Boa parte dele sobreviveria nas regravações subsequentes da faixa até o primeiro álbum do Metallica, um ano depois.

Grant conhecera a música na fracassada audição com a banda. "'Hit the lights' foi composta por James e um amigo dele. Eu lembro que, no dia em que fomos à casa do Lars, ele falou: 'Saca só esta música' e tocou 'Hit the lights'. Nós dois curtíamos essa parada pesada." Quando Lars o procurou com a ideia de que ele fizesse um solo na gravação, Grant aceitou, mas contou que não tinha tempo para "ir à casa de Ron McGovney gravar, então James e Lars trouxeram o gravador de quatro canais ao meu apartamento, e eu toquei o solo num amplificadorzinho Montgomery Ward". Segundo ele, embora Lars "fosse muito fácil de lidar", sempre era "100% intenso com a música. Ele tinha ideias e opiniões muito fortes". James, por sua vez, "era bastante calado".

Ainda que fosse demorar um tempo para a prensagem inicial de *Metal massacre* chegasse ao mercado, em junho de 1982, Lars e James enfim tinham uma fita para mostrar às pessoas. Mesmo que a banda ainda fosse apenas uma ideia, Lars e James se animaram para transformar o Metallica numa realidade. Segundo Brian Slagel, "o álbum *Metal massacre* fez deles uma banda e deu algo para fazer". Ao contrário de hoje em dia, quando algo do gênero primeiro apareceria numa página do MySpace, "naquela época, mesmo sem nenhuma garantia, participar de um disco significava algo para as pessoas". Ainda incapazes de persuadir Ron McGovney a tocar baixo, durante um curto período eles recrutaram "um cara de cabelo preto", cujo nome ambos garantem não se lembrar, que não chegava a resolver o problema, mas era melhor do que nada — embora não fosse bem assim, já que o dispensaram em seguida. Nessa hora, James finalmente venceu Ron pelo cansaço. "Minha contribuição musical para o Metallica foi muito limitada", McGovney contou. Ao contrário do Leather Charm, quando Ron "sentia haver uma energia de equipe com James", com o Metallica ele simplesmente "tocava o que James pedia para tocar. Às vezes, ele pegava meu baixo e tocava a música, eu apenas copiava o que ele fazia". Desde o começo, segundo ele, o Metallica sempre foi a "banda do James e do Lars". De acordo com Ron, para começar "tocávamos uma porrada de covers, então nós dois estávamos apenas copiando o trabalho dos outros". Até "Hit the lights" "era uma música do Leather Charm" que James "levou para o Metallica". Ensaiando na garagem que dividia com o amigo, Ron frisou, o Metallica era "só um hobby para mim, como motocross ou ver bandas nas casas noturnas de Hollywood".

As motivações do Ron eram problema dele; para Lars e James, desde que ele aparecesse para ensaiar, não importava. Com uma *faixa de verdade* prestes a ser lançada num *disco de verdade*, não havia mais tempo para procurar o parceiro musical perfeito, e, sim, de "fazer a parada andar", nas palavras de Lars. Na verdade, mesmo James ainda tinha de definir qual seria seu papel de longo prazo na banda, oscilando entre ser um vocalista puro e simples, ao estilo de Steven Tyler e Sean Harris, ou se era melhor ficar de lado, de cabeça baixa, tocando a guitarra base.

Enquanto isso, depois da publicação de outro anúncio no *Recycler,* eles enfim encontraram alguém que poderia ser a resposta às suas súplicas. Seu nome era Dave Mustaine e ele estava prestes a ajudar o Metallica a virar uma lenda, embora não necessariamente da maneira que poderiam ter pensado. Nas palavras de McGovney: "Atendi o telefone um dia e era um tal de Dave, que desatou a falar uma conversa fiada que eu não conseguia acreditar". Lars contou: "Recebi um telefonema de um cara que era um exagero só: 'tenho um monte de equipamento, fotógrafo próprio, meu isso, meu aquilo'. Ele nem fazia ideia do que estávamos falando em termos musicais, mas era entusiasmado. Ele se empolgava logo, o que era legal porque todo mundo em Los Angeles tinha esse lance de carreira — Quiet Riot, Ratt e Mötley Crüe eram bandas grandes que todo mundo em Hollywood estava copiando". Dave Mustaine não desejava imitar ninguém. Ele já era seu próprio grande herói. Nascido, em suas palavras, "na hora das bruxas", ou seja, à meia-noite ou "dois minutos depois", no dia 13 de setembro de 1961, em La Mesa, Califórnia, David Scott Mustaine era o clássico fruto de um lar desfeito. Filho descontente de um pai alcoólatra, John, e de uma mãe que apanhava, Emily, Mustaine cresceu revoltado e furioso em várias cidades do sul californiano, com Emily forçada a viver se mudando para escapar da violência do distante pai de seu único filho. Na época em que Dave respondeu ao anúncio do *Recycler,* ele morava sozinho num apartamento detonado em Huntington Beach, onde costumava vender fumo — nada pesado demais, mas o suficiente para manter a si mesmo e seus fregueses habituais chapados. Um sujeito alto, boa-pinta, com um cabelão louro puxando para o ruivo, cheio de atitude e que, para alguns, era um babaca. Na verdade, muita gente dizia que ele era um babaca — e muitas vezes com razão. Mas a aparência dura e desafiadora escondia um jovem bem inteligente com um dom excepcional como guitarrista e compositor. De fato, podemos argumentar que aquela violência gerou sua incisividade artística: cativante, sem rodeios e, a seu próprio modo, honesto até dizer chega. E, em consequência, mais do que um pouco assustador... Se os palavrões forçados e o machismo vulgar estavam destinados a ofuscar boa parte da música brilhante que ele produziria durante uma carreira raramente monótona, Mustaine foi também o responsável por criar algumas das gravações de heavy metal mais inovadoras de seu tempo — e que tempo ele estava destinado a ter.

James Hetfield, cujo passado sofrido significava que ele poderia se identificar com qualquer moleque ressentido de um lar desfeito, sentiu uma ligação imediata com o novo conhecido metido à besta. Dave Mustaine também sentiu. "Acredito que James e eu somos muito parecidos", ele disse mais tarde. "Acho que pegamos um anjo, o dividimos ao meio e possuímos aquele poder."

Contudo, à medida que o tempo passava, James veria Dave menos como um irmão e mais como um gêmeo maligno. Além de ser mais competente na guitarra do que James, ele também não relutava em roubar seu lugar no palco, farejando sua insegurança e apossando-se dela para virar o *frontman*, anunciando o nome das músicas, falando com o público e, certa feita, tentando sobrepujar o vocal de James. Até entrar no Metallica, Dave fazia parte de uma banda desconhecida chamada Panic, com quem montara um conjunto impressionante de guitarras e amplificadores, algo que o observador Lars notou e que o influenciou a oferecer o lugar ao novato antes de o ouvirem tocar. Igualmente oportunista, Mustaine percebeu logo a energia e se sentiu em casa. "Eu [ainda] estava afinando quando os outros caras da banda foram para outro cômodo. Eles não estavam falando comigo, então eu perguntei: 'E aí? Vou entrar na banda ou não?'. E eles responderam que o lugar era meu. Não conseguia acreditar que tinha sido tão fácil e sugeri que tomássemos umas cervejas para comemorar."

Cerveja era item obrigatório num ensaio de Dave Mustaine. Mais tarde, ele me diria que, "quando garoto, todo mundo dizia que eu viraria um alcoólatra feito meu pai. Você sabe que o alcoolismo é hereditário, está nos genes. Eu não conseguia ficar sem beber". Infelizmente para sua carreira no Metallica, ainda faltavam uns dez anos para ele descobrir isso. "Fiz artes marciais na infância e depois comecei a usar drogas, então achava que ninguém podia se meter comigo. Na verdade, quem tentasse seria destruído." Talvez. Só que não foi essa a impressão que James e Lars tiveram em 1982. Além de vender drogas, do alcoolismo, dos golpes de caratê e do comportamento confrontador derivado de uma aparente e incontrolável natureza mal-intencionada, Mustaine também tinha interesse por ocultismo. Ele me confirmou: "Eu acredito no sobrenatural. Minha irmã mais velha é uma bruxa branca. Eu mexia nas coisas dela quando criança". Mas para fazer o quê? Rituais ocultos? Invocações? "Achei um 'feitiço sexual'", ele disse com ar de pouco-caso, "e usei numa garota por quem sentia tesão. Ela era gostosinha, parecia a Sininho. E não queria nada comigo. Então usei o feitiço sexual e, na noite seguinte, ela estava na minha cama."

Mais alguma coisa?

"Uma vez fiz um feitiço contra um cara que zoava comigo quando eu ia para a escola. Ele era enorme. Mas, sem entrar em detalhes, entoei um canto basicamente pedindo para o Príncipe das Trevas acabar com ele, para que parasse com aquilo. Mais tarde, o cara quebrou a perna e até hoje não anda direito. Parei de mexer com bruxaria depois disso, mas na hora me senti bem. Vingança", ele se vangloriou.

Independentemente do que mais trouxe, a entrada na primeira formação do Metallica de um guitarrista do porte de Mustaine conferiu uma vantagem imediata, em termos da autoestima musical do grupo. "Logo [depois que Dave entrou] as coisas começaram a rolar", disse Lars, "por causa destas três palavras que funcionaram durante nossa carreira toda: boca a boca. Começaram a aparecer deslocados que gostavam de um som um pouco mais radical do que o oferecido pelo mercado fonográfico norte-americano. Nós pegávamos as estruturas de riffs do AC/DC e do Judas Priest e tocávamos com a velocidade do Motörhead. E depois imprimíamos nosso diferencial — que ainda não sabemos qual é. Tínhamos som e atitude europeus, mas éramos uma banda norte-americana, e não havia ninguém mais nos Estados Unidos fazendo aquilo".

Entrevistado pela *Rolling Stone* quinze anos depois, Lars diria que não conseguia "se lembrar de pensar muito no futuro" quando o Metallica começou, que sempre "estava concentrado no presente. De onde vim, a Dinamarca, esse lance norte-americano de objetivos não tem muita importância. Nos Estados Unidos você aprende ainda criança que é importante ter objetivos. Eu nunca acreditei nisso. Nós estávamos sempre à vontade no presente, em nosso mundinho, concentrados no que queríamos". Mas, em 1982, o Lars Ulrich de que todo mundo se lembra era alguém que claramente havia encontrado seu caminho e que não perderia tempo. Brian Tatler, do Diamond Head, se lembrou de Lars escrever contando sobre a nova banda. "Recebi uma carta clássica dizendo 'minha banda se chama Metallica, nós ensaiamos seis noites por semana e está rolando muito bem'. Acho que ele escreveu 'o guitarrista é muito veloz, você gostaria dele'. Lars não mencionou o nome, mas presumo que fosse o Dave Mustaine. A carta deve ser do começo de 1982. E acho que ele mandou uma gravação em fita cassete de 'It's electric' para o Sean [Harris] porque eles devem ter feito uma demo dela [o que] nos deixava lisonjeados — que alguém tivesse se dado ao trabalho de gravar uma de nossas músicas." Ainda segundo ele, Mustaine tinha "tirado o solo nota por nota, uma coisa impressionante".

Certamente havia um novo foco na banda. Ron se lembrou de ele e James voltarem do trabalho todo dia e encontrarem Lars, que ainda morava na casa dos pais, mas tinha começado a trabalhar como caixa de um posto de gasolina para ajudar com as despesas da banda, e Dave, que tinha apartamento próprio e "era um 'vendedor' autônomo, se é que você me entende". Com os quatro integrantes definidos, a banda se arriscou a fazer as primeiras apresentações, começando com um repertório duvidoso no Radio City, na vizinha Anaheim, em 14 de março de 1982. A apresentação foi baseada na fita demo de três faixas, além de outra original e covers do Diamond Head apresentados como se fossem trabalhos próprios, entre eles "Helpless", "Sucking my love", "Am I evil?" e "The Prince", intercalados por "Hit the lights" e a única outra música original da banda, "Jump in the fire", que Mustaine trouxera com ele, além de pérolas da NWOBHM, como "Blitzkrieg", do Blitzkrieg, "Let it loose", do promissor Savage, e "Killing time", da banda irlandesa Sweet Savage. Como Lars mais tarde confessaria, "nosso truque era não dizer às pessoas que aquelas músicas eram covers; deixávamos que pensassem que eram nossas. Não as apresentávamos, então nunca dizíamos que eram nossas, mas... Deu para entender a ideia".

Nesse estágio, James ainda estava tentando se acertar como um vocalista sem guitarra. Com Ron na sombra enquanto dedilhava as linhas de baixo ensinadas por James, e Lars botando pra quebrar furiosamente no fundo, qualquer exibicionismo então, incluindo a apresentação das músicas e a interação com o público, cabia ao comunicativo Mustaine. "Havia muita gente lá", James mais tarde lembraria. "Estavam todos os meus amigos da escola, os do Lars, do Ron e do Dave. Eu estava muito nervoso, meio desconfortável sem uma guitarra e, então, durante a primeira música, Dave quebrou uma corda. Parece que levou uma eternidade para trocá-la enquanto eu estava ali todo envergonhado." Com a exceção do "experiente" Mustaine, nenhum deles tinha se apresentado regularmente em clubes antes. "Somente Dave parecia à vontade", disse Bob

Nalbandian, que também estava lá. "Dava para ver que ele estava acostumado a subir num palco, não tinha medo. Já os outros não pareciam saber o que estavam fazendo." Mais tarde, Lars faria a seguinte anotação em seu diário sobre aquela primeira apresentação: "Público: 75. Pagamento: quinze dólares. Comentário: primeiro show. Muito nervoso. Única banda. O Dave quebrou uma corda na primeira música. Toquei mais ou menos! Rolou muito bem".

Mais memoráveis e impressionantes foram a segunda e a terceira apresentações, tocando como banda de abertura para o Saxon, autêntica realeza da NWOBHM, no Whisky a Go Go, na Sunset Strip. A banda havia gravado uma fita demo caseira com três faixas, incluindo uma regravação de "Hit the lights" com a nova formação como quarteto, "Killing time", do Sweet Savage, e "Let it loose", do Savage. Quando souberam que o Saxon tocaria no Whisky, Ron levou uma cópia da demo até o clube, onde topou por acaso com Tommy Lee e Vince Neil do Mötley Crüe, então promissora banda de glam metal de Los Angeles, de quem ele recentemente tirara fotografias. McGovney contou: "Eles falaram: 'Oi, Ron, o que está pegando?'. Eu disse que o Saxon tocaria no Whisky e que eu queria oferecer minha banda para abrir o show. Eles responderam que iam abrir, mas estavam ficando grandes demais para isso". Os dois se ofereceram para entrar com Ron e apresentá-lo "à garota responsável pelo agendamento". Ela deve ter ficado impressionada, pela fita ou pela qualidade dos contatos do grupo, porque no dia seguinte ligou para Ron e disse: "Vocês são muito bons... Lembram a banda local Black 'N Blue" — coincidentemente, outra banda da futura coletânea *Metal massacre*. Segundo Ron, "Ela disse: 'O Saxon vai tocar duas noites. O Ratt vai abrir a primeira e sua banda pode abrir na segunda noite'. Então precisamos agradecer ao Mötley Crüe por terem nos descolado aquela apresentação, uma grande oportunidade para nós".

Brian Slagel, que foi ao show do Saxon, lembrou-se bem. James, ainda sem uma guitarra para escondê-lo e usando uma calça justa de oncinha, estava "interessante", ele observou, tentando ser gentil. "Eles tocaram bem, o que já era uma grande surpresa. Mas [James] era bastante tímido e não tinha muita presença de palco. Ele tocava guitarra antes daquilo, é lógico, mas queriam que ele fosse o *frontman*. Claramente não havia muita confiança. Dava para ver que ele estava meio intimidado, mas eles se saíram muito bem. Podia ter sido uma porcaria e não foi. Porém [James] ficou tão pouco à vontade lá em cima que deve ter sido por isso que voltou imediatamente a tocar guitarra [no palco], porque se sentia melhor tendo outra coisa a fazer, além de só cantar."

Com a rápida ascensão que a banda estava prestes a vivenciar, eles também obtiveram a primeira crítica na grande imprensa por causa dos shows do Saxon, nada mais nada menos do que no *LA Times*, na qual o crítico musical Terry Atkinson foi preciso ao escrever: "Não faria mal para o Saxon ter um guitarrista rápido e matador ao estilo de Eddie Van Halen. O quarteto de abertura Metallica tinha um [Dave Mustaine], mas pouco mais. A banda local precisa de um desenvolvimento considerável para superar a falta de jeito generalizada". No diário das apresentações, Lars, de maneira presunçosa, anotou que a banda recebeu um dólar a mais do que no primeiro show, acrescentando, sem modéstia: "Ótimo som desta vez. Dave e eu fomos ótimos. Ron e James mais ou menos. Rolou muito bem. Foi um barato, mas não conhecemos o Saxon".

De acordo com Brian Slagel, "logicamente, John [Kornarens] e eu éramos provavelmente as únicas pessoas dali que conheciam as músicas que estavam tocando. O resto do pessoal deve ter achado que eram composições próprias". Com exceção do vocalista do Saxon, Biff Byford, que os acompanhou da lateral do palco boquiaberto, "Biff ficava assim: 'Quê? *Quê?* Por que estão tocando músicas do Diamond Head?'", lembrou-se Brian Tatler. Não seria por muito tempo. Quando o Metallica estava pronto para voltar a tocar no Radio City no começo de junho, eles contavam com mais duas composições próprias e haviam gravado uma série curta de demos que, mesmo então, foram consideradas revolucionárias. A primeira veio em abril, *Power metal*, com as quatro primeiras faixas inéditas: "Hit the lights", "Jump in the fire", "The mechanix", outro épico conduzido por Mustaine, e "Motorbreath", de Hetfield. Mais tarde regravada para a demo agora lendária *No life 'til leather,* o interessante em *Power metal* é como essa compilação captura a banda antes de ela haver estabelecido seu estilo musical básico. James, em particular, soa bastante diferente do valentão ranzinza, como em breve se posicionaria, segurando as notas no refrão de "Jump in the fire", por exemplo, bem ao estilo de Sean Harris, do Diamond Head, embora com menos elegância.

"Depois ele viu que não soava como Sean Harris, assim decidiu cantar de modo mais rude", relembrou Ron McGovney, que inadvertidamente deu o título à demo quando decidiu que o Metallica precisava de cartões de visita para entregar a possíveis promotores de shows. "Era para o cartão ter apenas o logotipo do Metallica e um telefone de contato, mas achei que ficou simples demais e decidi que deveria haver algo abaixo do logotipo. Eu não queria botar 'hard rock' nem 'heavy metal', então cunhei o termo 'power metal'; achei que soava bem. Ele não tinha sido usado por nenhuma banda antes, pelo que sei." Mas quando mostrou com orgulho os cartões para Lars, o baterista ficou horrorizado. "Ele perguntou: 'O que você fez? Que diabos é power metal? Não acredito que fez uma burrice dessas! Não podemos usar esses cartões com power metal escrito neles!'." Já James e Dave, porém, viram o lado engraçado e, de maneira sarcástica, batizaram a primeira gravação juntos de "demo do power metal". Só que a situação entre eles ainda era tão desconfortável que nenhum membro podia rir mais do que os outros. Hetfield, em especial, ainda sofria uma enorme crise de confiança com seu papel no grupo. Quando fizeram um show no Convert Factory, em Costa Mesa, no dia 23 de abril, eles surgiram como um quinteto. James continuava sendo o vocalista, porém agora havia outro guitarrista base, Brad Parker (nome artístico: Damian C. Phillips), para ajudar a reforçar o som. Mas como Ron contou: "Enquanto [o resto da banda] estava se vestindo para subir ao palco, ouvimos um solo de guitarra, olhamos pelo gradil do camarim e lá estava o Brad no palco esmerilhando a guitarra. Esse foi o primeiro e último show do Metallica com Damian C. Phillips. Acho que depois ele entrou no Odin".

Foi o bastante para convencer Mustaine e Hetfield de que ninguém mais deveria tocar guitarra na banda. Contudo, se James fosse se concentrar na guitarra base, ele argumentou, eles deveriam arrumar um vocalista "de verdade". Ele não era inseguro apenas com a voz. Assolado por uma acne severa da adolescência até os vinte e poucos anos, James tinha uma consciência tão dolorosa do seu visual que evitava espelhos, se sentia desconfortável perto de garotas bonitas e, de maneira mais duradoura, criara uma grande barreira ao seu redor, escondendo sentimentos muito delicados sob um manto de monossílabos e olhares contundentes. Ele admitiu que não sabia se conseguiria ficar na frente de uma banda tão musicalmente confrontadora quanto o Metallica. Depois de um show na antiga escola de Lars, em 25 de maio, no qual James tentou cantar e tocar guitarra — um show desastroso em que se apresentaram num ginásio praticamente vazio —, os outros concordaram. E então entrou outra esperança de vida curta: Jeff Warner. Outra vez, somente para uma apresentação, de novo no Convert Factory.

Houve até um breve flerte com um vocalista chamado Sammy Dijon, de outra banda local, Ruthless. "O Sammy era um bom cantor", disse Ron, "só não era do estilo do Metallica."

A discussão ainda era grande sobre a melhor maneira de James e o grupo progredirem quando *Metal massacre* foi finalmente lançado, em 14 de junho de 1982. Embora a conversa continuasse, num ir e vir, até o segundo álbum, a ideia de trazer um novo vocalista parecia cada vez mais equivocada. Eles enfim eram uma banda com uma faixa num disco de verdade, e James era o vocalista da música. Ainda não convencido, ele concordou em continuar no papel por algum tempo. Dave e Ron, por outro lado, estavam determinados a se fazer notar na próxima vez que chegassem perto de uma gravação. Eles tinham o álbum *Metal massacre* com que desfilar e exibir às pessoas, junto com seu nome, bem ali na contracapa, grafado erroneamente como "Mettallica". Lars ligou para Brian Slagel uns trinta segundos depois de perceber o erro…

Três
Couro nos seus lábios

Numa noite qualquer, em 1986, estava em casa, chapado, com minha garota, quando o telefone tocou — de novo. Aborrecido, atendi. Ouvi bipes. Estavam ligando de um orelhão.

"Oi, Mick! É o Lars!"

Fiz uma pausa enquanto vasculhava a mente atrás de um rosto que combinasse com o nome.

"... do Metallica!"

Ah... sim, Lars. Como ele teria conseguido meu número?

"Oi, Lars. Tudo bem?"

"Sim, beleza..."

Aí rolou a lenga-lenga de sempre em que escutava como ele e a banda estavam se dando bem. Ele falava sobre shows que foram "impressionantes". Que algumas pessoas eram uns "cuzões do caralho" ou, com mais frequência, "gente boa pra caralho". Ele falava de cervejas, móveis que quebraram e foram jogados pela janela, risos em todo canto, farras sem fim, inevitáveis. Enquanto ele seguia nessa toada naquele sotaque dinarmaquês-americano bagunçado, ouvi ao fundo o inconfundível som de um pub bombando.

Aí então ele chegou aonde queria. "Escute, estava pensando, não tenho onde ficar hoje..."

Sabia que era uma mentira ou inverdade. Todo mundo sabia que quando Lars ficava em Londres naquela época, ficava na casa chique do novo empresário, mas ele queria alguma coisa, e eu já estava sacando o que era.

"Escute, eu estava pensando, será que posso ir até sua casa, quem sabe dormir no sofá?"

Claro que não. Naquela noite não. Queria ficar sossegado. Só que não conseguia me expressar...

"... quem sabe a gente toma umas cervejas, fica de bobeira... que tal?"

Olhei para minha namorada, e ela murmurou "não". Ela já havia cometido o erro de dar de ombros e dizer "sim" muitas vezes antes.

"... quem sabe ver um show. Sabe o que tem hoje? A gente podia se encontrar na Wardour Street, no Ship. Na verdade, é onde estou agora..."

Finalmente — finalmente — vi uma brecha e comecei a contar uma história desanimada sobre uma matéria que precisava terminar e, talvez, semana que vem ou outro dia, quem sabe, pois, devia encarar os fatos, sempre haveria uma próxima vez para alguém como Lars.

"Quê?", ele disse, não caindo na conversa. "Não quer que eu vá aí?"

"Não", respondi, "é claro que quero. Seria ótimo. É que..."

"Puxa vida! Mas eu não tenho onde ficar."

"Pensei que estivesse hospedado na casa do Peter."

"Estou, mas é chato pra cacete. Eu preciso sair, tomar umas, mudar de ares. E aí, o que me diz?"

Ouvi os bipes de novo, e ele depositou mais uma moeda. Só que eu me adiantei. "Escute, hoje não dá mesmo. Foi muito bom falar com você, cara. Da próxima vez..."

"Beleza", ele disse, nem um pouco convencido. E então a linha ficou muda. Ufa. Foi por pouco. Quer dizer, o cara era bacana, do bem, mas nunca fechava a matraca. Voltei a me deitar no sofá, enrolei um e tentei esquecer...

LANÇADA EM JUNHO DE 1982, a primeira edição limitada do monumental álbum *Metal massacre*, orquestrado por Brian Slagel, mudou tudo para Lars Ulrich e James Hetfield. Antes dela, eles eram apenas dois adolescentes com a ideia de montar uma banda de rock. Depois dela, eram uma entidade, algo a ser levado em consideração, algo chamado Metallica — ou, na verdade, "Mettallica", como apareceu na capa e no selo da tiragem original. Lars e James não sabiam se riam ou choravam. Um sonho se realizava, mas meio estragado. Lars deu o braço a torcer e aceitou as desculpas de Brian. James não falou nada, só ficou puto. "Eles entenderam", Slagel insistiu. "Não ficaram felizes, é claro. [Mas] entregaram tudo em cima da hora, e o erro aconteceu na composição. Não tinha como conferir antes de imprimir. Fiquei furioso! Nós corrigimos, é claro, nas outras tiragens [e] me desculpei inúmeras vezes com a banda. Como disse, eles encararam numa boa, levando tudo em consideração. No fim das contas, tudo rolou direitinho para eles", acrescentou, secamente.

No mínimo, a existência de *Metal massacre* deu um incentivo à formação inicial do Metallica. Além disso, provou para Lars e James algo que não sabiam: os dois eram bons de verdade. Era como se o fato de só existirem na imaginação febril de Ulrich e Hetfield tivesse lhes permitido ser algo mais do que a mera soma das partes. Mesmo que ainda fossem desencorajados por shows com pouca plateia ou por uma sequência de rejeições de pessoas desinteressadas do mundo musical, eles botaram pra quebrar, tão seguros como dois garotos fazendo imitações no espelho do quarto. Três semanas depois do lançamento de *Metal massacre,* os integrantes da banda acharam que tinham tirado a sorte grande quando foram a um estúdio com equipamento de oito canais em Tustin chamado Chateau East e gravaram o que achavam que viria a ser seu primeiro lançamento individual, resultado de outra decisão tipicamente abrupta de Lars Ulrich de mudar para um selo independente local mais estabelecido. Só que, ao contrário de Brian Slagel, o dono era fã de punk — gênero ainda diametralmente oposto ao heavy metal — e, dessa vez, o blefe de Lars pareceu ter dado errado.

"[O cara] era uma cascavel", Ron McGovney o descreveria mais tarde. "Ele tinha um selo punk, que fazia parte de uma gravadora de Orange County. O cidadão falou que colocaria dinheiro para fazermos um EP." Só que depois de ouvir as sete faixas — compreendendo todas as canções inéditas que o quarteto havia produzido junto —, ele alegou estar estarrecido com o fato de a banda tê-lo enganado e levado a pensar que era punk, por isso se recusou a lançá-las. Sempre engenhoso, Lars sugeriu que o grupo reunisse as faixas e as distribuísse como uma fita cassete "edição limitada" batizada de *No life 'til leather* (nome tirado do verso de abertura de "Hit the lights" e inspirada no disco ao vivo *No sleep 'til hammersmith,* do Motörhead, que chegara ao primeiro lugar das paradas britânicas no verão em que o baterista estivera por lá). Teria uma capa improvisada com notas explicativas escritas por Lars, com a lista das faixas e o logotipo da banda, mas não seria vendida em lojas, como aconteceu com *Metal massacre.* Serviria, no entanto, para atiçar o mundinho de troca de fitas, Lars raciocinou, e foi exatamente o que aconteceu. Na verdade, as sete músicas de *No life 'til leather* — "The mechanix", "Phantom lord", "Jump in the fire" e "Metal militia", todas creditadas a Hetfield, Ulrich e Mustaine (o último mais tarde afirmaria que havia composto a maior parte sozinho), além de "Motorbreath", outro arranjo que sobrou da época em que Hetfield trabalhava com Hugh Tanner, mas que seria creditada unicamente a James, "Seek and destroy", de James e Lars, bastante "inspirada" em "Dead reckoning" (faixa lançada no começo daquele ano pelo Diamond Head), e uma nova versão de "Hit the lights", dessa vez com Mustaine e McGovney (que, astutos, substituíram o solo original de Lloyd Grant com *overdubs*) — fizeram pela banda tudo que um EP oficial poderia ter feito, menos atrair resenhas na grande imprensa roqueira. O que foi compensado com a força do boca a boca dos fãs, algo que Lars compreendia muito bem em razão de sua avidez por lançamentos obscuros e difíceis de achar da NWOBHM.

Patrick Scott foi convocado para ajudar a enviar as cópias de *No life*. "Na verdade, eu era a única pessoa que as mandava", ele disse. "Foi meio egoísta [da parte de Lars], mas estava ajudando um amigo. Eu tinha amigos com que me correspondia como Metal Mike, da *Aardshok*, e Bernard Doe [da *Metal Forces*], entre outros... Eu mandava demos e camisetas para eles, que me enviavam outras coisas... Mas eles estavam pirando com o Metallica, mesmo nos países onde achávamos que estavam as bandas legais, os caras diziam que o Metallica era a mais legal das bandas. Não em Los Angeles, mas em todos os outros lugares, de outros estados dos Estados Unidos, no Japão, Suécia, Inglaterra... Foi uma época divertida, eu corria até a caixa do correio todo dia. O Lars só ficava me dando material para despachar. Ele sabia o que estava fazendo." Lars nunca afirmaria ter arquitetado uma estratégia em particular, pelo menos não nesse estágio, mas ele compreendia que essa estratégia de divulgação da música tinha se encaixado ao perfil em desenvolvimento do Metallica de maneira muito útil. Embora ao longo dos anos eles tenham se transformado em um clube muito mais inclusivo, a música original e a postura do Metallica eram, em essência, o som dos excluídos, que, de tão distantes das fronteiras do *mainstream*, nem tentariam entrar nele; uma abordagem tão em desacordo com o comportamento predominante de agradar a plateia das bandas de Los Angeles que não parecia fazer sentido à maioria das pessoas para quem eles se apresentavam nos vários clubes de Hollywood, nos quais começavam a tocar com mais frequência.

Logo, fitas de *No life 'til leather* circulavam por Los Angeles, San Francisco, Nova York, Londres, Birmingham e Copenhague. As operações do grupo continuavam centradas no bangalô dos pais de Ron — com ele financiando pessoalmente muitas das atividades, já que era o único com cartão de crédito válido —, mas esse foi o começo do processo pelo qual Lars assumiria a operação comercial considerando o perfil da banda e a divulgação. Como ele se gabou à *Rolling Stone* anos depois, omitindo de maneira conveniente o papel desempenhado por Scott e outros, "fui eu que saí e comprei todas as fitas, que fiquei sentado para copiá-las e as enviei às pessoas. Foi como tudo começou. Alguém tinha de fazer aquilo". Embora também tenham enviado fitas para diversas gravadoras, esse aspecto "nunca foi tão sério", insistiu Lars. "Nós só queríamos enviar para quem as trocava, ser mencionado em alguns fanzines." A reação típica entre a fraternidade da troca de fitas foi como a de K. J. Doughton, futuro presidente do fã-clube do Metallica, que também recebeu uma fita de Scott. "Pirei depois de ouvi-la. O Metallica tinha uma inclinação claramente europeia na música, numa época em que a maioria das bandas norte-americanas era, no máximo, uma liga leve. Havia grupos ianques pesados, como Y&T, Riot e The Rods, mas o Metallica levou tudo a proporções gigantescas, bíblicas, de terra devastada, do bem contra o mal. Não era música de festa. Não eram baladas para atrair garotas. Era simplesmente brutal, um áudio mortal voltado para o ataque." Segundo Scott, "eles eram o que nós estávamos procurando". Ele se lembrou de ter tocado a fita pelo telefone para Ron Quintana. "Liguei para ele um dia e toquei 'Hit the lights', e Ron falou: 'Deus do céu!'. Ele pirou." Quando Quintana percebeu que era a banda nova de Lars Ulrich que ele estava ouvindo, "não conseguia acreditar". Como Ron disse, "nenhum dos nossos amigos participava de bandas populares, então nunca esperei que um roqueiro baixinho louco por metal como Lars fosse ser de uma banda grande! Ele entendia do assunto, mas nunca o ouvi tocar até meados de 1982, na fita, e, em LP e ao vivo, mais tarde". Quando Quintana pediu a Scott para escrever um artigo sobre o Metallica para a *Metal Mania*, Patrick avisou Lars, e eles o escreveram juntos. "Isso era ultrassecreto", disse Patrick. "Sentamos no quarto [de Lars], e ele falou: 'Não conte isso para ninguém!'. Rimos e dissemos coisas que pareciam ridículas, como a famosa frase 'potencial para se tornarem deuses do metal norte-americano'." Como recompensa, Lars deu a Patrick uma cópia rara de *1980*, primeiro e único disco do Brats, pais do punk-metal dinamarquês, a banda do guitarrista Hank Shermann antes de entrar no Mercyful Fate. "Eu não pedi aquele, mas [Lars] tinha dois exemplares. Ainda o tenho. Mandei o artigo para o Ron e ele saiu no *Metal Mania*."

Musicalmente, as influências do Metallica eram óbvias para quem conhecia a cena da NWOBHM — algo que a maioria dos fãs norte-americanos desconhecia. Porém, misturados às referências óbvias como Diamond Head e Motörhead, estavam traços mais obscuros, como o hardcore britânico e o punk norte-americano. De bobeira depois dos ensaios, eles misturavam os discos de Motörhead e Angel Witch com novos lançamentos dos Ramones, Discharge e Anti-Nowhere League, "e ninguém saía correndo", disse James. "Tudo combinava. Era agressivo, tinha guitarras. Era bom. Bones, o guitarrista do Discharge, estava criando riffs de metal excelentes." Patrick Scott se recordou de ter apresentado a James e Lars o disco *Restless and wild*, do Accept, em especial a faixa "Fast as a shark". "Eles ficaram meio chateados, como se alguém os tivesse vencido no jogo deles mesmos. Queriam pegar todas as coisas de que gostavam e levar a um novo patamar. Principalmente Lars. Ele sabia o que gostava e o que detestava. Queria ser como eles, mas dando um passo além ao misturar o Motörhead com as bandas da NWOBHM. Mais pesado e rápido." Também foi Patrick que lhes apresentou o Mercyful Fate. "James tocava 'Curse of the pharaohs' para baixar o tom da guitarra. Eles adoravam o Mercyful Fate... essa foi uma grande influência do Metallica, em termos de abordagem progressiva com mudanças de andamento e usando apenas riffs. Eles não queriam progressões de acordes, só riffs. Esse era o grande lance. Usar dez riffs numa música só, quando daria para compor dez canções com eles."

O denominador comum do que era então o gosto musical da banda — que certamente influenciava o estilo de compor — envolvia velocidade, força e agressão. Na primeira vez em que Lars apareceu com o disco do Venom *Welcome to hell* — o autoproclamado lançamento do black metal — o impacto foi grande, contou Ron McGovney, embora não necessariamente da mesma maneira para ele. "Os outros adoravam o Venom. Eu achava um saco." Contudo, para ele, "a velocidade das músicas pode ter sido uma influência". Não apenas a velocidade das canções como também o conteúdo completamente antissocial, inflexível até dizer chega, exemplificado em músicas como "Sons of Satan", "One thousand days of Sodom" e "Angel dust". Venom, trio de Newcastle formado no final da década de 1970, era parecido com o Metallica no sentido de que tinha um desejo ardente de pegar a influência de Motörhead, Judas Priest e Black Sabbath e acelerá-la. Em 1982, quando do lançamento do segundo LP, *Black metal,* os shows enlouquecidos do Venom atraíam uma mistura assustadora de headbangers, motoqueiros, punks e skinheads. Combinando "o grande show pirotécnico" do Kiss com "as letras satânicas" do Black Sabbath, como seu baixista, vocalista e principal compositor Conrad Lant, vulgo Cronos, explicou em 2009, o credo do Venom era bem simples e escandalosamente eficaz: "O metal é a música do diabo, vamos deixá-lo o mais agressivo que pudermos". O toque extra era: enquanto o Sabbath da época de Ozzy Osbourne falava sempre de "uma alma atormentada perseguida por demônios, o Venom queria *ser* o demônio". O impacto do Venom foi enorme, ajudando a criar um novo gênero roqueiro nos Estados Unidos, do qual o Metallica receberia o crédito da criação, mas, como Lars disse, o verdadeiro crédito cabe ao caldeirão em ebulição que os colegas de banda e ele começavam a mexer juntos. "Uma banda como o Venom merece bastante crédito porque havia várias músicas do primeiro disco que eram rápidas. Então você pega o Venom, depois acrescenta uma pitada de Discharge e outro tanto de GBH. De repente, você tem um pouquinho de punk, de metal, de Motörhead, que tinha um pé em cada mundo, daí acrescenta o diferencial norte-americano e, pronto, aí está o thrash!"

Se a fórmula pode ser tão simples como Lars sugeriu, o efeito de longo prazo seria algo que nem ele poderia prever. Em si, o surgimento do Metallica e, em seguida, desse novo fenômeno chamado thrash metal, foi um divisor de águas na história do rock: o fim daquilo em que o heavy metal havia se transformado, do pós-punk — tanto dos ritmos lúgubres e profundos combinados a letras metafóricas sobre Satã e seus adoradores, quanto das canções reflexivas, repletas de guitarras lamurientas e vocais secos — e o início de uma sonoridade nova que começou oferecendo uma alternativa à velha guarda séria e terminou substituindo-a. O thrash descartou os clichês do heavy metal tão rápido quanto o punk, mas manteve sua estrutura e musicalidade. O punk era baseado em compactos, o thrash em álbuns. Tirando isso, os dois tinham muito em comum; visual urbano, basicamente proletário, seu apelo estava muito além do objetivo do pop ou do rock *mainstream*. Comparado a qualquer banda que o antecedeu, o Metallica estava mais próximo do Motörhead em termos de despir o rock e deixá-lo apenas com seus componentes mais vitais, mas havia um aspecto cômico em Lemmy e seus comparsas, uma piscadela inteligente, um brilho de dente de ouro que o Metallica não tinha. Lars e seu bando eram muito mais sérios em seu empreendimento musical, vestidos de preto da cabeça aos pés, transformando as canções em movimentos musicais antes mesmo de aprenderem a tocar um instrumento. O Metallica era uma experiência mais purista, e ser fã de thrash significava levar a música a um nível muito sério, próximo ao profundo abismo emocional do Pink Floyd da época do *Dark side of the moon* ou ao sentimento de superioridade moral autocentrado do primeiro álbum do Clash. Não tão sombrio quanto o Joy Division, mas esse não vinha da ensolarada região sul da Califórnia, onde a luz é tão brilhante que empalidece as sombras. Assim, se o Metallica, e com ele o padrão do thrash, incluiria alguns ornamentos do rock de velha guarda — solos de bateria no meio do show, solos acrobáticos numa Flying V e até uma ocasional balada pesada —, os roqueiros os reconheciam na hora pelo que eram: uma coisa nova, diferente, menos agradável de imediato, mas, talvez, no fim das contas, mais significativa. Com o tempo, o thrash, mercantilizado e etiquetado com sucesso — estaria relacionado com skatistas, gibis clássicos da *Marvel*, fumar maconha, tomar anfetamina, beber uma porrada de cerveja, com tatuagens, piercings e tênis brancos sujos —, mas originalmente não tinha nada a ver com essas coisas. Era simplesmente a obsessão de um tenista adolescente fracassado com a NWOBHM do começo dos anos 1980 e com o fato de que o Metallica era perfeitamente norte-americano. Dez anos antes, Lars teria sido igualmente feliz tocando bateria numa banda ao estilo do Deep Purple. Dez anos mais tarde, ficaria numa boa num Soundgarden ou Alice in Chains da vida. Como tudo aconteceu em 1982, quando ele formou sua primeira — e única — banda, a música que decidiram tocar ainda era tão inédita, tão improvável, que inventou um novo gênero só seu. Como ele me disse mais tarde, "nós não chamávamos de thrash; nunca nem tínhamos ouvido falar do termo até que começamos a ler a respeito em revistas britânicas como a *Kerrang!*. Nós nos perguntávamos: 'Somos thrash metal?'. Muito bem, soava tão maneiro...".

Contudo, o termo "thrash metal" ainda estava muito longe de se popularizar no vocabulário do rock internacional. Por enquanto, o Metallica continuava abrindo caminho sozinho. "Toquei mal pra caralho!", Lars anotaria no diário de apresentações depois de tocar novamente num Radio City meio vazio em junho, "foi mais ou menos". Em julho, no Troubadour, eles entraram tão tarde que "todo mundo tinha ido embora", ele contou; já um show no Whisky que "teve início às 21h15, sem ninguém por perto" foi comemorado com uma palavra em letra de fôrma: "MERDA!". Analisando aqueles primeiros dias quase vinte anos depois numa entrevista para a *Playboy,* James lembraria como ele e Lars simplesmente "gostavam de um tipo de música que não era aceito, principalmente em Los Angeles. Nós éramos rápidos e pesados. Tudo em Los Angeles era curto, músicas pegajosas: Mötley Crüe, Ratt, Van Halen. E ainda era preciso ter o visual certo. O único visual que tínhamos era feio". Na verdade, as primeiras fotos da banda mostram os quatro tentando se adequar às tendências predominantes enquanto buscavam uma identidade. Nas palavras de Xavier Russell, um dos primeiros defensores da banda na imprensa roqueira britânica, "da cintura para baixo, era Ratt e Mötley Crüe, com calças de lycra preta e cintos de balas. Em cima, eles usavam camisetas do Motörhead ou do Saxon". A primeira foto do quarteto trazia James numa camisa branca folgada, jeans apertado e um cinto de balas ao estilo do Motörhead; Dave e Ron se vestiam de maneira parecida, embora Dave estivesse com um colete sobre a camisa branca, enquanto Ron preferia uma camiseta do Motörhead, e Lars, o mais ousado de todos, usava o que parecia ser uma camiseta primitiva do Metallica, mas com outra camiseta amarrada, ao estilo das garotas, na cintura. Todos tinham cabelos compridos e bem cuidados. Em muitos dos primeiros shows, James e Dave usavam calças brancas listradas de lycra, inspirados em Biff Byford do Saxon. "Nós tínhamos nossas batalhas com a lycra", um James relutante admitiu à *Playboy*. "Dava para mostrar as ferramentas. 'Use lycra, cara. Vai ganhar as garotas!'."

Na verdade, foi só na metade da primeira turnê do Metallica pelos Estados Unidos, um ano mais tarde, que James finalmente se livrou das calças coladas, depois que o único exemplar pegou fogo enquanto ele tentava secá-lo perto de um aquecedor. "Abriu um buraco bem na virilha. A reação foi tipo: 'Não são calças de verdade, né? São mais meias-calças'." Depois disso, ele aderiu ao jeans. E mesmo os eventuais shows bons deixavam um sabor amargo. James se lembrou da primeira vez que pediram bis: "Foi numa noite de segunda-feira, lá pelas duas da madrugada, no Troubadour, onde havia umas dez pessoas." Depois que já tinham decidido qual seria o primeiro bis — "Let it loose", do Savage —, Lars arbitrariamente começou a tocar uma música diferente, "Killing time", do Sweet Savage, "porque ela começava com a bateria". James, que tinha esquecido a letra, ficou tão furioso que, quando finalmente chegaram a uma conclusão calamitosa, ele foi até lá e berrou "seu puto" para o Lars, acertando um soco na barriga dele. "As pessoas ficaram com cara de interrogação."

Metal massacre vendeu logo as 2.500 cópias da prensagem inicial, principalmente graças ao trabalho de Slagel na Oz Records; os principais distribuidores independentes da loja — Gem, Important e Green World — "compraram todas de imediato. Na verdade, cerca de um mês depois, eles queriam mais". Após um acordo de fabricação e distribuição com uma empresa pouco confiável chamada Metalworks, que prensou algumas centenas de cópias, mas que, segundo Slagel, "nunca recebi um centavo por isso — era um pesadelo medonho", ele negociou um acordo de distribuição com a Green World, mais tarde conhecida como Enigma. Foi por meio da Green World que seu selo Metal Blade se transformaria numa gravadora, relançando o disco *Metal massacre* — a nova edição traria a versão de oito canais de "Hit the lights" no lugar da versão original de quatro canais — e produzindo uma nova coletânea, *Metal massacre II*. A partir daí foi um pulo para começar a lançar discos independentes de outros artistas. "Eu era uma gravadora de um homem só", Slagel relatou, "envolvido na gravação, masterização, eu fazia todo o trabalho de arte e de promoção... Eu fazia tudo." Os primeiros discos da Metal Blade incluíam trabalhos de outros artistas do *Metal massacre* original, Bitch e Demon Flight, seguidos dos EPs de nomes mais novos, como Armored Saint e Warlord, que seriam ouvidos pela primeira vez em *Metal massacre II*. Contudo, o selo novato faria uma descoberta valiosa em 1983, com o álbum de estreia do Slayer, *Show no mercy*. Embora Slagel tenha admitido "não ter visto uma grande conexão a princípio" entre os ritmos colossais do Slayer e os riffs do Metallica, o Slayer seria parte do Big Four, o grupo das quatro grandes bandas de thrash metal (ao lado de Metallica, Megadeth e Anthrax), e único rival sério pela coroa de inventores do thrash, reivindicação que ganharia credibilidade ao longo dos anos. Ao contrário do Metallica, que logo passaria a ampliar seus horizontes musicais (e o público), o Slayer se recusou a suavizar a abordagem ou buscar a aprovação do grande público; os mais convictos, como o Clash, em contrapartida ao Metallica, mais independente e destruidor de regras, como o Sex Pistols.

Encorajado pelo cenário promissor, em setembro de 1982, Brian Slagel decidiu organizar um show dedicado a *Metal massacre* em San Francisco, num clube pequeno chamado Stone. Quase duzentas pessoas compareceram, a maior plateia para que as bandas reunidas ali já haviam tocado. O Metallica, o grande sucesso da noite, só foi acrescentado às atrações num segundo momento. "Os convidados seriam Bitch, Cirith Ungol e uma terceira banda que não me lembro", contou Slagel. Quando o Cirith Ungol foi forçado a desistir em cima da hora, "liguei para o Lars e perguntei se o Metallica gostaria de tocar; não haveria cachê, mas era uma apresentação". Como de costume, Lars aceitou e só depois pensou em como eles iriam para San Francisco. A decisão de aceitar demonstrou-se acertada por causa de suas consequências. Como Lars observou no diário de shows, foi "a primeira apresentação boa de verdade. Heandbangers de verdade, fãs de verdade, bis de verdade. Foi um puta fim de semana. Errei pra cacete no palco!". Certamente, eles não foram perfeitos nota a nota, de acordo com Slagel, mas a banda aos poucos começava a acertar o passo, incentivada pela resposta muito diferente que seu som recebeu em San Francisco. Fato desconhecido até para Lars, a demo *No life 'til leather* tinha sido um sucesso na cena underground da cidade, graças em boa parte ao forte empenho de Ron Quintana no fanzine *Metal Mania*. No show, eles ficaram impressionados ao ouvir o público cantar algumas das letras. Depois, alguns até pediram autógrafos! "Foi uma viagem", afirmou Ron McGovney, "não conseguíamos acreditar."

Eles também começaram a compor material novo, que refletia o status aprimorado de banda boa de palco. Ao lado das sete faixas de *No life 'til leather*, todas elas tocadas no Stone, havia uma música nova feita no bangalô de Ron: "No remorse" — um *tour de force* construído em torno de pelo menos três riffs diferentes, remetendo às experiências de James antes do Metallica, sendo que qualquer um deles era cativante a ponto de render uma música, a canção ainda era amarrada pelos solos de guitarra inflamados de Mustaine e impulsionada pela bateria marcada por paradinhas de Lars, antes de repentinamente mudar de andamento, até terminar com um final explosivo. Ela se transformaria em modelo para o que viria a ser a marca registrada do Metallica em seus primeiros e revolucionários anos. Não que a banda já estivesse pronta para se desligar de suas raízes. O bis foi composto por dois covers do Diamond Head, "Am I evil?" e "The prince", que soavam mais como o Metallica que como versões — um limite que o grupo ainda gostava de extravasar.

Entretanto, o resultado mais significativo do show no Stone foi a reação do público. "Foi nosso primeiro encontro com fãs de verdade", disse James. "Foi como se aquelas pessoas tivessem ido nos ver e gostassem da gente, odiando as outras bandas, e nós gostamos disso porque também as odiamos." Segundo Brian Slagel, "em Los Angeles [o Metallica] era meio que visto como uma ovelha negra porque era muito pesado em comparação ao que as outras bandas estavam fazendo. Até Mötley e Ratt estavam ficando mais comerciais e era mais ou menos nessa direção que a cena estava indo. Então, eles não se davam muito bem por lá, mas quando foram a San Francisco naquela noite de repente viram todos aqueles garotos *enlouquecendo* por causa da banda. O público simplesmente *adorava* o Metallica e o que estavam fazendo. Foi realmente incrível. A banda ficou impressionada, os integrantes não esperavam aquilo". Ansiosos por manter aquele sentimento bom fluindo, marcaram um novo show em San Francisco, no Old Waldorf, em outubro. Era apenas uma noite de segunda — a mais morta da semana —, mas eles tocaram como se fosse sábado. Nem se importaram em usar a rede de proteção proporcionada pelos covers do Diamond Head, dessa vez simplesmente detonaram a demo *No life 'til leather* acompanhada de "No remorse". Novamente, "o público ficou louco", contou Ron. Entre eles estava Gary Holt, guitarrista da banda local Exodus, que abriria para o Metallica no show de novembro no Old Waldorf — mais tarde imortalizado em outra fita ao vivo aprovada oficialmente pelos trocadores de cassetes, batizada de *Metal up your ass*. Holt se recorda que "eles foram excelentes, mas muito desleixados. Lars mal conseguia tocar, eles estavam bêbados no palco, porém havia uma energia punk crua". A reputação crescente em San Francisco era tamanha que o grupo colocou um anúncio na revista musical local gratuita *BAM* (Bay Area Music). Ele custou seiscentos dólares, uma quantia grande para uma banda sem grana e sem contrato em 1982. Felizmente, tinham o bom e velho Ron para pagar a conta — mais uma vez. "Deve ter sido ideia do Lars ou do James", disse Ron. "Eles botaram o anúncio, me mostraram e falaram que ia custar seiscentos dólares. Eu falei: 'Tudo bem, Lars... James, cadê seu dinheiro?'. E eles responderam que não tinham nada. Eu era o único com alguma grana, então passei um cheque de seiscentos dólares para a *BAM*. Até hoje não recebi o dinheiro de volta."

O único obstáculo real era Dave Mustaine, cada vez mais difícil de lidar. Slagel se lembrou de que o guitarrista o havia procurado durante a primeira apresentação no Stone e dito: "Vão falar uma coisa para você, mas não é verdade". Slagel explicou: "Parece que eles tinham bebido toda a cerveja que o promotor havia dado e queriam mais. Só que o promotor achava que não devia dar mais ou não estava dando na velocidade necessária. Então Dave foi até o bar, pegou um engradado de Heineken, levou para os bastidores e eles tomaram. Quando o promotor soube, ficou com raiva e decidiu não pagar os cem paus [o cachê], e o caldo entornou. Lamentei. Mas se tratava de uma situação clássica envolvendo Dave Mustaine naqueles tempos". Na verdade, a personalidade arrogante e o comportamento volúvel de Mustaine — o consumo excessivo diário de maconha e álcool contribuía — estavam causando problemas para a banda desde o começo. Ron, em especial, achava o irritante e confrontador Mustaine o oposto de sua personalidade, mais sóbria e equilibrada. Foi Ron quem alugou um trailer para transportar o palco da bateria e o resto do equipamento até San Francisco no Ford Ranger 1969 do pai. Ron, que nunca tinha posto os pés na cidade, se viu dirigindo em Chinatown, tentando achar o clube enquanto os outros três estavam "lá atrás no trailer bebendo e farreando, e eu, puto da vida".

Dave era o cara que vendia bagulho, roubava cerveja e falava no palco, agindo como se fosse o líder da banda, não o novato. Isso também deixou Ron "puto pra caralho". Já haviam acontecido vários arranca-rabos entre os dois antes da viagem a San Francisco, como na tarde de domingo em que James dispensou Dave da banda — antes de permitir que o arrependido guitarrista o convencesse do contrário. Mustaine tinha aparecido no bangalô que Ron dividia com James com "seus dois filhotes de pit bull". Ron, que estava no chuveiro quando Dave chegou, ficou horrorizado ao descobrir, ao sair do banho, que os cachorros estavam "pulando no meu carro" — um Pontiac LeMans 1972 reformado —, "riscando a pintura". Ron se lembrou de James ter corrido para fora gritando: "Ei, Dave, tire a porra desses cachorros do carro do Ron!". De acordo com Ron, Dave retrucou: "Que merda você disse? Não fale assim dos meus cachorros!". Um foi para cima do outro, e rolou uma briga feia. Ron contou que "eles começaram a brigar e vieram para dentro de casa. Vi Dave socar a boca do James, que voou pela sala, então pulei nas costas do Dave, e ele me atirou na mesinha de centro". Nessa hora, James ficou em pé e disse para Dave: "Você está fora da porra da banda! Se manda daqui!". Ainda segundo Ron, "Dave pegou todas as suas tralhas e foi embora, puto. No dia seguinte, voltou chorando, implorando, 'por favor, me deixem voltar para banda'". Para desagrado de Ron, James e Lars, pouco animados com a ideia de terem de achar outro guitarrista, acabaram — depois de mais choramingo — aceitando.

Falando ao escritor Joel McIver, em 1999, Mustaine recordou-se do incidente com remorso, encarando-o como o primeiro prego no caixão de sua carreira no Metallica. Segundo ele, "se eu tivesse de fazer tudo de novo, não teria levado os cachorros. Eu traficava drogas para me manter em circulação, então tinha os animais para proteger a mercadoria. Um dia, eu os levei ao ensaio e [um] deles pôs as patas no carro do baixista. Não sei se ele riscou ou amassou o carro, sei lá. James reclamou, nós começamos a discutir, trocamos empurrões, e dei um soco nele. E me arrependo...". Somente Lars, que era igualmente sociável, por diferentes motivos, gostava realmente da companhia de Dave. Pode-se afirmar, na verdade, que Dave Mustaine era o elo perdido entre a personalidade ultraconfiante "viva eu" de Lars Ulrich e a emocionalmente frágil, de cara feia, de James Hetfield. Em comum com James havia o fato de Mustaine ser um jovem californiano provindo de um lar desfeito da pior maneira. Contudo, enquanto James havia criado uma fachada monossilábica, impenetrável para se proteger do mundo, Mustaine resolvia tudo de frente, pronto para derrotar Deus e o mundo com uma guitarra veloz e boca e punhos ainda mais rápidos. Como James, Dave era fascinado por filmes de Clint Eastwood, principalmente *Três homens em conflito*. Diferentemente de James, ele tinha um gosto meio absurdo, o que significa que também adorava filmes da Pantera Cor-de-Rosa. Enquanto isso, a exemplo de Lars, as influências musicais de Dave eram amplas a ponto de englobar de Beatles a Led Zeppelin, antes de também se apaixonar pela NWOBHM, embora, no caso dele, fosse mais um "foda-se" para a cena existente em Los Angeles que um mérito musical; seus gostos pendiam para bandas menos restritas e com técnica mais apurada, tais como Diamond Head e Judas Priest, do que para aquelas puramente pesadas como Saxon ou Samson. Segundo ele, "Motörhead, Mercyful Fate, Budgie e AC/DC contribuíram" para sua educação musical. "Depois disso, não havia muito a acrescentar."

Lars também gostava do fato de Dave ser um cara útil para ter por perto quando as coisas se descontrolavam de outras maneiras. Depois de ficar bêbado como um gambá numa festa com o Armored Saint, novatos do metal da região leste da cidade, o bocudo Lars arrumou encrenca com Phil Sandoval, guitarrista do Saint. Quando Sandoval jogou Ulrich no chão, Mustaine, que nunca fugiu do que vinha pela frente, deu um golpe de caratê no guitarrista, quebrando o tornozelo dele. Anos mais tarde, depois que Mustaine finalmente tomou jeito, ele procurou Sandoval e se desculpou, levando como presente uma guitarra ESP novinha em folha, para produzir o que o sóbrio Mustaine, usando termos de psicologia, chamava de "encerramento" do incidente. Dave só estava protegendo Lars, ele explicou. Sandoval compreendeu. Todo baixinho precisa de um grandalhão que o proteja. Principalmente quando o baixinho é bocudo. Como Mustaine me diria depois, "eu achava que tinha algo contra todos. Eu era um *bad boy*. Não percebia que estava queimando meu filme". Nem quando começou a vender drogas no apartamento, o que o transformou no esquisitão da banda. Todos os integrantes bebiam, mas nenhum deles tinha ido além da maconha. Ron nem mesmo gostava de ficar bêbado; ele odiava o fato de não poder dirigir e de perder o controle. Lars ficava lento com um baseado; cocaína, quando ele conseguia filar alguma, tinha mais a ver com sua personalidade impulsiva, megalomaníaca. Para James, qualquer tipo de droga era simplesmente inaceitável; até remédios de venda livre eram vistos com suspeita. Quando criança, ele sofria de enxaqueca, e a única ajuda que os pais ofereciam era uma oração "ou ler a Bíblia". Só depois de morar com o meio-irmão mais velho ele tomou aspirina pela primeira vez. Ainda assim, como contou ao escritor Ben Mitchell, "eu estava pirando. O que isso vai me fazer sentir, o que vai fazer?". Na primeira vez que Dave ofereceu um baseado a James, ele praticamente saiu correndo do quarto, aterrorizado. Na época, ele já havia tentado fumar maconha — feito um grande experimento, da mesma maneira como outras pessoas encaravam sua primeira viagem de LSD —, só que "bateu tão forte, que pirei". A partir daí, James sempre lançaria um olhar desaprovador quando alguém, em especial um integrante de sua banda, usava qualquer tipo de droga, fossem "leves" ou "pesadas". O fato de Mustaine sentir justamente o oposto de James em relação a drogas ajudaria a separá-los, mas não naquele momento, não quando as coisas estavam começando a ficar interessantes para o Metallica. Na verdade, a primeira vítima da banda em ascensão ao estrelato não seria Mustaine, o difícil de agradar, mas o sempre confiável Ron McGovney.

De acordo com Brian Slagel, as dificuldades de McGovney no Metallica se concentravam em sua pouca habilidade como baixista. "Depois que a banda estava junto havia um tempo e os caras estavam melhorando musicalmente, a única coisa que eles sentiam é que Ron, por melhor sujeito que fosse, não estava progredindo no mesmo ritmo. Então Lars me procurou e disse: 'Ei, estamos pensando em procurar um baixista, você conhece alguém que possa ser bom para a gente?'." Imediatamente, Brian pensou em Joey Vera, baixista do Armored Saint, banda da Metal Blade que estava prestes a ser contratada pela Chrysalis. "Joey era uma possibilidade, mas não acho que fosse dar certo." O cara era comprometido demais com sua banda, que já estava num estágio muito mais avançado da carreira naquele ponto. Foi então que Slagel teve outra ideia. "Eu disse para o Lars: 'Escuta, tem uma banda chamada Trauma...'."

Brian conhecia o Trauma, de San Francisco; era um dos grupos que fariam parte do *Metal massacre II* com uma faixa curta, mas surpreendentemente doce chamada "Such a shame". "O empresário deles mandou uma fita com três músicas, que eram incríveis e muito bem gravadas. Assim, eles entraram na *Metal massacre II* e vieram tocar em Los Angeles. A banda era muito boa, mas o baixista era *fenomenal*. Realmente fantástico." Assim, quando Lars perguntou sobre baixistas, Brian mencionou "o cara do Trauma", que viria tocar novamente em Los Angeles dentro de algumas semanas, dessa vez no Troubadour. "Sugeri que eles conferissem. Assim, ele e James foram ao show, e Lars me procurou — não me lembro se durante ou logo depois — e disse: 'Ele vai ser o nosso baixista!'. E quando Lars fala esse tipo de coisa parece que consegue concretizá-la. Logicamente, ele também conseguiu isso."

O baixista do Trauma se chamava Cliff Burton — o mesmo cara que fora ver o Metallica tocar no Old Waldorf em outubro —, e "Such a shame" seria a única faixa lançada pelo Trauma com a participação dele. Segundo Lars, Cliff era "o cara de aparência mais estranha" que ele já vira num palco em Hollywood. Enquanto o resto do Trauma se vestia do mesmo jeito, igualzinho a qualquer outra banda de metal da Costa Oeste em atividade, Burton subia ao palco vestindo jeans boca de sino e colete de brim. O cabelo era longo como o de um hippie e parecia nunca ter visto um pente, que dirá escova e laquê, como parecia ser hábito dos colegas de banda. Porém, o mais impressionante era que ele realmente sabia tocar baixo, dedilhado, sem palhetas, como os melhores baixistas que conhecia, e tinha influências óbvias como Geezer Butler, do Black Sabbath, Geddy Lee, do Rush, e Phil Lynott, do Thin Lizzy, além de outros não tão evidentes, mas que eram mestres igualmente significativos, como o jazzista norte-americano Stanley Clarke, cuja técnica no baixo acústico deixava Cliff pasmo, e até Lemmy, cujo baixo ribombante no Motörhead o deixava em transe, em especial pelo fato de ser tocado como uma guitarra e pela técnica usada para criar distorções nos riffs pesados. Todavia, Burton não compartilhava com o resto do Metallica o interesse pela NWOBHM, nem pelo baixo *à la* metralhadora de Steve Harris, do Iron Maiden, tão estimado por outras pessoas. Pelo contrário, Cliff estava mais interessado na tentativa de emular certos guitarristas — principalmente Jimi Hendrix, embora Uli Jon Roth, imitador de Hendrix, fosse idolatrado quase na mesma medida, bem como Michael Schenker, do UFO, "até certo ponto", e Tony Iommi, do Sabbath, que "também foi uma influência". Assim como James, Cliff também gostava "bastante" do Aerosmith. Por conta disso, ao contrário dos baixistas de rock comuns, o que Cliff fazia poderia ser caracterizado, nas palavras de Lars, "como tocar baixo feito guitarra". Ele usava o pedal *wah-wah* para criar estranhas "fluências" e "arrastos". Como o futuro guitarrista Kirk Hammett me diria, "para alguém tão bom como ele no baixo, longe dos palcos Cliff praticamente só tocava guitarra. Ele adotava esse tipo de abordagem nas coisas que fazia".

Henning Larsen, que mais tarde se tornou técnico de bateria do Metallica, estava com Lars e James no Troubadour na noite em que viram Cliff tocar pela primeira vez e lembrou como ambos ficaram de olhos arregalados. "Eles ficavam falando: 'Meu Deus! Olha esse cara!'. O que mais os impressionou foi verem alguém solar no baixo! Eles acharam isso fantástico." Ou como James afirmaria em 2009: "Nossos queixos caíram e falamos que precisávamos dele na banda". Na verdade, eles ficaram tão boquiabertos que nem o superconfiante Ulrich conseguiu reunir coragem para falar com Cliff naquela noite. Pelo contrário, ele e James foram embora e conversaram sobre isso em segredo, antes de voltarem ao clube na noite seguinte, quando o Trauma faria outro show, e o abordarem. Segundo James: "Nós falamos: 'Temos uma banda e estamos procurando um baixista e achamos que ele deveria ser você, pois você é matador'. E ele sabia disso. Não se surpreendeu, mas a música o fazia se sentir assim". Sempre prático, "depois que trocamos os números de telefone, comecei a tentar convencê-lo imediatamente", disse Lars.

Patrick Scott lembrou-se de ter ouvido falar do Trauma por meio de K. J. Doughton, que escrevera sobre eles em seu fanzine, *Northwest Metal*. Empresariados por um inglês expatriado chamado Tony van Litt, foi por meio do contato de K. J. que Patrick visitou a banda no set durante a gravação de um vídeo em Santa Anna. Quando Patrick convidou Lars para ir com ele, ficou surpreso ao vê-lo tão animado com a ideia. Quando ele insistiu em levar James, Patrick começou a suspeitar de alguma armação. "Lars os conhecia, e eu não sabia disso. Ele não tinha me contado. Acho que já tinha visto uma apresentação deles. Assim, fomos ao estúdio e acompanhamos a gravação do vídeo. Eles quase pareciam uma banda de Los Angeles — tirando o baixista, que sempre teve o mesmo visual, com calça boca de sino, sacudindo a cabeça fora do ritmo, aquela coisa doida." Voltando para o carro, Lars não parava de falar no baixista, "dizia que era excelente e queria saber se ele seria uma boa para uma banda como o Metallica".

Mas se nem mesmo Ron McGovney contestaria que era, no máximo, um baixista competente — como ele mesmo contou, "James me mostrava o que tocar" —, as diferenças musicais eram apenas uma parte dos motivos pelos quais os outros começaram a tramar sua substituição por Cliff Burton. Nos bastidores, as coisas iam de mal a pior. "Não era fácil ficar no meio disso, entre meus pais, os donos da casa onde morávamos, e os membros da banda. É claro que havia bebedeiras e garotas, entre outras coisas, e meus pais não gostavam daquilo. Muitas vezes eu tinha de ser o cara chato. Usávamos a picape do meu pai para transportar o equipamento, e essa era outra dificuldade com que eu tinha de lidar. Eu era o responsável pelo transporte e o baixista do Metallica ao mesmo tempo. Eu me comportava daquele jeito porque não achava que a responsabilidade era só minha." E também existiam os frequentes choques de personalidade com Dave: "Dave Mustaine não gostava nem um pouquinho de mim. Ele começou a roubar minhas coisas e até deu um jeito para que roubassem meu baixo numa das apresentações. Ele derramou cerveja nos captadores do meu outro baixo e tomei um choque. Conforme o tempo passava, ficava mais irritado, e meu desagrado, mais claro".

Não eram apenas as brincadeiras de mau gosto de Mustaine que começavam a botar Ron para baixo. Como revelou numa entrevista ao site Shockwaves, de Bob Nalbandian, em 1996, ele e Lars também se desentendiam nessa época. "Odeio quando as pessoas se atrasam e usam os outros o tempo todo, e era isso que Lars fazia. Eu tinha de dirigir até Newport Beach só para buscá-lo." No fim das contas, Ron ficou tão cansado com a situação que disse para

Lars se virar com o transporte. E também havia a postura dos outros em relação a ele. Ficou tão de saco cheio por ter de usar o cartão de crédito para pagar tudo enquanto os outros desperdiçavam o pouco que tinham em farras, que não conseguiu aguentar mais e se tornou o angustiado da banda. "Eles não entendiam por que eu estava puto. Diziam: 'Depois do show, o cheque é seu'. E recebíamos no máximo cem dólares por apresentação, que [em San Francisco] nem cobriam o quarto do hotel. Além disso, torrávamos uns duzentos em bebida. Eu sempre falava para eles: 'Se faço parte da banda, por que sou eu quem paga tudo enquanto vocês não bancam nada?'." Ron sugeriu que arrumassem um empresário para ajudar a arcar com as despesas, mas eles riram, mandando-o relaxar. "Nessa época, Dave era um cuzão, e Lars só pensava em si mesmo, mas o que doía de verdade era James, porque ele era meu amigo e estava ficando do lado deles, enquanto, de repente, eu virava o estranho da banda." Falando agora, Ron tem uma perspectiva mais tranquila, mas é evidente que a ferida ainda não cicatrizou. "Suponho que tenham ficado cansados de mim e começaram a procurar outro baixista. Quando viram Cliff tocar com o Trauma, devem ter decidido que seria ele. Saquei o que estava rolando e vi que meus dias estavam contados quando tocamos em San Francisco, em novembro de 1982. Cliff estava lá conversando com eles enquanto eu carregava o equipamento. Quando voltamos a Los Angeles, eu saí. Imagino que também tenha sido um alívio para eles."

O último show com Ron no baixo foi no Mabuhay Gardens, em 30 de novembro — um momento agridoce, por ter sido uma de suas melhores apresentações. "Sem dúvida, quanto mais populares ficávamos, mais eu curtia tocar baixo na banda", ele contou. Embora Ron tenha admitido que "precisávamos encher a cara para subir no palco, então é claro que podíamos ter tocado melhor", o fato é que "quem nos viu nos clubes, em especial em San Francisco, provavelmente diz que a formação comigo e Dave era fantástica". O repertório daquela noite — mais uma vez baseado na fita cassete de sete faixas *No life 'til leather*, além de "No remorse" e "Am I evil?", do Diamond Head — continha uma das primeiras músicas em que a banda trabalhara de fato como um quarteto: "Whiplash" — rápida como punk e com mais agressividade na melodia. Mais tarde, Ron lembraria a composição e a apresentação dessa canção em especial como uma de suas lembranças mais felizes do Metallica, descrevendo-a, de maneira certeira, como "a música *headbanging* definitiva. Sempre que a tocávamos, era um tesão". Enquanto carregava o equipamento depois do show, Ron McGovney percebeu Cliff Burton, o homem que em breve o substituiria, parado do lado de fora na chuva. Ron, sempre prático, foi até lá, se apresentou e depois ofereceu uma carona para o encharcado baixista. Depois disso, a volta para Los Angeles foi infernal, sendo forçado pelos outros a parar numa loja de bebidas onde, segundo Ron, "compraram um garrafão de 3,8 litros de uísque. James, Lars e Dave estavam completamente embriagados. Eles ficavam batendo na janela para eu encostar para que pudessem mijar. De repente, vejo Lars deitado no meio da rodovia interestadual 5 sobre a linha dupla amarela. Foi inacreditável! E eu pensei: 'Foda-se essa merda!'".

Quando Ron descobriu no dia seguinte que Dave tinha derramado cerveja de propósito nos captadores de seu baixo Washburn, enquanto proclamava em alto e bom som que odiava o baixista, foi a gota d'água. "Confrontei a banda quando eles vieram ensaiar e falei: 'Caiam fora da minha casa, porra!'. Virei para James e disse: 'Sinto muito, James, mas você também precisa sair'. E eles foram embora poucos dias depois. Pegaram todas as tralhas e se mudaram para San Francisco." Ron ficou "tão chateado" que vendeu o equipamento, incluindo amplificadores, estojos de guitarra e até sua adorada Les Paul. "Fiquei muito puto com a situação." Naquele instante, ele já havia descoberto que os outros tramavam pelas suas costas para substituí-lo por Cliff Burton. Ele afirmou ter agora uma visão tranquila sobre a situação, mas que, na época, sentiu-se "traído". Outras pessoas que conheciam a banda também achavam que Ron havia sido tratado sem consideração. Segundo Bob Nalbandian, "Ron foi injustiçado, sem dúvida nenhuma. É fato que ele não era um baixista tão bom quanto Cliff Burton, mas era um cara muito bacana que fez muita coisa pela banda e merecia um tratamento melhor, sem dúvida nenhuma. Quer dizer, quando se olha o que conquistaram musicalmente com Cliff na banda, dá para aceitar, mas eles meio que usaram o Ron, e isso não foi legal".

Contudo, talvez a avaliação mais marcante de como Ron McGovney foi tratado pelo Metallica, se bem ou mal, resida no fato de ele nunca mais ter se animado a retomar a carreira, seja formando uma banda ou entrando numa. Pode-se afirmar que, no final das contas, ele teve sorte de pertencer ao grupo. Sua última investida no mundo roqueiro se deu quatro anos depois, quando foi persuadido a fazer uma nova tentativa em uma banda com a qual se identificava mais, a Phantasm, que ele descreveu como "punk progressivo", com o vocalista Katon de Pena. Entretanto, apesar de ter investido em um novo baixo Fender P e em um amplificador da Marshall, o lance não deu em nada. "Eu vivia sendo bombardeado com essa história do Metallica, e a banda ficou de saco cheio", ele relatou mais tarde a Bob Nalbandian. "Um monte de moleques ia aos shows só porque eu tinha sido do Metallica. Quando fomos tocar em Phoenix, todos os caras do Flotsam and Jetsam ficaram pulando do palco e, depois da apresentação, todos me procuraram atrás de autógrafos. A coisa desandou depois disso, e nunca mais participei de uma banda."

Tudo aconteceu há um quarto de século. Hoje, Ron McGovney é pai solteiro e mora na Carolina do Norte. Porém, ele ainda vai aos shows do Metallica, sempre que eles tocam por ali — os caras lhe deixam ingressos e credenciais para os bastidores. Na última vez em que conversamos, em outubro de 2009, ele os tinha visto na turnê Death Magnetic. "Eu os vi faz umas semanas", Ron escreveu por e-mail, "e eles são muito bacanas. Os bastidores são uma coisa séria, metódica, mas também muito confortável." A banda "foi muito legal comigo e meus filhos quando fomos ver os shows em Atlanta e Charlotte. James até dedicou 'Phantom lord' para mim, e Lars deixou que as crianças e eu ficássemos na área da mesa de som, perto do palco. Num gesto legal, [o atual baixista] Rob [Trujillo] tirou o baixo no palco e ia entregá-lo para mim durante 'Phantom lord' e 'Seek and destroy'. Só que eu não toco essas músicas há 27 anos, e reaprendê-las no palco diante de 17 mil pessoas poderia ser um tanto embaraçoso!".

McGovney pode ter saído relativamente numa boa do Metallica, mas convencer Cliff Burton a deixar o Trauma, abrindo mão de sua relação com a banda, foi mais complicado do que Lars tinha imaginado. A princípio, Burton parecia insensível às investidas cheias de boa vontade daquele desconhecido com sotaque estranho. Desconfortável com a desmazelada aura neon de Los Angeles, o simples fato de o Metallica ser de lá bastava para ele descartar as ofertas iniciais. Lars, porém, como Cliff estava prestes a descobrir, não desistia facilmente. Por algum tempo, pareceu que tinha encontrado um rival à altura no baixista vestido com cardigãs roídos por traças e bigodinho ralo. Filho de hippies da primeira geração, que instilaram nele muitos dos ideais que definiriam sua personalidade, Cliff, mesmo quando um jovem rebelde, não era como os outros — isso todos os que o conheceram, ainda que brevemente (como eu) podem dizer.

Clifford Lee Burton nasceu em 10 de fevereiro de 1962. Seu pai, Ray, era do Tennessee, mas então trabalhava nos arredores de San Francisco como engenheiro rodoviário. A esposa, Jan, era do norte da Califórnia e trabalhava como professora no distrito escolar de Castro Valley com alunos deficientes. Clifford foi o terceiro e último filho, o caçula nascido após Scott David e Connie. Scott morreu de aneurisma cerebral quando Cliff tinha treze anos, na ambulância que o levava ao hospital. Grande golpe para a família, a morte teve um efeito profundo no adolescente Cliff, reforçando a ideia de que a vida não deveria ser desperdiçada agradando os outros. O tempo era curto, e o dia, longo. Fosse o que fosse, era melhor fazer hoje do que deixar para amanhã, que realmente poderia nunca chegar.

Cliff somente começou a estudar música com seriedade "depois que o irmão morreu", sua mãe mais tarde contou. Ele dizia às outras pessoas: "Serei o melhor baixista em homenagem a meu irmão". Jan ficou "totalmente impressionada porque nenhuma criança da família tinha algum talento musical". Cliff fez aula "no bairro por cerca de um ano, quando ficou melhor que o professor e frequentou outro lugar durante uns anos, superando o outro também". Sua maior influência de estudo foi um professor chamado Steve Doherty, que também era "um baixista de jazz muito bom, um músico bem refinado. Foi ele quem fez o Cliff gostar de Bach, Beethoven e [música] barroca, fazendo-o aprender a ler partitura e coisas assim". O filho também superaria Doherty, mas não antes de seu interesse por Bach se consolidar. "Ele se sentava para estudar e tocar Bach. Ele adorava Bach."

Em 1987, Harald Oimoen, velho amigo de Cliff mais conhecido como Harald O, fotojornalista de metal em formação da área de San Francisco, passou uma tarde no apartamento de Castro Valley entrevistando Jan e Ray

Burton — a única vez em que o casal falou abertamente sobre o filho. Harald teve a gentileza de me permitir usar a entrevista aqui. Nela, Jan descreveu o filho como "muito quieto" e "normal", exceto pela insistência, mesmo quando pequeno, em ser "ele mesmo". Brincar com outras crianças fora de casa era "chato". Cliff preferia ficar sozinho, lendo livros e tocando música. "Mesmo quando pequeno ele ouvia música ou lia. Era um grande leitor e muito inteligente; ele fez um teste na 3ª série e, na prova de compreensão de texto, obteve nota similar à do segundo colegial." Ray disse que sua maior preocupação era com o fato de que o menino só começou a andar perto de completar dois anos. "Mas o pediatra dizia: 'Não tem nada errado com ele. Ele só é bastante inteligente para saber que o papai e a mamãe vão carregá-lo por aí'." Ele riu.

Musical desde cedo — ele começou a arranhar o piano dos pais aos seis anos —, Cliff era um jovem estudioso e calado, bom na maioria das atividades e nada exibido. Também havia um lado aquariano tipicamente teimoso nele. Mesmo quando criancinha, ele sabia se estava preparado para algo ou não, e ninguém conseguiria convencê-lo do contrário. Segundo Jan, "ele sempre foi popular e tinha um monte de amigos. Era um menino muito gentil e bondoso, mas sempre na dele". Quando jogava beisebol no time infantil da Castro Valley Auto House, ficou conhecido por ser um grande rebatedor para um menino do seu tamanho. Mais tarde, quando cursou o ginásio na Earl Warren Junior High e o colegial na Castro Valley High School, trabalhava nos fins de semana numa empresa de aluguel de equipamentos chamada Castro Valley Rentals, onde os trabalhadores mais velhos o chamavam de Caubói por causa de um chapéu de palha fuleiro que o garoto sempre usava — era isso ou cortar o precioso cabelo, algo que Cliff não faria de modo algum.

Cliff tinha apenas catorze anos quando começou a tirar um som numa primeira banda quase oficial, a EZ Street. Batizada com esse nome por causa de uma boate de striptease em San Mateo, o baixista mais tarde qualificaria a música feita pelo grupo, em declaração a Harald O, como "muito boba, um monte de covers, bosta pura". Porém foi uma experiência inestimável para o adolescente tocar com frequência no International Café, na vizinha Berkeley. A EZ Street também contava com o guitarrista Jim Martin — em termos visuais e de personalidade, uma mistura de cientista musical meio abilolado, tal como

Cliff, com a personalidade bruta de desbravador de James Hetfield —, que mais tarde seria a base musical do Faith No More, inovadores do rock-rap do fim dos anos de 1980. Como Martin disse: "A maior parte do que se vê no palco de um show de rock, seja de heavy metal ou hip-hop da pesada, tem a ver com a fantasia. Já o Cliff era real. Ele não estava representando para fazer parte de uma banda, ele era aquele cara. Nunca se viu como um astro. Ele sempre foi um cara comum".

Quando Cliff se formou no colegial, em 1980, sua personalidade já estava plenamente formada, ele era um cara caseiro que usava jeans boca de sino, lia H. P. Lovecraft, tocava piano, gostava de cerveja, comida mexicana e amava maconha e ácido. Um livre-pensador reservado que guiava uma Kombi 1972 detonada, batizada de Gafanhoto, na qual gostava de misturar fitas do Lynyrd Skynyrd com concertos e cantatas de Bach, cujo passatempo favorito era ficar de bobeira com Jim Martin e Dave Donato, ir pescar, caçar ou ficar fumando maconha e jogando *Dungeons and Dragons* noite adentro. "Ele ficava acordado a noite inteira e dormia tarde", lembrou-se Jan. Dave e Jim também viviam por lá. No meio da noite, Cliff prepararia para eles omeletes matadoras para saciar a larica. "Ele adorava cozinhar essas coisas e raramente nos acordava. Ele tinha consideração e amor excepcionais." Cliff também era honesto até dizer chega. "Às vezes eu não queria que ele fosse tão sincero. Para ele, mentirinhas não tinham vez, o que podia ser meio embaraçoso", ela riu. "Uma vez estávamos falando disso, e ele disse: 'Não preciso mentir para ninguém. Não quero mentir'. Era assim que ele se sentia. Ele odiava mentir mais do que qualquer outra coisa. Era genial sendo ele mesmo."

Matriculado na faculdade Chabot, na vizinha Hayward, Cliff estudou música clássica e teoria musical. Ele voltou a se encontrar com Jim Martin, que também entrara na faculdade, e a dupla participou de um trio instrumental chamado Agents of Misfortune, de breve e útil duração, no qual Cliff tentou pela primeira vez incorporar harmônicos ao seu estilo de tocar baixo — como parte dos estudos acadêmicos — e a improvisar com distorções, truque aprendido com Lemmy, do Motörhead. Jim Martin entraria no clima usando um arco de violino Penderecki, embora essa faceta de seu talento tenha sido deixada de lado quando entrou no Faith No More. Entraram na Batalha de Bandas do Departamento Recreativo de Hayward, e a audição foi filmada, podendo ser vista no YouTube hoje em dia. É um vídeo fascinante para constatar que a presença de palco que Burton tornaria famosa no Metallica já se fazia presente. Na verdade, prestando atenção, é possível ouvir a estrutura de duas músicas que mais tarde ficariam associadas ao seu trabalho no Metallica: uma primitiva versão estendida de um solo de baixo, "(Anesthesia) pulling teeth", e uma estridente introdução para uma canção que se tornaria uma peça fundamental da banda durante anos, "For whom the bell tolls". Em 1982, Cliff entrou para o Trauma, bem conhecido na cena de San Francisco, em parte pela musicalidade intensa, embora sejam mais lembrados agora pela teatralidade. Existe um videoclipe maravilhosamente canastrão deles que também pode ser visto no YouTube, com uma garota morena presa a uma cruz e uma loura sendo "sacrificada" num altar, enquanto a banda toca em meio à névoa de gelo seco, com o vocalista em pé sobre a vítima sacrifical, com uma adaga prateada, cantando sobre ser "o feiticeiro da noite". No fim, uma cruz de cabeça para baixo, posicionada bem atrás de Cliff, pega fogo — o tipo de clipe que já parecia fora de moda em 1982, salvo pelo baixista, fora de sintonia com o resto da banda, vestindo roupas normais e sacudindo a cabeça feito um headbanger de maneira inconsciente, com a linha de baixo cheia de ritmos jazzísticos desnecessários, mas impressionantes, e toques psicodélicos.

Estudando todos os dias em média de quatro a seis horas, mesmo depois de entrar no Metallica, a filosofia musical de Cliff foi explicada por Jan nestas palavras: "Tem alguém numa garagem que ainda não foi descoberto e que é melhor do que você". Esse seria um hábito que manteria até o dia em que morreu. Estava claro que ele levava sua música mais a sério do que qualquer outra coisa. Assim, quando Cliff abandonou os estudos clássicos para tocar em tempo integral com o Metallica, seus pais o apoiaram. Ray admitiu que o estilo no qual o filho então se concentrara "não era o que eu gostaria que ele tocasse, mas era o que ele queria. Então desejei a ele toda a sorte do mundo". Jan, por sua vez, foi mais direta: "Eu não me importava com que estilo tocasse, desde que ele fosse bom. O fato de ser heavy metal deixou tudo mais empolgante para mim, em vez de algum pop bobinho ou country. Era diferente das nossas vidas, então achei legal". Ray se lembrou de o filho ter dito: "'Vou ganhar a vida como músico'. E foi o que ele fez". Mas eles estabeleceram uma meta para o rapaz. Como Jan revelou, "eu nunca o vi desistir de algo ou de alguém. Então, quando falou aquilo, ele ia se dedicar 110%". Contudo, "nós falamos: 'Está bem, daremos a você quatro anos. Pagaremos seu aluguel e alimentação, mas depois disso, se não virmos um progresso lento ou moderado, se não estiver dando certo e parecer óbvio que não vai dar para ganhar a vida com isso, você terá de arrumar um emprego e fazer outra coisa'. E ele disse: 'Beleza'".

Demorou quase quatro meses para Lars Ulrich e James Hetfield convencerem Cliff Burton a pelo menos tentar tirar um som com o Metallica. Intrigado, mas ainda longe de estar convencido, Cliff começou a aparecer sempre que a banda tocava em San Francisco, algo que naquele momento acontecia mensalmente. Ele percebeu duas coisas de cara: que eles tinham uma abordagem bem diferente dos ideais mais sérios e ligados ao metal tradicional do brega Trauma — e que o público gostava muito mais disso — e que o estilo do baixista oficial, o bem-intencionado e cada vez mais esgotado McGovney, era bem insosso. A única coisa que o aborrecia era pensar em se mudar para Los Angeles. Por que ele iria querer se enfiar numa cidade que odiava instintivamente, quando ainda curtia todos os confortos do lar numa cidade mais adequada a suas sensibilidades?

O que enfim o fez trocar de banda foi o fato de que, como narrou a Harald O, "teve uma hora que o Trauma começou a dar no saco". Especificamente, a banda estava "começando a ficar meio comercial". "Comercial" era a palavra educada de Cliff para vergonhosa. O que para o resto do Trauma era teatralidade pura o baixista via como um esforço grande demais para atrair um público mais amplo. O Metallica parecia ter encontrado um jeito de atrair seguidores fanáticos na região de San Francisco simplesmente se mostrando ao natural. Mas havia uma condição decisiva imposta por Cliff: eles teriam de ir até ele. De jeito nenhum o baixista se mudaria para Los Angeles — nem mesmo pela banda novata mais quente da região. Ele disse aos outros membros: "Eu gosto daqui. E a resposta foi: 'Sim, estávamos pensando mesmo em mudar para aí'. Então meu pedido deu certo. Assim, eles vieram para cá e nos reunimos nesta sala onde estamos agora, montamos os equipamentos e mandamos ver durante uns dias. Vimos logo que era uma coisa boa a fazer, então nós fizemos!".

Lars, que já pensava nisso, ponderou que, como Ron era uma carta fora do baralho e a banda não tinha onde ensaiar, era hora de dizer: "Foda-se. Los Angeles é uma bela bosta para nós de qualquer jeito". De acordo com Jan, Cliff "era uma pessoa muito leal" que "não queria deixar o Trauma, mas o grupo queria que ele sossegasse o facho. Ele queria tocar baixo solo, e os outros integrantes não queriam nem saber disso. Ele começou a ficar frustrado, pois queria se expressar musicalmente. O Metallica ligava toda semana de Los Angeles, e ele recusava. Quando finalmente se encontraram, Cliff falou: 'Quero tocar baixo solo. Quero ter uma base para poder pirar'. E eles responderam: 'Pode tocar o que bem quiser, basta tocar conosco'".

Foi uma tacada corajosa para os dois lados, principalmente para o trio do Metallica, que concordou em se mudar de Los Angeles para San Francisco. Como afirmou Brian Slagel, "era um passo *muito* grande". Los Angeles e San Francisco são "cidades diametralmente opostas". Sobre Lars, porém, Slagel afirmou: "Não acho que se importasse tanto assim, pois ele já estava acostumado a viver se mudando". Para James, "um cara que cresceu em Los Angeles, e Mustaine, foi uma grande mudança, mas feita na hora certa. Nenhum deles tinha laços muito fortes com Los Angeles. Eles se sentiam muito mais à vontade em San Francisco. E Cliff era sem dúvida o cara certo. Digo, ele era um baixista inacreditavelmente bom. Assim, eles sentiam que seria uma baita melhoria contar com um cara como ele". Ao contrário de Ron, nenhum deles tinha namorada nessa fase. Segundo Slagel, "eles não tinham nada que os prendesse. Acho que Lars tinha certo laço familiar, mas sei que James não tinha um grande relacionamento com a família, e isso também valia para Dave. Na verdade, a família do Lars o apoiava muito, era uma coisa do tipo, se é isso que você precisa para ser feliz, conte conosco. Então por que não se mudar para San Francisco?".

Sem dúvida, era algo que o grupo achava que tinha de fazer. Como Lars me diria, em San Francisco, o Metallica simplesmente "se conectou a um nível de energia e vibração muito diferente [de Los Angeles] e havia muito mais paixão... havia uma cena mais forte. As pessoas eram apaixonadas pela música, eram curiosas, abertas. Acho que em Los Angeles sempre nos sentimos deslocados, como se ali não fosse o nosso lugar. Cair na farra parecia vir em primeiro lugar. Já em San Francisco havia um nível diferente de paixão, e as pessoas reagiam de outra maneira à música. Então quando decidimos não apenas ir atrás do Cliff, mas nos oferecer a ele, quando dissemos que ficaríamos felizes deixando Los Angeles para trás e quando percebi que essa era uma condição fundamental, que a única maneira de ele pensar em se juntar a nós seria nos mudarmos para San Francisco, a decisão foi fácil. Também nos mudaríamos para lá porque sentimos uma afinidade nos shows no outono de 1982, como se aquele fosse o nosso lugar".

Quando estavam de mudança para San Francisco, passaram na casa de Patrick Scott. "Eles vieram se despedir", ele contou. Foi um momento emocionante para os amigos de escola. Patrick sabia que "provavelmente não veria Lars tão cedo. Eles chegaram, ficaram um tempo e depois foram embora". Ele se lembrou que "Lars uma vez pediu ao meu pai 10 mil dólares para investir na banda, mas quem em seu juízo perfeito teria feito aquilo? Meu pai falou: 'Racionalmente, como alguém poria essa grana numa banda de rock [desconhecida]? Quantas delas dão certo?'". Depois que foram embora, Patrick percebeu que "James tinha esquecido a jaqueta de atleta do colegial na minha casa. Liguei para ele e contei que a tinha encontrado, e ele falou: 'Pode jogar fora. Eu não quero mais'. Mas eu a guardei, ainda a tenho. Está escrito 'J. Hetfield' na gola e, na frente, está bordado 'James'. Contei isso para ele faz uns cinco anos e perguntei se a queria de volta para dar aos filhos ou coisa assim, mas James me disse para ficar com ela e não vender. E eu ainda a tenho".

Assim, na semana entre o Natal e o Ano Novo de 1982, Lars Ulrich, James Hetfield e Dave Mustaine guardaram tudo que puderam em outro trailer — dessa vez pago por eles, não por Ron — e subiram a rodovia costeira da Califórnia até San Francisco, onde ficariam temporariamente na casa do amigo Mark Whitaker, na Carlson Boulevard, 3.132, em El Cerrito, na região leste da Grande San Francisco. Whitaker era uma figura conhecida do mundo dos clubes de San Francisco — já havia assumido o papel de empresário da banda local Exodus e também ajudado em várias apresentações do Metallica — e agora se tornava engenheiro de som nos shows e ajudante em tempo integral da banda. Quando concordou em receber James, Lars e Dave por alguns dias depois do Natal de 1982, ele nem imaginava no que estava se metendo. Em fevereiro de 1983, os três já haviam se instalado de maneira permanente, e a casa de Whitaker em El Cerrito foi logo apelidada de Metallimansion. Ela se tornaria o quartel-general da banda pelos próximos três anos — onde não apenas comporiam o material que formaria alguns dos melhores discos de sua carreira como também começariam a viver a vida rock 'n' roll com a qual apenas tinham sonhado. Ou, nas palavras de Lars, "todos os clichês em que se pode pensar. James e eu tínhamos um quarto. Dave Mustaine dormia no sofá. Havia cachorros zanzando ao redor. Transformamos a antiga garagem em estúdio de ensaio, forrando as paredes com caixas de ovos. Era o refúgio, o santuário para todo mundo dos arredores. As pessoas vinham e ficavam morando por ali, enrolavam por ali. Aos dezenove anos tudo era muito divertido". Também seria o local onde forjariam o "espírito de grupo" de que precisariam para manter a força nos testes que teriam pela frente — "esse pequeno probleminha. Ninguém pode se desgarrar do lance que faz".

Como contou Ron Quintana, "o cafofo de Carlson era razoavelmente normal como o primeiro lar longe de casa para os três recém-chegados de Los Angeles, mas logo o bicho pegou! Os três não tinham outra coisa a fazer em El Cerrito além de passar a maior parte dos dias bebendo vodca e ensaiando nos dias em que o Cliff fazia a viagem de uma hora que o separava da confortável casa dos pais em Castro Valley. Na maioria das noites, saíam para beber, iam ao estúdio do Exodus fazer uma farra ou ver um ou outro show de metal no Berkeley Keystone, nas Segundas de Metal no Old Waldorf ou em apresentações no Mabuhay ou Stone". Passavam os fins de semana descolando drinques na Ruthie's Inn "ou em alguma festa caseira", em que os três se uniriam ao conhecido festeiro e vocalista do Exodus, Paul Baloff, e ao guitarrista Gary Holt "para destruir a sala de alguém".

Foi também no número 3.132 da Carlson Boulevard que, em 28 de dezembro de 1982, o Metallica varou a primeira noite tocando com Cliff Burton. O impacto foi imediato. Cliff gostava de tudo, de Bach a Black Sabbath, de Pink Floyd a Velvet Underground, de Lynyrd Skynyrd a R.E.M. Como Lars me disse em 2009: "Cliff abriu meus olhos e os de James para muita coisa da época. De Peter Gabriel a ZZ Top e muitas outras coisas que não conhecíamos. Ele era fã de bandas como o Yes. Nunca tínhamos ouvido muito aquele tipo de som. É claro que, por sua vez, ele nunca tinha ouvido muito Diamond Head, Saxon, Motörhead e outras do gênero. Então foi um belo intercâmbio". Ou, nas palavras de James, "além de nos ensinar teoria musical, [Cliff] era quem mais havia estudado entre nós, tendo feito um curso universitário de música, e nos ensinou bastante".

Cliff, que "tinha dores nas costas graves por estar sempre inclinado sacudindo a cabeça", também seria uma influência de muitas e inesperadas maneiras. Ainda segundo James, "ele era um grande cara, sabe? Ele e eu ficamos grandes amigos; em termos de atividades, estilos musicais de que gostávamos, bandas que curtíamos, política, visões do mundo, tínhamos uma cabeça muito parecida. Porém ele tinha uma personalidade toda dele, bem forte, que terminou nos contaminando". Para Lars, "Cliff era muito, muito diferente do James, Dave, Ron e qualquer outra pessoa. Ele tinha uma vida completamente diferente nos arredores de San Francisco. Era uma mistura interessante da energia meio hippie, meio viajante e não conformista, tão característica daquela cidade e da própria cabeça dele. E também de todo um lado que eu ainda não havia conhecido nos Estados Unidos, e tinha a ver com o que chamamos de elemento caipira. Ele morava em Castro Valley. Fica a uns bons trinta ou quarenta minutos de carro de San Francisco [e] lá existe uma vibração diferente, tinha um quê de subúrbio, de beber cerveja e farrear. Aquele lance de ouvir ZZ Top e Lynyrd Skynyrd. Ele era uma mistura muito interessante de vários tipos diferentes de personalidade. Quando James e eu o conhecemos, fiquei encantado com sua singularidade. Fiquei encantado com sua falta de conformidade, a insistência solitária em fazer seu lance, até o ponto do ridículo. Mesmo naquela época. Hetfield e eu usávamos as calças mais apertadas que conseguíamos, e Cliff vestia as famosas bocas de sino. Havia muita contradições nele". Dentro dessa "singularidade" também havia "um pouco de rebeldia e energia e, sem dúvida, eu me identificava com aquilo. Por ser filho único com uma educação muito boêmia na Dinamarca e tal, eu conseguia me identificar com essa coisa de ir fundo na sua viagem, sem se deixar levar pelo que os outros querem de você. Assim, a gente se dava bem nesse nível". Cliff Burton simplesmente "não era um ser humano básico", James declarou, rindo. "Ele era bastante intelectual, mas direto ao ponto. Aprendi muito sobre postura com ele." Ainda de acordo com James, Cliff era "um cara maluco, meio hippie, que tomava ácido e usava calça boca de sino. Ele era muito sério e não queria saber de enrolação. Eu queria ter o respeito que ele tinha. Falávamos um monte de merda sobre as bocas de sino todos os dias. Ele não queria nem saber. 'É isso que eu visto. Vão se foder'".

O quarteto viu 1983 começar sentado na garagem do Carlson Boulevard, entupindo-se de cerveja e maconha e falando do futuro. Foi então que Burton explicou sua filosofia no estilo sucinto que lhe era peculiar. Como ele contou um dia a Harald O, "quando comecei [a tocar música], decidi devotar minha vida a ela sem me deixar levar por todas as outras baboseiras que a vida tem a oferecer". Sábias palavras que o resto do Metallica faria de tudo para transformar em realidade — mesmo depois que Cliff os deixou.

Quatro
A noite cai na prisão albergue

O tempo passava e ainda faltava gravar metade do programa. Olhei para o grande relógio do estúdio.

"Cadê os convidados?", perguntei ao supervisor.

"No banheiro", respondeu, fazendo careta.

"Ainda?"

"Sim. Acho que estão... você sabe..."

Como gravávamos o programa logo cedo pela manhã, não era muito comum que as bandas chegassem bêbadas ou chapadas. Só que de vez em quando isso acontecia, principalmente com os grupos mais jovens, que sentiam a necessidade de se trancar no banheiro antes de aparecerem no estúdio prontos para o close.

Então, eles chegaram, empertigados, fazendo cara feia, fingindo. Os dois Daves do... Dei uma conferida na anotação... Megadeth. *Certo. Arrisquei um palpite e ofereci a mão para o que tinha cabelo longo encaracolado e forçava a cara de mau.*

"Dave Mustaine", falei, fingindo estar contente por conhecê-lo. "Bem-vindo ao Monsters of Rock*."*

Ele esticou a pata e permitiu que eu a segurasse. Um dos assistentes de produção mostrou onde ele deveria sentar enquanto eu cumprimentava o outro Dave, o Ellefson. Dave Junior, como ele era chamado. Junior era o baixista da banda e, mesmo tão travado quanto o líder, veio sem fazer cara de escárnio e nem um pingo de arrogância. Eles eram o yin e o yang do Megadeth, o policial bonzinho e o malvado.

Eu me sentei e reparei quando fungaram alto e secaram o decote da assistente de produção. Eles queriam que soubéssemos que eram da pesada, e nós, respeitosamente, entramos na onda.

Então a entrevista começou. Câmeras rodando, som, e... o supervisor fez o sinal engraçado de ação com a mão.

Comecei mencionando o passado de Mustaine no Metallica, mas ele foi logo me cortando. "Isso já era", ele zombou. "Isto é o agora, e não acho que tenho muito a falar a respeito. Não falo mal dos mortos..."

Ah, mas ele falava, sim. A cada chance que tinha. Assim que fizemos uma pausa para o primeiro clipe, ele entrou no assunto. De como tinha composto todas as músicas do primeiro disco do Metallica e não recebido o crédito. De como a banda não era nada até ele entrar. De como os integrantes tinham sido hipócritas ao expulsá-lo, se todos bebiam e se chapavam do mesmo jeito. De como Lars não sabia tocar bateria e Kirk simplesmente o copiava. De como James tinha medo dele.

Dave Junior, que sem dúvida já tinha ouvido aquilo tudo e podia se imaginar escutando de novo ao longo dos próximos anos, ajeitou-se na cadeira, pigarreou e tentou mudar de assunto, mas Mustaine o ignorou. A questão não era Dave Junior nem o Megadeth. Certamente, também não era tentar me contar alguma coisa, seja lá quem eu fosse, um bundão de um programa de TV a cabo com uma camiseta do Iron Maiden.

A questão era Dave Mustaine. Sempre foi e sempre seria. Que Deus tenha pena de seu coração sombrio magoado...

De muitas maneiras, a mudança para San Francisco no começo de 1983 é o verdadeiro início da história do Metallica. Sem dúvida, era assim que Lars Ulrich e James Hetfield se sentiam. Falando comigo em 2009, Lars deu a seguinte explicação: "Aconteceram duas coisas. Em primeiro lugar, começamos a nos sentir mais à vontade, mais confiantes. Sentimos que fazíamos parte de um negócio que estava rolando, algo maior do que nós, em vez de estarmos do lado de fora. E, em segundo lugar, havia o Cliff. Naquela época, James e eu éramos basicamente autodidatas. Quase tudo que sabíamos havíamos aprendido ouvindo discos e tal, mas o Cliff fez faculdade e tinha formação musical, então havia um outro nível de conhecimento entrando na jogada... Uma noção melódica, uma nova dimensão da compreensão musical." San Francisco também oferecia uma agitação cultural que lembrava ao jovem e impetuoso baterista suas raízes europeias. "Senti afinidade de cara... Eu andava de trem, de bonde... Era uma molecada da cidade, não dos subúrbios. Era uma vida de cidade grande e, lógico, com a cena cultural de San Francisco, a abertura política e todas essas coisas, foi o mais perto que me senti de uma grande cidade europeia. Foi por isso que escolhi continuar morando lá. Se eu fosse escorraçado da cidade, provavelmente voltaria para a Europa. Porque não acho que exista outro lugar nos Estados Unidos onde me sentiria tão à vontade ou que me fizesse me sentir em casa como San Francisco."

Como Lars sugere, os acontecimentos se aceleraram depois que Cliff Burton entrou no Metallica. Alguns dias depois de seu primeiro show com a banda em San Francisco, no Stone, em 5 de março de 1983, eles já falavam em gravar um disco. Eles estavam tão animados com as possibilidades da nova formação com Burton que deram um jeito para que a segunda apresentação, novamente no Stone, em 19 de março, fosse filmada, capturando em vídeo o estilo clássico de tocar baixo girando feito um moinho de vento, brandindo o adorado Rickenbacker 1973 como um machado, arrancando tons distorcidos raivosos num momento e altos lamentos sensuais no outro, tudo isso usando os dez dedos para manter continuamente o ritmo propulsor. Lars, cuja habilidade ainda era rudimentar, para dizer o mínimo, sofria para acompanhar. Cliff tinha até o direito de se exibir durante o show, num longo solo de baixo que mais tarde seria imortalizado no primeiro álbum do Metallica e que, mesmo nesse estágio inicial, era um dos destaques da apresentação. "Nós fazemos o que queremos", Cliff aparece dizendo no vídeo. "Não nos interessa o que os outros pensam." Duas faixas novas haviam sido gravadas na Metallimansion em 16 de março, as primeiras gravações do Metallica contando com Cliff Burton: "Whiplash" e "No remorse". Novamente, a banda logo enviou fitas cassete para fanzines e revistas estrangeiras, sem deixar de lado a rede usual de trocadores de fitas. Eles também conseguiram uma pequena façanha ao persuadir um DJ da rádio KUSF FM a tocar ambas as músicas, pelo fato de o Metallica ser então, ao menos tecnicamente falando, uma banda de San Francisco.

Brian Slagel estava pronto para lançar alguma gravação do Metallica desde a primeira vez que John Kornarens mostrou para ele a fita *No life 'til leather* e pediu para ele adivinhar quem era. Slagel achou que fosse algum novo grupo europeu brilhante. "O som era incrível." Quando John disse que se tratava da banda de Lars Ulrich, Slagel não conseguia acreditar. "Este é o *Metallica*? Que coisa mais assombrosa!" O problema era que o nascente selo Metal Blade, de Slagel, simplesmente não tinha dinheiro para o projeto que

Lars tinha em mente. Tinha produzido certo efeito a ampla circulação de *No life 'til leather* e de uma gravação do público, a demo intitulada *Live metal up your ass*, a última fita no mundinho de troca de fitas cassetes, feita com um radiogravador colocado na frente das caixas de som na última apresentação de Ron McGovney com eles no Old Waldorf, no fim de novembro de 1982. O que o Metallica precisava então, na opinião de Lars, era de uma gravação de melhor qualidade em estúdio; algo diferente de demos caseiras e fitas ao vivo. Como tapa-buraco, Slagel sugeriu que simplesmente lançassem a demo de sete faixas *No life* como EP. "Mas eles gostavam de boa qualidade, iriam querer algo um pouco melhor se fosse mesmo para lançar um disco."

Um estúdio de Los Angeles ofereceu a eles a chance de gravar um álbum pelo preço fechado de 10 mil dólares. Eles pediram o dinheiro a Brian, mas ele respondeu: "Não tenho 10 mil dólares! Estão me zoando?". Mas ele se ofereceu para encontrar alguém interessado em investir essa quantia. "Só que, naquela época, era muita grana e não rolou. Quando eles foram para San Francisco, acho que se concentraram mais em trazer o Cliff para a banda, aclimatá-lo e fazer uns shows. Tivemos outras conversas informais sobre isso, mas ninguém tinha dinheiro e não havia como fazer uma gravação de qualidade." Mas não foi ninguém que Brian Slagel ou o Metallica conhecesse na Costa Oeste. Porém, a 5 mil quilômetros dali, na Costa Leste dos Estados Unidos, alguém que eles ainda não conheciam tinha outras ideias. Seu nome era Jon Zazula — Jonny Z — e, embora também não tivesse dinheiro, ele e a esposa e sócia, Marsha Zazula, estavam dispostos a bancar o valor com aquilo que Jonny chamou de "paixão". Segundo contou, ele e Marsha "adoravam tanto a música que estavam dispostos a sacrificar tudo por ela e pelo metal. 'Pelo metal' — era o que costumávamos falar". Essa frase seria repetida por Jonny e Marsha como um mantra nos meses seguintes, enquanto tentavam segurar as pontas durante um dos períodos mais bravos que enfrentariam, antes que os quatro beberrões do Metallica batessem na porta para perturbar e mudar a vida deles para sempre.

Quando ouviu as primeiras gravações do Metallica — uma fita caseira de dez faixas de um dos últimos shows com Ron McGovney, no Mabuhay Gardens, em novembro —, Jonny mantinha uma banca de discos e fitas chamada Rock 'n' Roll Heaven num mercado de pulgas perto de onde o casal morava, em Old Bridge, Nova Jersey. Quando recebeu uma cópia de um freguês habitual insistindo que a ouvisse imediatamente, a gravação do Mabuhay trazia versões ao vivo da demo de sete faixas *No life,* das novas "No remorse" e "Whiplash" e do inevitável cover "Am I evil?", do Diamond Head, que Jonny, outro fanático por NWOBHM, reconheceu no ato. Ele relembrou como foi: "Um cliente voltou de San Francisco como se tivesse visto Jesus Cristo! A gente tocava Angel Witch, Iron Maiden ou qualquer outra coisa na loja, nunca uma demo, que a gente só vendia. E [esse cara] veio com uma fita cassete [ao vivo] do Metallica. Nem era a *No life 'til leather* e já fiquei de queixo caído. Na verdade, a música que me fisgou foi 'The mechanix'. Ela me fez cair para trás. Eu queria saber onde poderia encontrar esses caras. Fiquei pensando nisso enquanto ouvia a fita pela primeira vez. Depois me falaram em K. J. Doughton, e acho que consegui o telefone dele com alguém e então liguei para ele e depois para Lars, que me retornou".

Quando Lars telefonou durante o jantar, Jonny ainda nem sabia o que pretendia dizer a essa banda nova desconhecida. "Quero cair morto se eu disser que sabia. Simplesmente fui tomado por essa paixão, como se existisse um protótipo de Led Zeppelin em El Cerrito, entende? Era uma pedra preciosa que pirou minha cabeça. Eles pareciam a resposta norte-americana à NWOBHM. Não existia nada do gênero nos Estados Unidos, principalmente na Costa Leste, para competir nesse mundo." A única proposta concreta que Jonny tinha a fazer para eles naquela hora era a sugestão de que talvez pudessem abrir alguns shows que ele e Marsha estavam promovendo nos arredores, com artistas que os fregueses habituais da Rock 'n' Roll Heaven estavam interessados em ver. Eles tinham começado "fazendo parceria" com o então incrível Anvil. Depois dele, veio a banda de NWOBHM Raven. Na mesma época em que descobriram o Metallica, os Zazula também planejavam trazer a melhor atração alemã do metal, o Accept, e em apostar nos garotos locais do Manowar. Segundo Jonny, "Raven e Anvil estavam botando a casa abaixo antes do Metallica. Foram grandes sucessos. Foi assim que começamos".

O empreendimento seguinte de Jonny e Marsha envolvia doze datas que estavam definindo. "Os shows seriam do Venom, Twisted Sister... Também tínhamos Vandenberg e The Rods." Falando ao telefone pela primeira vez com Lars, Jonny, num ímpeto, "ofereceu todas as datas para o Metallica, se eles viessem. Marsha achou que eu estava louco". Lars, que recentemente ouvira boatos sobre algo rolando no Nordeste do país, respondeu: "Fechado! Mande algum dinheiro. Vou reunir o pessoal e vamos para aí!". Jonny ficou animadíssimo, mas quando desligou o telefone começou a se preocupar. A grana era tão curta que, de vez em quando, o casal dependia de empréstimos do pai dela para comprar comida. Jonny também se esqueceu de contar a Lars um detalhe importante: estava cumprindo o terceiro de seis meses de sentença por formação de quadrilha para grampear telefones, durante a época em que trabalhou numa empresa que vendia metais preciosos. Ou, como explicou, "por ser esperto demais e um mafioso em Wall Street". Uma situação ainda mais complicada, pois até hoje ele sustenta que era inocente das acusações, mas que o advogado o aconselhou a se declarar culpado porque não conseguiria bancar o custo da defesa num caso prolongado que perderia de qualquer jeito. O resultado: seis meses de prisão que poderiam ser cumpridos numa "prisão albergue". Ou numa "cadeia sem guardas", segundo suas palavras. "Fiquei com um pedido de clemência, a esposa e um lindo bebê. Nunca fiquei na cadeia, queriam que eu trabalhasse e sustentasse a família. [Mas] perdemos tudo, Marsha e eu, com nossa experiência ruim em Wall Street. Eu passava a semana [na prisão albergue] e os fins de semana em casa. O único telefone disponível para cuidar da organização dos shows era um orelhão na prisão albergue, compartilhado pelos recém-saídos do confinamento que esperavam para falar com as namoradas. Eles me matariam se tivessem de esperar vinte minutos enquanto eu usava o aparelho. Dá para imaginar isso? Ninguém conhece essa história."

A sentença de seis meses foi reduzida para quatro meses e meio. Enquanto isso, Marsha tinha de manter a Rock 'n' Roll Heaven funcionando e cuidar da filhinha Rikki. Os amigos ajudavam — camaradas da "milícia de Old Bridge", como Rockin' Ray e Metal Joe e os bondosos vizinhos de frente que mandavam o filho cortar a grama quando ela ficava tão alta que os outros moradores mandavam cartas reclamando. Enquanto isso, o sogro de Jonny cuidava da banca no mercado durante a semana, enquanto Marsha não deixava o marido perder o pique fazendo de tudo para manter vivo o sonho de passar de dono de banca a promotor de shows. Jonny admitiu que "não entendia nada desse negócio. Marsha pegou na biblioteca livros sobre ser empresário, explicando as leis ligadas à música e tal. Eu lia à noite, durante a semana, para entender as diversas partes de um contrato — quanto uma banda deve ganhar? Quanto é justo? Esse tipo de coisa. Aprendi com os livros porque não tinha anos de experiência".

O que os Zazula não tinham em conhecimento do mercado da música mais do que compensavam com força de vontade e determinação de vencer a qualquer custo. Na verdade, Jonny e Marsha estavam a caminho de se tornar uma das mais formidáveis parcerias do setor — pessoal e profissionalmente. Nas palavras de Jonny, "Marsha namorava meu melhor amigo e me tratava muito mal. Começamos nos detestando. Ela era uma garota terrível. Quando não gostava de alguém, era melhor esquecer. [Mas] foi mudando com o tempo. Começamos a rir, nunca entendíamos por que um sempre tinha raiva do outro, e virou esse lindo relacionamento. Depois disso, nunca mais nos desgrudamos".

A Rock 'n' Roll Heaven, que ele e Marsha abriram em 1982 com 180 dólares em dinheiro, estava se saindo bem. "Quando o Metallica apareceu, tínhamos cerca de 60 mil dólares em mercadorias por só ficarmos reinvestindo." Assim, conseguiram mandar 1.500 dólares para que a banda alugasse um furgão para fazer a travessia do país, de San Francisco a Nova Jersey. "Eles só compraram passagem de ida. Acho que Dave e Cliff estavam morando dentro do veículo quando saíram de San Francisco porque não havia automóvel acompanhando. Eles apareceram uma semana depois sem um puto no bolso." Morando numa "pequena área residencial operária", o casal não estava preparado para o "choque cultural" de receber um bando de adolescentes bêbados em casa. "Eles estacionaram direto no meu gramado. Eu não tinha grana, nem eles, e dissemos: 'Mas que merda! Como isso vai rolar?'." A resposta era eles ficarem no porão de Jonny, mas a banda abusou da hospitalidade, e os Zazula precisaram tirá-los de lá. "Eu tinha um bar no corredor, e eles foram tomar um drinque. Pegaram a garrafa e beberam feito loucos. Essa foi a primeira coisa." Segundo Jonny contou, na primeira vez que ele e Marsha os levaram à Rock 'n' Roll Heaven, "eu me perguntei se tinha cometido um erro". Dave Mustaine estava tão bêbado que "ficou o tempo todo vomitando do lado de fora. Quando as pessoas saíam, lá estava o cabeludo com vômito por todo lado. Para as pessoas normais do mercado de pulgas que vendiam artigos de cama e mesa e roupas infantis, a reação foi meio: 'Ai, meu Deus, quem ele trouxe ao mercado!'". Jonny, que "sempre" ouvia reclamações por tocar os discos alto demais, "não precisava disso".

Com Jonny ainda cumprindo pena no albergue, era Marsha quem aguentava o mau comportamento da banda. "Eu tinha uma filha pequena, o marido na prisão albergue e uma banda no porão atazanando a vida de todo mundo das redondezas." Ela contou que se perguntava todos os dias se estavam fazendo a coisa certa. "Era muito diferente de tudo que eu já havia feito. Arriscamos nossas vidas, pois morávamos numa pequena comunidade suburbana que não estava nem um pouco impressionada com eles. E como investimos tudo que tínhamos, até o último centavo neles, não dava para pagar a hipoteca. Chegava uma hora que não dava para pagar a conta de luz e cortavam a eletricidade." O pai dela, que fazia as compras de mercado, "para que tivéssemos o que comer, também estava alimentando a banda". Ainda segundo Marsha, "eles eram jovens e muitas coisas estavam rolando para eles. Bebiam demais. Enfiavam o pé na jaca. Eu olhava aquilo tudo e pensava: 'Meu Deus! É nisso que estou investindo minha vida? No que vai dar essa história?'. Mas, no fundo, havia o talento deles, um talento incrível que não me deixava desistir. Eles eram geniais, diferentes. Eles tinham um quê — seja lá o que for — que os levaria adiante, e tínhamos de ir junto, mesmo nos dias em que duvidava disso".

De acordo com Marsha, o único membro da banda que tinha alguma compostura era Cliff Burton. "Se eu tiver de apontar com quem me dei bem naquela época, com quem me liguei mais, foi o Cliff. Ele era um tesouro em casa. Era ótimo, respeitoso. Tinha calor humano. Ele me ajudava com a Rikki, que era tão pequena, enquanto eu estava ocupada com outra coisa. Ele lia uma história ou cantava uma música para ela dormir. Era muito humano. James e Lars eram diabolicamente diferentes", ela contou rindo. "Porque, à noite, James [e Dave] queriam beber, cair na gandaia, e Lars saía para caçar a mulherada." Segundo seu relato, Lars "era um homem... Era um homenzinho com calça de lycra, então era preciso dar uma chance a ele". Já Cliff "era um hippie numa banda de heavy metal, com calça boca de sino e aquela personalidade, um ser humano lindo". Ela acrescentou: "Infelizmente, ele não tinha muita voz na banda. Para tomar decisões, Lars era o cabeça, e o que ele decidia era incontestável; as coisas eram assim. Cliff não se metia nesse aspecto da banda. Ele era um músico puro".

Segundo Jonny, eles tocavam a demo *No life* na banca no mercado todo dia. "Todo mundo vinha perguntar 'que porra era aquela'. Sem perceber, o assédio ao Metallica havia começado." Durante a estada da banda, "só tocávamos a *No life 'til leather* na loja". Jonny ficava sentado na sala de estar com Mark Whitaker, que tinha vindo com o grupo de San Francisco como engenheiro de som e pau para toda obra, produzindo mais cópias da fita para vender na loja ao preço promocional de 4,99 dólares. "Tantas quantas fossem possíveis por dia, uma de cada vez, para que tivessem algum dinheiro para comer e se virar enquanto estavam aqui. E vendemos uma porrada delas. Ainda assim não bastava, mas vendemos muito mais em comparação com outros grupos."

Lars ficava na banca o dia todo, observando, absorvendo tudo. Segundo Marsha, Lars "sempre foi o cara. Ele era o mestre, o orquestrador de seu destino. E talvez isso tenha vindo do fato de o pai dele ser um astro do tênis e querer que o coroa tivesse orgulho dele ou sei lá o quê, mas Lars sempre dizia: 'Vou chegar lá. Vou fazer isso, vamos fazer aquilo'. Para um jovem, ele tinha um plano sucinto em mente sobre o que pretendia com o Metallica e como ouvia a música. Era muito interessante". Na banca, onde havia "inúmeros discos", Lars comandava a vitrola. "'Escute isto, escute aquilo. Veja como fizeram isto, como fizeram aquilo.' Estava sempre envolvido. Ele não falava, 'certo, esta é minha música e vou tocar deste jeito'. Tinha muita consciência dos predecessores no mundo da música, se interessava pelos músicos e sempre estava de olho no que estava acontecendo." Ainda de acordo com Marsha, era esse aspecto competitivo de Ulrich que motivava o Metallica. "Ele sempre queria estar na crista da onda. Eles eram criativos, em termos de como se apresentavam. Mostraram seu logotipo, que era brilhante. Depois era, 'como vamos trabalhar nosso logo?'. [Lars] era um precursor, de verdade. Não acho que teriam conseguido sem esse aspecto competitivo dele, ciente de tudo que rolava ao redor..."

Contudo, Jonny só teve o que chama de "momento *à la* Brian Epstein" quando viu a banda tocar ao vivo pela primeira vez; dois shows no fim de semana de 8 e 9 de abril. No primeiro, abriram para os queridinhos do rock sueco Vandenberg, no Paramount Theater, em Staten Island; no segundo, para The Rods, astros em ascensão do metal, no L'Amours, no Brooklyn. "Foi intenso, barulhento." Entretanto, "em todo show que tocavam dava algum galho. Você não sabia onde ia dar merda. Eles cometiam erros naquela época". Para o Metallica, foi o batismo de fogo. "Eram shows grandes em casas grandes", contou Jonny. "Marsha e eu meio que tomamos conta dos shows de rock de Staten Island, em Nova York... Eram locais para até 2 mil pessoas. Eles não começaram em lugares pequenos, como os Beatles. Nós os colocamos na frente de um monte de gente." Dee Snider, *frontman* do Twisted Sister — banda nova-iorquina que fazia sucesso na Grã-Bretanha —, abordou-o durante uma das apresentações do Metallica: "O que é *isso*, Jonny?".

O único problema que o casal notava era Dave Mustaine. "Por causa da bebedeira, não se sabia o que ia acontecer", contou Jonny. "Se você veria o Dave amigável ou o Dave monstruoso. Ele ficava tão bêbado que não dava para saber como conseguia tocar as notas. Todos [da banda] curtiam muito beber, mas o Dave não tinha concorrentes." Em particular, Lars e James já haviam dito a Jonny que estavam tão cansados da grosseria de Mustaine, de seu comportamento bizarro quando embriagado e de sua atitude confrontadora que, nas palavras de Lars, "só estavam esperando aparecer outra pessoa". Por sua vez, Jonny se preocupava que, sem Mustaine, a banda não continuasse tão boa. "Estava preocupado porque, mesmo Mustaine estando tão fora de controle, ele era uma parte essencial do grupo. Algumas das melhores músicas tinham sido compostas com ele. [Substituí-lo] seria muito esquisito." De acordo com Lars, a banda já havia decidido trocar Mustaine antes mesmo que o furgão chegasse à Costa Leste. "A situação tinha saído do controle", ele disse. "Rolaram coisas pesadas demais." Sem mencionar a vez que Mustaine embriagado insistiu que era sua vez de dirigir e quase bateu num jipe durante uma nevasca perto do Wyoming. "Todos nós poderíamos ter morrido", disse James. "Sabíamos que daquele jeito não dava mais, então começamos a procurar opções."

Mark Whitaker, que também era empresário do Exodus, banda de metal de San Francisco, sugeriu que convencessem seu guitarrista solo, um garoto prodígio de cabelo encaracolado chamado Kirk Hammett. Ao contrário de Dave

Mustaine, arrogante, metido a besta e completamente imprevisível, Kirk Hammett, vinte anos, era baixinho, como Lars, e meio nerd. Ao contrário do baterista, ele era quieto; um cara sossegado que conhecia bem o ritmo do Metallica, tendo aberto para eles com o Exodus no Stone e os visitado na Metallimansion. A exemplo de Cliff, era outro cara sereno de San Francisco, nascido numa época e num lugar famosos pelas flores usadas em longos cabelos hippies. O tipo de maconheiro que se veria andando pela rua Haight com a barba por fazer — desde que começasse a se barbear, algo que ainda parecia não ter feito quando conheceu o Metallica. O mais importante era Hammett ser, tecnicamente, um dos melhores guitarristas da cena. Além da aparência amistosa, era um jovem muito determinado que ainda fazia aula e treinava várias horas por dia, independentemente de quanta maconha tivesse fumado. Ele não era inovador feito Mustaine, não tinha a mesma personalidade monstruosa, mas trazia uma paleta musical mais ampla e um controle emocional mais firme — o tipo de moleque talentoso que faria o que mandassem. Falaram para Mark ser discreto e sondar Kirk.

Era 1º de abril, e Kirk estava "sentado na privada" quando Whitaker ligou. Hammett achou que fosse brincadeira do dia da mentira, concordou e desligou, sem nem pensar no assunto. Ele só viu que era para valer quando Whitaker ligou de novo no dia seguinte dizendo que lhe mandaria, via FedEx, uma fita do Metallica para ele aprender as canções. "Daí comecei a receber mais telefonemas do Whitaker: 'A banda quer ver você em Nova York para uma audição'. Pensei nisso uns dois segundos e respondi: 'É claro, eu vou'." A fita chegou quatro dias antes da primeira apresentação do Metallica — ainda com Mustaine — para Jonny Z. Quando o grupo estava no palco do Paramount prestes a começar "The mechanix", que Dave Mustaine compusera para eles e a que Jonny mais gostava, Kirk já estava se despedindo dos colegas do Exodus e se preparando para tomar um avião para Nova York, onde começaria sua vida nova no Metallica, na segunda pela manhã.

Nervosos com a possível reação de Dave à notícia, os outros decidiram contar enquanto ele ainda estava na cama, não muito desperto, sendo acordado na manhã de segunda-feira por Lars, o escolhido para relatar a novidade. Lars depois brincaria dizendo que Dave lhe perguntara a que horas o avião partiria, ao que a banda respondeu que tinham comprado uma passagem no primeiro ônibus saindo da cidade. "Ele não apenas estava fora da banda como também tinha de passar quatro dias dentro de um ônibus sentado pensando na vida!" Lars ria. Mustaine se lembraria de outra maneira: "Quando me mandaram embora, fiz as malas em vinte segundos e caí fora. Não fiquei tão chateado porque queria mesmo começar um projeto solo enquanto estava no Metallica". Na verdade, Mustaine ficou devastado, ficando mais furioso a cada hora passada na viagem de quatro dias para San Francisco, quando foi se sentindo mais e mais traído pela banda. Principalmente com o papel que, em sua visão, Lars desempenhara na saída. "Gosto mais do James que do Lars, acho que é assim com todo mundo", Mustaine ainda afirmava em 2008. Entrevistado por Dave Navarro, guitarrista do Jane's Addiction, para o *Spread TV*, programa de entrevistas via internet, ele, jocoso, acrescentou: "Não gosto do Kirk porque ele roubou meu emprego, mas pelo menos comi a namorada dele antes de sair". Mustaine também afirmou que ele e Hetfield "planejaram demitir Lars inúmeras vezes". Tudo isso pode conter graus diferentes de verdade, mas ainda ouvi-lo falar disso um quarto de século depois indiscutivelmente revela mais a respeito de seus assuntos não resolvidos.

Na primeira entrevista após ser demitido do Metallica, a Bob Nalbandian, em janeiro de 1984, Mustaine ofereceu uma visão um pouco mais equilibrada. "Não estávamos em sintonia. Na época, eu era uma pessoa diferente. Era insolente, vivia bêbado e na farra, enquanto James e Lars eram garotos retraídos. James quase não falava com as pessoas. Ele cantava, mas era eu quem falava entre as músicas. A questão é que eu bebia demais. Porém fiz merda uma vez e me tiraram da banda, já eles fizeram merda centenas de vezes..." Fez uma pausa. "Já aconteceu de eu ter de carregar tanto James quanto Lars de tão bêbados que estavam." Era verdade. Como contou Brian Slagel, "naquela época, todo mundo enfiava o pé na jaca. Ninguém estava sóbrio quando as coisas rolavam". Muito menos Dave Mustaine, o único que ficava irritado e desagradável quando de pileque. Harald Oimoen recordou-se da uma visita que recebera tarde da noite em seu apartamento quando um embriagado James perdeu de vez a compostura, mostrando seu lado mau, depois que Oimoen apresentou uma foto que tirara de Hetfield e Ulrich juntos na cama, de gozação, que foi então usada na capa de *Metal Mania*, de Ron Quintana, junto com uma foto piada de Eldon Hoke, vulgo El Duce, o famoso vocalista e baterista obeso do Mentors, autoproclamada banda de "rock violentador" de Seattle. "James ainda não tinha visto, e eu não tinha sacado na época que eles não queriam publicar aquelas fotos; era uma piada interna", contou Oimoen. "Então mostrei a revista para o James, que abriu um sorrisão e achou genial. Só que quando viu o que era a foto deu um chute na minha barriga, e quase saímos no braço, com ele dizendo que nunca mais me deixaria tirar fotos deles depois daquilo. Porém, passado o efeito do álcool, conversamos sobre aquilo e ficou tudo beleza."

Uma declaração posterior de Hetfield ao escritor Mat Snow em 1991 esconde as verdadeiras razões por trás da demissão; ele contou que a venda de drogas realizada por Mustaine foi um fator — "o dinheiro que ele ganhava não era lícito; seus amigos vinham ao ensaio, e as coisas começavam a sumir". Direto ao ponto, Hetfield também afirmou: "Ele era antipático. Éramos mais ou menos assim naquela época, mas, quando isso se virou contra nós, foi inevitável que ele saísse". Segundo Brian Slagel, "sempre foi a banda do James e do Lars, desde o começo, e o Dave também tinha uma personalidade forte. É triste, uma pena, porque ele é fenomenal, como pessoa e músico. Mas não posso dizer que fiquei chocado quando soube". Em retrospecto, Ron Quintana qualificou Mustaine como "hard rock de carteirinha, mas era difícil entendê-lo. Assim como eu me dava bem com Lars, Dave tinha uma personalidade cativante e era a cara do Metallica de 1983. Dave tinha carisma para dar e vender, e, sinceramente, não achava que eles seriam tão bons sem ele. Porém o cara era mais ou menos como o Ozzy de 1977, um alcoólatra e, algumas vezes, perigoso para si mesmo e para as pessoas ao redor. Dave bebia em maior quantidade e mais rápido do que todos os outros e costumava estar bêbado como um gambá já quando a festa começava. Geralmente, ele desmaiava, [e] quem fosse acordá-lo poderia levar uma porrada! Sóbrio, ele era a vida da festa, só que nunca estava sóbrio. Acho que ele nunca se metia em briga antes de beber". Muitas vezes rolava porque "alguma garota dava bola para ele, e o namorado enciumado vinha tirar satisfações e terminava ensanguentado". Em outras ocasiões, a culpa era claramente de Dave. "Ele sempre era o centro das atenções e, por causa disso, um alvo. James costumava participar das armações, mas sempre ficava no fundo, escondido." Quintana refutou qualquer sugestão de que Mustaine ainda vendesse drogas em San Francisco: "Dave bebia e fumava de tudo, mas não conhecia moradores suficientes para traficar naquela época". Por fim, Quintana disse que Mustaine "podia ser um trem desgovernado", mas quando viajaram para a casa do Jonny Z, eles "pareciam um quarteto que ficaria unido para sempre".

De acordo com Bill Hale, outro amigo daquela época, então um fotógrafo iniciante do fanzine *Metal Rendezvous Int.*, "Lars sempre teve um plano". Hale argumentou que, provavelmente, o baterista sabia que substituiria Dave Mustaine por Kirk Hammett desde a primeira vez que Metallica e Exodus tocaram juntos no Old Waldorf, em novembro de 1982, embora não achasse que Kirk soubesse disso. Segundo ele, "Dave era divertido [e] não era tão violento como [agora] dizem ser — não mais do que qualquer outro de San Francisco". Ele citou Paul Baloff, do Exodus, como "o rei dos excessos", perto de quem "Dave não era tão mau". Ele também sugeriu que o Metallica pode ter metido os pés pelas mãos ao descartar Mustaine — musicalmente, pelo menos. "Com Cliff e Dave, a banda era monstruosa! Eu colocaria aquela formação contra o Black Sabbath de 1972 ou Deep Purple [na mesma era]. Eles eram uma banda fabulosa, e todos sabiam que o Metallica tinha um diferencial, seja lá qual fosse." Para ele, foi uma grande injustiça Mustaine ter sido expulso, com "todos tramando contra ele — Dave é alcoólatra ou sei lá o quê. Mas precisamos lembrar que ele compôs a maior parte do primeiro álbum [do Metallica] além do segundo, o Dave [tinha] as ideias". Comparado ao sucessor, "Dave é um guitarrista mais agressivo, um cara de vanguarda". E o fato de, na sequência, ter formado sua própria banda, o Megadeth, que ganhou vários discos de platina, diz muito, enquanto Hammett continua sendo apenas "o guitarrista solo de uma banda". Em termos de carreira, no entanto, Hale concordou que trocar o inflamável Mustaine pelo confiável Hammett explica "por que o Metallica foi longe. Ficaram só dois líderes na banda". Se Mustaine tivesse permanecido, "posso imaginar como a coisa toda teria sido tumultuada".

Se houve um aspecto positivo para Mustaine na sensação de ter sido traído foi a vontade de provar que os outros estavam errados. Em questão de meses, ele havia voltado para Los Angeles e formado uma inovadora banda de metal, o Megadeth, na qual tocaria guitarra solo e cantaria. O segundo no comando do novo grupo seria o baixista David Ellefson, de dezoito anos, que tinha vindo de Minnesota com três amigos uma semana depois da formatura do colegial, em 1983. Uma manhã, Ellefson estava em seu apartamento tocando a todo volume a introdução de baixo de "Running with the devil", do Van Halen, quando alguém no andar de cima gritou "desliga essa merda", seguido pelo barulho de um vaso batendo no ar-condicionado encaixado na janela. "Pensei, céus, os californianos não são amistosos como lá em Minnesota." No mesmo dia, um dos colegas do colegial contou ter visto "um cabeludo loiro que parecia legal" andando descalço do lado de fora do prédio. Decididos a "conhecer gente", uma noite bateram no apartamento de Mustaine para saber onde comprar cigarro. "Ele bateu a porta na nossa cara." Bateram de novo querendo saber onde comprar cerveja, e, dessa vez, "ele abriu a porta e nos deixou entrar". Ellefson continuou contando: "Isso foi no comecinho de junho de 1983. Ele falou dessa banda, o Metallica, da qual fazia parte e que eu desconhecia. Eu conhecia a NWOBHM, mas ele dominava o assunto". Mustaine tocou para Ellefson a demo *No life*. "Achei fantástica. Tinha um peso marcante que me intrigou, era quase assustador. Tinha um lado sombrio." Mustaine contou a Ellefson a história inteira. "San Francisco, Nova York... as apresentações em Staten Island, Jonny Z e o inevitável ressentimento de não fazer mais parte do grupo." Ao explicar por que havia sido demitido, "o principal tinha a ver com 'comportamento, não habilidade'. Essa era sua máxima".

O Megadeth, a nova banda de Mustaine, conforme ele contou a Ellefson, seria sua vingança contra o Metallica. "É claro, sem dúvida. Seria o troco vingativo do Dave", afirmou Ellefson. A expulsão de Mustaine do Metallica "explica totalmente a pressão, angústia e frustração" que ele ainda demonstra com relação ao Metallica. "Quem sabe se Dave não ficou de coração partido por ser demitido? Porque ele tem um espírito gentil sob toda aquela ferocidade e raiva. Debaixo daquilo tudo existe um cara doce, às vezes. Acho que, para ele, a causa era obviamente o sucesso deles, mas nunca achei que Dave tocasse por dinheiro. Não era isso que o movia." Para Dave Mustaine, "era mais a mágoa de perder a amizade e os parceiros". Como James Hetfield veio a reconhecer, "é óbvio que [Mustaine] tinha a mesma gana que nós — e fez coisas excelentes no Megadeth". Se ele tivesse ficado, "seria Lars, ele e eu tentando comandar, e seria uma bagunça triangular". Por esse motivo, não pela bebida, tráfico de drogas ou brigas, mas por representar uma ameaça genuína à hegemonia da banda, "Dave tinha de sair".

Brian Slagel tinha visto Kirk Hammett tocar no Exodus e sabia que era "um grande guitarrista". Igualmente importante era o fato de que "ele parecia um cara muito bacana". Quando foi informado de que Kirk substituiria Dave no Metallica, "sabia que as pessoas em San Francisco que conheciam Kirk e a mim fariam perguntas, e todos diriam a mesma coisa: ele é um guitarrista *incrível*, um sujeito superbacana e, provavelmente, a escolha certa para aquela banda". Na cidade de El Sobrante, na costa leste da baía, Kirk Lee Hammett nasceu em 18 de novembro de 1962, filho de uma filipina (Chefela) e de um irlandês que era da marinha mercante. Filho do meio, Kirk cresceu com um meio-irmão mais velho, Richard Likong (do primeiro casamento da mãe), e uma irmã caçula, Jennifer. "Eu era a típica criança urbana", Kirk me contaria. "Cresci na cidade. Estudei numa escola católica, a poucas quadras da minha casa. Dos seis aos doze anos eu ia caminhando sozinho para a escola. Hoje em dia não dá mais para fazer isso em San Francisco. Praticamente não dá para fazer isso em lugar nenhum. Mas eu era um aluno de escola católica muito pobre." No entanto, ele "não era muito bom católico". Suas principais lembranças da escola se concentram em "ler revistas de monstro e gibis de terror. Às vezes a professora via e tomava de mim". Embora não fosse confrontador, desenvolveu uma postura passiva agressiva que daria certo no Metallica. Quando as freiras ameaçavam ligar para os pais dele e ter uma conversa séria sobre o hábito de ler quadrinhos, "eu me lembro de encará-las e falar: 'Não tem problema, eles sabem disso'". Mesmo adulto, Kirk sempre foi o cara que acendia um baseado e lia gibis ou via filmes de terror. Seu preferido: "Um empate entre o *Frankenstein* original, de 1931, e *A noiva de Frankenstein*".

Quando, na quinta série, repetiu em religião, "cheguei à conclusão de que o catolicismo era hipócrita, crítico demais... não era congruente com minha realidade". Atualmente mais interessado na filosofia budista, a realidade para Kirk Hammett quando criança era um meio-irmão onze anos mais velho que o ligou a uma cena impregnada de música que estava prestes a mudar o mundo. "[Richard] mergulhou de cabeça nesse lance hippie. Ele ia ao Fillmore ver bandas como Cream, Hendrix, Santana, Grateful Dead, Zeppelin... todos os shows dessas bandas monumentais." Também havia as conversas "sobre LSD e ácido" que ele ficava ouvindo entre o irmão e o pai. "Por ser da marinha mercante, [meu pai] estava exposto a todo tipo de coisa. Ele tinha uma cabeça bem aberta ao novo estilo de vida hippie." O cabelo comprido de Kirk "era outra coisa de que as freiras não gostavam. Sempre falavam para cortar o cabelo, pois já estava chegando ao colarinho". Apanhar das freiras virou algo frequente. "Geralmente, as réguas eram a arma escolhida. Apanhei um bocado."

O irmão Richard tocava violão e foi "uma influência bem grande" no estilo de tocar do Kirk. Quando, em 1975, os pais decidiram sair de San Francisco e morar no subúrbio, Richard, então com 23 anos, ficou na cidade. Kirk, que admirava o irmão e sentia falta de sua presença, comprou um violão "porque queria tocar e também porque queria ser igual a ele, queria copiá-lo". Richard, no entanto, era um "dedilhador", um músico nas horas vagas que gostava de tocar acompanhando discos de Bob Dylan. Kirk teria "objetivos diferentes, um plano diferente". Simplesmente "ser o melhor que pudesse no instrumento. Queria ser o Jimi Hendrix". Rindo, acrescentou: "Mas sem as roupas coloridas". Quando adolescente, boa parte do que Hammett aprendeu na guitarra veio de tocar junto com discos, começando com "Purple haze", de Hendrix, antes de partir para álbuns do Deep Purple, Black Sabbath, Queen, Status Quo e artistas similares. Quando conseguiu tirar a versão de mais de treze minutos de "Dazed and confused", do disco ao vivo do Led Zeppelin, *The song remains the same*, que ele chama de "dicionário de riffs", Kirk já tocava em grupos no colegial. Nessa época, tinha ficado obcecado por Michael Schenker, do UFO, que trocava os solos de guitarra baseados em escalas tradicionais do blues por "escalas que soam quase clássicas". Em termos de ritmo, Schenker era "excelente", disse Kirk. "Até hoje, o UFO é minha banda predileta."

Gary Holt, que substituiu Kirk no Exodus, antes de assumir o papel de guitarrista principal, depois que ele foi para o Metallica, lembrou-se do "moleque magricela de óculos fundo de garrafa". Conhecer Kirk aos dezesseis anos e vê-lo tocando foi o que fez brotar em Holt a vontade de aprender guitarra.

"Ele me ensinou uma música dos Rolling Stones. Não lembro qual era, mas aprendi rapidinho." Eles conheceram o Metallica ao abrir para eles no Old Waldorf. "Éramos apenas duas bandas formadas por malucos. Ficamos muito bêbados, um curtia a música do outro, quebrávamos tudo, não respeitávamos nada nem ninguém e, para mim, essa é a atitude punk rock que ambos compartilhávamos." Quando Lars, James e Dave se mudaram para a casa de Mark Whitaker em El Cerrito, vários membros do Exodus também ficavam lá. "Sentíamos que também era a nossa casa. Demos festas insanas ali. Só tocamos cinco ou seis vezes com o Metallica, quando eles se mudaram para a região de San Francisco, mas a gente sempre se via. Ficávamos completamente bêbados. Lembro que uma noite não tínhamos com que misturar a vodca, então a bebemos com *maple syrup*. Que merda! Mas deu certo, sabia?" Eles também tinham começado a experimentar drogas. Segundo Holt, "antes de o Kirk ir para o Metallica, nós dois passamos o verão inteiro tomando ácido duas ou três vezes por semana". Ele acrescentou: "Metanfetamina [também] era uma droga usada no Exodus que décadas depois saiu do controle. Mas James só bebia, lembro que Lars ficava pra lá de Bagdá, cheirei [cocaína] com ele mais de uma vez, já Cliff só gostava de ficar chapado [com maconha]". No Exodus, "o que não era de fumar a gente cheirava ou engolia. Éramos todos loucos".

Tirando o aspecto drogado, Kirk levava a música a sério. Da mesma maneira que para James Hetfield, música para ele era mais do que uma vazão da criatividade; era um escudo contra uma vida doméstica que começara a azedar à medida que a relação dos pais se desgastava, terminando com a saída do pai de casa quando ele tinha dezessete anos. "Apanhei muito quando criança", ele revelou numa entrevista de 2001 à *Playboy*. "Meu pai bebia demais. Ele batia em mim até dizer chega e na minha mãe também. Arrumei uma guitarra e, a partir dos quinze anos, raramente saía do quarto. Lembro que uma vez tive de separar os dois quando meu pai atacou minha mãe durante meu 16º aniversário, e ele se voltou contra mim e começou a me estapear. Depois, simplesmente foi embora um dia. Minha mãe lutava para nos sustentar. Sem dúvida, canalizei muita raiva na música." Ele também disse que apanhava de um vizinho "quando tinha uns nove ou dez anos". "O cara era louco. Fazia sexo com meu cachorro, Tippy. Agora posso rir disso..." O heavy metal, acrescentou com ar triste, tinha o poder de agregar os excluídos. "O heavy metal parece atrair todo tipo de gente desmazelada, desgarrada, os vira-latas que ninguém quer."

Começando com uma guitarra barata da Montgomery Ward, empresa de venda por catálogo, e um amplificador com alto-falante de quatro polegadas, até chegar a uma Fender Stratocaster 1978 quando estava tocando com Gary e o Exodus, Kirk usava então uma Gibson Flying V 1974, personalizada, quando passou a trabalhar meio expediente no Burger King para economizar dinheiro e comprar um amplificador Marshall. Depois de se formar na De Anaza High School, em 1980, ele estava estudando inglês e psiquiatria na faculdade quando recebeu o telefonema convidando-o para fazer o teste para o Metallica. Como Lars, ele era fissurado pela NWOBHM. A exemplo de Cliff, ele também tinha estudado música clássica, executando Haydn e Bach num trio no colegial. Kirk também fazia aula de guitarra com Joe Satriani, considerado um dos maiores guitarristas vivos do mundo, com quem Hammett aprenderia as formalidades da teoria musical, modos, arpejos e harmonia.

Joe Satriani, um nova-iorquino que ficou tão chocado com a morte de Hendrix que adotou a guitarra — "eu estava jogando futebol americano quando soube que ele tinha morrido, fui até o técnico e disse que ia embora para tocar guitarra e ser como meu herói" —, trabalhava, em 1981, numa loja de guitarra em Berkeley e dava aula, enquanto tentava decolar com sua própria banda, The Squares. Kirk soube dele "por fazer parte do submundo do metal de San Francisco e conhecer alguns guitarristas com muita técnica, para os quais perguntava com quem tinham aprendido a tocar daquele jeito. Sempre ouvia que era com um tal Joe, numa loja de música em Berkeley". Kirk, que "precisava achar aquele cara", pegou a bicicleta e foi à loja de Satriani. "Entrei e disse: 'Vim fazer aula de guitarra. Tem algum Joe por aqui?'. E um cara nos fundos respondeu: 'Sim, estou aqui'."

"Lembro que, nas primeiras vezes que Kirk veio fazer aula, foi sua mãe quem o trouxe", contou Satriani. "Era o começo do thrash metal em San Francisco, mas Kirk era bem diferente, queria muito conhecer os segredos por trás de Uli Jon Roth, Michael Schenker, Jimi Hendrix e Stevie Ray Vaughan. Ele entendia do assunto, preocupava-se em aprender. Sabia do que gostava e tinha ótimo gosto. Um dia, ele me disse: 'Cara, tenho um teste com uma banda chamada Metallica'. Depois, fiquei um tempinho sem vê-lo, mas o cara voltou e falou: 'Entrei na banda e é ótimo! Vamos gravar um disco!'. As coisas estavam dando certo para eles e era legal ver isso. Mais tarde, enquanto faziam outras gravações, às vezes ele trazia as músicas em que estavam trabalhando e perguntava: 'Como você toca isto?'. Porque James [Hetfield] estava compondo progressões de acordes que ainda não tinham sido escritas. Não importava se ele sabia ou não o que estava fazendo; estava compondo uma música muito intensa. Mas, para Kirk, que era quem solava na banda, era um novo patamar. Se examinasse os solos do Schenker ou do Hendrix, ele veria que aqueles caras não entraram nesse território, então ficou meio perdido. Assim, comecei a apresentá-lo a escalas incomuns. E fiz isso de um jeito bem sistemático. Mostrava a ele uma escala, explicava que ela vinha das notas da progressão de acordes e depois dizia: 'Só que não existem regras, e você terá de decidir qual escala vai tocar e quais notas da escala vai enfatizar. E seu estilo será aquilo que você escolher'. Kirk era um grande exemplo de alguém que podia olhar o que eu estava fazendo e dizer: 'Compreendo de onde o Joe está vindo, mas sei que ele quer me levar na minha própria direção'. E foi isso que ele fez, e esse é o som que conhecemos e amamos, o som do Metallica com Kirk improvisando."

Na época em que se juntou ao Metallica em Nova Jersey, Kirk havia gravado uma demo de três faixas com o Exodus e tinha grandes esperanças para o futuro. "Montei o Exodus no colegial. Era eu e o [baterista] Tom Hunting. Basicamente, a gente se reunia só para tocar. Um dia eu disse que precisávamos ter um nome e fomos à biblioteca do condado [em Richmond]. Estava caminhando por um corredor quando vi um livro em cuja lombada estava escrito *Exodus*, de Leon Uris. Mostrei aquilo e falei: 'Esse é o nosso nome de agora em diante — Exodus!'. E pegou. Desde o comecinho tocávamos composições próprias e algumas versões. Fizemos todo o circuito de bandas de garagem, tocando em festas de amigos e na casa deles. De vez em quando, alugávamos um salão, montávamos o palco e cobrávamos ingressos para o show. Nos meus últimos seis ou oito meses na banda, a coisa estava começando a rolar — tocando em lugares como Old Waldorf e Keystone, em Berkeley. E rolou a chance de abrir para essa banda desconhecida chamada Metallica de que só ouvíramos falar, tendo escutado a demo umas semanas antes." Segundo ele, "nunca vou esquecer a primeira vez que vi o Metallica. Pensei com meus botões: 'Eles são bons, mas ficariam muito melhores comigo na banda'. Sinceramente pensei isso". Cinco meses depois ele estava voando para Nova York para se juntar a eles. "Mark Whitaker deu a demo do Exodus para Lars e James, que ouviram e decidiram por mim. E nunca olhamos para trás."

Segundo Gary Holt, os integrantes do Exodus receberam bem a notícia, mas apenas após perceberem que não havia nada que pudessem fazer a respeito — e depois que Gary viu que o grupo era agora praticamente seu. "Demos uma grande festa para o Kirk. Rolou guerrinha de comida na casa dele, fomos beber no Old Waldorf e recortamos umas cinquenta imagens dele em fotos da banda e as espalhamos pelo lugar, os pequenos Kirkies, como Paul [Baloff] dizia. Sem dúvida, deu muito certo para o Kirk, e eu já estava começando a espalhar minhas primeiras sementes como compositor. Já havia escrito várias canções que entrariam em *Bonded by blood* [primeiro álbum do Exodus]." A saída de Kirk "me colocou no banco do motorista, e aproveitei a oportunidade. Não houve ressentimento. Achei que era a chance de deixar a banda do jeito que eu queria. Tom e eu nos juntamos, só nós dois, e começamos a fazer músicas com todos os riffs que eu tinha". No fim das contas, Holt reconheceu, "o Metallica estava em Nova York prestes a gravar um disco — algo ainda muito distante de nós. E era isso que [Kirk] perseguia".

Depois de tomar o voo noturno de San Francisco para Nova York, Kirk Hammett chegou à casa de Jonny e Marsha poucas horas depois de eles terem levado Dave Mustaine à rodoviária. Hammett comentou sua entrada no grupo: "Naquele momento, ainda estávamos no comecinho de nossas carreiras musicais. E quando entrei na banda nos demos muito bem... Literalmente, eu entrei, me sentei, e eles falaram: 'Muito bem, você está na banda, vamos começar daqui'". Determinados, no entanto, a não se meterem na mesma batalha pela liderança de que tinham acabado de se livrar com Mustaine, Lars e James foram bem objetivos com ele — atitude que Lars mais tarde contou aos leitores da *Rolling Stone* nos seguintes termos: "Não vamos nos enganar, James e eu mandamos na parada. Nós fizemos as gravações e as músicas". Kirk simplesmente deu um sorriso chapado e fez que sim com a cabeça. "Eu não tinha nenhum problema com aquilo. Estava claro que era a banda do Lars e do James." Mesmo assim, era uma rigidez tirânica que se tornaria evidente na música, talvez mais do que fosse necessário para a banda, à medida que os anos passavam e o domínio de Lars e James sobre os rumos musicais do Metallica se consolidava mais e mais. "Tomávamos as grandes decisões em conjunto. Mas sempre que tinha de defender uma ideia era necessário assumir o papel de diplomata. Eu tinha de vender meu peixe a eles." Cliff, por sua vez, tinha algo melhor do que um argumento. Podia ser a banda de Lars e James, mas os dois foram atrás dele, não o contrário. Como músico, Cliff sabia que estava muito à frente dos novos colegas, mas também compreendia as políticas internas melhor do que os outros. Eles que falem com o público, que fiquem com os principais créditos de composição; ele confiava no seu taco, sabia quem era e não desejava competir nesse nível. Os testes para valer teriam início depois que o primeiro álbum estivesse pronto e o grupo tivesse de seguir adiante, fazendo turnês, compondo, transformando-se numa banda de verdade — com Cliff Burton como epicentro.

Jonny Z, que admitia estar "se cagando de medo" de o grupo não encontrar um substituto à altura de Mustaine, lembrou-se de ter ido ao primeiro ensaio com Kirk "e ele estava detonando. O cara tinha aprendido as músicas de um dia para o outro. Ele chegou como se estivesse pronto para um show". Depois de uma estreia tensa no Showplace, em Dover, Nova Jersey, a formação com Ulrich, Hetfield, Burton e Hammett precisou mostrar a que veio com dois shows consecutivos no bem maior Paramount Theater, em Staten Island, abrindo para o Venom. De acordo com Jonny, "no Showplace, vi que o Kirk estava mandando brasa, mas ficava olhando a guitarra o tempo todo, parando e depois retomando. Falei para ele: 'Kirk, toque a primeira parte e dê o máximo, mas olhe para o público e, quando terminar a primeira parte, jogue os braços para o alto'. Ele relutou, mas fez assim. No show seguinte [com o Venom], Kirk jogou os braços para cima, e a plateia delirou. Foi demais!". Além "daquele pequeno truque", Jonny Z também sugeriu tocarem uma música quando a banda entrasse no palco: o evocativo tema de Ennio Morricone para o bangue-bangue à italiana de Clint Eastwood, *Três homens em conflito, The ecstasy of gold*. Nas palavras de Jonny, funcionou tão bem que "ainda o usam para apresentar a banda. Marsha e eu somos grandes fãs de Morricone, e sempre achei que seria uma escolha excelente para uma banda de metal fantástica entrar no palco. E é mesmo!".

Usando suas conexões no underground, Jonny convenceu o selo independente Neat, do Reino Unido, a pagar um adiantamento para mandar o Venom aos Estados Unidos para alguns shows sob sua tutela, em 22 e 24 de abril. O guitarrista do Venom, Mantas (nome verdadeiro: Jeff Dunn), lembrou-se de ter ficado na casa de Jonny e Marsha na mesma época que o Metallica. "Nós estávamos em cima, e eles no porão. Fazia um calor infernal e era difícil dormir." A exemplo do Metallica, o Venom também deu trabalho para os Zazula. "Lembro que detonamos a cozinha deles uma noite tentando cozinhar, botamos fogo na porra do lugar!" As duas bandas se deram bem. James Hetfield caiu de bêbado depois do primeiro show com uma garrafa de vodca na mão, fez um corte feio e teve de ir ao pronto-socorro mais próximo, onde levou seis pontos. Dunn lembrou-se do baixista e vocalista do Venom, Cronos (nome verdadeiro: Conrad Lant), desmaiando de bêbado na mesma cama que Lars depois daquela primeira apresentação. "Os dois encheram a cara e caíram no sono, acordaram juntos de manhã e se perguntaram: 'Que merda é esta?'. Todo mundo capotou... Dava para ouvir o Lars pintando o diabo no porão, e meu roadie falando: 'Vou descer lá e encher esse bostinha de porrada, eu quero dormir'. E, de repente, tudo ficou em silêncio, acho que ele deve ter desmaiado ou coisa assim." No dia seguinte, o Venom visitou a banca Rock 'n' Roll Heaven de Jonny e Marsha para dar autógrafos. Dunn contou: "Ainda tenho o pôster original que diz: 'Conheça pessoalmente: Venom na Rock 'n' Roll Heaven' e, em letras miúdas embaixo, 'Metallica'".

Os famosos efeitos especiais dos shows do Venom quase provocaram um acidente. Dunn afirmou que, no primeiro show no Paramount, "nós tínhamos aqueles tubos de ferro fundido para fogos de artifício, com o diâmetro de uma caneca e vinte centímetros de altura, e havia 24 deles na frente do palco. Um cara encheu os morteiros com pólvora e botou os pavios, certo? Então — em virtude da comunicação ser uma bosta — outro cara falou 'merda! Os morteiros!' meia hora antes do show e foi lá enchê-los de novo, sem saber que já estavam carregados!". Dunn assegurou que a explosão, quando os morteiros foram acionados, foi "mais alta do que a banda. Um dos tubos — e não estou mentindo — foi encontrado enfiado na parede do balcão. Aquele idiota poderia ter matado alguém. A explosão também abriu um buraco de mais de um metro no piso do palco. Não sei como ninguém se feriu...". Hetfield desdenhou: "Havia um monte de coisas inseguras, mas adorávamos a surpresa do medo; dava outra dimensão ao show".

O vocal ainda era o ponto fraco do Metallica. Quanto mais perto estavam de gravar o primeiro álbum, mais isso se mostrava um problema para os músicos. Mais uma vez eles decidiram tentar convencer alguém a assumir o papel de vocalista, deixando James livre para se concentrar na música. Marsha se ofereceu para marcar alguns testes, enquanto Lars, como sempre, tinha suas próprias ideias. Bill Hale afirmou que Lars havia sugerido que localizassem Jess Cox, vocalista original do Tygers of Pan Tang, um dos arquétipos da NWOBHM, que deixara a banda depois do disco de estreia, *Wild cat*, em 1980. Mas se Cox tinha a voz rouca que poderia ter combinado, o que Lars não sabia era que o vocalista já tinha embarcado numa carreira solo que o levaria diretamente ao *mainstream* dos anos 1980, com ombreiras, cortes de cabelo mullet com laquê e tudo mais. Contudo, embora Cox pudesse ser o "número um na lista", segundo Hale, eles iriam atrás de alguém muito mais próximo de casa: John Bush, vocalista de dezenove anos de outro grupo de Los Angeles, Armored Saint.

Lars Ulrich admirava o Armored Saint. Os caminhos das duas bandas se cruzariam mais de uma vez no futuro, já que Lars, durante um breve período, se tornou uma espécie de defensor deles. Em 1983, no entanto, ele e James teriam roubado seu vocalista sem pestanejar — bastava ele ter aceitado se juntar ao bando. Na verdade, Bush descartou o Metallica de cara. "Mandaram o Jonny ligar para ele", contou Marsha, "só que ele não estava interessado". Por um bom motivo, ou era o que parecia na época. Como afirmou Bush, o convite aconteceu quando o Metallica ainda não havia lançado um disco e, embora houvesse um "grande bochicho" em volta deles, "naquele instante eles não pareciam estar muito à frente do Armored Saint. Foi tipo, eu não quero entrar naquela banda, já tenho uma banda, e eles são todos meus amigos". Ele admitiu que "sempre que conto essa história a molecada me olha como se eu fosse doido varrido", mas "ninguém imaginava o que ia acontecer, tudo poderia ter sido diferente. Vai saber... Eu poderia ter estragado tudo", ele riu. "Eu poderia ter estragado o metal!" Na verdade, acrescentou, mais sério, "o grande segredo do sucesso do Metallica, na minha opinião, foi o estabelecimento do James como *frontman*. Sua voz [nos primórdios do Metallica] era daquele jeito, mas ele se transformou num grande vocalista de rock. Os riffs eram fantásticos, a música, selvagem, com toda aquela energia e atitude, mas o segredo de tudo foi o James como vocalista e *frontman*. Foi o que elevou tudo muitos patamares acima. Eu me lembro de falar: 'Vocês não precisam de ninguém. James é incrível!'. Eu não disse que não era o cara certo, mas que havia outras possibilidades. James estava se encontrando". Segundo Marsha Z, "James nunca quis ser o *frontman*. Ele queria dar um passo para trás e ser apenas guitarrista. Mas... ele topou. E, ao topar, James se tornou o James. Acho que sua verdadeira personalidade veio à tona quando ele assumiu essa função de modo permanente. Foi quase como se isso, por mais estranho que pareça, tivesse lhe dado outra voz".

Enquanto isso, Jonny tirou a banda de casa. "Era intenso demais." A gota d'água foi quando o grupo atacou o armário de bebidas uma noite e abriu garrafas de champanhe que o casal ganhara de presente de casamento. Jonny e Marsha falaram com o Anthrax, outro grupo local de metal sem contrato, que tinha um espaço para ensaio num lugar chamado Music Building, no Queens, onde muitas bandas também dormiam nas salas de ensaio. Jonny contou: "Eu pensei, sabe de uma coisa?, eles precisam ensaiar, vamos pegar todos os equipamentos e levá-los para lá, pois eu tinha de tirá-los da casa". Porém não havia espaços vagos, então Jonny convenceu o administrador do prédio a permitir que o Metallica dividisse a sala do Anthrax para ensaiar, usando o sótão para dormir. "Imagine um prédio com o interior destruído", disse Jonny, "cadeiras velhas, pó e lixo jogado num espaço gigante. Eles limparam um cantinho no meio do entulho para deitar e dormir. Era medonho. Marsha e eu não fazíamos ideia disso. Nós só ouvíamos queixas, queixas e queixas... Mas eu não dava ouvidos porque já tinha minhas próprias reclamações. Minha casa estava em frangalhos. Havia umas sessenta pessoas entrando e saindo dela toda santa noite. Era uma loucura". Durante várias semanas, a banda viveu à base de "pão de fôrma e conversa fiada". Kirk Hammett lembrou que "tinha encontrado um pedaço de espuma no chão e usado aquilo como forro onde botar meu saco de dormir". Não havia água quente, então tomavam banho frio. "Era brutal." Algumas manhãs, com uma ressaca dos diabos, depois de terem dormido somente algumas horas, eram acordados com o som penetrante de uma cantora de ópera se exercitando. Scott Ian, líder do Anthrax, lembrou que "eles não tinham dinheiro, não tinham onde ficar, então abrimos espaço para ajudá-los como fosse possível. Eles iam tomar banho em nossas casas, e demos a eles uma geladeira e um forno elétrico para que pudessem esquentar as salsichas que comiam frias. Ficávamos juntos o máximo que dava".

Por fim, outro amigo de Jonny, Metal Joe, concordou em deixar a banda dormir em sua casa, apelidada Fun House. Ao lado do melhor amigo, Rockin' Ray, Metal Joe era um dos melhores fregueses da Rock 'n' Roll Heaven. Ray "gastava o salário inteiro com álbuns de metal. Ele levava para casa onze ou doze discos de uma só vez. E, à noite, todo mundo ia até a casa dele — acho que umas quarenta pessoas — para ficar doidão e botar o som no talo. Metal Joe deixou um som na casa do Ray. Deixávamos a galera louca, todos curtiam muito metal". Outro membro do mesmo círculo que dava uma força era Mark Mari, que ia aos shows com um capacete do exército da Primeira Guerra Mundial em que se lia a palavra "metal". "Havia diversos grupos de fãs de metal no Nordeste norte-americano. Eu dava a cada bando cinquenta ingressos e pedia para venderem. Eram pessoas que botariam seus pais para correr! Era uma gente assustadora." Mas eles nunca deixaram Jonny na mão nem o passaram para trás. O pessoal ia à casa dele para entregar o dinheiro depois que os ingressos haviam sido vendidos. Como recompensa, "viam o show da primeira fila. Nós fazíamos shows [onde] conhecíamos todo mundo pelo nome. Não precisávamos de segurança. Foi nesse mundo que vivi desde o começo, e Ray e Joe eram muito importantes nele, ciceroneavam as bandas e organizavam a farra".

Naquele momento, Jonny Z tomou de vez a administração do dia a dia do Metallica das mãos de Mark Whitaker. "Eu nunca tinha feito isso antes, mas a adrenalina era intensa." Poucas semanas depois ele anunciou a criação de uma empresa, a CraZed Management, da qual Marsha e ele eram sócios.

Com o passar do tempo, eles também assumiriam as responsabilidades pelo Anthrax e pelo Raven. No início, porém, "tudo se resumia ao Metallica. Tudo. Todos os dias". Ainda segundo Jonny, "era como se tivessem nos lançado uma bola e estivéssemos correndo pelo campo. A marcação era cerrada, mas marcamos alguns gols".

Como empresário, a prioridade de Jonny era fazer o Metallica gravar um disco. Contudo, suas ambições eram mais altas do que meramente lançar um pedaço de vinil, a exemplo do incipiente selo Metal Blade de Brian Slagel. Apesar de acostumados a levarem multidões a suas apresentações, em 1983 não havia grandes gravadoras interessadas numa banda como o Metallica. O disco que mais vendeu naquele ano foi *Thriller*, de Michael Jackson. Seis meses após o lançamento, em novembro de 1982, ele continuava vendendo mais de 1 milhão de cópias por mês nos Estados Unidos e só estava na metade de uma permanência de 37 semanas consecutivas na primeira posição das paradas. Em 16 de maio de 1983, mesma semana em que o Metallica começou a gravar o primeiro álbum, a NBC transmitiu *Motown 25: Yesterday, Today, Forever*, programa em que Jackson mostrou seu "*moonwalk*" durante uma apresentação cativante do sucesso "Billie Jean". No dia seguinte, o país inteiro só falava nisso. Fred Astaire em pessoa telefonou ao cantor de 25 anos para parabenizá-lo. *Thriller* já estava a caminho de se tornar o disco mais vendido de todos os tempos — uma conquista que ajudou a reverter a sorte do mercado fonográfico norte-americano, então sofrendo a segunda queda em três anos. Antes de *Thriller*, a *Billboard*, a bíblia do mercado norte-americano, relatara que as remessas de discos haviam caído em mais de 50 milhões de unidades entre 1980 e 1982. Antes de *Thriller*, as gravadoras dos Estados Unidos estavam reduzindo drasticamente o pessoal e efetuando cortes no orçamento. Naquele momento, em seu despertar, chegava a era do álbum de sucesso ultracomercial. Quando, em 1984, a Columbia — que havia lançado *Thriller* e era um dos selos que haviam zombado de Jonny Z quando ele os ofereceu o Metallica — lançou *Born in the U.S.A.*, álbum de Bruce Springsteen, ela já havia se preparado para botar no mercado sete singles retirados do disco, sendo que todos entrariam direto entre as dez mais dos Estados Unidos. Enquanto isso, seus principais rivais se mexiam: a Warner Bros. preparava-se para lançar cinco singles de *Purple rain*, novo álbum de Prince, e a Mercury, que vira o terceiro disco do Def Leppard, *Pyromania*, perder o topo em 1983 para *Thriller*, fez de tudo para não dar chance ao azar com o álbum seguinte, *Hysteria*, bombardeando as rádios norte-americanas com sete singles, todos grandes sucessos nas paradas. Por causa disso, cada um desses álbuns vendeu mais de 10 milhões de cópias somente nos Estados Unidos, tornando-se os mais vendidos desses artistas.

O impacto da NWOBHM no *mainstream* norte-americano tinha sido mínimo, mal sendo notado fora dos bolsões do underground hardcore de onde emergira o Metallica. Dos poucos grupos da NWOBHM que haviam ingressado no mercado norte-americano em 1983, apenas Def Leppard teve sucesso significativo e somente por que era colorido e empolgante — a imagem juvenil da banda fora talhada a partir do mesmo pop-rock contemporâneo do Duran Duran; sua música, esculpida no estúdio por "Mutt" Lange, o mesmo gênio da produção responsável por grandes sucessos nas paradas de AC/DC, The Cars e Boomtown Rats; eram abertos a fazer vídeos, focados em bombar singles e abusavam de trejeitos pop-rock. Até mesmo o Iron Maiden, a única outra banda da NWOBHM que começava a fazer sucesso nos Estados Unidos, só havia chegado lá após trocar o vocalista original de cabelo curto e estilo punk Paul Di'Anno por Bruce Dickinson, que soava mais genérico e dentro da velha tradição roqueira. O Maiden não se valeu de sucessos pop como o Leppard, mas também teve de adequar os riffs metálicos a um público mais amplo do que aquele do início da carreira no Reino Unido. Na verdade, os outros únicos sucessos britânicos no mesmo período foram o Judas Priest, como o Maiden de uma geração anterior, e, em 1987, o Whitesnake, que seguiu quase à risca o primeiro modelo adotado pelo Leppard na MTV.

O único estilo roqueiro norte-americano que ainda frequentava as rádios e as paradas de álbuns dos Estados Unidos era o praticado por grupos de "rock melódico", cada vez mais meio-termo, como Journey e REO Speedwagon. Huey Lewis and the News, outra banda de "soft rock" de San Francisco, chegaria ao primeiro lugar em 1983 com o álbum *Sports* e somente conquistou essa façanha, como Lewis revelou mais tarde, depois de "uma grande briga" com os diretores da gravadora Chrysalis, que tentaram convencê-lo a mudar o estilo de cantar ou passar a função a outro vocalista. "Eles me falaram: 'Esse tipo de voz grave não é mais tocado pelas rádios [dos Estados Unidos]'", ele me disse em 1984. Felizmente para o futuro do News, Lewis, um nova-iorquino obstinado que passara anos "ralando no circuito", era teimoso e ignorou o "conselho". Felizmente para o Metallica, Jonny Z era outro nova-iorquino duro na queda que também ignorou os executivos das grandes gravadoras que o aconselhavam a desistir do Metallica.

"Batemos em todas as portas", disse Jonny. "Alguns dos maiores nomes da área de artistas e repertórios das gravadoras norte-americanas recusaram o Metallica. Estou falando de Columbia, Arista, da maioria dos selos. O único lugar em que havia algum tipo de comunicação e compreensão do metal era com um camarada da Elektra chamado Michael Alago. Nós o procurávamos e falávamos sobre o Metallica e o Raven." Um jovem roqueiro do Brooklyn que tinha virado caça-talentos havia pouco tempo, Alago seria convencido pelo que Jonny Z dizia sobre o Metallica e tomaria uma atitude, mas só depois de a banda se sentir completamente abandonada e achar que a única saída era ser menos cautelosa e gravar sozinha o álbum, sem o apoio de gravadoras — na esperança audaciosa de usá-lo como isca para atrair um contrato na sequência. "Não era apenas questão de ter coragem", afirmou Jonny. "Era preciso ser completamente louco para fazer uma aposta dessas. Era como se tivéssemos uma missão: pegar a banda e transformá-la num nome mundial — sem ter a mínima ideia de como fazer essa merda."

CINCO
PUNKS CABELUDOS

Eu era um sem-teto, dormindo onde dava, no chão e nos sofás de conhecidos, carregando minha vida inteira em sacolas plásticas, eu e minha máquina de escrever infantil portátil. Xavier, um dos caras legais, tinha casa em Notting Hill. O único porém era ter de beber muito uísque e bourbon — Maker's Mark, Crown Royal, Old Grandad, nunca Jack Daniel's, "coisa de turista", ele dizia — e escutar Molly Hatchet. Isto é, tocar junto com Molly Hatchet, em raquetes de squash, que empunhávamos como guitarras, sacudindo o cabelo, nos apresentando para milhões de pessoas agradecidas, geralmente às duas da madrugada. Meu Deus, ele devia ter vizinhos compreensivos porque o som sempre ficava no talo quando dávamos nosso show. Ele acendia velas, mantinha os copos cheios, me dava uma raquete de squash, No guts... No glory *no som, e mandávamos ver...*

Uma noite, no entanto, ele fugiu à norma. "Ouve isto", sorriu, tirando o plástico da capa de um disco que eu não reconheci. É claro que eu não conhecia a maioria das capas dos álbuns de sua coleção, mas dava para ver que esse era meio diferente, tinha pinta de novo, pois ele não via a hora de tocá-lo. Xavier nem pegou as raquetes. Na verdade, queria que eu escutasse. Cansado depois de passar a semana no chão curtindo as correntes de ar de um velho prédio invadido em King's Cross, agradecido por não ter de cantar pelo meu jantar, deitei no sofá e esperei que começasse a tocar. A espera não foi longa.

Começou com uma cacofonia gradual de guitarras e bateria explodindo, como o final climático de um álbum, não o começo. Então a banda engatou, a coisa deslanchou, e comecei a rir. Era o som mais rápido e divertido que eu ouvia desde o primeiro disco do Damned, e esse tinha sido o mais rápido e divertido que já tinha ouvido na vida. Era FANTÁSTICO! *Não por ser profundo ou monumental, mas por ser... rápido e divertido pra caramba. Pensei que fosse alguma banda punk, mas quando pedi para ver a capa logo percebi que eles não eram punks. Na verdade, pareciam um bando de fãs do Iron Maiden ou Motörhead indo para a matinê entupidos de Anadin e cidra. Depois vi o nome — Metallica — e ri mais ainda. Somente Xavier poderia ter encontrado uma banda de metal chamada Metallica!*

A faixa seguinte começou. "É esta aqui!", ele berrou na minha orelha. Como de costume, surgiram as raquetes de squash e nos levantamos. De repente, tudo ficou ainda mais fantástico. As guitarras! Meu Deus, elas pareciam máquinas! Carros derrapando e batendo, para desviar no último segundo numa nuvem gigantesca de borracha queimada. A música não acabava. Quanto tempo duraria? Um puta tempo, se quer saber! De repente, um solo de guitarra para curvar as costas. Uau, eles eram metal ao quadrado. Depois o riff voltava, e eu não sabia o que estávamos ouvindo. Era alto pra cacete e intenso, pensei que estivesse viajando.

Quando finalmente caí no sofá, a garrafa de Old Granddad vazia, minha cabeça ainda estava zumbindo. "Eles serão grandes", ele repetia. Não pus a menor fé naquilo; eles podiam ser incríveis, uma espécie de Godzilla adolescente, o que significava que, tirando lunáticos como eu e o Xavier, ninguém compraria os discos daquela banda. Mesmo assim, o efeito foi poderoso enquanto durou. Quando acordei no dia seguinte eu estava detonado...

FINALMENTE LIVRE DA INFERNAL prisão albergue, e ainda com ótimo comportamento, Jonny Z trabalhava sua mágica incansável em prol do Metallica e conseguiu achar um estúdio para que gravassem o primeiro álbum. Após ouvir uma dica de Joey DeMaio, cuja banda, Manowar, tinha acabado de gravar lá, Jonny convenceu Paul Curcio, proprietário do Music America Studios, nos arredores de Rochester, norte do estado de Nova York, a parcelar o pagamento. "Estava usando dinheiro da hipoteca", Jonny contou, "não uma quantia que eu tivesse reservado para investir". A banda teria de trabalhar, "rápido o bastante para um disco de 8 mil dólares". Na verdade, o álbum custou perto de 15 mil dólares, levando o casal Zazula quase à falência.

Parte do acordo envolvia Curcio produzir as sessões, enquanto Jonny seria o produtor executivo. Trocando em miúdos: "Eu ficava no estúdio a maior parte do tempo. Se não gostasse, mudavam". Mais tarde, o grupo reclamaria que não teve acesso à sala de controle, mas Jonny não estava fazendo isso à toa. "Eles podem me achar um controlador; nem imagino como a banda me via porque eu era de fato um cara estranho, um excêntrico. E eu tinha de ser!" Gravado em três semanas, boa parte do descontentamento posterior da banda seria direcionado à produção. Nas palavras de Hetfield: "Nosso suposto produtor ficava sentado marcando as músicas em um bloquinho de anotações e falando: 'Que tal irmos a uma boate à noite quando acabarmos de gravar? O café está pronto?'. Assim, tivemos uma primeira impressão muito ruim do que era um produtor". James reclamaria com Jonny: "Ainda não botei meu peso". Jonny mencionou a faixa "The four horsemen" — versão reformulada de "The mechanix", de Mustaine — como o exemplo perfeito. Ou melhor, ele cantou, alternando a voz entre acordes compassados raquíticos e os *power chords* mais pesados que Hetfield conseguiu colocar na gravação. Jonny disse que Curcio, que no começo dos anos 1970 trabalhou com os Doobie Brothers e Santana, "pirou porque pensava que Kirk Hammett fosse filho do Santana. Assim, ele fez o disco inteiro como se fosse uma banda gravando bases para a brilhante guitarra de Kirk Hammett". Jonny teve de explicar tudo para o produtor. "Depois disso, James deu mais peso às faixas, e Paul [Curcio] nunca mais voltou a ficar feliz comigo." Já a preocupação de Jonny era outra: "A primeira coisa que tínhamos de superar era a energia de *No life 'til leather*, que mostrava a força e a potência do grupo. O álbum não podia ter som de lata. Tinha de ser um trovão".

Jonny alcançaria seu objetivo. Embora ele e a banda tivessem de esperar o próximo álbum para capturar por completo a intensidade de uma apresentação ao vivo, o primeiro disco do Metallica — que decidiram batizar de *Metal up your ass*, título que Lars queria usar desde a época em que ficava batendo perna com Brian, Bob, Patrick e outros amigos atrás de importados raros da NWOBHM — traria um som inédito quando lançado, em meados de 1983. As dez faixas vieram das apresentações ao vivo e por causa disso representavam uma espécie de manifesto musical; autorreferente, louvando a si mesmo e autocentrado até a medula. Da faixa de abertura — uma versão atualizada de "Hit the lights", com introdução colossal em crescendo e vocal de Hetfield carregado de eco — à rajada patriótica da derradeira "Metal militia", repleta de efeitos de soldados marchando, era o som de uma banda jovem se anunciando do alto dos telhados, recriando o mundo à sua imagem, com toda a arrogância e a hesitação adolescente que apenas um grupo jovem e impetuoso tem. Em termos de produção, todas as canções reunidas anteriormente em cassetes como *No life 'til leather* e as várias fitas ao vivo surgiram em versões superiores, enquanto a adição de Burton e Hammett sinalizou, sem dúvida, uma dimensão melódica mais sofisticada, reduzindo um pouco o andamento de algumas músicas e contando com ainda mais peso nos ritmos martelantes.

Jonny Z já havia identificado "The mechanix" como a faixa que se destacava em *No life*. Como era de esperar, essa também se tornou o ponto alto do álbum, embora apresentada numa nova e aprimorada versão, "The four horsemen". Ron McGovney sempre considerou a letra original de Mustaine "ridícula". Os outros não foram tão francos — até Mustaine ser carta fora do baralho, quando Hetfield a reescreveu por inteiro. Saíram os duplos sentidos nauseantes — "Made my drive shaft crank... made my pistons bulge... made my ball bearings melt from the heat..."* — e entraram as reflexões tipicamente apocalípticas de Hetfield, misturando imagens usuais do metal em versos como "dying since the day you were born"** com elementos mais autorreferentes: "horsemen... drawing nearer, on the leather steeds they ride...".*** Musicalmente, enquanto o estrondoso riff principal ainda devia muito a "Detroit rock city", do Kiss, ele era o mais longo e complexo do álbum, repleto de sonoridades originais, sendo, portanto, a linha-mestra em termos de composição do material cada vez mais complexo e progressivo que faria a fama da banda nos anos 1980. Executada num ritmo consideravelmente mais lento do que na versão habitual de Mustaine, a música permitia à banda se exibir em sua melhor luz, com o baixo extasiante de Burton sustentando os riffs violentos numa progressão ascendente clássica que termina dando espaço a um solo de guitarra muito mais contido de Hammett do que o bombardeio frenético que Mustaine sempre preferiu. É uma canção com grandes ambições de uma banda que ainda estava conquistando autoconfiança no estúdio, como se tivessem reunido, feito um Frankenstein, as partes vivas de várias outras músicas mortas; uma para mostrar suas credenciais de speed metal, outra exibindo a habilidade de Burton e Hammett para apresentar uma abordagem muito mais encorpada.

* Acionou meu eixo motor... inchou meus pistões... derreteu meus rolamentos com o calor. (N.T.)
** Morrendo desde o dia em que nasceu. (N.T.)
*** Cavaleiros... aproximando-se, sobre montarias de couro eles cavalgam. (N.T.)

Similarmente, as faixas "Phantom lord" (uma das quatro em que Mustaine recebeu o crédito de coautor) e "No remorse" (uma das quatro creditadas somente a Hetfield e Ulrich, com o riff parcialmente inspirado em "Hocus pocus", do Focus) demonstravam que havia muito mais no Metallica que o "trovão" de Jonny Z. Também havia um raio torto, altos e baixos, lua e estrelas — um novo horizonte musical que se tornava visível.

Outro grande destaque, no entanto, era uma das faixas mais curtas do álbum, "Whiplash". Inspirada nas bizarrices de Ray Burch, um grande fã do Metallica de San Francisco, que já tinha se feito notar em vários shows na cidade ao quase se nocautear (o que explica a dedicatória indireta inspirada nele na contracapa do disco: "sacuda a cabeça que não sacode"), como o título sugere, "Whiplash" [chicotada], começa num ritmo furioso, uma mistura do apogeu do Motörhead, da era de "Ace of spades", e algo ainda mais veloz que o primeiro e absurdamente acelerado disco do Damned. Todas as faixas de *Metal up your ass* fervilham de energia, mas "Whiplash" realmente parece o começo de algo novo; sujo como o punk britânico mais cru e ritmicamente desenfreado aos moldes do primeiro Van Halen. Existem outros momentos enfurecidos no disco, como "Motorbreath" — um simples verso de quatro acordes e refrão com paradinha, creditada unicamente a Hetfield, que garantiria a satisfação futura do público —, mas, para identificar o instante em que o thrash metal chegou cuspindo e rosnando ao mundo, essa honra cabe, sem dúvida, a "Whiplash". Sem mencionar o profético refrão: "Adrenalin starts to flow / Thrashing all around / Acting like a maniac / Whiplash...".*

A única faixa fraca do álbum era, inevitavelmente, a mais comercial: um heavy metal insosso à moda antiga — cujos créditos foram dados a Hetfield, Ulrich e Mustaine, mas, na verdade, baseada numa das primeiras músicas que o ex-guitarrista compôs na adolescência, "Jump in the fire". Repleta de refrões berrados e uma tentativa previsível de riff pegajoso, "Jump in the fire" era tão nauseante que poderia ter sido composta por qualquer banda de metal farofa de Los Angeles obcecada pelas paradas que o Metallica professava odiar. Para

* A adrenalina começa a fluir / Detonando tudo ao redor / Agindo feito um maníaco / Chicotada. (N.T.)

dar o merecido crédito, eles mais tarde reconheceram que não passava disso — brincando, Lars sugeriu que se tratava de uma tentativa estúpida de copiar o sucesso "Run to the hills", de 1982, do Iron Maiden —, mas só depois de a lançarem como primeiro single no Reino Unido. Claro que não foi seu primeiro hit. Igualmente óbvia, mas muito mais bem-sucedida foi "Seek and destroy", outra música que se tornaria uma das bases dos shows do grupo no futuro, com o público cantando junto o refrão simples e de um verso só: "Searching... seek and destroy!",* dando à plateia a chance de rugir junto, incentivada por James.

Os outros aspectos em que o disco soa menos convincente, até vergonhoso, são provocados pelos membros principais da banda. Burton e Hammett brilham o tempo todo — o último, a quem foi pedido que copiasse os riffs, pausas e solos de guitarra concebidos por outra pessoa, fato sobre o qual Mustaine reclamaria durante muitos anos; o primeiro de um jeito mais sutil e direto em sua faixa instrumental, "(Anesthesia) pulling teeth", uma fusão roqueira vanguardista de tríades clássicas que se destaca pelo uso de pedal wah-wah e distorção pura, ancorada por uma bateria bastante trivial de Lars e fundamenta-se no solo ao vivo de Cliff, mas foi apresentada de maneira descuidada por Chris Bubacz, o engenheiro do estúdio. O vocal principal de Hetfield, no entanto, foi desenvolvido de maneira lamentável, preso entre a estridência e a arrogância de um Judas Priest ou Iron Maiden e o canto mais rico, intimidante e gutural que desenvolveria nos lançamentos subsequentes. O som da bateria de Lars — gravada num grande salão no segundo andar do prédio — espalhou-se, de modo constrangedor, sobre tudo, em crescendos sem-fim que parecem exatamente o que são: o trabalho de um amador entusiasmado que não sabe quando parar.

"O primeiro álbum", Hetfield declararia mais tarde à *Rolling Stone*, era simplesmente "o que sabíamos fazer: sacuda a cabeça, busque e destrua, fique bêbado, detone as coisas". Por toda sua credibilidade instantânea no underground, enquanto muitas das primeiras demos das músicas soavam como um encontro do Motörhead com o Diamond Head, o disco finalizado parecia buscar o refinamento do primeiro Iron Maiden ou Black Sabbath. Porém, nessa etapa da história, o álbum de estreia do Metallica nunca estaria relacio-

* Procurando... buscar e destruir! (N.T.)

nado apenas com música. Sua verdadeira conquista era, a um só tempo, definir uma nova sensibilidade — o conceito antes incompatível, mas estranhamente empolgante, consolidava-se, mesclando punk e heavy metal em um estilo mais complexo chamado thrash — e resgatar a credibilidade de um gênero musical, o rock pesado, que havia se transformado na fonte dos analfabetos culturais deixados para trás depois da chegada do punk.

Antes, porém, Jonny e Marsha Z teriam de achar um jeito de lançar o disco. Sem esperanças de que um contrato caísse do céu depois da gravação do álbum (as másteres estavam numa caixa de fitas num canto da sala de estar), e com a banda ainda dormindo no chão da casa de Metal Joe, Jonny e Marsha tomaram uma decisão audaciosa: lançar eles mesmos o disco. De acordo com Jonny, "pensei que se podíamos comprar [discos] de um distribuidor, como fazíamos na loja, certamente poderíamos vender um disco a eles para que revendessem às outras lojas do ramo. Não sabíamos que ninguém das distribuidoras queria papo. O resumo da ópera é que simplesmente lançamos". Ele riu e depois acrescentou: "Talvez eu pudesse ter procurado a Metal Blade ou a Shrapnel, na Costa Oeste, mas o material era tão inovador que não sabia se alguém mais perceberia. Eu era como o sujeito que não sabe se teve uma ideia genial ou estúpida... só havia um jeito de saber".

Jonny e Marsha tinham decidido batizar o selo de Vigilante, depois mudaram de ideia quando Cliff Burton sugeriu um nome melhor, Megaforce, título de um filme de ficção científica de baixo orçamento lançado nos Estados Unidos no ano anterior. O subtítulo: "Quando a força estava com eles, NINGUÉM tinha a menor chance!". Como missão da empresa, era certamente adequado. Na prática, significava fazer uma segunda hipoteca pela casa da família Zazula. "Alguns daqueles dias foram os piores da minha vida", Jonny contaria mais tarde. "Meu pescoço estava em risco." Mas com Anthrax, Raven e agora até o Manowar, dispensado pelo Liberty, selo ligado à EMI, batendo à sua porta, prometendo assinar com seu novo selo imaginário, Jonny e Marsha foram em frente. O casal foi encorajado por Lars, que sugeriu a eles seguirem o exemplo do Motörhead, cujos discos eram lançados por um pequeno selo independente britânico, Bronze Records, e distribuídos pela Polydor Records, parte do conglomerado Polydor.

Fundada em Londres em 1971, a Bronze foi criada por Gerry Bron, então mais conhecido pela produção de discos de rock pesado de grupos da época, como Uriah Heep, Juicy Lucy e Colosseum. Quando o contrato do Heep com a Vertigo terminou, Bron os convenceu a permitir que ele criasse um selo independente, com a responsabilidade pela prensagem e distribuição a cargo da Island Records, de Chris Blackwell, então a mais bem-sucedida entre as gravadoras independentes do país. Os lançamentos posteriores aconteceram pela EMI, e, em meados da década de 1980, eles estavam formando um catálogo — que incluía grandes nomes da NWOBHM (Motörhead, Girlschool), do punk (The Damned) e gigantes do rock do começo dos anos 1970 (Hawkwind, Heep) — pela Polydor. Jonny levou a sugestão de Lars tão a sério a ponto de convidar Gerry Bron a vir para os Estados Unidos, pensando que a Bronze poderia lançar o álbum do Metallica no Reino Unido e na Europa, enquanto ele formava o selo para trabalhar com as distribuidoras norte-americanas. Poderia ter sido assim. Segundo Jonny, "[Eles] ofereceram dinheiro para eu não me meter naquilo... Depois que isso aconteceu, Marsha e eu falamos ao Lars: 'Por que não fazemos isso de uma vez?'".

Nos Estados Unidos, a Megaforce encontrou um aliado no Relativity, que aceitou distribuir o disco do Metallica, enquanto no Reino Unido o Music for Nations, selo independente recém-fundado, foi contratado para fazer o mesmo trabalho. De acordo com Jonny, a partir daquele momento, ele e Marsha "fizeram de tudo: gravar, produzir, fazer a arte da capa". Ainda pensando em batizar o álbum de *Metal up your ass,* a banda tinha pensado numa ideia para a capa: um braço segurando um facão saindo de uma privada. Jonny, que concordava com isso até que o departamento comercial do Relativity interveio, teve então a missão de explicar que, embora não fosse um problema para ele, para os distribuidores seria "suicídio comercial" lançar um álbum chamado *Metal up your ass,* sem mencionar a capa obviamente ofensiva. Jonny contou: "Na época, tudo era muito rigoroso. Foi antes da etiqueta [*parent advisory* — alerta os pais], mas ainda havia esse viés moral. Eles achavam que o Walmart, ou qualquer outro varejista, não aceitaria o disco". Ofendidos, no entanto, com a ideia de abrir mão para manter as lojas de disco felizes, Cliff berrou para Jonny: "*Kill 'em all!*" [mate todos eles!]. Jonny riu ao narrar o incidente. "Cliff ficou muito puto, mas Lars disse: 'Taí um bom nome para o disco'. Concordei, e o disco passou a se chamar *Kill 'em all*". A capa, baseada em outra sugestão de Jonny e com a qual, segundo ele, a banda "ficou muito feliz", era tão simples e brutal quanto o novo título: um martelo sobre uma poça de sangue com a sombra de uma mão se afastando. A imagem um pouco menos sutil do que o facão original saindo da privada — ainda vista em camisetas — deixou os revendedores norte-americanos mais à vontade. Na contracapa, um retrato simples da banda fazendo o possível para parecer solene, todos parecendo bem jovens, apesar da tentativa de Lars de exibir barba na cara.

Lançado oficialmente nos Estados Unidos em 25 de julho de 1983, *Kill 'em all* não foi um sucesso, mas essa nem era a expectativa. O fato de ter chegado à posição 120 no Top 200 da *Billboard* foi motivo de festa para todos da Megaforce. Se alguém tivesse dito a Jonny Z naquela época que o álbum venderia mais de 3 milhões de cópias nos Estados Unidos, "eu o teria achado mais louco do que eu". A falta de influência da Megaforce era adequada para dar liberdade ao Metallica de criar sua própria identidade em termos musicais e de imagem. Como Lars me diria, "desde o começo tínhamos uma atitude bem distante do lado comercial das coisas. Defendíamos com unhas e dentes nosso som e nosso visual, como nos apresentávamos. Ou como não nos apresentávamos... Simplesmente fazíamos o que fazíamos. O lance é que não existiam bons selos independentes nos Estados Unidos quando começamos. Era preciso ser a aposta certa para conseguir um contrato em 1983, mas dissemos 'foda-se' e seguimos aos trancos e barrancos, fazendo do nosso jeito e curtindo. De repente, pintou um selo independente e tínhamos um disco lançado, e muita gente começou a comprar porque nunca tinha existido algo assim [musicalmente] nos Estados Unidos". O fato de terem sido inicialmente rechaçados pelas grandes gravadoras funcionou a favor deles. De acordo com Lars, em 1983, "a filosofia das [grandes] empresas fonográficas sempre foi dar ao público a chance de escolher entre A, B ou C, nunca indo além desse cardápio, e a conclusão deles foi que uma banda como o Metallica não faria parte do cardápio porque não era comercial. Assim, as pessoas tinham de ouvir o hard rock do Styx, REO Speedway ou sei lá o quê. E, então, surgiu o Metallica, e eles pensaram: 'Uau, de onde surgiu essa merda? Como não ouvimos isso antes?'. Porque as gravadoras nunca acreditaram que algo do gênero fosse vender. Então, começamos a vender uma porrada de discos, e, ao mesmo tempo, as letras do James eram diferentes de toda aquela porcaria clichê que as bandas de metal antigas vomitavam, e as pessoas se ligaram nisso". A recepção inicial da imprensa, no entanto, foi bastante variada. Com exceção da *Kerrang!*, a grande imprensa musical dos Estados Unidos e da Grã-Bretanha praticamente ignorou o disco. Já os fanzines de metal, que sempre apoiaram a banda, vibraram. Numa resenha para a *Kerrang!*, Malcolm Dome escreveu: "*Kill 'em all* estabelece um novo padrão... O Metallica só conhece duas velocidades: rápido e total confusão". Para o *Metal Forces*, principal fanzine de metal do Reino Unido, era o álbum do ano, e o Metallica, a banda do ano. Nos Estados Unidos, Bob Nalbandian, sempre o primeiro a saber das novidades, resumiu a crítica do álbum em *The Headbanger* com as seguintes palavras: "O Metallica pode ser a resposta dos Estados Unidos ao Motörhead" — o maior reconhecimento que Lars Ulrich ou James Hetfield poderiam esperar em 1983.

Só havia uma voz discordante, que pertencia, com uma tristeza inevitável, a Dave Mustaine. Entrevistado poucos meses depois do lançamento do disco por Bob Nalbandian, principalmente sobre sua nova banda, Megadeth, o antigo guitarrista não resistiu à tentação de usar a oportunidade para descer a lenha no que considerava falhas medonhas em *Kill 'em all*. "Fico me perguntando o que o Metallica vai fazer quando acabar o estoque dos meus riffs", zombou, acrescentando que "já dei uma porrada na boca do James, e o Lars tem medo da própria sombra". Quanto ao substituto, "Kirk é o homem do 'sim'. 'Sim, Lars, vou tocar a parte do Dave. Sim, James, vou tocar isso'". Para deixar a ofensa injuriosa, ele reivindicou a autoria "da maioria das músicas da porra daquele álbum! Compus quatro, James, três, e Hugh Tanner, duas!". Ele insistiu que "James tocou todas as bases do disco e que Cliff compôs as partes do Kirk, o que comprova que estão tendo muitos problemas com seu 'novo deus da guitarra'".

Era o começo de uma guerra verbal, na maior parte unilateral, entre Mustaine e o Metallica que duraria, sob vários formatos, até hoje. De suas zombarias sem-fim na imprensa sobre como "Kirk Hammett imitou todas as partes que toquei em *No life 'til leather*" ao sarcasmo na anteriormente citada entrevista a Dave Navarro. Porém, se havia inveja entre Mustaine e Hammett, não era o novo guitarrista do Metallica quem sentia. Como assinalou David Ellefson, colaborador e confidente mais próximo de Mustaine, qualquer "cópia" de Kirk Hammett das linhas originais de guitarra de Mustaine em *Kill 'em all* seria deliberada. "De certo modo, Kirk imprimiu sua própria marca [no disco], mas esse tipo de música não é um mero solo improvisado sobre um riff de blues de três acordes. O solo faz parte da composição, cada pedaço é tão fundamental para a música quanto a letra e o refrão. É isso o que *gostamos* na música. É a diferença entre quando fui ver o Van Halen, e eles soaram como uma banda de festa desleixada, e quando fui ver o Iron Maiden, e eles tocaram nota por nota de todos os solos. Como fã, curto todas as notas... Queria ouvir exatamente do mesmo jeito que está no disco." Manter o formato de *No life* era o que se esperava de Kirk. "Para mim, eles tentaram honrar todo o bem que o Dave fez pela banda. Eles usaram suas músicas, deram crédito a ele. Eles o pagaram por isso. Quando andávamos nas ruas de Los Angeles e alguém gritava 'Metallica', não penso que era um 'foda-se' para Dave. Era um 'cara, você tocou na porra do Metallica!'".

Apesar de ser praticamente ignorado pela grande imprensa musical, no final de 1983 o primeiro disco do Metallica já começava a ser visto como um divisor de águas na história do rock. Ele mostrava que, longe de estarem mortos — como alardeava a imprensa musical britânica do pós-punk desde que Johnny Rotten, vocalista do Sex Pistols, afirmou ter dormido assistindo o Led Zeppelin, chamando-os de "dinossauros" —, o punk e o metal tinham muito mais em comum do que se imaginava. Era possível ouvir os antecedentes musicais do Metallica nos riffs blindados e no vocal entediado dos primeiros discos dos Stooges e dos Pistols e, também, nos ritmos ultravelozes e na bateria retumbante do primeiro Motörhead e dos discos de Ted Nugent. Não que o Metallica parecesse consciente das direções radicais que em breve seriam parabenizados por assumir: "Pensávamos que, independentemente do resultado, haveria pessoas que se aproximariam [do álbum] com muita hesitação, porque era tudo muito diferente naquela época", disse Kirk Hammett. Se para os não iniciados as faixas pareciam indefiníveis, era assim mesmo, insistia James Hetfield: "Ficávamos ensaiando, e as músicas se tornavam mais e mais velozes, a energia ia crescendo". Tocar as músicas ao vivo "sempre foi mais rápido" por causa da "bebida e dos malucos ao redor, simplesmente pela empolgação".

Entretanto, havia muito mais no novo som que o Metallica oferecia, de maneira consciente ou não, do que apenas tocar acelerado para contentar os doidos que iam aos shows. Além da velocidade em si, o aspecto definidor do thrash seria encontrado nas frenéticas palhetadas para baixo de James Hetfield ao tocar guitarra base. Até então, com poucas exceções — a mais famosa seria Johnny Ramone, cuja fixação pelas palhetadas para baixo deu aos Ramones seu singular som bruto —, os guitarristas de rock tendiam a fazer os acordes ressoarem. Hetfield, determinado a deixar seu estilo mais duro e veloz, ressoando de modo menos exuberante, desenvolveu o que o escritor e guitarrista Joel McIver caracterizou como "um *staccato* abafado com a mão". Segundo ele, foi James Hetfield quem realmente promoveu esse estilo, considerado obrigatório nos círculos do metal. Era o que McIver chama de "palhetada para baixo supercompacta" de Hetfield, "pondo a mão sobre a ponte para obter um som perfeitamente firme", que se tornou o elemento central no som típico do Metallica e, por conseguinte, do thrash metal. Nas palavras de McIver, Hetfield foi o pioneiro da técnica que fez do som do metal algo que "não era impetuoso, rude ou sexy, mas o futuro. O apocalipse chegara na forma da mão direita de um adolescente espinhento do lado errado de Los Angeles".

Quase imediatamente uma nova geração de bandas de rock e metal se esforçava para imitar o som reenergizado do Metallica e o visual despojado dos membros do grupo, começando, em geral, com a velocidade acelerada e a intensidade da nova música, que já estavam chamando de thrash, e, principalmente, com as palhetadas para baixo secas que Hetfield transformara, de maneira inadvertida, em marca registrada. Dave Mustaine, no início mais famoso pelos solos frenéticos e pelos comentários virulentos sobre o Metallica, teve a esperteza de incluir os truques rítmicos de Hetfield em sua própria banda, Megadeth, como também fizeram Kerry King, do Slayer, e Scott Ian, do Anthrax. Essas três bandas, em conjunto com o Metallica, logo seriam conhecidas como The Big Four, as quatro grandes do thrash, e a chegada de *Kill 'em all* serviria como base de lançamento para todas elas, principalmente depois que a imprensa especializada em metal — liderada pela *Kerrang!*, mas rapidamente acompanhada pelos mesmos fanzines que já apoiavam o Metallica — se apoderou da ideia. Assim como aconteceu com a NWOBHM, o thrash logo seria descrito como uma cena em expansão que aparentemente brotara do nada de um dia para o outro. Ou, como Lars Ulrich afirmou rindo, "da mente de Xavier Russell!".

Filho do cineasta Ken Russell, Xavier era um adolescente inglês que estudou em escola pública e se apaixonou pelo rock pesado em geral e pelo Lynyrd Skynyrd em particular, enquanto o resto dos amigos caía de quatro por The Clash e The Jam. Trabalhando como montador de cinema, ele começou a escrever para a *Sounds* no final da década de 1970, como um passatempo, sempre à mão, principalmente resenhando discos de heavy metal importados dos Estados Unidos e do resto da Europa. Incentivado por Geoff Barton, editor-adjunto da revista, futuro inventor da NWOBHM e editor original da *Kerrang!*, no começo dos anos 1980, Russell seria o primeiro redator a dar uma grande exposição ao Metallica na imprensa musical britânica *mainstream*, tão difícil de impressionar. "Xavier era a pessoa na redação da *Kerrang!* que promovia a causa do Metallica", afirmou Barton. "Como não parava de falar sobre a banda, pensei, 'já chega, só para ele calar a boca vamos fazer uma reportagem de duas páginas'. Boa parte da primeira atenção que receberam se deve inteiramente ao Xavier."

Russell não era um excelente redator, mas um grande entusiasta do metal e um colecionador obcecado, a exemplo de Lars e de seus amigos adolescentes nerds da Califórnia. Em 1982, quando estava de férias em San Francisco e soube que o Mötley Crüe — então uma banda nova de Los Angeles de que tinha ouvido falar, mas nunca vira ao vivo — tocaria no Concorde Pavilion, ele foi conferir por mera curiosidade. No show, Xavier foi apresentado a Ron Quintana, que lhe deu uma cópia da fita *No life 'til leather*, que só foi chamar a sua atenção na manhã seguinte — "as pessoas sempre davam fitas de grupos de que você nunca tinha ouvido falar nas apresentações" —, quando, ainda de ressaca, a colocou no walkman, "não esperando nada de especial". Ele levou um choque. "Os alto-falantes simplesmente zuniram!" Ele chegou até a segunda faixa, "The mechanix", antes de pausar a fita e ligar para Ron: "Onde a porra dessa banda vai tocar?". A resposta foi: "Vão tocar segunda-feira", numa das então regulares apresentações da Segunda de Metal no Old Waldorf. "Fui, e as atrações da noite eram Metallica, Lääz Rockit e outra banda; fiquei de queixo caído." Mustaine e McGovney ainda faziam parte do Metallica. "Eles eram simplesmente inacreditáveis. Dava para ver a batalha entre Hetfield e Mustaine, como se ambos quisessem monopolizar o palco. Pareciam irmãos que não se davam bem. Mustaine era a usina de força. Ao mesmo tempo dava para ver que ele estava tramando alguma coisa."

Apresentado por Ron a Lars depois do show, "nos demos bem de cara e mantivemos contato". Depois de pegar uma camiseta de *Metal up your ass* na saída, Xavier voltou à Grã-Bretanha "e imediatamente comecei a contar sobre eles a todo mundo na *Kerrang!*. Escrevi uma reportagem sobre a fita e disse a Geoff Barton: 'Em 1991, será a maior banda do mundo'". Embora Burton e Hammett ainda fossem entrar no grupo, o lance não se resumia à velocidade, nem mesmo naquela época. Segundo Russell, "o que percebi quando os vi pela primeira vez foi que, embora fossem velozes, dava para sentir musicalidade ali. O som era bem europeu, mas com um toque norte-americano". Tirando o Venom, era "a forma mais radical de metal que tinha ouvido até então — só que melhor. Nada contra o Venom, gostava bastante do som deles, mas, em comparação, eles pareciam uma betoneira. O Metallica sempre teve um lado mais musical, canções de verdade".

Enquanto muitos concordariam com essa visão, seria errado fazer pouco da enorme contribuição do Venom no fomento ao que logo se transformou no thrash. Quando o Metallica lançou o *Kill 'em all*, a banda de Newcastle já havia gravado três álbuns claramente revolucionários para o selo independente Neat: *Welcome to hell* (1981), *Black metal* (1982) e *At war with Satan* (1983). O grupo não apenas abriu caminho para o Metallica, como também inspirou seu próprio gênero, o black metal, que deu origem a vários artistas notáveis ao longo das três décadas seguintes. O black metal começou nos anos 1980, na Escandinávia, com Mercyful Fate e Bathory, e continuou nos 1990, com grupos como o britânico Cradle of Filth, que afirmava ser composto por ocultistas, e o assustador Burzum, da Noruega, que levou o estilo a um espantoso novo patamar com atos como queimar igrejas, beber sangue humano e até homicídio, no caso do líder, Count Grishnackh (nome verdadeiro: Kristian Vikernes), condenado a 21 anos de prisão, em 1993, pela morte de Øystein Aarseth, conhecido como Euronymous, guitarrista do Mayhem, grupo de black metal norueguês rival. O Metallica nunca se viu preso ao conceito do "rock como música diabólica", como o Venom, mas a entrega total dessa banda no sentido de levar o metal a um patamar novo muito mais extremo permitiu ao Metallica ver o que poderia ser feito, desde que houvesse muita ambição. Quando o Venom começou, disse o vocalista Cronos em 2009, eles se viam como "punks de cabelo comprido, pois essa era a única coisa com que podíamos associar [a música]. Mas quando decidimos procurar termos como 'power metal', começamos a chamar nosso som de thrash metal, speed metal, death metal, black metal. 'Black metal' foi o único que pegou". De acordo com ele, o Venom estava disposto a "tomar caminhos não trilhados por outras bandas". Como os livros e os filmes, "a música também deveria ter temática variada". Ainda segundo ele, "não existiam regras sobre o que escrevíamos" — palavras que seriam ecoadas mais de uma vez nos anos seguintes por Lars Ulrich e James Hetfield...

Embora "Whiplash" tivesse os seguintes versos no refrão: "Adrenalin starts to flow / Thrashing all around",* nem Lars Ulrich sabe dizer quem foi o primeiro a usar o termo "thrash metal" para descrever a música da banda. "Pergunte ao Xavier", ele disse rindo. Foi o que eu fiz, mas nem ele tem certeza sobre esse ponto, afirmando apenas "acho que fui eu". Mas se não o inventou, foi certamente Xavier Russell quem mais trabalhou para popularizar o termo. "Eu me perguntei como definiria essa música. Bem, para mim, ela soa *thrashy* [violenta]. Mesmo que não tenha dito isso para eles, eu escrevi. Alguns chamavam de speed metal, mas como nem sempre eles eram acelerados, o termo não era o mais correto para o Metallica."

Speed metal, no entanto, certamente teria funcionado como uma descrição exata da banda que seria a principal rival do Metallica na vanguarda do thrash — o Slayer, formado em Huntington Beach, a mesma cidade de surfistas onde o Metallica encontrou Dave Mustaine, e no mesmo ano, 1982. Liderada pelo vocalista e baixista Tom Araya e o guitarrista solo, Kerry King, com o apoio de um segundo guitarrista solo, Jeff Hanneman, e Dave Lombardo, baterista que estudou jazz e dono de um talento assombroso, a banda — originalmente conhecida como Dragonslayer, por causa do filme *O dragão e o feiticeiro*, de 1981 — teve início seguindo o estilo "espada e magia" *à la* Iron

* A adrenalina começa a fluir / Detonando tudo ao redor. (N.T.)

Maiden. Como o Metallica, tinham um interesse permanente na NWOBHM, mas foi só depois de ver o Metallica abrindo para o Saxon, no Whisky, em meados de 1982, que encurtaram o nome para Slayer e focaram a música num som mais original, acelerado e poderoso, construído em torno das penetrantes guitarras gêmeas atonais de King e Hanneman, da bateria monumental de Lombardo e do vocal gutural plenamente desenvolvido de Araya — ao contrário do de Hetfield no mesmo período. Tendo mais em comum com o Venom, cultivaria uma imagem "satânica", com pentagramas, maquiagem, tachas e cruzes invertidas. Enquanto Hammett aperfeiçoava a técnica com Joe Satriani, Hanneman comparava o som da sua guitarra ao de um "porco sendo abatido". O tema das letras do Slayer também tinha um matiz muito mais sombrio que o do Metallica. Entre as favoritas desse primeiro estágio de rodopiar os cabelos estavam canções com títulos como "Evil has no boundaries", "The anti-Christ" e "Black magic". Em 1983, ao mesmo tempo em que o Metallica trabalhava em *Kill 'em all*, o Slayer havia sido convidado por Brian Slagel — impressionado com sua apresentação abrindo para o Bitch no Woodstock Club — para participar da coletânea *Metal massacre III*. A faixa, "Aggressive perfector", levou a um contrato com o selo Metal Blade, de Slagel.

Do mesmo modo, o Anthrax, que fizera amizade com o Metallica durante o período com Jonny e Marsha em Nova Jersey, também teria de agradecer à banda pela mudança radical de direção que os posicionou na vanguarda do futuro fenômeno thrash. "O Anthrax sempre quis ser o Metallica", disse Marsha Z, que exerceria a função de empresária deles em parceria com Jonny. O grupo havia sido formado em 1981 pelo guitarrista Scott Ian (apelidado Scott "Not" Ian na escola) e por um baterista muito talentoso, Charlie Benante, reforçado pelo baixista Dan Lilker, pelo guitarrista Greg Walls e pelo vocalista Neil Turbin. O álbum de estreia, *Fistful of metal*, foi gravado poucas semanas depois de *Kill 'em all* chegar às lojas e seria lançado pelo mesmo selo, o novato Megaforce de Jonny e Marsha, em janeiro de 1984. Só que o disco era mais calmo, embora trouxesse um clássico proto-thrash na enfurecida versão de "I'm eighteen", de Alice Cooper. Apenas depois da saída de Turbin, Walls e Lilker (este iria para outra branda nova de aspirantes ao thrash, Nuclear Assault), substituídos pelo vocalista Joey Belladonna, pelo ex-roadie de baixo

Frank Bello e pelo guitarrista Dan Spitz, com o impressionante EP *Armed and dangerous,* que eles começaram a ser considerados do mesmo gênero de Metallica e Slayer, desenvolvendo um estilo peculiar, menos envolvido com o pretenso terror e mais em débito com os gibis e a cultura do skate, que também floresceram ao redor do gênero. Nessa época, "nós nos sentíamos parte de algo", disse Ian. "A energia era palpável."

O último a pisar no novo terreno, mas visto com a mesma reverência, às vezes até mais do que seus pares, pelo fato de seu criador também ter sido um dos formadores do Metallica, foi o Megadeth, de Dave Mustaine. "Na verdade, eu só queria tirar o Metallica da jogada", Mustaine diria a Bob Nalbandian, em 2004, em entrevista ao site dele, Shockwaves, versão eletrônica de seu fanzine, *The Headbanger.* Essa declaração tipicamente arrogante de Mustaine contém uma boa parte de verdade. Mas se o Megadeth tinha começado como parte da vingança de seu líder contra as pessoas que, a seu ver, o haviam traído, ele logo evoluiria para algo mais significativo, e o crédito é todo dele. O Megadeth provaria que Mustaine sempre foi muito mais que apenas um dos que ajudaram a moldar a sonoridade e a direção musical do Metallica; seria a demonstração incontestável de seus talentos singulares, não apenas como guitarrista, mas também como compositor, vocalista, líder, visionário e astro. Ou como Dave me diria anos mais tarde: "Foda-se a democracia. Democracia não funciona numa banda. Tive de ter minha própria banda e fazer música exatamente do jeito que queria ouvir, sem ter de abrir mão de nada por causa do ego de alguém".

Suas músicas refletiam o nome da nova banda, pós-apocalíptica, mostrando, numa mistura de cinismo e alegria amarga, alguém que aprendeu a lição. David Ellefson contou que, sentado no sofá do apartamento de Mustaine, no dia em que se conheceram, observou-o "tocar bases rítmicas extremamente boas. Pareciam petardos de rock. Sem dúvida, Dave não era o guitarrista cabeludo virtuose comum". Duas músicas que Mustaine mostrou para ele naquela época — "Devil's island" e "Set the world afire" — se tornariam pontos altos dos primeiros shows do grupo, embora a segunda somente viesse a ser gravada no terceiro álbum. "Eram fantásticas", contou Ellefson. "Saltavam aos olhos. Pensei: 'Uau, esse cara está fazendo um lance completamente novo'.

Não tinha nada a ver com o que as outras bandas 'cabeludas' estavam fazendo em 1983."

O primeiro álbum, *Killing is my business... and business is good,* só seria lançado em 1985, bem depois que Metallica, Slayer, Anthrax e vários outros grupos já tinham deixado sua marca. Porém, ele compensava o tempo perdido combinando a velocidade e a fúria do thrash, cujos melhores exemplos vinham de Metallica e Slayer, com uma capacidade técnica que não remetia a nada que essas bandas — a primeira ligada às formas marcantes e bem executadas do heavy metal, e a segunda ainda sob o domínio do conceito de black metal, baseado em Black Sabbath e Venom — já haviam tentado. Algumas pessoas detectavam influências do jazz no turbilhão do Megadeth; outras cunharam o termo "thrash técnico" para ilustrar a diferença. Mas seja qual for a descrição que faziam a Dave Mustaine do som de sua banda, não era assim que ele a via. O Megadeth, contudo, não existia num vácuo e foi formado especificamente para usurpar o espaço do Metallica e de todas as outras bandas de thrash que tinham surgido no período posterior à demissão de Mustaine, embora a rivalidade percebida com o Metallica sempre ocupasse o primeiro lugar na questão da velocidade.

"As primeiras músicas compostas eram mais lentas", afirmou Ellefson. "Músicas como 'The skull beneath the skin' e 'Devil's island' tinham um ritmo médio, [mas] lembro que os fãs de San Francisco mandavam cartas para o Dave dizendo: 'Cara, tomara que seu material seja mais acelerado que o do Metallica!'." Segundo Bob Nalbandian, "esse era o grande lance na época: quem tocaria mais rápido. Todos os grupos de thrash competiam por esse título". Quando a resenha que Nalbandian havia escrito sobre *Kill 'em all* em *The Headbanger* os proclamou "uma das bandas mais velozes e pesadas dos Estados Unidos", o autor contou, o Slayer imediatamente começou a colocar anúncios na revista afirmando ser a "a mais rápida e pesada das bandas de metal norte-americanas!". Como resultado, contou Ellefson, "lembro que no dia seguinte fomos ensaiar, e todas as músicas [novas do Megadeth] viraram speed metal. Para nós, aconteceu do dia para a noite. É incrível como as cartas dos fãs puseram lenha na fogueira e, em grande medida, mudaram o curso do nosso destino. Se a música tivesse continuado com ritmos lentos e médios, não teria a ferocidade e a fúria que desenvolveu". Embora o thrash em sua versão original — como o punk e a NWOBHM antes dele — tenha sido um fenômeno de vida relativamente curta, sua influência continuaria sendo sentida em San Francisco e além por décadas. Um exemplo típico da geração é o Machine Head, também do norte da Califórnia, que só gravaria o primeiro álbum, *Burn my eyes*, em 1994. O vocalista Robb Flynn tinha quinze anos quando *Kill 'em all* foi lançado e morava em Fremont, a uns oitenta quilômetros de San Francisco. Ele descobria grupos como o Metallica numa obscura estação universitária chamada Rampage Radio. Para ele, o thrash significava bandas como "Exodus, Metallica, Slayer. Nenhuma delas muito popular na época... um amigo trazia fitas para a escola. E também Discharge, Poison Idea, todo esse punk rock e metal hardcore. Falávamos: 'Porra, isso é muito louco, cara!'. Lembro de que, uma das primeiras vezes que fiquei bêbado de verdade, colocamos *Kill 'em all* para tocar em um toca-fitas com um alto-falante e andamos por aí detonando 'Whiplash' e enchendo a cara".

Para Robb Flynn e seus amigos não parecia haver uma ligação discernível entre as novas bandas thrash e as de metal do passado. "Não tinha nenhuma história." Ninguém além do seu círculo de amigos no colegial tinha ouvido aquilo. "Quando montamos uma banda e tocávamos em festas de quintal, fazíamos covers de 'A lesson in violence' [Exodus] ou 'Fight fire with fire' [Metallica], quem tinha vinte ou 21 anos não curtia nem um pouco aquela história! Eles diziam: 'Vocês são uma bosta. Toquem alguma coisa do Zeppelin!'." Quando surgiu o Death Angel, banda de thrash da Grande San Francisco ainda mais jovem que o Metallica, cujas primeiras demos foram produzidas por Kirk Hammett, "para nós aquilo era incrível. Nossa, são moleques da nossa idade tocando um thrash animal e tocando bem pra valer. Eles eram do caralho!". No entanto, todos os que vieram na sequência podiam ser diretamente ligados aos Quatro Grandes: "Quando o Exodus começou a ficar pesado, falamos 'nossa, o Exodus está ficando igual ao Metallica, legal'. Com o Possessed, 'ah, eles querem soar como o Slayer, muito legal'".

Ainda com poucos discos disponíveis à venda, a cena thrash pioneira vivia da troca de fitas e, principalmente, dos shows. Em termos de música, o público era dividido igualmente entre fãs de punk hardcore e de metal. Em Los Angeles, onde promotores e donos de clubes foram pegos de surpresa pela nova cena, bandas de thrash emergentes como Megadeth e Slayer costumavam ser agendadas em eventos de punk rock. Na Grande San Francisco, onde o choque cultural era reconhecido com mais facilidade, as próprias bandas geralmente insistiam em tocar juntas. O resultado costumava ser caótico, com o pogo dos punks levado a um patamar mais violento pelo *crowd-surfing* dos headbangers e o nascimento do que seria conhecido como *mosh*. Segundo Robb Flynn, "você saía do *mosh* e dizia: 'Quebrei meu nariz, quebrei a porra do braço, desloquei o queixo. Por pular do palco'. Você não sairia falando: 'Ai, isso doeu'. Você falaria: 'Porra! Tenho uma ferida de guerra!'. Era brutal. Existe um mito no thrash de que era uma violência amigável e divertida; não era, não. Havia um elemento de perigo, de violência. Não era seguro". Flynn lembrou de uma ocasião memorável durante um show do Exodus no Ruthie's Inn: "Um cara tinha um fêmur de vaca e estava lá no meio, correndo; era um sujeito grandão, dando porretada nas pessoas com a merda do osso. As pessoas punham cadeiras na beira do palco e vinham correndo do fundo do lugar e saltavam sobre elas para cair no palco e tocar no guitarrista. Isso servia para demonstrar afeto — tipo, nós amamos vocês, vocês são demais. Os caras quebravam uma garrafa de cerveja na mesa, tiravam a camisa e cortavam o peito com os cacos, sangrando pra cacete, de empolgação. Você via essas coisas e falava: 'Puta merda!'".

Nesse aspecto, o Metallica não podia afirmar que era o líder. Essa honra, se é que se pode falar assim, coube ao Exodus, antiga banda de Kirk Hammett. Nas palavras do guitarrista Gary Holt, "quando fizemos nosso primeiro show com o Metallica [em 1982], ainda se via muita gente sacudindo os punhos na plateia. Depois que o Kirk saiu e [o vocalista] Paul Baloff entrou na jogada, Paul e eu começamos a modelar o Exodus segundo nossa visão, que era de brutalidade e violência. O público respondeu na mesma moeda. Então, quando o abominável Ruthie's Inn abriu, os shows ficaram muito insanos. Além disso, muitos punks vinham assistir. Nossa banda não misturava estilos, mas o Exodus deveria receber mais crédito por ter tido o primeiro público misturado [com fãs de punk e metal]". As pessoas pulavam de cima dos amplificadores "dando cambalhotas de 360 graus, e fazíamos o máximo para estimular aquilo". O Exodus também foi uma das primeiras bandas a encorajar mergulhos do palco [*stage-diving*]: "O lance ficou muito louco".

Como em todas as cenas musicais, as drogas tiveram seu papel. "Todo mundo usava anfetamina", contou Robb Flynn. "Nós chamávamos de *crank*. Todo mundo estava nessa. Sentar, tomar uma e fazer as coisas mais loucas em que se poderia pensar, os mergulhos mais doidos." Isso bastava para os fãs. Para as bandas, a mistura era muito maior. Também havia maconha, psicodélicos e, quando conseguiam comprar, cocaína. Para Dave Mustaine e David Ellefson, a heroína também faria parte do cardápio, por fim tomando conta de ambos. "Descemos ao inferno juntos", contou Ellefson. Para outros, como James Hetfield e Scott Ian, do Anthrax, as drogas eram completamente descartadas em favor do consumo ainda mais exagerado de álcool. "Sei que nossos colegas britânicos bebiam muito", disse Lars, "mas, de certo modo, parecia que nós bebíamos mais. Não sei por que, talvez porque beber seja um elemento cultural europeu básico, então não era grande coisa, mas ao redor daquela cena [thrash] de 1981, 1982 e 1983, nos Estados Unidos, tudo se resumia à porra das garrafas de vodca, em pular nas garrafas de vodca e tudo que rolasse daí para a frente." Ele riu. "Smirnoff, o que viesse..."

O público do thrash também se ligaria ao cenário do skate em Los Angeles. Era um aspecto da cultura emergente que passava pelos astros principais, como o Metallica, que tinha em James Hetfield um membro cujas raízes da cidade refletiam genuinamente aquela cena (em 1985, ele andava de skate nos bastidores da turnê), e o Anthrax, de Nova York, cujo interesse pelo skate apareceu apenas com a música e, principalmente, com as roupas. O Anthrax foi a primeira banda thrash famosa a abandonar o jeans preto e justo do Metallica e do Slayer pelas bermudas largas e bonés, ao contrário de bandas menos conhecidas e desproporcionalmente influentes, como Suicidal Tendencies — a primeira geração de fãs de metal punks da qual despontou o futuro integrante do Metallica Rob Trujillo, no baixo. Robb Flynn disse: "Para nós, a grande banda de skate era o Suicidal Tendencies. Eles eram de Los Angeles, então vinham mesmo da cultura do skate, e nós sabíamos disso. Comecei a reparar nessa mistura de públicos indo a shows deles. Você via gente de gangues com *thrashers* cabeludos e os caras e as garotas do punk, todos sob o mesmo teto".

As Big Four do thrash fizeram covers do punk em algum momento. O Anthrax gravaria "God save the queen" para o EP *Armed and dangerous*, de

1985; o Megadeth incluiria um cover de "Anarchy in the UK' (com Steve Jones, guitarrista do Sex Pistols, como convidado) no álbum de 1988 *So far, so good... so what!*; o Slayer lançaria um disco inteiro com covers do punk, *Undisputed attitude*; e o Metallica gravaria esporadicamente versões de Misfits, Anti-Nowhere League, Killing Joke, entre outros, ao longo da carreira. "Eu me identificava com as letras do punk", disse Hetfield. "Elas tinham a ver comigo, em vez de 'veja-me cavalgando, com uma espada grande na mão', como era típico dessa bobagem fantasiosa do heavy metal."

Certamente, o estilo de vestir do thrash, se é que podia ser chamado assim, teria mais em comum com o visual de calças retas, golas viradas para cima e alfinetes do punk que com a imagem de pulseira de tacha e calça de lycra do metal tradicional. Cada vez mais inspirados por Cliff Burton, cujo cardigã puído e o jeans boca de sino já eram uma marca registrada, em 1983 o Metallica, de jeans detonado, não destoaria num bar de grêmio estudantil. Segundo John Bush, do Armored Saint, "foi o Metallica quem disse que se apresentaria vestido do mesmo jeito que nos bastidores, o que era reconfortante naquela época, quando tudo dependia da imagem e do que a pessoa vestia. Às vezes acho que o pior aspecto do heavy metal é a imagem. É a única coisa que o impede de manter a integridade. O punk rock sempre teve um pouquinho mais de integridade do que o heavy metal por causa da imagem. Essa foi uma coisa muito importante que o Metallica mudou".

As histórias em quadrinhos — uma obsessão permanente de Burton e Hammett — se tornaram outro aspecto significativo do thrash. Primeiro, elas eram a leitura e a inspiração ocasional para as letras; depois, uma sugestão para afastar os discos dos clichês de espada, feitiçaria e decotes apertados vistos na arte de capa de todas as bandas de metal, de Scorpions a Whitesnake, seguindo o novo estilo dos gibis *2000 AD*, de meados dos anos 1980. Nesse caso, da mesma maneira que com o skate, o Anthrax logo aderiu ou, no mínimo, manifestou seu interesse, com Scott Ian afirmando numa entrevista consumir 75 gibis novos por semana, concentrando-se em "material antigo da Marvel e qualquer trabalho de Frank Miller e Alan Moore". Já Charlie Benante, baterista do grupo, era um desenhista talentoso que fez os quadrinhos do encarte do álbum de 1985, *Spreading the disease*, e depois imitou o juiz Dredd original da *2000 AD* no single "I am the law", de 1987.

Sem dúvida, agora é fácil arranjar as peças formando um padrão discernível. Numa conversa mais de 25 anos depois do fato, no entanto, Lars Ulrich afirmou que havia pouco planejamento nisso tudo. O thrash era simplesmente "algo que aconteceu de maneira meio mágica. Não foi planejado [ou] maquinado. Não tenho a resposta, como ninguém tem, mas, para mim, o que o thrash se tornou musicalmente foi a versão americanizada do que [a Grã-Bretanha] experimentou em 1979, 1980 e 1981 com Iron Maiden, Saxon, Samson, Girlschool e todos os que os seguiram, Diamond Head, Angel Witch, Savages e assim por diante. De certo modo, o Motörhead pairava por essas margens, embora não fosse uma banda da NWOBHM, mas havia uma ligação com eles. Então, daria até para dizer que, talvez, o Judas Priest e o Scorpions fossem os irmãos mais velhos ou coisa que o valha". Ele prosseguiu: "Ninguém sabia que isso se transformaria no que virou. As grandes bandas [em 1983] ainda eram Scorpions, Judas Priest, Iron Maiden e AC/DC. Eles eram algo completamente diferente. Usamos as pistas dadas por essas bandas. Depois havia o diferencial norte-americano, seja lá o que fosse, e isso descambou no thrash. Se juntarmos [Anthrax, Megadeth, Slayer] e todo o resto... São parte do mesmo grupo, todos se originando do mesmo lugar. Quando conhecemos o Slayer, eles tocavam covers do Deep Purple. Quando conheci Dave Mustaine, a banda dele estava num lance bem diferente. O pessoal do Anthrax, em outro lance também diferente. Quer dizer, eles curtiam muito Judas Priest e esse tipo de coisa. [Mas] nós nos reuníamos e trocávamos discos do Diamond Head, do Motörhead e, de repente, o Venom pintou com *Welcome to hell* e foi um choque. E depois o Mercyful Fate! O thrash é resultado disso tudo". O denominador comum na cena thrash original, para Lars, segundo ele disse, era "ser norte-americana. O thrash metal, pelo menos no começo, tinha um elemento geográfico que as pessoas não mencionam".

Geoff Barton concordou. "Estava claro desde o começo que todo esse lance do thrash explodiria nos anos seguintes, mas vimos, desde o princípio, na *Kerrang!*, como algo associado com toda aquela efervescência da Costa Oeste, da Grande San Francisco. Somente um pouco depois bandas como o

Anthrax, de Nova York, e mais perto de casa, muitas bandas thrash do Reino Unido, como Onslaught ou Xentrix. Aquelas que agora chamamos de Big Four, no entanto, eram todas norte-americanas." Como Xavier Russell era o defensor do Metallica na *Kerrang!*, Barton reconheceu que ele deliberadamente havia se agarrado ao Slayer, resenhando seu segundo lançamento pelo Metal Blade, o EP de 1984 *Haunting the chapel*. "O thrash era algo que tentávamos desenvolver de maneira consciente na *Kerrang!*. Era um estilo que estávamos inventando, apoiando por completo, vestindo a camisa, por assim dizer. Isso não era válido apenas para o Metallica e o Slayer, mas também para Anthrax, Megadeth, Possessed e Death Angel. Achávamos o gênero thrash fascinante e sentíamos que deveríamos adotá-lo."

Assim que *Kill 'em all* foi lançado, em julho, Jonny Z levou o Metallica em sua primeira turnê de ponta a ponta pelo país, numa dobradinha com o Raven. Batizada de turnê Kill 'em All for One (o disco do Raven da época se chamava *All for one*), a jornada com 31 datas começou em New Brunswick, em 27 de julho, e terminou em 3 de setembro no seu velho reduto, o Stone, em San Francisco. Ao longo do percurso visitaram muitas cidades onde nunca haviam estado: Boston, Baltimore, Chicago, Milwaukee, descendo para o Arkansas, Texas, terminando no norte da Califórnia. Quando voltou ao Stone, o Metallica era uma banda muito diferente daquela que havia tocado ali seis meses antes. Kirk Hammett não foi o único beneficiado com a saída de Mustaine. Segundo Bill Hale, que viu o show, "Dave tinha a atitude. Quando o botaram para correr, James teve de assumir aquela atitude, pois era Dave quem falava no palco. 'Foda-se o blá-blá-blá... Esta é a próxima música'". Sem Dave, "James teve de assumir muito mais coisa. Ele precisou se aprimorar".

Ainda mantendo em segredo as dúvidas sobre sua permanência a longo prazo na frente da banda, mas fortalecido pelas dez semanas ininterruptas de turnê, Hetfield também tinha a confiança extra proporcionada pelo lançamento do primeiro álbum. Ao levar a "fique longe de mim, porra" para o palco, ele aprendeu, durante a turnê, a se esconder atrás daquela máscara e a manipular a plateia para que ela visse somente o que ele quisesse. James se tornou feroz, imitando a abordagem destemida de Mustaine ao provocar o público, quase o desafiando a desmascarar o blefe: "Quando criança, a intimidação era uma grande defesa para não ter de me aproximar das pessoas nem comunicar ou expressar meus medos e fraquezas. Assim, ao entrar no Metallica como um *frontman* firme, esse fator de intimidação ressurgiu e foi uma grande arma defensiva. Eu podia manter as pessoas à distância, sem revelar o que necessitava de verdade".

A turnê também incluiu os primeiros shows ao ar livre. Lars disse: "Éramos basicamente nós e o [Raven], um trailer, um caminhão com o equipamento e alguns colchões. Havia revezamento para dormir no trailer e no caminhão dos equipamentos. Quando chegamos ao Arkansas, o empresário tinha fechado com um pilantra seis shows ao ar livre no campo, em cidades de que nunca tínhamos ouvido falar. Passamos uma semana por lá. Era um campo, um palco, nós, o Raven e uns vinte moleques. Nunca tínhamos experimentado verão com insetos, calor de cinquenta graus, trailer sem ar-condicionado. Foi uma época boa...". O primeiro show no Arkansas foi no Anfiteatro de Bald Knob, na cidade homônima. James guardou o pôster da apresentação: "O anfiteatro não passava de um campo gigantesco e um blocão de concreto, mas às seis horas estava tudo pronto: comida, bebida, sanduíches de peixe".

Enquanto em todos os lugares onde tocaram a molecada ficava louca pelo thrash, a banda passava por sua educação musical. Lars me disse que "o maior sucesso nos Estados Unidos naquela época, no verão de 1983, era The Police, *Synchronicity*. Todos nós adorávamos aquele disco. Nós o escutávamos todo dia cruzando o país em nosso trailer. Também ouvíamos Peter Gabriel. Assim, havia essas outras coisas que eram excelentes. Escutávamos *Death penalty,* do Witchfinder General, o tempo todo, mas depois de ouvir o disco duas vezes queríamos algo diferente. Então logo nosso horizonte musical se ampliou bastante, e a inspiração vinha daquilo com que queríamos mexer, experimentar e explorar". Com Cliff Burton encarregado pelo entretenimento dentro do carro na maioria dos dias, eles teriam pouca escolha. "Cliff e Kirk chegaram com outro patamar de estudo musical, outros níveis de influências. Eu sabia quem era o ZZ Top, mas nunca tinha escutado o som da banda. Assim, Cliff ficava lá tocando a porra do ZZ Top, o Yes. Foi Cliff quem nos apresentou aos Misfits. Havia todo um outro universo que eu desconhecia. De repente, meu discurso se tornou: 'Porra, pois é, adoro Angel Witch e vou tocar meus discos do Diamond

Head até furar, mas sabe...'. Eu me lembro do Cliff sentado ouvindo aquele disco *90125* [do Yes] e eu falando: 'Isso é muito bom.'"

Nas raras noites em que a banda tinha reservas em algum hotelzinho, James e Lars dividiam um quarto, Cliff e Kirk, outro. Assim, a estrutura hierárquica nada sutil dos membros da banda era estabelecida e mantida, mesmo naquela época. Só que isso tinha um lado positivo: "Cliff e eu éramos colegas de quarto", Kirk Hammett me diria mais tarde. "Nos primeiros anos da banda, um vivia grudado no outro. Éramos amigos do peito." Tarde da noite, depois de um show, "eu pegava minha guitarra, ele pegava a dele, pois quase não tocava baixo fora do palco, ele sempre tocava guitarra, e tirávamos um som. Tocávamos todo tipo de coisa. Ouvíamos música juntos. Tínhamos interesses parecidos. Ele curtia filmes de terror e H. P. Lovecraft, como eu. Vínhamos do mesmo lugar. Ele curtia alucinógenos, e eu também. Ele tomava um ácido e dizia: 'Ei, cara, acabei de tomar um ácido, pelo amor de Deus, não conte para ninguém'. Eu respondia: 'Beleza, cara. Deixa comigo'. Porque ele sabia que eu não gostava de tomar ácido no ambiente de trabalho".

Cliff viajava enquanto tocava com a banda no palco?, perguntei.

"Ah, sim, com certeza — e com frequência. Cogumelos, ácido — todo o arsenal. Porém, você precisa entender que, num nível emocional, Cliff era muito mais maduro... Não *muito*, porém mais maduro, o que fazia uma grande diferença. Nós o respeitávamos, pois ele era o cara com mais experiência de vida. Era sempre ele quem mais passava confiança, que tinha mais os pés no chão, o cara com o maior senso ético e moral. Enquanto conosco era na base da bagunça, procurar e destruir, ele gostava de pensar um pouco nas coisas e depois partir para a bagunça, procurar e destruir. Ele era o cara que escutava Eagles e Velvet Underground. Ele nos fez gostar de R.E.M., Creedence Clearwater Revival. E também adorava Lynyrd Skynyrd, que hoje é super-respeitado. Cliff Burton estava à frente de seu tempo de muitas maneiras."

Houve uma pequena pausa no final da turnê, o suficiente para preparar novas datas de costa a costa numa jornada que os levaria até o Natal, dessa vez como a atração principal. Eles não esperaram o Natal para celebrar. "Bebíamos todos os dias, quase sem intervalo", Kirk mais tarde contaria à *Playboy*. "As pessoas caíam feito moscas ao redor, mas nossa tolerância era alta. Nossa reputação começou a nos preceder. Não consigo me lembrar da turnê [de 1983]. Começávamos a beber lá pelas três ou quatro da tarde." Nas palavras de James: "Destruíamos os camarins só porque era o esperado. Então chegava a conta e 'Opa! Não sabia que Pete Townshend pagava pelo abajur dele!'. Terminamos a excursão sem dinheiro nenhum, pois havíamos comprado móveis para um monte de promotores".

Eles até já estavam atraindo groupies. "Sempre havia garotas nos shows", disse Hammett, recatado. "É que elas não tinham uma aparência muito diferente da dos caras." Lars mais tarde contaria à *Playboy* que elas faziam fila para oferecer boquetes. "As pessoas diziam: 'Eca, ela acabou de chupar aquele cara...'. E daí? Você não precisa dar um beijo de língua nela." Segundo James, "naquela época, nós dividíamos as coisas; Lars jogava um charme nelas, as convencia a tirar a roupa. Kirk tinha uma cara de neném que atraía as garotas. E Cliff tinha o pau grande. Correu um boato sobre aquilo, creio eu". Ao final da turnê, todos eles tinham "pegado chato várias vezes, ou uma gonorreia ocasional".

O último show das onze datas da turnê de inverno foi no Agora Ballroom, em Mount Vernon, estado de Nova York, na véspera de Ano Novo, em 1983. Naquele momento, a faísca com o lançamento de *Kill 'em all* tinha se espalhado do outro lado do Atlântico, e 1984 encontraria o Metallica se esforçando para capitalizar esse fato incrível. O que os devotados maníacos pelo thrash metal à espera da banda não sabiam era que a música deles já estava mudando. Aqueles que em breve seriam coroados os padrinhos do thrash nunca estiveram ocupados unicamente com a velocidade. Agora, com instrumentistas muito mais qualificados em termos técnicos, com Cliff Burton e Kirk Hammett a bordo, e alguém para conduzir a banda como Lars, cujas ambições iam muito além da segurança que tais margens musicais ofereciam, o Metallica estava pronto para continuar com um projeto muito mais ambicioso do que o de qualquer um de seus contemporâneos. Eles já estavam tocando algumas das novas músicas que planejavam gravar no segundo álbum, incluindo a faixa título, "Ride the lightning", e já tinham composto a maioria do material que faria parte do disco. E, embora os orgulhosos fãs de carteirinha ficassem horrorizados ao saber disso, pouquíssima coisa do disco tinha a ver com thrash metal...

Seis
Ligando para tia Jane

Havia Peter — mordaz, agressivo, do tipo que não levava desaforo para casa. E havia Cliff — barbado, monástico, ponderado. Não eram bem o bandido e o mocinho, mas aceitavam a carapuça quando convinha. Não era difícil de imaginar. Um era dominador, gostava de ver os outros se esquivar; nunca estava errado. O outro era a voz calma da razão que também nunca estava errada, mas não a esfregava na cara de ninguém, só a proferia; deixava a conclusão em suas mãos.

Aquele que eu conhecia melhor era Peter. Eu gostava dele — às vezes. Um cara sério e com bom-senso, atento, que sempre fazia questão de vir cumprimentar, estar presente, qualquer que fosse a situação em que eu estivesse metido, e, na época, como sempre nos encontrávamos nos shows das várias bandas representadas por ele e Cliff, isso geralmente significava excesso de bebida, fumo e tudo mais que a cena roqueira endinheirada dos anos 1980 tinha a oferecer a um cara jovem que não pensava no amanhã. Como Peter não fumava nem usava drogas e raramente bebia cerveja, isso queria dizer que, aos poucos, ele ficou desdenhoso, começando a me tratar como se eu fosse um fã deslumbrado.

"Está achando que sou um fã?", um dia perguntei a ele, fazendo cara feia.

"Acho", respondeu indo embora devagar.

Isso foi nos bastidores de um show do Def Leppard, o último da turnê pelos Estados Unidos em 1988. Então, o grupo era o mais bem-sucedido de Peter e Cliff, o que significava algo, já que eles tinham vários grupos de sucesso, como o Metallica. Participei de vários momentos da turnê do Leppard, entrevistei-os para meu programa na Sky TV, escrevi sobre eles para matérias de capa de várias revistas da Grã-Bretanha, dos Estados Unidos, do Japão... Ajudei a divulgar a novidade, do meu jeito. Sem sombra de dúvida, eu não me considerava um fã deslumbrado. Na verdade, cheguei a acreditar que era algum tipo de... amigo.

Depois topei com Peter ao voltar para os camarins no fim do show, naquela última noite, quando ele bateu com tanta força nas minhas costas, numa saudação propositalmente exagerada — que quase me derrubou. Eu tinha me acostumado às observações irônicas, aos olhares desdenhosos; àquela energia negativa predominante. Porém, tantas pessoas eram tratadas assim por Peter que eu tentava encarar como uma espécie de cumprimento indireto. Algo como: "E aí, o que vai fazer?". Só que aquele tapa mexeu comigo.

Cliff era diferente, pelo que eu sabia. Um dia antes, nos sentamos lado a lado no avião particular do Leppard, no voo entre Portland e Tacoma, e aproveitei a oportunidade para perguntar sobre sua formação. Ele contou que começou a trabalhar no departamento de artistas e repertório da Mercury Records e que sempre adorara o que chamou de "sonoridade do rock britânico". De como tinha sido um dos poucos integrantes da indústria musical norte-americana a realmente entender o Thin Lizzy, de como os ajudou a tentar fazer sucesso pelos Estados Unidos, mas que o grupo era seu próprio inimigo. Ele se referia às drogas. Cliff não usava drogas. "Não gosto da sensação de não estar no controle", ele disse. Sabiamente, fiz que sim com a cabeça.

Então, o avião fez uma manobra repentina e dramática, e senti o sangue subir para a cabeça. O avião repetiu a dose e, dessa vez, foi como se a cabeça quisesse se soltar dos ombros. As coisas foram piorando rapidamente. Berrei: "Puta que o pariu! O que está acontecendo?".

O comandante falou pelo alto-falante: "Como este é nosso último voo, resolvi dar a vocês um tratamento especial". Contou que havia mergulhado de nariz, com a cauda girando e o avião descendo em espiral para o chão. Eu me agarrei aos braços da poltrona e segurei firme, apavorado. Na luxuosa cabine, várias pessoas riam, outras gritavam. Eu não conseguia acreditar. Pensei que todos nós iríamos morrer...

Consegui virar a cabeça para olhar para Cliff. Ele parecia tão apavorado quanto eu, com a expressão congelada, mantendo a compostura, aterrorizado de perder a serenidade enquanto o avião caía.

"Mande ele parar", implorei, mal conseguindo falar. "Por favor, mande ele parar."

"Já chega", disse Cliff, mas não em voz alta para os outros ouvirem. Um pouco mais alto: "Eu já disse... que chega".

Olhei para Peter. Ele estava sentado, absorto, franzindo a testa ao ler uma revista. Então, como se captasse o sinal, ele ouviu a voz de Cliff, olhou de esguelha e viu o pânico.

"Ei, já chega!", berrou Peter. O grito foi ouvido pelo vocalista, Joe, que repetiu a ordem dele e — graças a Deus — o avião se estabilizou. Escutamos uma ou duas pessoas reclamando, contrariadas. "Ei, temos visitantes no avião hoje, está bem?", falou Joe, um dos caras bonzinhos.

Soltei o ar, tentando recuperar o controle sem parecer que me esforçava muito. Olhei para Cliff, a única outra pessoa no avião que parecia ter sofrido. Ele inspirava e expirava, endireitando-se, recuperando-se do mergulho, o homem que não gostava de se sentir fora do controle. Ele ignorou o meu olhar, tentando parecer o dono da situação...

Apesar da empolgação que o Metallica espalhava pelo país, no fim de 1983 *Kill 'em all* tinha vendido apenas 17 mil cópias nos Estados Unidos — uma gota no oceano em termos de vendas no país; certamente não o bastante para causar mais do que um pontinho luminoso no radar da grande imprensa. "Nós sabíamos que o próximo disco seria o bom", disse Jonny Z. "Era só uma questão de conseguirmos dinheiro para gravá-lo."

Jonny e Marsha estavam falidos. Eles tinham dado tudo que tinham e mais um pouco para fazer o primeiro álbum e pôr a banda na estrada. Isso, mais os custos operacionais da montagem do selo e da empresa de representação, somados aos custos diários da Rock 'n' Roll Heaven, significava que "o poço tinha secado" — uma frase que a banda ouviu tantas vezes que a colocou perto do seu nome nos créditos do álbum seguinte. Jonny e Marsha conseguiram lançar um EP de 12 polegadas em edição limitada de "Whiplash" (ao lado de três outras faixas do álbum) para ajudar a promover os shows de fim de ano, mas, novamente, as vendas mal cobriram os custos. Com o Anthrax a reboque naqueles últimos shows de 1983, as reações cada vez mais frenéticas do público lhes diziam que era só uma questão de tempo antes de as coisas decolarem, mas tudo se resumia ao fato de que precisavam lançar outro álbum.

E, então, apareceu um cavaleiro com sotaque *cockney*, Martin Hooker, diretor de sua gravadora independente do Reino Unido, Music for Nations. Ainda na casa dos vinte anos, Hooker já acumulava sucessos na carreira musical, tendo trabalhado para a EMI por seis anos, "cuidando de promoção, gestão de selos [e] um monte de outras coisas", ele contou, para artistas "de Queen a Kate Bush, com tudo que for possível colocar no meio". A função que mais ambicionava, porém, em artistas e repertório, era encontrar e contratar novos artistas, "foi a única coisa que não fiz". A EMI não lhe dava a oportunidade, alegando falta de experiência. Frustrado, Hooker decidiu sair e criar um selo próprio, o Secret Records, o qual ele descreveu como "um selo predominantemente punk", que nasceu na esteira da primeira geração de bandas de punk rock britânicas.

Um dos primeiros lançamentos de Hooker mostrou bem o que seria típico do Secret, o álbum *Punk's not dead*, do Exploited — deliberadamente criado para se distanciar da new wave, estilo menos revoltado musicalmente que veio logo depois do punk, e para restabelecer o que a banda e seus fãs viam como a agressividade e a postura intransigente originais do punk, em termos musicais e visuais. Lançado em março de 1981, *Punk's not dead* ficou em primeiro lugar na parada independente britânica, tornando-se o álbum dessa categoria mais vendido do ano. Não era obra do acaso. Segundo Hooker, "com nove lançamentos, tínhamos nove álbuns nas paradas — bandas como The Exploited, 4-Skins, Chron Gen, Infa Riot... todo tipo de coisa". Lançado em meados de 1981, uma época em que o Reino Unido enfrentava manifestações contra o governo quase todas as noites, de repente o "legítimo punk hardcore" em que o Secret se especializou "era a grande novidade. Literalmente, tudo que lançávamos entrava direto nas paradas". Olhando para trás, ele atribui esse sucesso instantâneo à combinação de encontrar um nicho de mercado e de "simplesmente curtir aquelas coisas. Era a época, empolgante e divertida". E, em termos de administração do próprio selo, "uma experiência de aprendizado absolutamente fantástica".

Em função disso, vários selos londrinos de grande porte o convidaram para assumir o departamento de artistas e repertório. "Mas, naquela época, eu tinha o dinheiro para não precisar fazer aquilo." Pelo contrário, seu próximo passo foi olhar além das fronteiras da cena punk britânica em busca de um formato musical que, para ele, tivesse mais apelo internacional. "Estava propenso a entrar numa área mais heavy metal." À exceção do punk, porém, Hooker estava menos interessado na cena local. "Eu era um grande fã de rock, mas não me empolgava tanto com várias bandas da NWOBHM. Eu curtia muito mais a versão norte-americana, Mötley Crüe e esse tipo de coisa."

Perto do fim de seu período no Secret, Hooker contratou o Twisted Sister, banda de metal norte-americana cujo visual extravagante estava muito apoiado na tradição do glam, mas cuja música enveredava mais para um híbrido punk metal britânico. Cortar o grupo de suas raízes nova-iorquinas para replantá-las na Inglaterra, onde gravou o álbum de estreia, *Under the blade*, lançado com grande sucesso pelo Secret em setembro de 1982, abriu em Hooker o apetite por mais. "Foi uma grande experiência. O álbum entrou direto nas paradas, e Dee [Snider] era um dos melhores líderes que já tinha visto. Nós os botamos no festival de Reading, onde roubaram a cena. Então, depois disso, pensei, isso é uma loucura, vou abrir um selo de heavy metal, e me ocorreu 'Music for Nations'. Achei que era um nome bom porque [o metal] era o único tipo de música que nunca entrava ou saía de moda." E, ao contrário do punk, "estava em todos os países do mundo".

Trabalhando em um pequeno escritório em Carnaby Street, inicialmente apenas com a namorada Linda, Hooker abriu as portas do Music for Nations no final de 1982 ao convidar contatos nos Estados Unidos para enviar cópias de qualquer produto recente voltado ao metal que ele pudesse lançar na Grã-Bretanha e no restante da Europa. Em algumas semanas, sua mesa estava abarrotada de demos e lançamentos independentes avulsos. Escolhendo "alguns para dar o chute inicial", o primeiro lançamento do MFN, em 4 de fevereiro de 1983, trigésimo aniversário de Hooker, seria o disco de estreia da banda nova-iorquina Virgin Steele, batizado apenas com o nome da banda. Atraído pela postura roqueira descaradamente norte-americana do grupo, misturada à teatralidade musical do Rainbow, grupo anglo-americano de Richie Blackmore, ex-guitarrista do Deep Purple, outro fato atraente era que o álbum antes só fora disponibilizado nos Estados Unidos pelo selo próprio da banda, o VS Records. A única outra investida do Virgin Steele na estrada do sucesso fora a inclusão de uma faixa, "Children of the storm", na coletânea de 1982 *US metal vol. II* — praticamente desconhecida fora dos círculos fanáticos do metal norte-americano, mas, por coincidência, muito apreciado por um certo Lars Ulrich.

Mais próxima da intenção declarada de Hooker de buscar "bandas ao estilo do Mötley Crüe", o segundo lançamento do MFN foi o miniálbum de sete faixas do Ratt, os fanfarrões do glam metal de Los Angeles, simplesmente intitulado *The Ratt EP*. Originalmente lançado pela pouco conhecida Time Coast Records e trazendo a música "Tell the world", cuja gravação original fizera parte da mesma *Metal massacre* que o Metallica, tanto esse disco quanto o álbum *Virgin steele* conseguiram vendas, senão espetaculares, constantes, para Hooker e sua empresa iniciante. O próximo seria o Tank, trio britânico liderado por Algy Ward, ex-baixista do Damned. Baseado na mistura punk metal do Motörhead, o Tank já havia lançado dois discos pelo selo independente britânico Kamaflage Records. Quando o MFN lançou o terceiro, *This means war,* a novidade estava ficando velha, e o álbum não se saiu tão bem. Mas, naquela época, Martin já estava no processo de contratar outra banda de metal norte-americana com que teria um nível de sucesso maior que em seus dias no Secret.

"A primeira vez que ouvi a demo *No life*, pensei: 'Uau, isso é fantástico!'. É preciso lembrar que naquela época ninguém tinha ouvido falar em speed ou thrash metal. Então era completamente diferente de todo aquele besteirol pomposo que rolava em muitas das bandas de heavy metal da época. E tinha tudo a ver com manter meu lance punk. Sem dúvida, meus amigos das grandes gravadoras me achavam louco, doido varrido. Só que eles não conseguiam ver, e eu os considerava a banda mais empolgante que tinha ouvido em muito tempo. Fechamos um acordo com Jonny Z para lançar o álbum [*Kill 'em all*] no Reino Unido e no resto da Europa."

Cientes do trabalho incrível que Hooker tinha feito com seus amigos do Twisted Sister, quando Jonny e Marsha decidiram apostar as fichas no primeiro álbum do Metallica, parte do plano para ajudar a atenuar os custos e forjar a presença da banda fora dos Estados Unidos era fazer uma espécie de licenciamento com uma grande empresa estrangeira ou, mais provável, com uma colega independente — por isso, o breve flerte com a Bronze. Segundo Hooker, "Jonny queria alguém com quem partilhar os custos, creio. Ele já havia gravado o disco, e nós o licenciamos". Na verdade, o acordo de Hooker era para três álbuns do Metallica, mas depois de *Kill' em all,* o relacionamento entre Megaforce e MFN "se tornou mais complexo". Inicialmente, porém, com o disco pago e finalizado, "era um simples acordo de licenciamento". Ele acrescentou sorrindo: "Ouso dizer que o que paguei por ele mais do que cobria os custos de gravação na época".

Hooker não conhecia a banda, que dirá tocando ao vivo. Tirando a música, "tudo que eu tinha para me basear eram as fotos desses quatro rapazes espinhentos". Em consequência, quando o MFN lançou *Kill 'em all* no Reino Unido, "foi um trabalho muito, muito duro. A primeira prensagem foi de 1.500

cópias, e levou um tempão para vendê-las. Depois dessa, prensávamos durante um bom tempo quinhentas unidades por vez". Ele já mantinha uma rede de distribuidores em todos os países europeus por causa das atividades com o Secret. "Eu usava basicamente as mesmas pessoas que já estavam lançando os primeiros títulos do MFN. Pude inserir o Metallica direto nessa rede de distribuição, o que foi ótimo para eles."

Martin sabia que o segredo para o Metallica decolar seria botá-los para tocar diante do público. "Naquele tempo, fazer turnês era uma das poucas maneiras pelas quais dava para promover bem as bandas. Ao contrário de agora, não existiam programas de metal na TV, pouca chance de tocar no rádio e nenhuma com a [grande] imprensa." Só que gastar uma quantia significativa para levar uma banda norte-americana para a Grã-Bretanha numa época em que somente os fãs mais radicais a conheciam era um risco. Ele deu o braço a torcer, no entanto, quando Jonny Z deixou claro que poderia não haver um segundo disco se não houvesse um sócio para ajudar a financiar o projeto. De acordo com Hooker, "Jonny tinha ficado sem dinheiro. Então ele fez um acordo conosco para pagarmos a gravação do álbum. Nosso contrato se resumia à Europa, mas meio que ajudávamos [o Megaforce]". Não haveria comissão sobre as vendas do Megaforce nos Estados Unidos, "mas tudo se resolveu sozinho, porque nós [por fim] vendemos uma quantidade enorme de discos, então recuperar o dinheiro não foi problema".

O novo acordo também levou o Metallica a passar a maior parte de 1984 promovendo-se na Europa. O plano, concebido por Martin Hooker, com o incentivo de Lars Ulrich e Jonny Z, contemplava a gravação do segundo disco na Europa, enquanto testava a reação com apresentações exploratórias no Reino Unido e em outros países. Como nos primeiros shows na Costa Leste, eles começariam com alguns shows de abertura de razoável importância, abrindo mais uma vez para o Venom na turnê batizada de Seven Dates of Hell, começando em 3 de fevereiro no Volshaus, em Zurique, prosseguindo por outras cidades da Alemanha, França, Bélgica e culminando com o primeiro show ao ar livre do Metallica na Europa, no festival Aardschok, na Holanda, em 11 de fevereiro, e, na noite seguinte, no festival Poperinge, na Bélgica. A turnê teve um sucesso notável, em termos de resposta do público, deixando a banda impressionada ao descobrir que sua música era conhecida por muitos fãs ardorosos do Venom. Jeff Dunn, o Mantas, recordou-se que a primeira apresentação em Zurique havia sido igual ao filme "*Férias frustradas*. O Metallica ficou alucinado na primeira noite". Quando alguém da banda quebrou uma janela para falar com os fãs, "os promotores decidiram que iriam matá-los por danificar o local". A banda terminou se escondendo no camarim do Venom, "como coelhinhos assustados pelos faróis de um carro".

O Venom sentia que tinha dado uma ajuda importante ao apresentar o Metallica a públicos tão grandes na sua primeira viagem à Europa e ao legitimá-lo por meio da associação num estágio crucial de suas carreiras — fato que Conrad Lant, o Cronos, considerou injustamente menosprezado na história do Metallica. "Nós sempre quisemos ajudar outras bandas", ele contou mais tarde a Malcolm Dome. "Se tivéssemos deixado tudo na mão dos executivos, nunca haveria apoio ao Metallica." Conforme os anos passaram, no entanto, o Metallica "simplesmente esqueceu tudo sobre o fato de que demos a eles apoio nos shows em Staten Island, em 1983, além de uma turnê europeia completa. Não queremos uma medalha por isso. Só queremos que contem como aconteceu". De acordo com o baterista do Venom, Tony Bray, o Abaddon, não foi apenas experiência que o Metallica ganhou com a ligação ao grupo. "Posso jurar que [James Hetfield] de repente começou a caminhar como Cronos", ele afirmou em 1996, levantando-se e imitando o conhecido andar relaxado e arrogante de Hetfield. Na mesma entrevista, Lant declarou que Kirk Hammett aprendeu a tocar fazendo Joe Satriani lhe ensinar as primeiras músicas do Venom, como "Die hard". Ele fez cara de enfado, como se isso explicasse tudo.

Os shows com o Venom seriam acompanhados da primeira turnê do Metallica pelo Reino Unido, como segunda atração, escalado entre The Rods, com três discos na carreira, mas vivendo praticamente da reputação, e Exciter, primeira banda de thrash metal do Canadá, cujo álbum de estreia, *Heavy metal maniac*, lançado meses antes pelo Shrapnel, só estava disponível no país via importação. Ciente de que nenhuma das três seria capaz de encabeçar uma excursão britânica sozinha, o novo agente da banda no país, Neil Warnock, da The Agency, apostara no apelo de um pacote com as três, criando uma lista de datas bem ambiciosa cujo clímax seria um show no Hammersmith Odeon, em

Londres. Segundo Hooker, "isso mostra onde estávamos naquele momento, já que The Rods seria a atração principal". Porém ainda haveria mudanças de última hora nos planos, quando a turnê foi cancelada em virtude da vergonhosa pouca venda de ingressos. O thrash metal, como um gênero musical estabelecido, podia ter começado a ganhar reconhecimento na *Kerrang!*, mas ainda era um conceito marginal longe dali. Dessa vez, porém, os fãs europeus ainda não estavam prontos. Em vez da turnê, instigados por Hooker, eles foram diretamente do último show com o Venom, na Bélgica, para Copenhague, onde prepararam o novo material no estúdio de ensaio do Mercyful Fate. Uma semana depois, estavam no Sweet Silence Studios, na capital dinamarquesa, gravando o novo álbum.

Ao perguntar a Marsha Z por que o Metallica gravou o segundo disco na cidade natal de Lars Ulrich, ela riu e disse: "Por que será?". É fato que também havia fortes razões para gravarem em Copenhague. Em primeiro lugar, o custo. Com a banda instalada em um cômodo vazio no andar superior do estúdio, não haveria despesas com hotéis. Em segundo lugar, eles aproveitariam as habilidades de Flemming Rasmussen, 26 anos, um dos donos do lugar, cujo trabalho de produção no álbum *Difficult to cure*, do Rainbow, de 1981, também gravado ali, era um dos prediletos de Ulrich. Determinados a não acabar na mesma situação que em *Kill 'em all*, brigando todos os dias para que suas opiniões prevalecessem, eles decidiram que produziriam o disco sozinhos, com a "assistência técnica" de Rasmussen.

Casado, com um filho de quatro anos, Rasmussen ofereceu ao Metallica o melhor de dois mundos: era jovem para reconhecer suas referências musicais e experiente no estúdio para ajudá-los a alcançar os efeitos desejados. Com ampla formação musical em tudo, do rock ao jazz, folk e pop, Rasmussen também trabalhava rápido e falava a mesma língua da banda — literalmente, no caso de Lars. "Sempre falávamos dinamarquês quando estávamos juntos", ele contou, o que lhes permitia "conversar sem que soubessem do que estávamos falando." Mas se trabalhar em Copenhague era bom para Lars, contou o produtor, "não acho que os outros caras estivessem muito animados". A primeira viagem dos outros para fora dos Estados Unidos, na turnê europeia, tinha sido reveladora — comida estranha, cerveja esquisita, línguas diferentes —, mas divertida, indo de um lugar inusitado para outro todos os dias. Agora, enfurnados numa grande fábrica de madeira reformada, longe de casa como nunca, dormindo o dia inteiro, varando a noite trabalhando, quase não havia diversão. Era trabalho duro. Ainda era inverno, estava escuro e frio do lado de fora, então nenhum deles queria ficar acordado o suficiente para explorar Copenhague, além de uma incursão ocasional a um bar das redondezas para beber a cerveja Elephant.

O trabalho no estúdio começava às sete da noite, estendendo-se até quatro ou cinco da manhã, com uma pausa para comer por volta da meia-noite. Flemming admitiu que a música, a princípio, parecia incomum. "Eu não tinha ouvido muito daquilo na Dinamarca, naquela época, mas gostei bastante. Achava brilhante, a bem da verdade." O único problema imediato era James se sentir perdido sem o amplificador de guitarra habitual, um Marshall modificado roubado quando o furgão de equipamento da banda havia sido arrombado durante uma apresentação no Channel Club, em Boston, no mês de janeiro. Os ladrões limparam o furgão, só deixando para trás três guitarras. Segundo Rasmussen, "ninguém sabia ao certo o que tinha sido modificado no amplificador, então começamos a levar ao estúdio todos os amplificadores Marshall que havia na Dinamarca para que James pudesse mexer neles". O produtor fazia as vontades dos novos clientes. Ele não tinha a menor intenção de reproduzir o que via como o som de guitarra "de merda" de *Kill 'em all*. Quando, finalmente, James encontrou o amplificador e a caixa de som de que gostava, contou Rasmussen, "começamos a trabalhar a partir daí". O resultado foi um som mais poderoso e profundo. "Criamos, mais ou menos, aquele som de guitarra [novo] partindo da estaca zero." Para Flemming, isso foi uma fonte inicial de orgulho, pois, a seu ver, James era o melhor músico da banda. "James tem nível internacional. Ele deve ser o guitarrista que faz a base mais precisa que já vi. Nunca tinha ouvido ninguém que tocasse [palhetadas para baixo] com aquela precisão antes na vida. Fiquei muito impressionado." Em termos de visão musical pura, "do ponto de vista artístico, o melhor seria o Cliff", embora sempre fossem "Lars e James que estavam no comando".

Os únicos pontos fracos, tecnicamente, como em *Kill 'em all*, eram o vocal de James e a bateria de Lars. Rasmussen recordou-se: "James não estava muito empolgado em cantar, mas fomos levando trecho a trecho, duplicando a voz, para que soasse [bem]. E ele foi ficando cada vez mais confiante conforme prosseguíamos com o trabalho. Tentei fazer o possível para aumentar a confiança dele, porque achava que tinha uma energia boa na voz, uma personalidade que combinava muito bem com a música. Eu gostava muito de vê-lo se esforçando". Já as dificuldades de Lars na bateria eram mais problemáticas. "Eu o considerava completamente incapaz", Flemming afirmou. "Lembro que a primeira coisa que perguntei quando ele começou a tocar foi: 'Tudo começa com *upbeat*?'. E ele respondeu: 'O que é isso?'. Puta merda! O lance é que o Lars é um sujeito inovador, então seu jeito de tocar era baseado em viradas. Era seu estilo. Ele desconhecia a contagem de tempo. Ainda acho que ele é um grande baterista a seu modo, pois faz coisas incríveis. Contudo, eu e o roadie de bateria dele, outro sujeito chamado Flemming [Larsen] que naquela época [também] tocava bateria numa banda de metal dinamarquesa chamada Artillery, conversamos com ele sobre [os tempos do compasso]. Dissemos que precisava ter um intervalo de tempo igual entre as batidas e que era preciso contar até quatro antes de entrar de novo... [Ele sabia tocar] uma virada muito boa que ninguém na época havia pensado em fazer." Ele fez uma pausa e depois acrescentou: "Não imagino como eles soavam ao vivo naquela época. Lars acelerava e reduzia o tempo bastante enquanto tocava, da maneira como sentia que *devia* ser".

Lars permanecia confuso. Como me disse mais tarde, "é como se o Metallica tivesse se formado cinco minutos depois de eu conseguir tocar bateria, tudo rolou feito uma montanha-russa. Num zás, estávamos gravando demos, a seguir, em turnê, gravando o primeiro disco depois de apenas um ano e meio juntos... E, de repente, o lance era que tínhamos um disco lançado, mas não sabíamos tocar. Então, precisei tomar aulas de bateria, enquanto Kirk fazia sua viagem com o Satriani". Sendo mais específico, "passamos muitos anos tentando provar a nós mesmos e para os outros que sabíamos tocar nossos instrumentos — algo como, "escute esta virada de bateria que estou fazendo", e Kirk tocando todas essas coisas malucas que são difíceis para caramba... Quando estávamos começando, em 1981, as duas bandas de maior sucesso nos Estados Unidos eram Rolling Stones e AC/DC. Lembro-me com clareza de estar sentado na casa de James falando: 'Os piores bateristas do mundo são Charlie Watts e Phil Rudd! Escuta o som deles, eles não fazem viradas, não fazem nada. Escute isso, é horrível! Prefiro Ian Paice e Neil Peart'. Assim, nos anos seguintes toquei coisas de Ian Paice e Neil Peart, provando para o mundo que sabia tocar...".

Depois do tempo extra gasto acertando a guitarra e a bateria, foi um alívio para Rasmussen descobrir que a maioria das músicas já havia sido trabalhada. "Eles haviam ensaiado e feito os arranjos nas demos. Estavam prontas." A única música em que ainda não tinham trabalhado era uma das principais do álbum, "For whom the bell tolls". "Num certo dia, eles tiraram um som e a finalizaram." O sino em questão foi providenciado batendo numa bigorna. "Nós a colocamos numa escada nos fundos durante a gravação. Era um absurdo, pesava uma tonelada. Mas [Lars] usou uma barra de metal e ficou muito bom. Isso foi antes dos samplers, então tínhamos de fazer nossos sons." A escada também foi onde colocaram a bateria de Lars, "do outro lado da porta. Agora existe um apartamento ali, então tem alguém sentado na sala de estar vendo televisão no lugar onde Lars tocou bateria". Rasmussen disse que sabia que o álbum seria algo especial muito tempo antes de estar finalizado. "Eu tinha certeza absoluta naquela época de que eles seriam grandes. O engraçado é que todo mundo no estúdio tinha formação jazzística e vivia me falando: 'Eles não sabem tocar!'. E eu respondia: 'Corta essa! Escute, é brilhante!'. Eu tinha orgulho. Ainda tenho, na verdade. Quando acabou, pensei: 'Porra, quero fazer mais desta parada!'."

Das oito faixas de *Ride the lightning* — como decidiram batizar o álbum por causa de outra de suas faixas fundamentais —, quase todas sobreviveriam para se tornar peças essenciais na mitologia do Metallica; aquela que oferecia um pouco de luz em meio à penumbra inexorável, que se tornaria um pequeno hino *à la* Thin Lizzy chamada "Escape", que trazia uma mensagem positiva se comparada às demais — "Life is for my own, to live my own way"* —, seria a única exceção à regra no cenário totalmente desolador das letras de Hetfield. O restante do álbum era unificado por um tema: morte. Destruição mútua

* A vida é minha, para viver como eu quiser. (N.T.)

("Fight fire with fire"); pena capital (a faixa título); guerra ("For whom the bell tolls"); suicídio ("Fade to black"); mortos-vivos graças à criogenia ("Trapped under ice"); profecia bíblica ("Creeping death") e até um monstro inspirado em H. P. Lovecraft ("The call of Ktulu"). Era o tipo de viagem adolescente com a morte que se esperaria de qualquer garoto angustiado e espinhento, trancado no quarto, protestando, ainda que de maneira impotente, contra o mundo cruel. O que distinguia o disco era a música. Um discernível passo à frente em relação ao inspirado e estranho álbum de estreia de produção barata feito nove meses antes, *Ride the lightning* era a primeira indicação clara de que havia mais no Metallica do que velocidade adolescente e força da raiva explosiva. Recebido à época como a epítome do emergente gênero thrash metal, quando o ouvimos de novo é perceptível o quanto ele deve, não a qualquer noção de gênero, mas a valores muito mais tradicionais de melodia, ritmo e talento musical da velha guarda. O vocal continuava unidimensional, mas deixava de ser esquisito, graças à boa tática de Rasmussen de duplicar o canal, acrescentando bastante vigor. A bateria ainda se baseava demais em viradas desnecessárias, mas não ocorriam mais atravessadas no ritmo energético, graças novamente à dedicação extra do produtor e ao conhecimento maior no uso dos microfones. O restante, no entanto, poderia ser Iron Maiden em seu momento mais selvagem, do lamento das guitarras duelando na faixa título aos ritmos agressivos de "Creeping death". Com mais facilidade, mesmo que nem sempre de maneira direta, pode ser sentida a influência de Cliff Burton. Desinteressado pelo thrash metal em si e com estilo de tocar pontuado por jazz e referências clássicas — seu gosto ia do rock sulista do Lynyrd Skynyrd às baladas místicas de Kate Bush —, a mera presença de Cliff deixou a banda mais à vontade para explorar o que antes era visto como heresia musical, como uma balada acústica, músicas que viajam com velocidade inferior à da luz e até mesmo sofisticação instrumental ao estilo de Ennio Morricone.

Livre da obrigação de reproduzir o trabalho original de Dave Mustaine, Kirk Hammett também se soltou, enveredando por possibilidades que transcendem qualquer noção do que um "guitarrista de thrash" poderia ser e muito mais ligado às lições que vinha absorvendo daquele grande discípulo de Jimi Hendrix, Joe Satriani. Essas seriam as primeiras tentativas de Kirk de se livrar da "guitarra de uma voz" do thrash dos anos 1980, e ele se lembrou de que, "quando os outros caras ouviram os solos de 'Creeping death' e 'Ride the lightning', mostrei um jeito de solar diferente daquele a que estavam acostumados. Dave Mustaine tocava rápido o tempo todo. Eu toco melodicamente. E toco trechos, seções diferentes para deixar o solo o mais cativante possível". Embora admitisse que "sempre foi muito exibido", o estilo adotado em *Ride* era pontuado por restrições e agressividade controlada. Os momentos em que a empolgação transborda, como na chamada "loucura da distorção" no final de "For whom the bell tolls", foram feitos com discernimento. Sem mencionar o fato de que eles tinham abandonado por completo o compromisso de serem "os mais rápidos e pesados" — as palhetadas para baixo com o punho cerrado de James são evidentes do começo ao fim. Mas se haveria pouco espaço para frivolidade no álbum, da temática apocalíptica à capa sinistra com uma cadeira elétrica suspensa em meio a raios, na condição de banda com controle cada vez maior de seu destino musical, o Metallica já começava a subverter essa ideia; de remar contra a maré e deliberadamente modificar as regras. A faixa de abertura, "Fight fire with fire", ideal para girar a cabeça feito um moinho de vento, é uma das canções mais aceleradas que gravariam; começa com uma "abertura" acústica curta antes de crepitar como uma dinamite e ganhar vida explosiva. Já a última música, "The call of Ktulu" (grafada, imperdoavelmente, em algumas prensagens como "The cat of Ktulu"), por sua vez, é uma instrumental que passa de oito minutos e foi mais inspirada em Morricone do que em Motörhead. Uma exibição mais substancial do talento extravagante de Cliff Burton no baixo do que sua antecessora "(Anesthesia) pulling teeth", de *Kill 'em all*, é um símbolo dos enormes passos dados pelo Metallica como músicos desde a estreia preparada às pressas. E também era uma maneira muito corajosa de concluir um álbum que, ainda se esperava, os levaria a um público mais amplo do que os leais e ainda limitados fãs que tinham atraído até o momento.

Todavia, o verdadeiro exemplo da determinação do Metallica de não se deixar engessar pelas limitações das expectativas alheias seria a inclusão de uma balada quase acústica de sete minutos, "Fade to black". Como James argumentaria mais tarde, "se tivessem me dito quando estávamos gravando *Kill 'em all* que teríamos uma balada no próximo disco, eu teria dito: 'Vai te catar'". Construída sob uma sequência de acordes menores arpejados que James inventou brincando com um violão, seu clima melancólico e pensativo estava a milhões de quilômetros de distância de qualquer juvenília que ele tenha tentado compor antes; a letra, ainda que apresentada como um bilhete suicida, foi inicialmente inspirada no roubo dos equipamentos da banda, que resultou na perda de seu adorado Marshall modificado. Com a adição do belo ataque elétrico da guitarra de Kirk, ocupando o lugar que seria do refrão, e da bateria de Lars, para variar, espelhando uma contenção similar, "Fade to black" tornou-se a um só tempo a música mais angustiante e sutil que o Metallica criara até então.

A banda estava declarando sua missão. "For whom the bell tolls" e "Creeping death" são dois clássicos do heavy metal que soariam adequados em qualquer era da história do rock em que tivessem nascido. A primeira (grafada erroneamente nas primeiras prensagens como "For whom the bells toll") poderia facilmente ter vindo do Black Sabbath do começo dos anos 1970; o solo de baixo de Cliff, habilmente distorcido, sinaliza seu começo com um toque maravilhosamente musical; a segunda — destinada a virar uma grande favorita do público, cantando "*Die! Die! Die*" — seria o primeiro clássico fundamental do Metallica.

Nem todos se mostraram perplexos com tanta "originalidade". Gary Holt, ex-colega de Kirk no Exodus, por exemplo, ficou magoado ao descobrir, como afirmou em nossa conversa, que não apenas o riff de uma das primeiras músicas do Exodus, "Impaler", "se tornara um dos melhores riffs de *Ride the lightning*, em 'Trapped under ice'", como também o famoso verso de "Creeping death", que começa com "Die by my hand..." [Morra pela minha mão], fora tirado de "Dying by his hand", composta por Holt. Não havia dúvida, admitiu, "que os riffs eram [do Kirk]". Contudo, isso causou uma desavença entre os dois durante algum tempo. "Lembro de ter ligado para o Kirk e reclamado muito", contou Holt, "e ele respondeu: 'Ah, pensei que tinha pedido sua permissão'. Retruquei que ele não tinha pedido, não. Então tive o *prazer* — e eu uso o termo com ironia — de ver 60 mil pessoas cantando aquela merda [em shows subsequentes do Metallica ao longo dos anos] sem ter recebido um tostão por isso. Muita gente me falou: 'Cara, você devia ter aberto um processo'.

Mas deixei pra lá. É isso aí. Agora posso rir disso tudo. Tive uma conversa com Kirk sobre o assunto e agora são águas passadas."

Mas, então, como Holt também assinalou, embora Metallica e Exodus tenham ficado conhecidos por "tocarem com ferocidade animal", o gosto de Kirk sempre foi "mais inclinado para o lado do Maiden". E se James surrupiou um verso do repertório de Kirk nos tempos do Exodus, ele certamente o trabalhou de um jeito que ninguém mais poderia ter feito. Inspirada numa noite em que assistiram na televisão ao filme *Os dez mandamentos*, o épico de 1956 de Cecil B. DeMille estrelado por Charlton Heston, a letra de "Creeping death" era baseada na história bíblica da décima praga lançada sobre os antigos egípcios — o Anjo da Morte enviado por Deus para matar os primogênitos. Quando Cliff, numa nuvem de maconha, exclamou: "Uau, que morte arrepiante [*creeping death*]", os outros riram tanto que decidiram compor uma música com esse título. O fato de James ter criado uma letra complexa comprovou o veloz aprimoramento de sua habilidade como compositor. Musicalmente, também era uma revelação; um petardo brutal construído com incrível requinte, do riff vibrante ao vocal emaranhado e as harmonias da guitarra no refrão, o solo final de Hammett, gravado em dois canais, é uma aula. "Creeping death" permanece um hino roqueiro atemporal, uma "Paranoid" ou uma "Smoke on the water" da geração thrash.

Os créditos das composições foram distribuídos de maneira mais democrática dessa vez. As duas faixas mais importantes ("Fade..." e "Creeping...") foram creditadas a todos os quatro membros. Duas a Hetfield, Ulrich e Burton ("Fight..." e "For whom..."); duas para Hetfield, Ulrich, Burton e Mustaine ("Ride..." e "...Ktulu") e as duas menos importantes a Hetfield, Ulrich e Hammett ("Trapped..." e "Escape"). *Ride the lighting* também codificou um formato para o Metallica nos anos 1980: uma faixa de abertura insana, uma faixa-título monumental, ao menos uma canção fúnebre, uma grande balada e algumas músicas thrash perfeitas para agradar a plateia. No mínimo, o Metallica estava agora se inclinando ao rock progressivo, aproveitando-se de musicalidade, solos longos, mudanças de ritmo complicadas; acima de tudo, fazendo músicas mais longas. Lars me contou que ficava cronometrando as gravações no estúdio, para "elaborar mais" se não tivessem a duração suficiente. A questão permanecia: o que os fãs de carteirinha do thrash achariam? Segundo Flemming, a banda "não estava muito preocupada com a possibilidade de os fãs não gostarem de 'Fade to black', estavam mais preocupados com 'Trapped under ice', que, para eles, talvez fosse pop demais. Essa era a única preocupação durante a gravação. Eles brincavam dizendo que era praticamente um *single*".

Eles não teriam de esperar muito tempo para saber. Uma semana depois de completar as gravações, a banda estava em Londres ensaiando para a primeira apresentação no Reino Unido, encabeçando o primeiro de dois shows em duas semanas no clube Marquee, na Wardour Street. Oferecido como uma desculpa para os fãs que tinham comprado ingressos para a turnê interrompida com o Rods, o Music for Nations providenciou que o lugar estivesse cheio de gente da imprensa e do mercado musical. A expectativa era grande, e a banda estava nervosa. O resultado poderia ser qualquer um; triunfo ou desastre. Felizmente, contou Martin Hooker, "eles foram simplesmente *fantásticos*". Quando chegou a hora do segundo show, em 8 de abril, "já estava rolando um bochicho". Segundo Malcolm Dome, "eles eram muito, muito bons. Você ainda não pensava 'caramba, essa banda será enorme', mas estava claro que eles mandavam bem ao vivo. A formação parecia e soava certa". Descritos numa resenha da *Kerrang!* como "os Ramones do heavy metal", a imagem maltrapilha e o som acelerado eram bem diferentes do que prevalecia na onda do metal farofa de meados da década, exemplificado pelas bandas de Los Angeles que apareciam com frequência na capa da revista, como Ratt e Mötley Crüe. Eles estavam fazendo exatamente o contrário do que se esperava em termos comerciais, conta Xavier Russell: "Havia muita badalação, mas felizmente eles eram bons. Muita gente que pode não ter gostado do álbum *Kill 'em all* ficou impressionada. Pela primeira vez, dava para ver que havia alguma coisa ali".

Um dos pontos altos para Lars foi conhecer outro de seus heróis da NWOBHM, Jess Cox, ex-vocalista do Tygers of Pan Tang, que abriu para a banda na primeira apresentação no Marquee. De acordo com Cox, "eu estava em turnê com o Heavy Pettin', que desistiu [do Marquee] em cima da hora, então eu seria a atração principal quando [meus agentes da] ITB falaram: 'Tem uma banda nova vindo e você terá de abrir para eles'. Eu perguntei: 'Quem é?'. E responderam: 'O nome é Metallica'. Comentei que nunca tinha ouvido falar deles, ao que retrucaram: 'Bem, você vai ouvir, não precisa se preocupar com isso'". Ele ficou impressionado ao ver o baterista fazendo tanta questão de conhecê-lo — "lembro que autografei as baquetas do Lars" —, desconhecendo que o Metallica havia, na verdade, pensado em recrutá-lo como vocalista. "Eles nunca me falaram isso pessoalmente. Só soube mais tarde."

O Music for Nations alugou um apartamento em Cadogan Gardens, Kensington, para instalar o grupo; outro lar longe do lar, seguindo a trilha aberta pela garagem de Mark Whitaker em El Cerrito e a casa de Jonny e Marsha em Old Bridge. Segundo Gem Howard, gerente do selo MFN, que se tornou o tour manager do Metallica no Reino Unido e restante da Europa naquele ano, "era um muquifo. Hospedá-los num apartamento era muito mais barato do que num hotel, e eles poderiam receber pessoas e ficar mais à vontade. Mas, é claro, não tinham a menor disposição em limpá-lo. Lembro que entrei no apartamento e havia uma mesa caída de lado com comida por cima. Haviam deixado um pedaço de manteiga no chão e pisaram em cima. Um monte de garrafas vazias, bitucas de cigarro e sabe Deus o que mais... Fazia a cama de Tracey Emin* parecer limpa e arrumada".

Xavier Russell se tornou um companheiro de copo regular durante a temporada em Londres. Lars e James foram ao apartamento dele em Notting Hill Gate uma noite, quando "tocamos Blue Öyster Cult até umas três da madrugada". Xavier se lembrou de ter dado a eles raquetes de squash e de terem feito "*air guitar*" em "Boogie no more", do Molly Hatchet. "Os vizinhos ficavam batendo no teto. Depois, botamos Thin Lizzy — qualquer coisa que desse para tocar na raquete de squash. Lembro que fomos a um [Kentucky Fried Chicken] e vomitamos no balde!" Outra vez, ele foi vê-los ensaiar em Shepherd's Bush. Rindo, relatou que "depois, fomos beber, e James estava tão mamado que ficou em pé, muito louco, no telhado de um cinema em Tottenham Court Road; foi brilhante!". James também se lembraria da bebedeira. "Fui preso por destruição de propriedade... joguei lâmpadas nas pessoas. Uma dessas coisas que você tem de fazer quando está bêbado."

* Artista inglesa famosa pela instalação *My Bed*, composta por sua cama e objetos do quarto em péssimo estado. (N.T.)

Xavier também matava tempo com Cliff e Kirk, mas "era diferente. Cliff tinha seu mundinho. Ele tinha uma visão completamente diferente, o que transparecia em seu estilo de tocar. E sempre estava com uma camiseta do Lynyrd Skynyrd. Ele gostava bastante das mesmas bandas que eu, assim tínhamos muito em comum. Já Kirk era bem engraçado, vivia falando de gibis. Lars era simplesmente Lars. Era o líder, de certo modo. Já Hetfield, naqueles dias, só gostava de beber e farrear. Assim, eram personalidades muito diferentes, mas todos se davam muito bem. Dava para conversar com cada um deles sobre os mais diferentes assuntos. Eu me lembro de [alguns anos depois] ir assistir *Veludo azul* com Lars, quando o filme foi lançado, no cinema Gate, em Notting Hill Gate. Vimos duas vezes. Ele comentou: 'Ei, vamos fazer uma música sobre o filme'".

Com o lançamento de *Ride the lightning* pelo MFN programado para 27 de junho, na Europa, a banda voltou à estrada naquele mesmo mês, abrindo quatro shows para o Twisted Sister, na Holanda e na Alemanha, seguidos de uma participação com pouco destaque no festival Heavy Sound, em 10 de junho, depois uma nova apresentação a céu aberto em Poperinge, na Bélgica, abrindo para o Motörhead. Dee Snider, *frontman* do Twisted Sister, que ainda se lembrava do bando de garotos que vira tocando em Old Bridge no ano anterior, gostava de dizer às pessoas que os integrantes do Metallica eram bacanas, mas que nunca fariam sucesso. E a maioria dos que não eram fãs de thrash concordava com ele. A previsão mais otimista entre os que não acreditavam nessa visão era de que, talvez, se jogassem direitinho, o Metallica poderia ser grande como o Motörhead um dia. Sem saber de nada disso, a banda estava de volta a El Cerrito quando o álbum foi lançado, quinze dias depois. A reação foi imediata. Na Grã-Bretanha, a *Sounds* foi a primeira revista semanal importante a elogiar um disco do Metallica, numa resenha apaixonada escrita por um fã do Motörhead de dezessete anos chamado Steffan Chirazi — agora mais conhecido como editor do fanzine oficial do Metallica, *So What*. Na crítica para a *Kerrang!*, Xavier Russell pediu para os leitores "isolarem acusticamente as paredes, pegarem meia dúzia de cervejas, sentarem e ouvirem um dos maiores discos de heavy metal de todos os tempos!".

Ride the lightning pode não ser tudo isso, mas certamente se tornaria um dos mais influentes. Nem todos os fãs antigos ficaram tão encantados com essa mistura de referências. Ron Quintana sustentou que, em San Francisco, onde o Metallica mal pusera os pés depois da mudança temporária para Nova Jersey, Copenhague e Londres, o disco de estreia do Exodus, *Bonded by blood* — lançado no começo de 1985, apesar de finalizado em meados de 1984, que já circulava no submundo de trocas de fitas —, "era mais apreciado do que *Ride the lightning* pela maioria da molecada, abrindo caminho para a mistura de metal e punk que levaria o thrash ao seu auge". No Reino Unido, Dave Constable, então figura fundamental nas páginas do fanzine *Metal Forces,* de Bernard Doe, e influente como balconista da loja de discos especializada em metal mais famosa de Londres, a Shades, no Soho, descreveu *Ride the lightning*, resumindo a emergente cena thrash numa matéria da *Kerrang!*, como "uma continuação bastante diluída" de *Kill 'em all*, pensada especificamente para "vencer o conservador mercado norte-americano".

Ambos vítimas da mesma mentalidade de fanzine de sempre se sentir ameaçado quando um dos seus começa a atrair um público maior, Quintana e Constable tinham razão sobre uma coisa: *Ride the lightning* estava menos voltado a perpetuar a imagem do Metallica como padrinho do thrash e mais com estabelecer suas credenciais como concorrentes sérios do rock, musical e comercialmente. Malcolm Dome, que entrevistou James e Lars pela primeira vez depois do lançamento do álbum, comentou como "Lars, de imediato, me pareceu ser alguém bastante diferente. Ao contrário da maioria dos bateristas, era articulado, e estava claro que ele e James tinham uma visão de longo prazo para a banda. Eles não pretendiam estar aqui hoje para amanhã terminarem servindo pizza. Lars tinha uma visão grande do grupo. James tinha mais a visão musical. Em termos de negócios, acho que ele concordava com as decisões de Lars, mas era James quem já falava que a música estava mudando". Como Lars insistiu, em suas raízes, *Ride the lightning* tinha a ver com "o início do processo de composição com Cliff", que, para Lars e o Metallica, representava "um gigantesco passo adiante em termos de variedade e habilidade musical... Era um leque de referências bem maior". Kirk se lembrou de Cliff ter proclamado durante a gravação: "Bach é Deus". Ele tinha achado que era brincadeira. "Depois vi que não era." Cliff era "um grande entusiasta, compreendia harmonias e melodia, conhecia a teoria, como ela funcionava. Era a única pessoa capaz de criar uma indicação de compasso e escrevê-la na partitura". James falava sobre como Cliff compunha num violão afinado em dó, não no baixo. "Não sabemos como ele arrumou aquela merda ou por que diabos tinha aquilo, mas ele tocava melodias esquisitas que nos encaminharam à energia de 'Ktulu'. Ele compôs muitas das nossas harmonias naquele violão."

Fãs com gosto mais amplo estavam começando a fazer fila pelo Metallica. Martin Hooker lembrou que passara "semanas e meses pressionando, trabalhando, divulgando, arrumando apresentações" para começar a avalanche comercial prestes a ser desencadeada na Europa. "Era a velha escola do trabalho duro. Gastei mais de 100 mil dólares em suporte à turnê, um valor *colossal* para aquela época. Meu sócio Steve Mason achava que eu estava louco, mas começou a compensar quando passamos a prensar 5 mil cópias por vez, e tudo começou a fazer muito mais sentido." Ele acrescentou: "O mais importante nesse processo que os levou a outro patamar foram os garotos em si, o boca a boca. Tirando uma execução ocasional no *Friday Rock Show*, da Radio 1, eles não apareciam nem no rádio nem na televisão, tinham até alguma exposição na imprensa especializada, mas nada na grande imprensa. Só que o boca a boca era inacreditável, simplesmente inacreditável".

Gem Howard, braço direito de Hooker, contou: "Eles eram quatro garotos na farra. Suas carreiras estavam mudando. Eles não eram muito famosos nos Estados Unidos naquela época. Então passamos a levá-los em turnê pela Europa e foi quando começaram a ser notados". A animação era grande, apesar da estrutura que deixava a desejar. "O equipamento podia estar numa caminhonete, ou dividíamos com o Venom, Twisted Sister ou seja quem fosse nossa companhia." Gem, que havia participado de turnês do Exploited e do Madness, ficou surpreso com as coisas que ouviam dentro do furgão. "Todas as bandas com que trabalhei tendiam a ouvir o tipo de música que tocavam, já o Metallica ouvia Misfits e destroçava o furgão enquanto rodávamos. Depois, ouviriam Simon & Garfunkel e Ennio Morricone. Cliff era o cara que sempre punha as coisas mais bizarras. Lars parecia o líder. Se quisesse saber alguma coisa sobre a banda — qualquer coisa —, ele explicava. Isso era muito útil porque todos que pedissem uma entrevista teriam declarações com substância." James "não confiava muito em si naquele tempo. Ele tinha um problema sério de acne — era uma vergonha, ainda mais para quem queria ser *frontman*". Ele se lembrou de Hetfield ainda ter considerado arrumar um vocalista em tempo integral em meados de 1984. "Ele vivia comentando que deveriam conseguir um vocalista. Ele não estava contente... à medida que ficou mais velho, fez mais sucesso, a pele melhorou, seu porte de magricela desengonçado ganhou músculos e ele passou a ganhar garotas. O cara percebeu que, sim, era um *frontman*. É bastante diferente da maioria das pessoas que exercem essa função; em geral é por uma questão de ego, apesar de não terem talento."

James também se diferenciava dos outros três quando se tratava de algumas das ocupações habituais na estrada. "A única coisa que ele se permitia era beber", disse Gem, "o que o afastava um pouco. Eu me lembro de arrumar [cocaína] certa vez e [James] falar: 'Ah, não devíamos gastar dinheiro com isso'. Ao que respondi: 'Dê uma olhada debaixo do seu travesseiro'. Eu tinha guardado umas garrafas de vodca lá, e ele ficou feliz como pinto no lixo. Mas isso foi no começo, quando não tinham dinheiro para sair e comprar bebida com o próprio dinheiro, e acho que ele se sentia cuidado. Essa era uma parte essencial ao tomar conta de uma banda." Ou como Cliff, esperto, dizia: "Você não se esgota por ir rápido demais, mas por ir devagar e se aborrecer".

Eles também desenvolveram hábitos bons na turnê, segundo Gem. "Outro diferencial deles com relação a quase todos os demais com quem trabalhei é que sempre havia sessões de autógrafos depois de um show." Mesmo quando não eram a atração principal, colocavam mesas nos corredores dos bastidores especificamente para conhecer e cumprimentar os fãs. "Eles tocavam, iam aos bastidores, sentavam, tomavam alguma coisa, às vezes só água, e voltavam com toalhas ao redor do pescoço, para sentar e autografar até todos irem embora. Eles ficavam ali mais ou menos uma hora falando com a molecada. Perguntavam: 'Gostou do show?'. E ouviam de volta: 'Ah, foi ótimo. Gostei muito daquele solo de guitarra' ou 'acho que vocês se saíram mal em tal e tal coisa hoje'. Eles tinham um retorno *imediato* da apresentação. Estavam abertos a críticas construtivas, e esse era outro sinal de uma banda que não estava nessa só pelo dinheiro. Estavam nisso pela arte." Bill Hale disse que era uma tradição iniciada por Cliff: "Ele foi o primeiro a ir cumprimentar os fãs, pois ele mesmo era um fã. Sempre o vi fazer isso". Lars e James também se baseavam em suas próprias experiências como fãs — a favor e contra. Como alguém que sempre importunava as bandas favoritas atrás de autógrafos, Lars conhecia o valor que os fãs punham no contato pessoal, por menor que fosse, e a lealdade que isso gerava; já James se lembrava de suas experiências amargas escrevendo como fã para o Aerosmith, enviando cartas pessoalmente para Steven Tyler e Joe Perry: "Eu esperava algum retorno... porque eles eram tão próximos de mim. Eu sentia sua música, eles eram meus chapas. E não recebi nada de volta. Recebi um formulário para pedir uma camiseta do *Draw the line*. Uau, muito obrigado". Foi assim que soube "como *não* queria tratar nossos fãs".

O lançamento de *Ride the lightning* nos Estados Unidos pelo selo Megaforce não gerou tanta empolgação como se viu no Reino Unido, mas Jonny e Marsha Z ainda cultivavam grandes esperanças de sucesso a longo prazo. "Martin tinha feito um ótimo trabalho com o Music for Nations", disse Jonny. "Eles tinham investido muito dinheiro em marketing e anúncios." Incapaz de repetir o mesmo volume de investimento, Jonny planejava lançar o álbum com um grande show no Roseland Ballroom em Nova York, com o Metallica como segunda atração, entre a principal, Raven, de quem então cuidava em tempo integral, e o Anthrax, outro grande cliente, abrindo o espetáculo.

Jonny e Marsha também tinham continuado a explorar a possibilidade de fazer o Metallica ser contratado por uma grande gravadora, tendo em vista Michael Alago, da Elektra, para quem o Raven estava gravando demos com o intuito de fechar um contrato. Descrevendo-se como "um legítimo nova-iorquino e um grande fã de música", Alago era um nativo do Brooklyn cuja vida mudou, segundo contou em nossa entrevista, depois de ver um show de Alice Cooper em 1973. "A partir dos quinze anos, rodei por todos os clubes de rock [e] bares, como CBGB, Max's Kansas City, Mudd Club e Danceteria." Trabalhando numa farmácia no East Village para ajudar a pagar a faculdade, em 1980 conseguiu o primeiro emprego no segmento musical, na boate Ritz, dando dicas para os caça-talentos de gravadoras que vinham regularmente conferir as melhores bandas novas que tocavam ali. Quando Jonny conheceu

Michael, em 1983, ele tinha começado a trabalhar no departamento de artistas e repertório da Elektra, como caça-talentos. Naquela época, o Mötley Crüe era o queridinho do mês da Elektra, graças ao fato de seu primeiro álbum para o selo, *Shout at the devil*, ter ficado entre os vinte mais, a caminho de vender 4 milhões de cópias. O Ratt também havia dado um passo revolucionário naquele verão. Seu primeiro lançamento por uma grande gravadora, Atlantic, selo irmão da Elektra, foi o álbum *Out of the cellar*, que entrou no Top Ten; enquanto o Van Halen, na outra afiliada, a WEA, que formava o triunvirato da Elektra, tinha recém-lançado seu maior álbum por enquanto, *1984*, que vendeu 10 milhões de cópias, contando com seu primeiro single no topo das paradas, "Jump". O hard rock estava voltando a ser enorme no mercado norte-americano. Contudo, o Metallica continuava sendo visto como uma proposta completamente diferente, mesmo para a Elektra. Qualquer grande gravadora que contratasse o Metallica pareceria descolada da realidade. Mas, afirmou Alago, "eu nunca tive interesse em bandas farofa, gostava de música suja e furiosa".

Tendo visto o Metallica no Stone, em San Francisco, no final de 1983, ele ficou "aturdido com a energia e o carisma que vinham do palco". Quando ouviu *Kill 'em all*, pirou. Ele "nunca tinha ouvido um disco com um som tão vivo, e adorei as músicas e a energia". Alago reconheceu, porém, que "não sabia o que dizer à empresa sobre eles. Liguei uma ou duas vezes para Lars e expressei meu interesse, mas, naquela época, eles tinham contrato com a Megaforce Records". Eles voltaram aos pensamentos dele em meados de 1984 com a notícia de que voltariam a Nova York para um show com Anthrax e Raven. "Eu estava gravando demos com o Raven naquela época porque os Zazula os representavam e queriam um contrato nacional", assim ele já ia ao show. O fato de o Metallica também fazer parte do espetáculo fez com que chegasse mais cedo.

Jonny, que havia montado o show como vitrine para os artistas da CraZed Management, estava encantado, convidando Alago e muita gente do meio musical, como executivos de gravadoras, empresários e — principalmente, do ponto de vista do selo Megaforce — os distribuidores fundamentais. Após um aquecimento fabuloso no Mabuhay Gardens, em 20 de julho, o primeiro show na cidade natal depois de nove meses, supostamente secreto e anunciado como uma apresentação do Four Horsemen, o Metallica estava pronto para disparar. Alago levou o presidente da Elektra, Bob Krasnow, ao show no Roseland, junto com "uns divulgadores" — não para ver o Raven, mas para conferir o Metallica. Segundo Alago, "havia tanta animação e energia no ar que eu sabia que seria uma noite especial. O Metallica detonou no palco. Corri para os bastidores depois da apresentação e me esbaldei a noite inteira, fazendo-os irem ao meu escritório na manhã seguinte. Tivemos uma ótima reunião, pedimos cerveja, comida chinesa e tínhamos de estudar como tirá-los da Megaforce. Jonny ficou furioso comigo, mas, no fim das contas, é o dinheiro quem manda, e a Megaforce tinha problemas financeiros. O resto, meu amigo, é história!".

Entretanto, ainda haveria um contratempo que Jonny não tinha previsto, mas que poderia ser o verdadeiro motivo de sua fúria: a chegada em cena de uma empresa de gerenciamento de Nova York em rápida expansão, a Q Prime. Comandada por Peter Mensch, 31 anos, ex-tesoureiro de turnê do Aerosmith, que se "formara" no final da década de 1970 gerenciando a Contemporary Communications Corporation (CCC), conhecida no setor como Leber-Krebs, por causa de Steve Leber e David Krebs, que a criaram em 1972. A Q Prime se transformava rapidamente, nos anos 1980, no que a Leber-Krebs havia sido na década de 1970, a empresa mais bem-sucedida em gerenciamento de rock norte-americano. Entre os clientes da Leber-Krebs estavam Aerosmith, AC/DC, Ted Nugent e Scorpions; a escola perfeita para alguém como Mensch, que se tornaria agente de astros ganhadores de vários discos de platina, como Def Leppard, Dokken, Queensrÿche e, no final, o maior de todos, o Metallica. Ao lado do parceiro comercial Cliff Burnstein — antigo executivo de artistas e repertório da Mercury Records também "formado" pela Leber-Krebs —, a Q Prime estava em alta por conta do terceiro álbum do Def Leppard, *Pyromania*, o segundo mais vendido nos Estados Unidos em 1983, depois de *Thriller*, de Michael Jackson. Naquele momento, eles estavam em expansão, e o Metallica, que tinha chamado a sua atenção, parecia um ótimo candidato a ser assimilado pelo universo em rápida evolução da empresa. Na verdade, Mensch — supervisionando o lado "internacional" da companhia de sua casa em Londres, enquanto Burnstein tocava o escritório nova-iorquino a partir do apartamento em Hoboken — tinha um registro comprovado de atrair astros do rock em ascensão cujo suporte de gerenciamento era bem mais fraco e menos experiente do que o seu. Em 1979, sua intervenção foi decisiva para persuadir o AC/DC a deixar Michael Browning, que havia levado o grupo de bares e clubes australianos ao sucesso mundial, para assinar com a Leber-Krebs. Dezoito meses depois, ele conseguiu fazer algo parecido com o Def Leppard, então uma das principais atrações da NWOBHM, prestes a fechar contrato com a Phonogram em Londres. Nenhuma das bandas lamentou a decisão. Nos dois casos, Mensch supervisionou transformações completas em suas carreiras: os dois discos do AC/DC posteriores à mudança seriam os melhores e, o aspecto fundamental, de maior vendagem de sua carreira até então, *Highway to hell* (1979) e *Back in black* (1980); já o Leppard estava a caminho de se tornar a banda de rock britânica que mais vendia no mundo. Quando Mensch e Burnstein decidiram, em 1982, criar sua própria empresa, o Def Leppard os acompanhou.

Em 1984, a Q Prime estava atrás de sangue novo. Mensch observara com atenção a cena da NWOBHM e havia ido atrás do Diamond Head em seus primeiros e ainda empolgantes dias, porém, fora posto para correr por Linda, empresária bem-intencionada, mas completamente inexperiente, e mãe de Sean Harris. "Mensch nos ofereceu a chance de abrir para o AC/DC em dois shows em Newcastle e Southampton, no início de 1980", Brian Tatler recordou. "Depois, tivemos uma reunião com Mensch no camarim, quando nos contou como as coisas funcionavam no mundo da música. Ficamos muito impressionados, ouvimos com atenção, e me ocorreu que seria genial se Peter nos empresariasse. Porém a mãe de Sean e [seu sócio] Reg provavelmente tentaram nos afastar porque, se [Mensch] se envolvesse, ele nos roubaria dos dois." Mensch também conversou com o Marillion, então prestes a ter um grande sucesso com a EMI, mas foi rejeitado, não porque o tivessem considerado inexperiente ou despreparado, mas justamente pelo contrário. "Peter Mensch era muito urbano, muito norte-americano, claramente um figurão", lembrou-se Fish, ex-vocalista do Marillion, "e, creio, ainda tendo gostos provincianos naquele tempo, ficamos ofendidos com aquilo". Da mesma maneira que com o Diamond Head, o comportamento confiante de Mensch se mostrou demais para o simples quinteto britânico, que preferiu um empresário menos influente e mais em sintonia com sua personalidade. Nos dois casos, pode-se inferir que os grupos teriam tempo para lamentar a decisão, já que suas carreiras nunca chegaram às alturas conquistadas por tantos outros que tiveram a coragem de assinar com Mensch e a Q Prime.

Uma banda de metal norte-americana que passou por uma experiência muito parecida com a Q Prime em meados dos anos 1980 e nunca se arrependeu foi o Queensrÿche. A exemplo do Metallica, o primeiro EP do Queensrÿche, homônimo, foi lançado por seu selo independente, 206, em 1983, enquanto a banda era empresariada pelos donos de uma loja de discos de sua cidade natal, Seattle. A banda foi escolhida para fechar um grande contrato com a EMI norte-americana, mas, mesmo com dois álbuns nas prateleiras, apesar das resenhas entusiasmadas nos Estados Unidos e no Reino Unido, parecia naufragar. Então surgiu a Q Prime, que Geoff Tate, vocalista do Queensrÿche, descreveu como "de extrema valia" para levá-los a outro patamar. Segundo Tate, "eles tinham respaldo e força para exigir o que julgavam ser o melhor para o artista, em relação a companhias fonográficas, produção, turnês, acordos com os promotores, contatos na MTV. Eles eram respeitadíssimos e acumulavam casos de sucesso, então as pessoas os ouviam. Não sofriam muita oposição aos planos e, portanto, foi, sim, de grande valia contar com esse tipo de força".

Dos quatro álbuns que o Queensrÿche lançaria durante os mais de dez anos em que foi empresariado pela Q Prime, os três primeiros foram discos de platina nos Estados Unidos — sem pressão para a banda fazer ajustes comerciais no som, Tate assinalou com firmeza. Muito pelo contrário, garantiu: "A Q Prime tinha uma filosofia bastante simples: siga sua musa. Vá em frente com o que acha que deve fazer artisticamente, e esse será sempre seu cartão de visita. No fim das contas, tendo vendido discos ou não, você ainda conta com o fato de ter seguido seu chamado artístico". De acordo com ele, a lição principal que Mensch e Burnstein ensinavam era "'*nunca* dê ouvidos a ninguém. Você não deu no começo e veja aonde chegou. Então não deixe de fazer o que quer'. Gostei daquilo no ato. Depois de conhecê-los, o fato de que eles não ficariam interferindo em coisas como que roupas vestir ou que notas tocar me impactou. Eles nem tinham interesse nisso. Só queriam empresariar bandas que tinham algo a dizer. Bandas que tinham um destino, acho que se poderia dizer". Como indivíduos, "Peter e Cliff são verdadeiros cavalheiros. Tenho o maior respeito pelos dois. Ambos têm pontos fortes em áreas diferentes e tiveram a perspicácia de reconhecer o que cada um fazia melhor e deixar que o outro seguisse seus interesses. Peter sempre cuidava mais do que dizia respeito às turnês e à vida na estrada. Cliff lidava com a diplomacia e a comunicação. Se acontecesse algum problema na banda, era quem conversaria com todos para resolver a questão. Peter era mais da política do porrete; ele vinha e batia na cabeça".

Seja como for, Michael Alago insiste agora que já estava falando com Jonny Z sobre contratar o Metallica "muito antes do envolvimento com a Q Prime", negando que Mensch e Burnstein tivessem alguma influência direta na sua decisão. "Naquela época, quem cuidava deles eram os Zazula, não a Q Prime. Para mim, tudo se resumia à banda e à sua dedicação à música." Simplesmente a "Q Prime estava atrás deles no mesmo período em que os contratei". Mas, como Jonny Z assinalou, foi a Q Prime que "bateu o martelo". Por conseguinte, Jonny acredita agora que, enquanto estava envolvido em discussões preliminares com Alago, Mensch e Burnstein já estavam conversando com o superior de Alago, Tom Zutaut. "O contrato era, basicamente, apalavrado. Então [a Q Prime] veio e fechou tudo. Eles podem ter fechado de cima para baixo, enquanto nós trabalhávamos de baixo para cima." Independentemente de como foi, permanece o fato de que quando o Metallica estava pronto para fechar um contrato de oito álbuns com a Elektra em Nova York, a banda não era mais empresariada pela CraZed Management. Jonny contou que Marsha já sentia algo no ar, suspeitando da quantidade de telefonemas que Lars, de repente, recebia da "tia Jane". Jonny deu um risinho triste. "Marsha me contava que eles viviam ligando para a tia Jane, que devia ser Peter ou Cliff. É o que achamos, mas vai saber?"

Para Lars Ulrich, no entanto, não se tratava de dispensar Jonny e Marsha. Eles "sempre foram gente boa". Mas se pretendesse subir um degrau teriam de tomar medidas drásticas, como acontecera anteriormente com Ron e Dave, e como voltaria a acontecer no futuro com outras pessoas em sua organização em rápido crescimento. Para Lars, conhecer Peter Mensch foi como encontrar a peça final do quebra-cabeça, ou ser apresentado a um irmão mais velho, maior e mais inteligente que não sabia que tinha. Apesar das diferenças aparentes — Lars, o jovem tagarela que botava para quebrar, Mensch, o desmancha-prazeres de olhar zangado —, por baixo dessas fachadas aparentemente incompatíveis existem dois egos bem parecidos. Ambos são cheios de garra, são dois sujeitos com ambição acima da média, sempre pontuais, incapazes de se desligar, aliás nem querem isso. Quase imediatamente após o início do trabalho juntos, Lars passou a admirar Peter, confiando por completo em seus instintos, sabendo que ele era o homem certo para a função. Da mesma maneira, Mensch tinha a sagacidade de ver além das cervejas e risadas, percebendo rápido que ali havia alguém tão determinado quanto ele a chegar ao topo e que seria uma boa combinação — Lars, o líder sorridente, vencendo as resistências de todos que conhecesse; Mensch, o braço forte a seu lado, garantindo que todos prestassem atenção na banda e a levassem muito a sério.

"Interessante" é a maneira diplomática como Martin Hooker descreveu as negociações com Mensch, logo após a contratação do Metallica: "Ele jogava duro, preciso reconhecer". Gem Howard foi mais direto. Trabalhar com os novos empresários norte-americanos do Metallica "era esquisito. Peter Mensch não parecia ter muito respeito por ninguém, e a única vez que encontrei Cliff Burnstein, quando tivemos uma reunião com ele, fomos tratados com desprezo. Burnstein só estava interessado em achar um moletom do Metallica que servisse nele. Isso é o que me lembro dele". Outras pessoas compartilham a mesma impressão. "Nunca foi fácil com Mensch", contou Geoff Barton, editor da *Kerrang!*, que descreveu como "abrasiva" sua relação com o empresário. O jornalista prosseguiu: "Por ser americano, ele não entendia o poder da imprensa musical britânica. A imprensa dos Estados Unidos não tinha o mesmo tipo de influência". Assim, enquanto Mensch via jornalistas feito Barton como "uma formiga querendo ser esmagada pelo seu pé", a verdade era que ele exercia muito menos controle sobre a então todo-poderosa imprensa musical britânica do que gostaria.

Dito isso, existem muitas pessoas que trabalharam de perto com a Q Prime — ex-funcionários e executivos das companhias fonográficas — que são só elogios sobre eles. Quando uma funcionária da gravadora que trabalhava com o Def Leppard na década de 1980 ficou seriamente doente, ela acordou um dia no quarto do hospital e se viu cercada de flores, cortesia de Peter Mensch.

Outro ex-funcionário do escritório nova-iorquino da Q Prime daquela época, desligado por causa de uma situação pessoal difícil durante os anos 1990, insistiu que voltaria a trabalhar lá "num segundo" e que, apesar da maneira infeliz como saiu, foi o melhor emprego que já teve, ressaltando a enorme pressão por que sempre passavam Mensch e Burnstein. "Eles recebiam faxes e telefonemas às três da madrugada. Não sei como lidavam com esse tipo de pressão." Certamente, não havia dúvida quanto à capacidade dos dois sócios como empresários. Eles nem sempre ganhavam — pode-se afirmar que o Armored Saint teria tido uma carreira maior caso houvessem ignorado o conselho da Q Prime e se lançado na Grã-Bretanha e no resto da Europa para capitalizar a popularidade inicial que tinham por lá, como a do Metallica, antes de ficar sob as asas de corvo da Q Prime; Warrior Soul e Dan Reed Network foram outros grupos da empresa que chegaram com uma explosão midiática, nos anos 1980, e saíram com um gemido, em termos comparativos, nas vendas. Mas quem floresceu sob sua tutela o fez muito bem e, no fim da década, a Q Prime ostentaria bandas multiplatinadas, como Def Leppard, Metallica, Queensrÿche, Dokken, Tesla e Cameo. Em 1989, eles foram contratados para supervisionar o retorno dos Rolling Stones na turnê mundial Steel Wheels.

Coube a Xavier Russell fazer as apresentações entre Q Prime e Metallica. "Mensch me ligou pedindo o telefone deles", ele me contou. "Isso foi antes dos celulares, e não era nada fácil localizá-los. Eu me lembro que tive de ligar para a mãe do Kirk em San Francisco e dizer que precisava achá-lo imediatamente. Ela respondeu que podiam ligar para ele num orelhão, pois não havia telefone na casa de El Cerrito, para provar como era arcaico. Eu me lembro que depois Lars me ligou a cobrar de um orelhão nos Estados Unidos. Falei: 'Escute, o Mensch precisa falar com você. Ele está querendo muito contratá-los'." Depois, Xavier soube que o acerto estava fechado. Ele assinalou que dificilmente Mensch e Burnstein seriam os únicos interessados no Metallica naquela época. Segundo ele, Rod Smallwood, empresário do Iron Maiden, também estava interessado. "Lars sempre adorou a maneira como o Maiden era empresariado — ilustrações, capas, turnês. Ele sempre quis ser representado por alguém como Smallwood, mas não acho que o inglês curtisse aquele tipo de música. Mensch sabia que algo aconteceria."

Jonny confessou: "Perdê-los acabou comigo, por anos. Porque eu achava que teríamos provado a todos que poderíamos ter cuidado de tudo até o fim. Também teriam tido sucesso conosco. Estava pegando fogo quando abrimos mão da banda! Estava em chamas! Foi no meio de tudo que estava acontecendo". O contrato fechado com a Elektra permitia à Megaforce continuar com o lançamento nos Estados Unidos até *Ride the lightning* chegar às primeiras 75 mil cópias vendidas. Mas até aí, afirmou Jonny, "as primeiras 75 mil cópias de qualquer banda nova são a parte mais complicada. Depois, é só anotar o pedido". Ele também contou que Howard Thompson, então um dos principais executivos da Elektra, depois "me procurou e disse que Marsha e eu havíamos feito um serviço de 1 milhão de dólares para fazer a banda estourar. A Elektra teria gastado milhões para deixar o grupo no estágio em que entregamos o Metallica. Foi um dos melhores elogios que já recebi".

Por fim, a separação "não foi muito divertida". Na verdade, três anos depois, como convidado na casa de Jonny e Marsha, eu o ouvi descrever a Q Prime, meio na brincadeira, como "ladrões! Ladrões do caralho!". Quando relatei essa história para ele em nossa conversa, ele suspirou e disse: "Posso falar uma coisa? Provavelmente, eles são. O que fizeram foi um roubo. Mas a banda foi até eles reclamando, lamentando e pedindo um salvador para subir ao próximo patamar. Lars, como você se lembra, *sempre* quis estar no mesmo nível que o Def Leppard. Ele achava que se tivesse o empresário do Def Leppard seria possível. E, repito, eu ainda não tinha provado meu valor naquele tempo. Marsha e eu não tínhamos experiência com as grandes arenas — eles queriam estar com quem tivesse esse conhecimento". Ele não tem permissão de "discutir os termos", por causa da cláusula de confidencialidade no derradeiro contrato com o Metallica. "Mas vou explicar para você de um jeito brando. Pediram a nós, legalmente, para negociar uma separação." Outro suspiro. "Sabe, se não for correto, não é possível empresariar uma banda. Você não quer ser odiado. Eu queria ser amado! Então, seria um castigo se tivéssemos continuado. Foi uma surpresa, mas não posso dizer nada [exceto] que sentia que a história poderia ter sido a mesma, ou quem sabe até melhor, comigo e com Marsha."

Nunca saberemos.

Sete
Obra-prima

Estava sentado no canto da cama no meu quarto de hotel, observando Gem em ação. Tinha removido um quadro da parede, colocado sobre a mesinha de centro e agora batia carreiras de cocaína sobre ele.

"Há duas coisas que eu preferiria que você não mencionasse a respeito da banda", ele disse.

"Certo, o quê?"

"Uma é esse papo de thrash. De uma hora para outra, eles resolveram ficar chateados se são chamados de thrash. Acham que evoluíram e que esse novo álbum é diferente."

"O.k.", eu disse. Sem dramas. Havia sido a mesma coisa durante a fase punk. Perdera a conta do número de bandas que tinha entrevistado nos meus primeiros tempos na Sounds *e que não queriam mais ser rotuladas simplesmente de "punk". "New wave" era a nova e desejada alcunha para a suposta* intelligentsia pop *e, portanto, era o que escrevíamos (se você queria continuar em bons termos com a banda). Era a mesma situação com todos os antigos grupos da NWOBHM. Quando comecei a escrever sobre bandas como Iron Maiden e Def Leppard para a* Kerrang!*, nunca tinha me ocorrido descrevê-las como NWOBHM. Era bom ser conhecido por esses rótulos no início, mas eles viravam um pé no saco a partir do segundo ou terceiro disco. A novidade tinha passado, e todo mundo estava desesperado para deixá-los para trás. Ninguém mais descrevia o Pink Floyd como "psicodélico", certo? Ou os Beatles como "Merseybeat" ou "*mop-tops*", Deus me livre!*

"E a segunda coisa?", perguntei, impaciente, de olho no pó.

"É... isso!", disse e me entregou uma nota de libra enrolada.

Cheirei umas duas "taturanas" e depois me reclinei para trás, lutando contra a náusea que crescia ao mesmo tempo em que o pó descia aos poucos pela minha garganta.

"Por quê?... Eles não gostam de pó?"

"Ah, gostam, sim. Um pouco demais da conta! Não, se eles descobrirem que eu tenho pó, vão cheirar tudo e não vai sobrar nada pra nós."

"Nem fodendo!", eu disse.

"Isso mesmo..."

Ficamos ali sentados por mais algumas horas, curtindo o barato, nos preparando para ir ao estúdio ver a banda. Eu gostava do Gem. Ele era das antigas, sabia como curtir. A banda era sortuda de tê-lo. E, a partir de então, teriam a mim também. Não um jornalista que escrevia sobre thrash, mas um crítico musical de verdade, do mainstream, *ali para conceder a sua bênção — ou algo do tipo. Essa era, com certeza, a conversa fiada que eu tinha escutado do outro lado da linha quando fora convidado a pegar um voo até Copenhague e conferir o novo disco,* Master of puppets. *"Desta vez é diferente", me diziam. "Este é o disco que vai fazê-los estourar."*

Assenti, obediente, e esperei pelas passagens de avião. Não dava a mínima para quem estava estourando. Gostara do Lars, que tinha conhecido em Donington no verão anterior, só isso. Um cara engraçadíssimo. Tinha assistido à banda dele lutando para exibir a sua música sombria num palco paradoxalmente iluminado pelo sol, enquanto fazia o melhor que podia para evitar as garrafas e as vaias — detritos costumeiros da plateia embriagada de Donington. E então, mais tarde, bêbado no bar do hotel, Lars tinha apontado para a figura inconsciente do vocalista do Venom, Cronos, debruçado numa mesa próxima, com o rosto mergulhado num mar de Pints *de cerveja, e sugerido que tirássemos fotos com ele. Ficamos ali, rindo em silêncio, enquanto o fotógrafo da revista apontava a lente e nós balançávamos os nossos paus nos ouvidos adormecidos do Cronos.*

E, então, aguardava para ir ao estúdio para ouvir o que o Metallica tinha gravado depois de todos esses meses. Eu ainda não tinha me tocado de que eles eram uma banda a ser levada realmente a sério. Eles eram thrash metal, o equivalente musical de meninos tolos embriagados enfiando o pau no seu ouvido, e aquilo não era novidade para mim. "Com certeza, a essa altura, já havíamos visto tudo que tinha de ser visto", pensei...

De repente, no outono de 1984, tudo mudou para o Metallica. Conforme o acordo firmado com a Elektra, a Megaforce entregaria os direitos norte-americanos de *Ride the lightning* após a venda de 75 mil cópias. Como o álbum já estava vendendo como água, a Elektra planejou um relançamento para novembro, quando os números atingiram o dobro dos de *Kill 'em all*. Embora se despedir da banda fosse partir os corações de Jonny e Marsha, o acordo com a Elektra ajudou o Megaforce a se manter a salvo numa época em que lutavam contra uma dívida avassaladora. Como Jonny me disse: "O prêmio por termos feito o Metallica estourar foi perdê-los. Mas, no final, as pessoas estavam se atropelando para assistir à banda". O dinheiro da Elektra foi investido "no Anthrax e no Raven".

No Reino Unido, Martin Hooker, do selo Music for Nations, também estava desapontado por ter de se despedir da banda, mas, nesse caso, o novo acordo o favorecia muito mais. "O Megaforce vendeu a banda para a Elektra nos Estados Unidos. Portanto, eles estavam recebendo os direitos daquele disco [*Ride the lightning*], pelo qual nós tínhamos pago. Em troca, gentilmente nos concederam o *Master of puppets*, álbum seguinte do Metallica, de graça. Ainda tivemos de pagar um adiantamento generoso à banda, mas não desembolsamos nada para os custos de gravação. O que foi justo, pois tínhamos custeado o disco anterior." Isso também significava que "toda a chateação de estúdio ficaria a cargo de outra pessoa". Enquanto isso, o MFN continuava a promover os discos do Metallica, algo de que tiraram um proveito espetacular durante os últimos meses de 1984, quando lançaram um EP de doze polegadas de "Creeping death". O lado B incluía versões novas de dois clássicos da NWOBHM — "Am I evil?", do Diamond Head, e "Blitzkrieg", da banda de mesmo nome —, do tempo em que tocavam na garagem de Ron McGovney. Daí o título informal dado aos covers incluídos no single: "*Garage days revisited*".

Gem Howard lembrou que as vendas no Reino Unido e na Europa "foram simplesmente fenomenais. Acho que, no final, vendemos algo em torno de 250 mil cópias". Não foi apenas o conteúdo que fez o single vender — o vocalista do Diamond Head, Sean Harris, lembra-se de ter ficado espantado quando Peter Mensch ligou para pedir a permissão legal para regravar "Am I evil": "Eu disse, não vejo o porquê disso, mas, sim, fiquem à vontade!" —, porém a maneira engenhosa como o MFN promoveu o disco. Aproveitando-se da experiência anterior no Secret, onde vendia singles de edição limitada em formatos diferentes e EPs para o público punk, colecionador de hardcore, Hooker, astuto, lançou "Creeping death" numa edição especial em vinil colorido. Nos Estados Unidos, onde a Elektra tinha resolvido não lançar o single, o MFN vendeu mais de 40 mil cópias de "Creeping death", em doze polegadas, apenas em importações. Quando os pedidos começaram a superar a capacidade de fabricação, o MFN simplesmente improvisou e lançou o disco numa cor diferente. Como se recordou Gem: "Prensamos 'Creeping death' em todas as cores de vinil que pudemos encontrar. Recebemos, por exemplo, um telefonema de um importador em Nova York perguntando se [nós] podíamos enviar mais 3 mil discos coloridos, isso depois de termos decidido produzi-los em azul, ou algo assim. Eu concordei. Então, liguei para a fábrica, e eles disseram: 'Não temos mais vinil azul', e eu, 'certo, o que vocês têm?', eles, 'temos um pouco de amarelo...'. Então, liguei de novo para Nova York e disse: 'Azul não tem, mas podemos prensar em amarelo e mandar para vocês dentro de sete dias, está bem?', e eles aceitaram. E era literalmente assim. Sei que prensamos em azul, vermelho, verde, amarelo, até em *marrom*! Na verdade, não sei quantas cores usamos no final. Acho que também fizemos transparentes. E dourado, é claro...".

Muitos fãs do Metallica comprariam várias cópias do disco apenas para colecioná-las. As vendas da edição de doze polegadas de "Creeping death" começaram a aumentar tanto, na Grã-Bretanha e na Europa, que superaram as de *Ride the lightning*. Admirado, o restante do meio musical tomou conhecimento do fato e, em dois anos, singles em múltiplos formatos tornaram-se o padrão da indústria fonográfica no Reino Unido, com lançamentos coordenados para que novos formatos aparecessem semanalmente por até oito semanas, sabendo que muitos fãs adquiriam cópias repetidas (sob uma nova legislação, mais tarde, tal prática foi restringida).

Tudo isso foi feito com a aprovação da banda — ou, pelo menos, de Lars. "Lars foi *sempre* o porta-voz", apontou Hooker. "Qualquer coisa envolvendo negócios passava pelo Lars." Mas, até aí, Lars não era como os demais bateristas. Ele sabia que era impossível fazer música sem que o aspecto comercial fosse bem cuidado também e vice-versa. Como disse Hooker: "É sempre útil ter alguém na banda com a cabeça antenada nos negócios. Muitos grupos não têm a menor noção. O Metallica meio que sempre soube aonde queria chegar. Eles tinham um integrante que sabia lidar muito bem com as entrevistas e os negócios. Sobrava tempo para os outros se preocuparem com a música". E acrescentou: "Mas isso é algo que as bandas americanas têm e as inglesas *nunca* tiveram. Como os caras do Twisted Sister, que eram muito profissionais, unidos e orientados para os negócios, mas sem se venderem quanto à música. O Metallica era muito parecido".

Por mais felizes que estivessem com a excitação recém-encontrada no exterior, os integrantes do Metallica, agora que haviam assinado um contrato maior, estavam com pressa de botar novamente o pé na estrada nos Estados Unidos. Mas Burnstein e Mensch, com base na experiência, convenceram a banda de que o melhor a fazer seria retornar à Europa, onde permanecia em destaque, e começar a fazer turnês como atração principal. Com a recusa da Elektra em colocar toda a máquina marqueteira por trás de *Ride the lightning* até que o álbum fosse lançado nos Estados Unidos em novembro, uma turnê norte-americana no ano novo era a opção mais sensata, permitindo que fosse gradativamente tomando impulso. "E foi o que aconteceu", disse Hooker. Com o Tank, também do MFN, abrindo para o grupo, o Metallica iniciou os 25 shows da turnê Bang the Head that doesn't Bang, em 16 de novembro, com um show no Exosept Club, na cidade de Rouen, na França, indo a seguir para Poperinge, na Bélgica, e, depois, para o sul, apresentando-se em Paris, Lyon, Marselha, Toulouse, Bordeaux, Montpellier e Nice. Shows em Milão, Veneza e Zurique vieram antes da chegada da turnê à Alemanha Ocidental para uma série de sete concertos, interrompida apenas por uma viagem rápida até o outro lado da fronteira, para uma apresentação, com ingressos esgotados, no esfumaçado Paradiso Club, em Amsterdã. Depois disso, o destaque foi um show arrepiante na cidade natal de Lars, Copenhague, no Saga Club, assistido por um Flemming Rasmussen "muito orgulhoso". Por fim, a turnê foi encerrada com mais shows esgotados em clubes na Suécia e na Finlândia.

A última noite da turnê foi uma apresentação ambiciosa no Lyceum Ballroom, em Londres, no dia 20 de dezembro. Como parte de uma estratégia maior que pretendia empurrar o perfil do Metallica para um nível mais elevado na Grã-Bretanha, igualando-se àquele desfrutado em outras partes da Europa, a banda apareceu na capa da *Kerrang!* pela primeira vez. Estampada na edição de Natal de 1984 estava uma foto solitária de Lars Ulrich, de óculos escuros, a cabeça jogada para trás, aura exultante e embriagada, e muito bizarro — coberto por tinta spray rosa metálica, segurando um bolo de Natal encrustado com peças mecânicas pintado de modo semelhante. Essa imagem era incompatível para uma banda que estava construindo uma reputação séria como um grupo de metal coerente, sem interesse em glamour e em se curvar às pressões comerciais. Mas, para o resto do meio, o subtexto estava claro: as fotos da capa e da matéria foram tiradas por Ross Halfin, o fotógrafo número um da *Kerrang!*, e o artigo, escrito pelo editor assistente da revista, Dante Bonutto — ambos contatos pessoais de Peter Mensch, levados de avião para San Francisco a fim de circular com a banda em El Cerrito. "Pensei: 'Como eles conseguiram?'. O Diamond Head nunca saiu na capa da *Kerrang!*", disse Brian Tatler, com uma risada contaminada pela inveja. "Ele só conseguiu isso, pensei comigo mesmo, porque disse: 'Sim, pode passar spray, farei o que você quiser para sair na capa'. Enquanto o Diamond seria mais como: 'Não vamos fazer! Ninguém vai me fazer passar por bobo'."

No que diz respeito à nova postura do grupo, longe de parecer tola, foi mais um gigantesco passo à frente. "Colocar a banda na capa da *Kerrang!* significava, de imediato, vender mais discos", disse Gem Howard, dando de ombros. Todo mundo que tinha demonstrado apoio ao Metallica na Grã-Bretanha foi convidado para o show no Lyceum — também anunciado como um concerto especial de Natal —, com Bonutto, Xavier Russel e o restante da redação da *Kerrang!* encabeçando a lista. O jornalista Malcolm Dome se lembrou de ter sido convidado para escutar, com fones de ouvido, o que Cliff Burton tocava no palco. "Foi surreal. Quero dizer, ele estava fazendo o que podia para acompanhar o andamento, mas os outros não pareciam se encaixar no que ele estava tocando. Era como se Cliff estivesse no mundo dele. Foi absolutamente extraordinário." Questionado mais tarde por Harald O. sobre essa abordagem mais espontânea ao tocar ao vivo, Cliff deu de ombros, sorrindo. "Bom, você conhece uma música como a palma da sua mão e por isso pode botar para foder e fazer coisas diferentes. É mais divertido assim, me mantém entretido. Sabe como é, algo para fazer." Claro, Cliff.

Após tirarem uma folga e voltarem para casa, para San Francisco (com Lars resistindo à vontade de passar as férias na Dinamarca com a família, como fariam Cliff e Kirk, para fazer companhia a James em El Cerrito), os membros do Metallica se viram, nos três primeiros meses de 1985, em sua primeira longa série de apresentações nos Estados Unidos, que durou mais de um ano.

Ocupando o segundo lugar numa lista de três atrações encabeçada pelo W.A.S.P., com o Armored Saint — amigos de longa data e então também clientes da Q Prime — abrindo os shows, a turnê começou oficialmente em 11 de janeiro com casa lotada no Skyway Club, em Scotia, Nova York. Foi o início da turnê mais longa do grupo até hoje: 48 shows em 68 dias, o que os estabeleceria como a nova banda de garagem mais badalada nos Estados Unidos. Os rivais mais próximos, Grim Reaper — a última das bandas da geração NWOBHM a conseguir fincar os pés nos Estados Unidos —, tinham vendido 150 mil cópias do seu álbum de estreia, *See you in hell* (lançado nos Estados Unidos ao mesmo tempo em que *Ride the lightning*, pelo selo independente Ebony Records, distribuído pelo RCA). Mas esse foi o auge da banda. O disco de estreia do Slayer, *Show no mercy*, tinha alcançado as 40 mil cópias vendidas nos Estados Unidos em 1984, o suficiente para se tornar o maior sucesso de Brian Slagel e da Metal Blade até o momento, mas não para tocar o patamar alcançado pelo Metallica (o Anthrax e o Megadeth só lançariam seus álbuns mais importantes no final de 1985). Quando a turnê norte-americana do Metallica atingiu o clímax, com a banda como atração principal no show do Palladium, em Hollywood, em 10 de março, a Elektra já tinha acrescentado outras 100 mil cópias vendidas às 75 mil que a Megaforce vendera nos Estados Unidos, e o álbum alcançou a centésima posição na parada da *Billboard*. No Reino Unido, enquanto isso, o álbum ganhara o disco de prata por mais de 60 mil cópias vendidas — patamar duplicado e então triplicado na Europa. A banda estava também ingressando no lucrativo mercado japonês, onde a Q Prime havia assinado um contrato com a CBS (que logo se tornaria Sony). Chegar a essa posição havia custado muito — para financiar a turnê, a publicidade e a promoção, os custos de gravação, sustentá-los e mantê-los a salvo de confusões —, e eles certamente ainda não podiam esperar receber royalties significativos. Na verdade, nos Estados Unidos, Cliff ainda vivia com os pais, enquanto James, Kirk e Lars continuavam a usar os sofás na garagem da Metallimansion em El Cerrito. Mas, com certeza, estavam chegando lá. Dava para sentir na atmosfera de todos os shows o que a banda havia feito naquele ano. Quando a turnê por fim chegou a um final barulhento, etílico, com o último show no Starry Night Club, em Portland, o Metallica arrastou os membros do Armored Saint para o bis, finalizando com uma versão barulhenta de "The money will roll right in", da banda de punk rock Fang, de San Francisco. Algo um pouco encenado e autorreferente, em meio a risadas abastecidas pela cerveja, mas, no fundo, o Metallica não estava para brincadeira.

O tempo na estrada estava deixando suas marcas na banda. Até mesmo James começava a relaxar — no palco e fora dele. Gabando-se para Xavier Russell, que tinha se juntado à turnê por alguns dias, contou-lhe algumas das suas últimas aventuras. Tendo passado "horas e horas no bar", decidiram "tomar todas" de verdade no quarto do baixista do Armored Saint, Joey Vera. "Estávamos todos ficando tortos pra valer e começamos a jogar garrafas pela janela. Ao quebrarem, produziam um som maravilhoso. Mas logo ficamos entediados com isso e, então, joguei a jaqueta de couro preta e vermelha do Joey para fora, e ela caiu na piscina, que, por sorte, estava coberta. Descemos para pegá-la e, enquanto retornávamos ao décimo andar, decidi abrir a porta do elevador entre os andares... acabamos presos ali por meia hora. Todo mundo começou a surtar, e eu, a gritar, 'Tirem a gente desta porra!'. Finalmente, chegamos ao décimo andar e, a essa altura, eu estava bem louco e vi o extintor de incêndio pendurado na parede. Peguei o extintor e comecei a esguichar nas pessoas todo aquele CO_2 — ou sei lá que merda estivesse saindo dali."

Não foi por coincidência que, por volta dessa época, a banda ganhou o apelido, primeiramente noticiado com um tom divertido pela *Kerrang!*, de "Alcoholica". James estava passando por uma fase de beber Schnapps... e mais cerveja e vodca, "bebendo num nível diferente de nós todos", como mais tarde Lars comentou. O baterista tinha "uma mentalidade mais inclinada à bebedeira. Eu saía durante três noites seguidas. Depois, não bebia uma gota sequer nas outras quatro". Para James, era diferente. Beber estava se tornando mais uma máscara atrás da qual ele podia se esconder. "Acho que a bebida me fazia esquecer um monte de coisa que estava rolando em casa", refletiu mais tarde. "E, então, virou diversão." O nome Alcoholica foi inventado por um fã, que desenhou uma camiseta baseada na capa de *Kill 'em all* com o título modificado para *Drank 'em all;* o logo trazia, em vez de o martelo e a poça de sangue macabros, uma garrafa de vodca de cabeça para baixo, com a bebida derramada. "Achamos superlegal", disse James. "Mandamos fazer as camisetas para usarmos."

A bebida também proporcionava outro tipo de ajuda, mais tangível. Porém, mais importante do que tudo, Hetfield estava encontrando a sua voz — real e simbólica — à frente da banda. O baixista do Megadeth, David Ellefson, lembrou-se de ter ficado "completamente louco" ao assistir à apresentação do Metallica e do Armored Saint no Hollywood Palladium, em março. "Tinha visto o show do *Kill 'em all* no Country Club [em Reseda, agosto de 1983] e foi bom, mas ainda não havia aquele encaixe, comum a todas as outras bandas após alguns anos de estrada. Quando pus os pés no Palladium, em 1985, lembro-me de ver James aparecer sem camisa e foi simplesmente *irado*! Esta banda chegou lá! Nenhum grupo do gênero estava fazendo o que eles faziam." Joey Vera, que assistiu aos shows do Metallica ao lado do palco durante a maior parte da turnê, recordou: "Era um fogo que começava a arder. Era como eu via, todos os dias, em cada cidade pequena. Uma coisa é ver nas revistas, ou um show numa cidade grande, mas quando estávamos excursionando juntos tocamos em tudo quanto era buraco pelos Estados Unidos. É assim que você percebe, quando o efeito é o mesmo diante de duzentas ou seiscentas pessoas".

Andando juntos durante a turnê, usavam os mesmos ônibus, às vezes entre uma cidade e outra, como Vera se recordou: "Eles eram simplesmente... muito loucos. Muita festa rolando. Eles já tinham ido à Europa e, por terem feito isso, exerciam uma constante fascinação sobre nós, implorávamos para que nos contassem as histórias. Se as garotas eram muito feias, se a comida era muito ruim, quantas vezes tinham acordado na sarjeta etc.". Como baixista, Joey tinha uma atração especial por Cliff: "Tínhamos uma afinidade, Cliff e eu, também porque escutávamos jazz fusion. Conversávamos sobre Stanley Clarke e todos os outros baixistas dos quais crescemos gostando. Ele era, portanto, alguém com um pé em outros gêneros que tocava muito bem, um elemento de força no quesito musical. Acho que esse era um dos motivos pelos quais o grupo sempre buscava a aprovação dele. Cliff também tinha esse lance forte de estética punk... de ir na contramão, contra o normativo, alguém que era, basicamente, um artista. Sempre enxerguei Cliff assim, alguém com um forte senso de opinião e relutante em fazer qualquer coisa contrária ao que acreditava. Era bastante evidente que, na época, isso era importante para os outros caras também".

"O rock *mainstream* de meados dos anos 1980 era tão conservador que ver esse cara de calça boca de sino, jaqueta jeans, cabelos longos e lisos e bigodinho desgrenhado e esquisito era uma inspiração", disse Vera. Ele contou como Cliff "possuía quase uma linguagem própria. O modo como ele formulava as frases, por exemplo. Ele não era uma dessas pessoas que perguntavam como você estava, que dizia como o dia estava bonito. Certa vez, fizemos um show em El Paso e estávamos esperando para subir ao palco. Ele abriu a porta do nosso camarim, botou a cabeça para dentro e disse: 'A fraqueza emana da plateia'. E fechou a porta. Nunca esquecemos isso. Foi uma das citações clássicas do Cliff". Vera deu uma risadinha. "Encaramos aquilo como 'o.k., bom, agora a gente tem de ir lá e acordar a porra dessa gente. O Grande Mestre veio até nós e deu o seu parecer...'"

Rob Flynn, vocalista do Machine Head e fã do Metallica, tinha dezesseis anos quando assistiu a essa turnê no Kabuki Theater, em San Francisco. "Foi um show louco, intenso. A primeira vez em que vi uma roda de bate-cabeça e as pessoas balançando o cabelo. Fui direto para a frente. Pensei: 'Puta que pariu, isso é maravilhoso'. Nunca tinha sentido tamanha adrenalina. Estava totalmente eufórico. Eu nem tinha bebido, o meu pai tinha me levado ao show, portanto estava sóbrio, e me lembro de cada momento. Depois disso, passei a dizer que devíamos começar a ir a shows, beber, comprar drogas. Era o que, supostamente, tínhamos de fazer." James Hetfield era "o cara com quem todo mundo se identificava. Adorava os outros também, mas Hetfield era estava sempre tão irado que era maravilhoso".

Além de um empresário de primeira e de um contrato importante com uma gravadora norte-americana, a operação do Metallica se expandia de outras maneiras. Eles agora eram representados por grandes agências tanto nos Estados Unidos — haviam assinado com a ICM, comandada pessoalmente por Marsha Vlasic, estrela em ascensão no meio — como no Reino Unido, onde o cofundador da Fair Warning, John Jackson, se tornaria o responsável pelo agendamento da banda. A equipe da turnê também foi renovada. Mark Whitaker, que agora se dedicava integralmente à banda Exodus (que, por sua vez, começava a causar furor com o álbum *Bonded by blood*), foi substituído por um técnico de som inglês, "Big" Mick Hughes, um aprendiz de eletricista de West Bromwich que tinha começado carregando equipamento para o Judas Priest em seus dias de folga e, depois, passado a engenheiro de som dos shows de uma outra atração promissora da Q Prime, o Armoury Show. Quando a última se separou, Peter Mensch convidou Hughes para trabalhar com o Metallica, e sua inovação imediata foi a adição de um "toque" mais agudo no bumbo ao vivo, melhorando o som grave e pesado que Lars vinha utilizando na bateria e acrescentando mais pegada e resposta. Paul Owen, outro inglês da região das Midlands, que tinha trabalhado anteriormente com o Diamond Head, também foi contratado como técnico de palco.

Outra presença significativa recém-chegada ao backstage era aquele que se tornaria o tour manager da banda, Bobby Schneider, que tinha trabalhado como roadie de bateria da turnê Serious Moonlight, de David Bowie, antes de receber o convite para se juntar a esta que, para ele, era uma banda nova, desconhecida. "Nunca tinha ouvido falar do Metallica", explicou-me Schneider, "nem sequer tinha trabalhado para qualquer banda de metal antes. Portanto, era um mundo completamente novo para mim". Ele estava trabalhando em Boston quando recebeu um telefonema de Howard Ungerleider, tour manager temporário da banda, ligado ao Rush — Bobby tinha sido o engenheiro de luz da turnê mais recente da banda canadense. Como se recordou Bobby: "O roadie de bateria do Lars tinha destruído um hotel um dia antes e sido despedido. Por isso, eles logo começaram a procurar alguém. Então me ofereceram o emprego [pelo telefone], e eu peguei um voo [para me juntar à turnê com o W.A.S.P.]. Lembro de me sentar com Lars enquanto ele tentava me explicar [o que queria]. Ele costumava trocar de baquetas no meio do show, usava uma baqueta diferente na mão direita, e mais algumas coisas. Como era típico de Lars (e eu ainda não conhecia o cara), ele me explicou a mesma coisa quinze vezes. Olhei para ele e disse: 'Entendi'. Ele replicou: 'Uau, você é um cara bastante seguro, não é mesmo?'".

Quando Ungerleider teve de deixar a banda para retornar ao Rush, recomendou que Schneider assumisse a função de tour manager. "Bobby já tinha sido tour manager de bandas menores e lidado com produção, mas isso era algo novo. Howard disse ao Mensch: 'Você sabe que eles amam o Bobby, tem de promovê-lo a tour manager'. Então, foi ali que tudo começou. Acabei aquela turnê, e eles me trouxeram de volta para mais algumas. No final, tivemos um relacionamento de seis anos. Vi mudanças durante aquele tempo. Vi os caras crescerem."

Schneider caracterizou a turnê com o W.A.S.P. como um "momento revolucionário" tanto para ele como para o Metallica. "Eles estavam deixando todo mundo de queixo caído. Eu não estava por dentro do mundo do metal. Não habitava aquele mundo. Os caras do W.A.S.P., todos com mais de 1,80 m, eram bastante intimidantes e donos da maior parte do equipamento. Mas a garotada não estava ali para vê-los. Faziam o melhor que podiam como atração principal, porém a energia do Metallica era inquestionável." Tendo trabalhado antes com o baterista muito talentoso de Bowie, Tony Thompson, passar agora para Lars Ulrich era, de certo modo, um salto no escuro. "James costumava cuspir em Lars o tempo todo quando ele errava o andamento, o que era *frequente*. Às vezes ele se perdia tanto que James simplesmente se virava e olhava feio para ele." Cuspir era "o jeito de James lhe dizer: 'Cara, você está fodendo tudo esta noite'". Tentando ser positivo, Bobby comparou a pegada de Lars naquela época à de um guitarrista, com aquelas tríades e viradas... Nunca lhe pareceu que Lars prejudicasse os trechos intricados. Era o sentimento de que aquilo era algo constante que enfurecia tanto James, a ponto de ele cuspir. E, por mais que Lars fosse o líder do grupo em termos de negócios, até onde Schneider sabia era em Cliff Burton que a banda confiava quando precisava das palavras certas. "Cliff era o pilar do grupo, o cara que todo mundo respeitava. Se houvesse uma grande decisão a ser tomada, era [tomada] internamente. Mas eu tinha a impressão de que nada acontecia se não fosse do agrado do Cliff. Ele era o Keith Richards da banda. Ninguém mexia com o Cliff."

Nas primeiras semanas do verão de 1985, o Metallica voltou a San Francisco, longe da estrada, mas se preparando para retornar ao estúdio e gravar o próximo álbum. O fogo do Metallica, como disse Joey Vera, podia ter começado a arder com mais intensidade, porém o campeão de vendas naquele ano foi Bruce Springsteen, ostentando músculos recém-adquiridos e uma imagem limpa, com o patriótico *Born in the U.S.A.* (independentemente de a mensagem contraintuitiva da faixa título ter sido bastante mal interpretada pelo considerável número de 15 milhões de americanos que compraram o disco). Logo em seguida, veio o evento global de caridade da década, o Live Aid. Onde encaixar esse bando de jovens da lisérgica Costa Oeste, adoradores de heavy metal, nesse cenário reservado a intenções maiores e melhores? Em algum lugar distante, nas sombras, com certeza, longe do centro. Sem problemas. O Metallica precisava de uma pausa para planejar o futuro. O álbum seguinte — o primeiro deles a ser gravado diretamente para um grande selo americano — seria o mais importante até aquele momento, e todos sentiam a pressão, mesmo que o clima fosse de diversão e eles agissem como se tudo não passasse de uma brincadeira. Seria também o primeiro álbum do Metallica em que não haveria resquícios do passado em que se apoiar: nada de remodelar ou encontrar novos propósitos para os riffs de Mustaine ou do Exodus em prol de uma nova imagem mais interessante (embora mais tarde Dave fosse alegar, erroneamente, que pelo menos uma das novas faixas tinha o dedo dele). Naquele exato momento, em que tinham de demonstrar que possuíam a capacidade exigida para pular fora do gueto musical que o thrash metal começava a se transformar, eles precisavam começar de novo, do zero.

Como se tornaria habitual dali em diante, Lars e James se recolheram sozinhos à garagem em El Cerrito, para trabalhar nas primeiras demos, antes de chamarem Cliff e Kirk para incorporar as ideias deles ao som. Como resultado, enquanto os nomes de Hetfield e Ulrich adornariam as oito faixas que comporiam o próximo disco — já intitulado *Master of puppets* em referência à melhor das novas músicas que começavam a tomar forma nas mãos da dupla —, apenas duas levariam os nomes dos quatro integrantes (a faixa-título e a última do disco, "Damage, Inc."); quatro teriam contribuição de Hammett ("The thing that should not be", "Welcome home (Sanitarium)" e "Disposable heroes"); apenas uma traria o carimbo de Burton (a instrumental de Cliff "Orion", hoje obrigatória); e duas ostentariam apenas a assinatura Hetfield–Ulrich ("Battery" e "Leper messiah"). Mesmo assim, insistiu Hammett, "99% do álbum foi concebido por nós quatro. Não havia sobras de *Ride the lightning*, e todo o material de *Kill 'em all* já havia sido composto [quando entrei para a banda]. Foi mesmo um manifesto musical do que era aquela formação, era essa a sensação. Durante aquele período de três anos, conhecemos de verdade as capacidades musicais e o temperamento uns dos outros. Era possível perceber que tudo isso estava se transformando em algo relevante. Era muito consistente. Cada música que compúnhamos era simplesmente a melhor. Todas as vezes em que escrevíamos mais uma era motivo de comemoração".

Com exceção de duas músicas novas — "Orion" e "The thing that should not be" —, as demais foram finalizadas em El Cerrito naquele verão. Ao falar comigo mais de vinte anos depois, Hammett riu da insinuação de Mustaine, que disse que deveria ter recebido o crédito de coautoria em "Leper messiah": "Embora David alegue ter composto 'Leper messiah', não foi o que aconteceu. Há, talvez, uma progressão de acordes, uns dez segundos da música, que vieram dele — ironicamente, antes do solo de guitarra. Mas ele não compôs 'Leper messiah', de jeito nenhum. Na verdade, eu me lembro de estar com Lars quando ele teve a ideia da melodia". Kirk ainda tem as cassetes "registradas num gravador no meio da sala" durante as sessões em El Cerrito, incluindo músicas em que estavam trabalhando, tais como "Welcome home (Sanitarium)", "Disposable heroes", "Master of puppets", "Battery" e a parte intermediária de "Orion": "Cliff compôs esse trecho, incluindo as linhas de baixo, harmonias de duas e três partes, os arranjos completos. Ficou demais. Ficamos todos maravilhados de verdade".

Embora Burton tenha recebido créditos de coautoria por apenas três das oito faixas, Hammett estava convencido de que "não se falava o bastante sobre a contribuição do Cliff ao álbum". Não somente de elementos como os inspirados "crescendos de volume" na introdução de baixo em "Damage, Inc.", que tinha evoluído a partir do solo de baixo improvisado que ele tocava todas as noites durante a turnê, mas também no som e na direção gerais da banda. "Lembro-me dele tocando a introdução de 'Damage, Inc.' na turnê de *Ride the lightning*, com todas as harmonias e crescendos de baixo. O que era realmente maravilhoso, lembro de ele dizer que era baseada numa composição de Bach. Perguntei qual, e não tenho certeza se é o título certo, mas ele disse que era 'Come sweetly death', ou algo do gênero". A composição a que Kirk se refere é "Come, sweet death", de *69 sacred songs and arias*, a contribuição de Johann Sebastian Bach ao *Musical songbook* de Georg Christian Schemelli, que continha cerca de mil partituras para voz e acompanhamento, mas escritas em baixo cifrado — notação musical que indica intervalos, acordes e notas de passagem em relação a uma nota de baixo, proporcionando estrutura harmônica. Uma preocupação musical bastante típica de Burton.

"Lembro-me que, quando ouvi o riff de 'Damage, Inc.' pela primeira vez, pensei que era tão simples, mas tão eficaz. E tenho de dizer que aquela frase, 'Honesty is my only excuse' é ótima, mas foi influenciada pelo Thin Lizzy e uma música de *Shades of a blue orphanage*", prosseguiu Kirk. Novamente, no entanto, a afirmação de Kirk não está 100% correta; a faixa a que ele se referiu, "Honesty is no excuse" não é de *Orphanage*, mas do álbum de estreia da banda, *Thin Lizzy*, em que o vocalista encerra as estrofes com o verso "Honesty is my only excuse". Kirk estava certíssimo, no entanto, ao dizer que *Master of puppets* caracterizava-se por "influências estranhas desse tipo", incluindo um trecho curto de guitarra ao final de uma estrofe de "Disposable heroes" que imitava uma marcha militar. "Como gaita de fole ou qualquer coisa do gênero. Assisti a vários filmes de guerra tentando encontrar algo semelhante a um chamado às armas, como a de um tocador de gaita de fole a caminho da batalha. Na verdade, não encontrei nada, mas essa foi a minha solução." Ele riu. Algumas influências eram mais familiares, como a introdução acústica para a faixa de abertura do álbum, "Battery" — mais uma tentativa deliberada de usar a influência de Ennio Morricone, ao mesmo tempo em que mantinha alguns dos acordes da faixa seguinte.

Com as músicas incompletas, a banda começou a procurar um estúdio onde gravá-las. Com a volta de Flemming Rasmussen como coprodutor, Lars ficaria contente com um retorno ao Sweet Silence em Copenhague, mas não era o que o restante queria. Bastava de neve e frio, protestaram os rapazes californianos, façamos o disco em algum lugar quente e ensolarado, mesmo que para isso tivessem de ir para a odiada Los Angeles. Portanto, em julho, Flemming pegou um voo para LA, e ele e Lars passaram duas semanas andando num Lincoln com chofer, pago pela Elektra, visitando estúdios. "Foi o que a gravadora alugou", protestou Lars, enrubescido, quando topou com um jornalista que perguntou, em tom de brincadeira, se ele havia se tornado um astro do rock. "Nós não pedimos isto!" Mas astros do rock era no que Lars

Ulrich e o Metallica estavam rapidamente se transformando, para o contentamento secreto do baterista.

O problema, como se recordou Rasmussen, era tentar encontrar um estúdio em Los Angeles que fornecesse estrutura adequada para a bateria. "Tínhamos um galpão enorme nos fundos do Sweet Silence, com uma sala de madeira grande mesmo, que tinha muita ambiência. Foi onde colocamos a bateria [em *Ride the lightning*]. Precisávamos de algo com tamanho semelhante para gravar a bateria de *Master of puppets*, portanto rodamos a cidade visitando estúdios." Sem conseguir encontrar o que estavam procurando, Lars foi até a banda de novo e explicou por que tinham de retornar ao Sweet Silence. O que influenciou a decisão, lembrou Kirk, foi a cotação do dólar — gravar o disco na Dinamarca sairia muito mais barato que nos Estados Unidos, permitindo que, pela primeira vez, eles pudessem passar tempo no estúdio sem pressa. "Também tínhamos obtido ótimos resultados no passado com *Ride the lightning* e conhecíamos o estúdio e as pessoas. A familiaridade com tudo fazia sentido para nós. E queríamos mesmo estar num lugar onde não houvesse distrações. Pelo menos para nós três — Lars saía o tempo todo!"

Como as sessões em Copenhague não começariam antes de setembro, a Q Prime aproveitou a oportunidade para escalar a banda entre as atrações de três dos maiores festivais de rock naquele verão: o cada vez mais famoso festival Monsters of Rock, em Castle Donington, no dia 17 de agosto; o ainda mais prestigiado festival Day on the Green, no Oakland Coliseum, em 31 de agosto; além de uma apresentação no Loreley Metal Hammer, em Rhein (o equivalente de Donington na Alemanha Ocidental), em 14 de setembro. As vendas mundiais de *Ride the lightning* se aproximavam do meio milhão de cópias, mas o grupo ainda era visto por muitos como menor, como uma novidade, no máximo, se comparado a nomes mais estabelecidos como ZZ Top, Marillion e Bon Jovi (todos se apresentaram após o Metallica no palco de Donington), e Scorpions, Ratt e Y&T, todos acima do Metallica no Day on the Green promovido por Bill Graham, duas semanas depois. Apenas o público parecia saber quem era o Metallica, especialmente na Europa, onde eles tinham vendido a maioria dos seus discos e, cada vez mais, eram vistos como a próxima grande banda. No Rhein, onde "Disposable heroes" foi apresentada pela primeira vez, o Venom também estava presente, tocando após o Metallica. À espera nos bastidores, escutando-os detonar com "Seek and destroy", Jeff Dunn ficou espantado ao ouvir "a plateia inteira cantando. E, então, James gritando, 'que porra foi essa?' e, a seguir, o lugar inteiro ir à loucura. James tinha essa conexão com o público e dominou aquela noite. Foi nessa altura que posso dizer, com sinceridade, que o Metallica começava a nos ultrapassar, o show europeu em que definitivamente deixaram a sua marca."

No bar do hotel, na noite anterior ao show em Donington, Lars tinha me dito que eles estavam "com vontade de sair matando". Quando mais tarde perguntei se achava que o Metallica havia conseguido isso, assentiu com entusiasmo. É claro que tinha. "Quando subimos ao palco em Donington, pensei: estamos mostrando às outras bandas e à galera na plateia que temos um jeito diferente de nos apresentar, muito distinto das ideias preconcebidas que as pessoas tinham a respeito de bandas como o Metallica. Acho que muita gente está começando, devagar, a entender e a apreciar o que fazemos — e que o modo como o fazemos é *real*. O que você vê é a realidade, sem fingimento. Somos no palco como somos o tempo todo, não fingimos nem exageramos."

Certamente não havia fingimento na chuva incessante de objetos arremessados no palco pela multidão de 70 mil pessoas em Donington naquele dia, incluindo garrafas de plástico cheias de urina. Não apenas no Metallica, mas durante todo o evento, como se fosse um ritual. O vocalista do Marillion, Fish, então no auge da fama, foi corajoso o suficiente para dizer à plateia: "Vocês aí que estão atirando garrafas: as pessoas na frente estão se machucando, então, vão se foder!". Isso trouxe uma interrupção temporária ao dilúvio repugnante. Mas as bandas que não estavam entre as atrações principais, e não eram populares o bastante para se safar com uma atitude assim, eram forçadas a sorrir e aguentar. James Hetfield, no entanto, tinha outras preocupações quando o Metallica subiu ao palco no meio de uma tarde escaldante. Espremido entre o Ratt e o Bon Jovi, o tipo de roqueiros pop com penteados de poodle que o Metallica professava desprezar, James anunciou à multidão: "Se vieram aqui para ver lycra, olhos maquiados e ouvir 'Oh, baby' em toda porra de música, erraram de banda!". Foi a deixa para mais uma saraivada de latas de cerveja e garrafas. Como sempre, Cliff lidou com as coisas à sua própria maneira. Abaixando-se para se desviar de uma pera, que acabou presa em seu amplificador, caminhou devagar, despreocupadamente, até o equipamento, pegou a pera, deu duas mordidas de brincadeira e então a jogou de volta para a plateia, sendo ovacionado por todos. Conforme recordou mais tarde, lamentando, "Donington foi um dia de alvos e projéteis. Uma pilha de coisas foi se formando no palco no decorrer do dia, os doidos estavam surtando". E, então, acrescentou com uma expressão séria: "Mesmo assim, acho que gostaram da gente".

No Day on the Green, duas semanas depois, não foi o público de 90 mil pessoas, mas o Metallica que causou caos e confusão. O show em si foi memorável. Como se lembrou Malcolm Dome, que cobria o evento para a *Kerrang!*: "Foi a primeira vez que vi o Metallica no topo das atrações num show tão importante. A principal era o Scorpions, a segunda, o Ratt, e o Metallica vinha logo na sequência; depois Y&T, Yngwie Malmsteen e Victory. Sabia que o show era em casa, mas num estádio, e ficou claro que eles pertenciam a palcos maiores. Uma coisa que o Metallica sempre fez foi aproveitar qualquer novo contexto para crescer. E, mesmo assim, ainda era uma banda do povo, dava para dizer pela reação do público. Eles sabiam como criar uma identificação com os fãs, do tipo 'nós temos a mesma mentalidade, entendemos vocês. Só estamos nesse grande palco porque temos de transmitir nossa música e entretê-los, mas não mudamos em nada'".

Como se tivesse de provar isso, Hetfield surtou de verdade depois do show, num ataque abastecido a Jägermeister e, estimulado por um dos seus amigos de East Bay, quebrou o camarim da banda. Destruir quartos tinha se tornado uma prática regular nas turnês da banda, mas, como James confessou mais tarde, o quebra-quebra no Day on the Green foi "o pior". Tendo metido na cabeça que "a bandeja de comida e as frutas teriam de passar através de uma pequena abertura para ventilação", quando viu que era muito pequena, ele simplesmente decidiu "fazer um buraco". O resultado foi que o trailer em que a banda estava como camarim ficou completamente destruído. O promoter Bill Graham, que em sua longa carreira trabalhou com quebradores de quartos prolíficos, como John Bonham, do Led Zeppelin, convocou o vocalista para ir até o seu escritório, como um diretor que manda chamar um aluno teimoso para aplicar um castigo. Graham usou um tom severo: "Tive a mesma conversa com Sid Vicious e Keith Moon sobre esse tipo de atitude". Sem deixar margem para dúvidas, informou que a destruição de propriedade alheia não seria mais tolerada dali em diante e que James receberia a conta pelos estragos que já havia causado; como ele mais tarde observou, lamentoso, "naquele momento percebi que estar numa banda não significava apenas deixar os outros putos e quebrar coisas".

Mais uma vez, ficou a cargo de Cliff fazer com que as coisas retornassem a um estado mais controlável. Malcolm recordou a severa bronca que o baixista deu nos colegas de banda após o show. "Lembro de ele olhar para Lars e dizer, 'se abrir a boca mais uma vez, vai levar porrada', o que deu uma acalmada nos ânimos, pelo menos por um tempo." Kirk Hammett disse: "Cliff era o mais maduro entre nós. Tinha uma força serena e era muito, muito seguro. Várias vezes, expúnhamos as nossas inseguranças para ele. Ele tinha confiança de sobra. Parecia ser muito mais sábio e responsável do que nós. Era o cara que quando eu, ou Lars, ou James, fazia alguma coisa estúpida, dizia: 'Que merda você tinha na cabeça?'. Ou 'isso foi realmente uma estupidez!'. Era sempre ele quem nos repreendia".

Um dia após o show, James, Lars e Kirk, com uma ressaca fenomenal, encontraram-se no aeroporto internacional de San Francisco para pegar o voo para Copenhague. Pela primeira vez, tinham reservado tempo de verdade para fazer um álbum, em vez de encaixar sessões de estúdio no final da turnê para gravar o material que tocavam ao vivo. Todos estavam animados, com exceção de Cliff, que não apareceu. "Lembro de James, Lars e eu esperando no portão de embarque, enviando mensagens para o pager dele, mas o cara não aparecia", disse Kirk. "Então, tivemos de entrar no avião sem ele. Cliff vivia perdendo compromissos, pois se movia em uma velocidade própria. Ele fumava muito." Tentaram ligar para o baixista de um telefone público, mas tudo que ouviram foi a mensagem gravada na nova secretária eletrônica. Mas sabiam o que estava acontecendo — Cliff, o "irmão mais velho", estava de boa em casa, provavelmente envolto numa névoa de fumaça de maconha e vapores de cerveja, viajando. Não era preciso pensar muito. Cliff sabia também que era provável que os primeiros dias no Sweet Silence envolvessem ficar de bobeira enquanto Lars acertava a bateria e James se debruçava por horas a fio sobre o som da guitarra. Juntaria-se a eles mais tarde, decidira. De qualquer maneira, após o agito do Day on the Green, precisava de uma mudança de ritmo.

As gravações no Sweet Silence começaram na terça-feira, 3 de setembro de 1985. A banda estava cansada por causa do fuso e sem o baixista, mas vivia o auge da sua forma, que fora crescendo ao longo dos agitados dois anos e meio da formação Ulrich–Hetfield–Burton–Hammett, transformando-se, após mais de 140 shows e dois discos, numa proposta forte. Nos dezoito meses depois da finalização de *Ride the lightning*, tinham evoluído como compositores, como o novo material que estavam produzindo viria provar. Eles tinham, também, a confiança de ferro que somente a venda de quase 1 milhão de discos e singles pode trazer. "Havia uma expectativa", disse Kirk. "A sensação era de que éramos movidos pela impetuosidade, além da torcida e do estímulo das pessoas durante toda a criação do álbum... era mais um grande passo adiante." Só para garantir, Lars tinha, recentemente, feito aulas de bateria. Tinha se sentido envergonhado da postura amadora na primeira vez em que trabalhara com Rasmussen em estúdio. Mostraria ao produtor como tudo estava diferente. Kirk, também, embora sempre um aluno aplicado, tinha ficado muito tempo longe de casa, e o verão de 1985 foi seu primeiro período prolongado de trabalho com Joe Satriani — então prestes a embarcar numa carreira de gravações com outros músicos — desde que entrara no Metallica.

Nada de dormir no quartinho dos fundos do estúdio também. Com a Elektra pagando as contas, a banda pôde se permitir o privilégio de se hospedar no luxuoso Scandinavia Hotel, onde Lars e James compartilhavam uma suíte e Kirk e Cliff, outra. "Isso tornou a estada bem mais fácil [para os outros três]", disse Lars. "Achávamos que estávamos no topo do mundo!", riu Kirk. Até mesmo Cliff, que chegou no início da segunda semana, começou a se instalar e aproveitar os arredores. Com a chegada do inverno e das noites mais longas e frias, longe do estúdio, acompanhados de guitarras e de um estoque generoso de haxixe forte, Cliff e Kirk ignoraram a neve no lado de fora e fizeram do quarto no Scandinavia a sua casa. "Para um baixista, ele tocava bastante guitarra", recordou-se Kirk. "De fato, ele me enlouquecia com isso. Voltávamos ao hotel após uma noite de diversão, totalmente bêbados às três da madrugada ou algo do gênero. Porém, em vez de desabar na cama, ele queria ligar as guitarras imediatamente e tocar por algumas horas. Eu estava exausto, mas me deixava levar, e começávamos a tocar juntos. Ele me convencia a tentar desvendar certos trechos de guitarra de determinadas músicas e mostrar para ele. No final, isso me levava a decifrar solos de guitarra para ele tocar. Era obcecado por Ed King, um dos guitarristas do Lynyrd Skynyrd. Dizia que Ed King era o seu guitarrista preferido, o que era bem estranho."

Quando não estavam tocando guitarra juntos, jogavam pôquer. "Saíamos e jogávamos pôquer por oito horas sem parar, isso após 24 horas acordados", disse Kirk. "Encontrávamos um restaurante de frutos do mar aberto, comíamos ostras frescas, bebíamos cerveja e berrávamos com os nativos quando ficávamos bêbados." Essas foram "algumas das melhores recordações" daquele tempo. James e Lars também estavam passando mais tempo juntos. Como nas visitas anteriores à Dinamarca, quando não estavam trabalhando, os dois gostavam de beber cerveja Elephant. Como se lembrou Lars, "no final de novembro, início de dezembro, os dinamarqueses têm as 'cervejas de Natal', o que não passa de uma desculpa para afogar as tristezas da época. É duas vezes mais forte que a cerveja normal. Todas as vezes em que saíamos para tomar essas cervejas de Natal, James começava a tentar falar dinamarquês, completamente bêbado!".

No entanto, todas as noites, uma vez dentro do Sweet Silence, era só trabalho. Não queriam apenas retomar do ponto em que chegaram com *Ride the lightning*, tinham decidido que, mais uma vez, o novo álbum seria diferente, a começar pela qualidade do som. Ao escutá-lo atualmente, penso que foi graças a Rasmussen que, após o passo gigantesco com *Ride*, eles estabeleceram a intenção de chegar a um novo patamar com *Master of puppets*. "Sim, foi exatamente isso", ele respondeu. "Estávamos bastante contentes com *Ride*. Mas quando fomos produzir *Master* tentamos de verdade melhorar o padrão, simplesmente ir além das nossas capacidades. Sabíamos que tínhamos músicas realmente boas, então tínhamos um desafio real adiante, trabalhamos pra valer."

A sorte também teve seu papel na história. A banda tinha, recentemente, conseguido um patrocínio da fabricante de amplificadores Mesa/Boogie, "mas o som desses novos amplificadores era uma merda". Então, repetindo sua tarefa inicial nas sessões de *Ride* — tentar encontrar um novo amplificador de guitarra que reproduzisse o som do que havia sido roubado de James —, uma das primeiras missões de Flemming foi "fazer experiências" até que "conseguisse criar aquele som de guitarra" que ouvimos no disco, algo peculiar ao Metallica que "acompanhou a banda ao longo da carreira. Nós todos conseguíamos senti-lo". Flemming também se lembrou de ter tentado fazer com que Lars trabalhasse com um metrônomo pela primeira vez, num esforço de melhorar a irregularidade dos seus andamentos. "Era isso, ou James e Lars teriam de tocar até que a bateria ficasse legal." Para deixá-lo mais confiante, a Q Prime mandou para Lars a caixa Ludwig predileta de Rick Allen, baterista do Def Leppard — uma réplica do final dos anos 1970, com acabamento à mão em níquel preto e casco em latão, fabricada originalmente pela Ludwig nos anos 1920, a Black Beauty. "Montamos a caixa na bateria e foi simplesmente sensacional", disse Lars, exultante.

Porém tudo isso não passava de mero detalhe. O mais óbvio para Rasmussen era como, em geral, a técnica da banda havia melhorado. "Como músicos, estavam todos um milhão de vezes melhores, pois tinham passado um ano e meio na estrada. James estava *sensacional* naquela época. Era inacreditável. Ele fazia algumas das bases de guitarra praticamente na primeira tomada, depois começávamos a fazer as duplicações, que também saíam quase de primeira." Sobrepondo duas bases rítmicas idênticas — uma em cada lado da mesa de mixagem —, Hetfield tinha criado o hábito de acrescentar uma terceira por cima, apelidada, em tom de brincadeira, de "o reforço". "Podíamos ser *bem* exigentes por causa disso", disse Rasmussen, "para garantir que tudo saísse como planejado, porque James era tão bom nisso que era apenas uma questão de levarmos o tempo necessário". Cliff e Kirk também exerceram mais influência dessa vez. "Todos contribuíram mais. Se alguém tinha uma opinião, dizia. Sei, com certeza, que Cliff fez isso algumas vezes." Embora o baixista tivesse apenas a coautoria de três faixas, foi a influência dele que deu a várias das músicas do disco um toque neoclássico, complexo, magnífico, nefasto, grandiloquente, transformando-as em pirâmides musicais de movimentos múltiplos, em oposição à fórmula estrofe/refrão da maioria das bandas de rock da época. Se, nos primeiros tempos, Lars gostava de forçar cada música nova de um modo tão excessivo que corriam o risco de desabar sob o próprio peso, na gravação de *Master* as complexas faixas que o grupo estava gravando soavam perfeitas.

Em termos de letras, o novo material também estava muito além do que havia sido produzido antes. James pode ter, mais tarde, subestimado o novo e impetuoso material da banda, definindo-o, simplesmente, como "música para tocar ao vivo", mas isso era como o homem sem nome de seu herói Clint Eastwood em *Três homens em conflito*, sugerindo que alguns pequenos problemas poderiam surgir no caminho. Demorariam ainda cinco anos para que Hetfield estivesse pronto para revelar sua alma por completo e começasse a escrever músicas brutalmente francas, a respeito das emoções vividas por ele na vida real, mas não havia mais a ingenuidade de "Metal militia" em *Master*, nem a glória do rock de "Phantom lord". Em seu lugar estavam músicas sobre vício (a faixa título, com toda a sua dinâmica contrastante de significado, o Zeppelin do thrash); pastores da TV norte-americana ("Leper messiah", título retirado de "Ziggy Stardust", de David Bowie); loucura ("Welcome home (Sanitarium)", sobre um paciente injustamente encarcerado num hospício, daí a ortografia incorreta de *sanitarium* entre parênteses, prefaciada pela harmonia solitária de uma nota de guitarra modulada), e, claro, a guerra, velha companheira da banda ("Disposable heroes") e a morte ("Damage, Inc.") — ambas clássicos instantâneos, tocadas numa velocidade psicótica, as músicas mais velozes e headbangers num álbum que, ironicamente, sinalizava a despedida carinhosa da banda do thrash metal. Com a introdução vertiginosa, utilizando um conjunto de harmonias, crescendos de volume e efeitos, "Damage, Inc." foi também o adeus metafórico à inocência inicial, já que eles esperavam avidamente, em diferentes níveis de euforia, pelas recompensas e armadilhas do estrelato (embora ainda não falassem sobre isso onde alguém pudesse escutá-los). Hetfield enuncia na letra: "We can chew and spit you out / We laugh, you scream and shout...".*

No todo, *Master of puppets* pode parecer de vários modos apenas uma nova e melhorada versão de *Ride the lightning*. Com certeza, a sequência de músicas seguia o modelo anterior praticamente à risca, começando com a at-

* Podemos mastigá-lo e depois cuspir / Nós rimos, enquanto você grita e chora... (N.T.)

mosférica introdução de guitarra acústica antes de prosseguir à superveloz, ultrapesada faixa de abertura, "Battery" — em referência à época em que tocavam no Old Waldorf Club, na Battery Street, em San Francisco. Uma colisão sórdida entre o punk e o metal, sem pedir desculpas a nenhuma dessas duas rígidas culturas. A seguir, vinham a faixa-título monumentalmente épica; a afetada marcha fúnebre, "The thing that should not be" (assim como "The call of Ktulu", inspirada por H. P. Lovecraft; os versos "Not dead which eternal lie / Stranger eons death may die"* são a citação parafraseada que aparecia na capa do disco *Live after death*, do Iron Maiden, comprado por Lars durante a estada em Copenhague). Depois havia a semibalada fantasmagórica, "Welcome home"; continuando com a obrigatória faixa instrumental, de mais de oito minutos, conduzida pelo baixo, "Orion", um ponto luminoso no oceano negro em que a banda encobria o restante do álbum, o yang para o yin geral, o solo de Cliff se infiltra de maneira tão imperceptível que não fica claro quando a guitarra desvanece e é substituída pelo baixo. Apesar disso, o efeito obtido faixa a faixa com *Master of puppets* foi um salto significativo em relação ao que o Metallica tinha alcançado em *Ride the lightning*, e embora haja a tendência de se mencionar ambos os álbuns como se fossem uma unidade, historicamente, *Ride* foi a primeira gravação bem-feita da banda, enquanto *Master* se tornaria rapidamente reconhecido como a primeira obra-prima, o seu legado — o *Led Zeppelin II*, o *Ziggy Stardust* da banda. Nunca mais haveria um álbum do Metallica como aquele.

"Era como se tivéssemos conseguido fazer tudo certo dessa vez", Kirk me disse. "A coesão faixa a faixa fazia todo sentido para nós. Era como se o álbum estivesse criando a si mesmo. As ideias simplesmente fluíam e vinham do nada. Desde o início, quando começamos a compor, e ao longo de todo o percurso até o final, era como se houvesse um fluxo ininterrupto de ideias realmente ótimas. Era quase mágico, porque parecia que tudo que tocávamos ficava bom, cada nota estava exatamente no lugar certo, e não podia ficar melhor. Foi uma época muito, muito, muito especial. Lembro de segurar o disco em minhas

* Aquele que jaz eternamente não está morto / em estranhas realidades a morte pode morrer. (N.T.)

mãos e pensar: 'Uau, este é um álbum maravilhoso, mesmo que não venda nada. Não importa, porque o que criamos é um grande manifesto musical'. Senti, de verdade, que ele podia resistir ao teste do tempo. E resistiu..."

Havia um clima especial no ar quando visitei a banda no Sweet Silence, uma semana antes do Natal de 1985. Ainda ansiosos em relação às mixagens finais, a única faixa que tocariam para mim com todos os vocais seria "Master of puppets", uma experiência extraordinária para a qual eu não estava nem um pouco preparado. Estava esperando heavy metal de primeira. Em vez disso, o que escutei foi tempestuoso, os alto-falantes sacudindo de verdade com o redemoinho de percussão e guitarras que saíam rugindo como uma erupção vulcânica dos seus cones. Cliff estava em pé ao meu lado, Lars, do outro, balançava a cabeça ao som da música; Cliff estava de olhos fechados, profundamente concentrado; Lars, ao contrário, com os olhos quase saltando das órbitas, de vez em quando olhava para mim de esguelha, conferindo a minha reação. Pedi para me sentar enquanto as mixagens incompletas, sem todos os vocais, de "Leper messiah", "Battery", "Welcome home (Sanitarium)" (intitulada apenas "Sanitarium" àquela altura) e "The thing that should not be" eram tocadas no volume máximo. James e Kirk entravam e saíam da sala, a TV muda no canto mostrava Kirk Douglas enfurecido em *Spartacus*.

Depois, de volta ao Scandinavia Hotel, sentei-me com Lars no bar, para beber Elephant e conversar enquanto gravávamos uma entrevista. Num certo ponto, perguntei por que muitas das músicas mais intensas pareciam sofrer mudanças de curso com tanta frequência, indo de velozes-violentas a zumbi-lentas, geralmente quando as coisas começavam a engrenar. Ele me pediu um exemplo, e indiquei uma das músicas que tinham acabado de tocar para mim, "Master of puppets". "Que riff!", disse para ele. "Em seu apogeu, o Sabbath teria matado por isso. Então, quando as coisas começaram a decolar, veio essa curva descendente, como se tivessem tirado o disco e colocado outra coisa para tocar." Por que tinham de fazer isso? Ele olhou para mim, espantado. "Não sei, nunca pensei sobre isso", ele franziu a testa. "É capaz que a gente se esforce para permanecer o mais imprevisível possível." Ele ficou sentado ali, ruminando. Não foi a minha intenção confundi-lo, mas é que parecia... bom, uma pergunta óbvia. "Não gostamos da ideia de sermos cautelosos, de jeito algum", concluiu. "Gostamos sempre de tentar fazer coisas que funcionem de um modo um pouco diferente daquilo que nós mesmos imaginamos que elas sejam. Acho que a chave para qualquer sucesso que possamos alcançar como banda reside no fato de que seguimos nossos próprios instintos, e não o que achamos que as pessoas querem ouvir."

Cinco anos depois, quando isso já não tinha importância, ele pôde ser mais honesto comigo, refletindo sobre como "no passado, fazíamos uma versão preliminar de uma música, e eu ia para casa, cronometrava-a e ficava nervoso por ela ter apenas sete minutos e meio, o que me levava a pensar: 'Puta merda, temos de colocar mais um ou dois riffs aqui'". Em 1985, no entanto, naquele momento preciso em que estavam finalizando o que se tornaria um dos álbuns mais importantes da carreira da banda, a reação dele, diante de qualquer insinuação de que as músicas talvez fossem um pouco longas ou desnecessariamente intricadas, foi defensiva: "Houve vezes em que estávamos trabalhando numa música que, inicialmente, tinha quatro ou cinco minutos. Mas acabávamos estendendo-a apenas porque as nossas ideias não terminavam ali". Ele acrescentou mal-humorado: "Se pudermos prolongar uma música, torná-la um pouco mais interessante, e o resultado ainda assim for satisfatório, então por que não?".

Quando brinquei com ele, perguntando se já tinha tentado ao menos uma vez compor uma música com apelo comercial, voltou a relaxar e admitiu: "Uma vez, e só", citando com todas as letras "Escape", a aventura *à la* Thin Lizzy de *Ride the lightning*. O fato de que nem a Music for Nations, nem a Elektra a escolheram como single — a primeira preferiu, de acordo com a moda, "Creeping death"; a última, nem sequer se importou em lançar um single,— apenas reforçou a convicção de que eles nunca deveriam "depender de se adaptar a qualquer que fosse o modismo da música num dado momento. O nosso lance é nos mantermos fiéis ao que queremos fazer, ao que, como banda, acreditamos. E, se conseguirmos nos manter como somos, mais cedo ou mais tarde as pessoas terão de mudar as ideias preconcebidas a nosso respeito, não o contrário".

Tinham me pedido para não exagerar na palavra "thrash", mas, claro, não pude resistir. Perguntei o que tinham a dizer sobre isso. Tendo de um lado as inevitáveis acusações (que viriam à tona assim que os fãs escutassem o novo álbum) de que tinham se vendido, vindas da tribo thrash hardcore e, do outro, os preconceitos cegos dos críticos do *mainstream* que nunca tinham sequer escutado a música da banda e só a viam como sinônimo de thrash metal, eles corriam o perigo de não agradar a ninguém além de si mesmos? Lars deu de ombros, admitindo que o assunto o irritava "demais", insistindo que o reconhecimento de que precisavam viria das pessoas que mais importavam, os fãs do Metallica. Que os críticos se fodessem. "Se observar os extremos do nosso novo disco — que, na minha opinião, seriam 'Damage, Inc.' e 'Orion' —, verá que fomos tão longe, tão além, que realmente me irrita o fato de que alguém queira nos rotular. Sim, fazemos algumas músicas thrash, mas não é só isso que gostamos de fazer. Isso não é, de jeito algum, o único estilo que somos capazes de compor e executar bem pra caralho. Não temos medo de tocar um pouco mais devagar às vezes nem de incorporar melodias ou harmonias. Não tememos provar às pessoas que somos muito mais competentes musicalmente do que elas podem achar." De qualquer maneira, nem ele nem os outros, alegou Lars, tinham jamais visto o Metallica como um ícone do movimento thrash: "Concordo que estivemos ligados ao estabelecimento da cena thrash. Fomos a primeira banda com aquele tipo de som. Mas nunca nos vimos como uma 'banda thrash'. Fomos sempre uma banda americana com influências de metal britânico e europeu".

Depois disso, fomos todos jantar: a banda, Gem Howard, da Music for Nations, e eu. Não havia estrelas no ambiente, apenas soldados. O menos afetado de todos era James, uma presença imponente, ainda que curvada, que me olhava desconfiado e só saiu da concha, finalmente, após várias cervejas arrematadas por doses de vodca. As únicas concessões, ainda que vagas, à imagem da banda estavam na escolha das camisetas. James, um mostruário compulsivo de mensagens, vestia uma da banda de horror punk até então desconhecida The Misfits, com design de Pushead. James aparecia com essa camiseta na contracapa de *Master of puppets* — bem ao lado de uma foto de Cliff, com o rosto impassível, totalmente sério, apontando o enorme dedo médio para a câmera. Foi a mesma coisa durante o jantar. Enquanto Lars ria tão alto a ponto de as pessoas na mesa ao lado se sentarem mais longe, James fazia cara feia, Kirk, obviamente chapado, parecia imerso em seu próprio mundo longínquo, e Cliff me encarava quando sabia que eu estava olhando e só falava comigo quando eu não esperava. Com a aparência de alguém que tinha nascido vestindo uma Levis boca de sino desbotada, Cliff era certamente *cool*, fazia poucas perguntas, não mentia. Não era, nem de longe, frio, apenas na dele. Lembro-me do seu cabelo comprido, abaixo dos ombros, exalando limpeza e saúde. Ele talvez gostasse de se apresentar como uma espécie de novo hippie oriundo de uma era passada, "woodstockiana", mas Cliff Burton era, sem dúvida, um cara meticuloso e vaidoso. Quando Gem e eu finalmente fomos embora de táxi, os quatro correram atrás de nós e tentaram abrir a porta do carro para nos deter. Para nós, que havíamos caído da cama às seis da manhã para chegar ao aeroporto em Londres a tempo de passar o dia com a banda em Copenhague, a noite tinha quase chegado ao fim. Para o Metallica, a festa estava apenas começando.

Flemming e o Metallica não conseguiram concluir as mixagens de maneira satisfatória para todos. Em vez disso, deixaram o Sweet Silence pela última vez em 27 de dezembro, e as fitas máster foram entregues em janeiro de 1986 a Michael Wagener, um veterano dos estúdios radicado em Los Angeles cujo nome tinha figurado recentemente nos créditos de produção de trabalhos de Mötley Crüe, Dokken e Accept. É possível que, naquela altura, Wagener não conhecesse muito sobre thrash metal e o Metallica, mas com certeza sabia como adicionar esplendor aos elementos poderosos que a banda havia cuidadosamente construído com Flemming no Sweet Silence. No estúdio Amigo, com James e Lars de olho, dando ordens, Wagener iniciou o trabalho de polimento da mais recente obra do Metallica.

Feliz com os resultados, Michael Alago deu o sinal verde para que a Elektra agendasse o lançamento de *Master of puppets* para o início de março de 1986. Ele questionou, num determinado momento, a possibilidade de extrair um single do disco, acompanhado, talvez, de um clipe — embora naquela época a MTV exibisse videoclipes de rock à vontade na programação diurna, a promoção ativa de bandas não comerciais (segundo a visão corporativa da emissora), como os "reis do thrash" Metallica, ainda estava por vir. Porém, se a banda concordasse, a Elektra com certeza teria o dinheiro para tentar convencer várias figuras influentes da MTV. A banda não concordou. De fato, nos anos a seguir, o Metallica valorizaria essa recusa em fazer, como explicou Lars, "vídeos babacas como os das outras bandas caretas". Contudo, essa atitude tinha nascido da mente calculista e inteligente — que, no meio musical norte-americano, traria mais fama a Lars que o seu talento como baterista —, e não de uma resistência rebelde. Como Lars me contou mais tarde, durante os anos 1980, quando a MTV era um solitário canal a cabo — ao contrário do gigante multifacetado e global que é hoje, encabeçando dezenas de canais musicais via satélite semelhantes —, ele, Peter e Cliff da Q Prime tinham pesado os vários prós e contras de fazer um videoclipe. Brilhante aluno que era, Lars já tinha a resposta. "Chegamos à conclusão de que eles não transmitiriam a porra do clipe do Metallica de qualquer jeito. Por que desperdiçar dinheiro, então? Sabíamos que atrairíamos mais publicidade se não fizéssemos um clipe."

E assim foi. Uma postura interessante para uma banda cujo tema do novo álbum seria manipulação e controle; o mestre das marionetes e a sua perícia ao mover os cordéis certos, fazer os movimentos corretos. A capa do disco refletia essa ideia de modo quase perfeito com suas fileiras de cruzes brancas — inspirada, talvez de maneira inconsciente, pela penúltima cena do filme querido de Hetfield, *Três homens em conflito*, em que Tuco Ramirez procura freneticamente por ouro num terreno com lápides brancas — sob um céu vermelho infernal e incandescente, em que paira o logotipo do Metallica, acima do qual se podem ver as mãos do mestre das marionetes, puxando os cordéis presos às cruzes logo abaixo. Na verdade, é possível enxergar a imagem de diversos modos, e não menos como uma reflexão direta da referência ao vício das drogas indicada pela faixa-título ("chopping your breakfast on a mirror" / "batendo o seu café da manhã num espelho"), sendo os cordéis pertencentes ao traficante, as cruzes brancas, à sua malfadada clientela, aqueles cujo cérebro já está morto.

Mas é a imagem mais avassaladora e profundamente cínica de forças quase invisíveis de manipulação e controle que realmente perturba e, por fim, cria raízes duradouras. Especialmente agora, 25 anos depois, sabendo o que viria a seguir.

Parte dois
A arte da escuridão

"How could he know this new dawn's light would change his life forever? Set sail to sea, but pulled off course by the light of golden treasure..."
["Como ele poderia saber que a luz desta aurora mudaria a sua vida para sempre? Lançou-me ao mar, mas foi desviado do curso pela luz dourada de um tesouro..."]

— James Hetfield, "The unforgiven III", 2008

Oito
Venha, doce morte

Deviam ter se passado uns dez anos. Tanto tempo que o passado era outro planeta. Eu estava levando o cão para dar uma volta no parque — ventava e chovia. Vestia o meu uniforme costumeiro para a ocasião: jeans velhos (que eu não dava a mínima se rasgassem ou ficassem cobertos de lama), botas para caminhar com biqueira de aço, diversas camadas de camisetas e malhas e a velha jaqueta de couro do Metallica. Quem trabalhou na Kerrang! *durante os anos 1980 ganhou um monte de coisas assim: camisetas de bandas, jaquetas, bonés. Todos com o nome de uma banda na frente e as datas da turnê estampadas nas costas. A maioria, coisas horrorosas que você não vestiria nem morto. Porém havia exceções. Uma ou outra camiseta que não atraía olhares de desdém das mulheres que passavam ou que não servia de estopim para brigas em pubs lotados de caras bêbados com cerveja.*

A jaqueta do Metallica era um desses casos. Pesada, de couro preto, uma réplica da clássica jaqueta de motoqueiro norte-americana — sem datas de turnê para desfigurá-la, ilustrações espalhafatosas de monstros humanos musculosos brandindo espadas ou de gostosas faceiras em trajes sumários montadas em dragões. O tipo de jaqueta que era possível vestir sem passar vergonha. Exceto que dez anos tinham se passado, e ela estava tão batida, surrada e repleta de sujeira e saliva de cachorro incrustada que mal dava para ler as letras minúsculas de "Metallica" no bolso do lado esquerdo, acima de "Master of puppets", impresso três vezes. A única outra pista das origens da jaqueta era o desenho de caveira, costurado à mão, que adornava o punho da manga esquerda, agora tão puída e coberta de lama ressequida que ninguém jamais o notaria, a não ser que soubesse o que estava procurando.

Os parques londrinos nunca estão vazios, mesmo quando chove a cântaros, mas nesse dia não havia ninguém por perto, a não ser eu e meu pastor-alemão, um bicho enorme que tinha a boca sempre ocupada com esquilos, gatos e outros cães. Estávamos entre as árvores, caminhando sem pressa, eu, completamente desligado, quando me deparei com ele — um tipo meio Jesus Cristo, de cabelos compridos molhados e barba desgrenhada, sorriso beatífico no rosto ao mesmo tempo velho e juvenil, de repente, de pé diante de mim, com chuva escorrendo pelo nariz.

Olhei para ele com medo. Um desconhecido desacompanhado de um cachorro vindo em sua direção no meio do parque não podia ser boa coisa. Esperei que me dissesse qual era o problema, mas ele continuou a caminhar na minha direção, sorrindo.

"Ei", ele disse, "banda legal!"

"O quê?"

"Onde você conseguiu a sua?"

"O quê?"

Apontou para a jaqueta. A ficha caiu.

"Ahh", eu disse. "Uma pessoa me deu."

"Uau!", ele disse. "Essa pessoa deve gostar muito você."

Não sabia que rumo isso estava tomando, pensei: vai ver, o cara está na boa, ou, então, é capaz que seja um psicopata.

"Quer vender?", perguntou.

"O quê?"

"Pago mil libras."

Olhei para ele. Estava falando sério? Mil libras...

Ele riu. "É brincadeira", ele disse. "Mas você considerou a ideia por um momento, não foi?"

"Sim", eu disse, me sentindo tolo.

"Tipo, você jamais venderia algo assim", ele disse.

"Jamais..."

"Nem mesmo por mil libras, né?"

"Ah... não..."

Ele foi para um lado, ainda sorrindo. E fui para o outro, a chuva acompanhando meu cachorro e eu até em casa.

Na manhã em que *Master of puppets* foi lançado na Grã-Bretanha, Martin Hooker caminhou do escritório do MFN, na Carnaby Street, em direção à Wardour Street e à St Anne's Court, onde ficava a loja Shades. Ficou chocado com o que encontrou. "A molecada formava uma fila do lado de fora que seguia pelas ruas do Soho. Todos já tinham garantido os seus discos, embalados em sacolas com os recibos, empilhados até o teto ao lado dos caixas. Jamais vou me esquecer disso, porque foi mesmo insano."

O lançamento de *Master of puppets* em março de 1986 trouxe tanto o Metallica como o thrash metal pela primeira vez às atenções do grande público. Embora, não tardaria muito, representasse o fim da associação do Metallica com o gênero, para os fãs já rendidos ao seu feitiço, o sucesso do álbum vestiu o thrash com uma roupagem com que, afinal, o restante do público roqueiro, antes desinteressado, podia se identificar. Assim como em relação a David Bowie e o glam rock, o Sex Pistols e o punk, ou o Iron Maiden e a NWOBHM, pelo menos naquele momento a maioria dos consumidores de música que não se interessava pelo underground sabia o que era, que aparência tinha e até qual era o som do thrash. Thrash era Metallica. E, exatamente como com Bowie e o glam, e Johnny Rotten e o punk, por mais que com o passar dos anos o Metallica mudasse, modelando a sua música em formatos mais novos e interessantes, a fim de se desligar daquelas que eram consideradas as suas raízes, "padrinhos do thrash" permaneceria no cartão de visitas do grupo. Foi esse o rótulo que tanto legitimou a banda como a relegou ao gueto — eles, os inventores de um legado musical que então tinha mais a ver com as bandas que os sucederiam —, um fato contra o qual passariam o resto da carreira protestando e, quando fosse conveniente, seria usado como prova da sua duradoura popularidade.

Em todos os níveis, no entanto, *Master of puppets* foi um ponto de virada. Sendo um dos dois melhores álbuns da banda, permanece, um quarto de século depois, como símbolo do que mantém o Metallica interessante e excitante, o fato de terem, mais tarde, se distanciado tanto do som quanto do visual do disco a ponto de quase se transformarem completamente em outra banda apenas reforça o seu misterioso apelo ao longo das gerações. A importância do lançamento pode ser vista agora, com razão, como um capítulo único tanto na história da banda como do rock em si.

Na *Sounds*, no artigo intitulado "Thrash on delivery",* o novo álbum foi aclamado como "uma síntese de tudo que o Metallica tem de bom e verdadeiro... a lentidão, a velocidade, as melodias, arrematados por um som de guitarra primoroso, sujo e agudo". Lars, no entanto, estava fazendo o melhor que

* Algo como "cumprindo a promessa thrash". (N.T.)

podia, mais uma vez, para deter a inevitável reação thrash e para chamar a atenção dos consumidores de rock menos radicais que, ele tinha certeza, entenderiam a que vinha o Metallica se dessem uma chance à banda. "Ninguém pode descartar o Metallica simplesmente por achar que somos thrash", ele disse. "O primeiro álbum era, sabemos disso, mas esse tem um proposta completamente diferente." James acrescentou: "Nunca tentamos esquecer o que levou o grupo a se juntar, de jeito algum. Mas é que maturidade de estilo resulta num material melhor. O Metallica agora é variedade com tempero".

Quando *Master* vendeu mais de 1 milhão de cópias no mundo todo e entrou na parada entre os quarenta melhores no Reino Unido, até mesmo a *New Music Express* — na época, o bastião do preconceito anti-heavy metal e do esnobismo cultural — se sentiu obrigada a colocar o Metallica na capa, sob o disfarce de uma "investigação", que também dava uma espiada em Slayer, Megadeth e Anthrax, sob o título "Transpondo a barreira do thrash". É inevitável que, graças à cultura reacionária da publicação — iniciada nos anos 1970 com o intuito louvável de despir os imperadores do rock dos seus novos trajes —, que, no pós-punk dos anos 1980, tinha estagnado numa postura arrogante e intolerante a refutações, o Metallica foi acusado de produzir música que era "uma forma manifesta de pop alegrinho", uma abordagem combatida com excepcional seriedade por Lars. Quando questionado sobre o que achava de Paris — a cidade em que havia sido feita a entrevista — e do cenário musical em geral, ele comentou: "Compreendo e reconheço muitas das coisas sobre as quais você está falando... mas, para mim e esta banda, a música é tudo que interessa. A história das cidades e do papel dos rappers, na verdade, é insignificante para o que fazemos". Não ficou claro quem foi o vencedor nesse confronto. Referir-se a James como "Jim", e a Cliff como "Chris" durante todo o artigo pouco serviu para aproximar o desinteressado jornalista da banda ainda menos interessada.

Como sempre, a *Kerrang!* abriu caminho tanto para o Metallica como para o thrash. O disco recebeu destaque de primeira e uma crítica cinco estrelas, concluindo que, embora o Metallica fosse corretamente reconhecido como o ícone mais proeminente do thrash metal, o novo trabalho provava que era agora "algo mais, algo muito maior". Havia poucas semanas, a revista tinha lançado também uma edição bimensal, a *Mega Metal Kerrang!*, destinada ao próspero mercado do thrash metal. Na capa do primeiro número: Metallica. O editor Geoff Barton disse: "Hoje, as pessoas tendem a pensar somente nas 'Big Four' — Metallica, Slayer, Megadeth e Anthrax. Mas, em 1986, havia toneladas de bandas brigando por uma pequena fatia do mercado do thrash metal, e não podíamos cobrir de modo extenso todas elas nas páginas da *Kerrang!*, pois havia vários outros assuntos que também exigiam a nossa atenção. Portanto, a *Mega Metal* foi lançada como uma publicação 100% thrash metal. Para cobrir os grandes nomes, mas também dar espaço aos peixes pequenos. Em linhas gerais, fazer uma revista mais pesada que a *Kerrang!*".

O momento era perfeito. Se o Metallica tinha chegado a uma encruzilhada e feito a sua escolha, aqueles que vieram depois não tiveram dúvidas. Queriam estourar, só isso. Como era o caso da nova empreitada pós-Metallica de Dave Mustaine, o Megadeth, cujo álbum de estreia, *Killing is my business... and business is good* estava sendo vendido regularmente desde o lançamento pelo selo independente Combat, em setembro de 1985. Contendo a versão original, muito mais acelerada, de "Four horsemen", do Metallica — apresentada com o título original, "The mechanix" —, Mustaine explicitou com esse disco a intenção de "dar uma lição no Metallica" e provar que o Megadeth, e não a banda que tinha lhe dado um pé, seria o líder da geração thrash. Como se gabou Mustaine para Bob Nalbandian na época: "Pensei que me daria um trabalhão produzir algo melhor [que o Metallica], mas este disco é três vezes mais veloz, mais avançado e muito mais pesado". Era certamente um primor em termos de grandiosidade musical, visto como o provável ponto de partida do que, mais tarde, ficaria conhecido como "techno thrash" ou "metal progressivo". Todas as músicas refletiam a mentalidade colérica, vingativa de Mustaine, deixando de lado o humor ácido que, mais tarde, se transformaria na apreciadíssima marca registrada da banda. O Metallica estava no Sweet Silence gravando *Master of puppets* quando o disco do Megadeth foi lançado, mas, no dia em que chegou às lojas de Copenhague, Lars reservou um tempo para escutá-lo. Ouviu as duas primeiras músicas, tirou os fones e foi embora dizendo: "É como eu esperava que fosse".

Não era apenas o Megadeth que se sentia à vontade para criticar o Metallica na imprensa musical. Kerry King, do Slayer, zombou da *Kerrang!*, chamando-a de "a revista do Metallica" antes de acrescentar de maneira muito direta: "Muitas bandas que tinham um som pesado começaram a soar comerciais", citando, em especial, "o Mercyful Fate e o Metallica". O Slayer estava oferecendo a resposta mais contundente à intenção declarada do Metallica de progredir "além" do thrash, e a confirmação mais significativa da força do gênero ocorreu quando, apenas seis meses após *Master of puppets* ter sido lançado, *Reign in blood* chegou num momento glorioso. Espelhando *Master of puppets, Reign* era o terceiro álbum da Slayer e o primeiro lançamento por um selo importante nos Estados Unidos — o Def Jam, distribuído pela Geffen —, e foi visto pelos críticos como seu "gêmeo do mal"; um disco que era tudo que *Master* não era — não comercial, confrontador, trazendo um novo significado à ideia de heavy metal extremo. Produzido por Rick Rubin, cujas indefectíveis raízes no rock e no metal não tinham ficado muito aparentes em outras das suas contratações bem-sucedidas (como o Run-DMC e o Beastie Boys) — e que, de maneira impressionante, viria a ter um papel ativo na restauração da reputação musical do Metallica mais de 25 anos depois. *Reign* empurrou o Slayer para a vanguarda da cena thrash metal, expulsando o Metallica no processo. Na verdade, no estúdio, Rubin não mediu esforços para estimular o Slayer a tornar o som já ultrapesado da banda ainda mais agressivo e elementar. A outra diferença crucial foi a ênfase na velocidade, o que fez com que as dez faixas do álbum, cada uma delas um clássico por si só, fossem moldadas com esmero para caber em apenas 28 minutos. Até mesmo em faixas como "Criminally insane" — lançada no Reino Unido como um single de sete polegadas em vinil vermelho, com capa de papelão em forma de cruz alemã, incluindo uma corrente para ser pendurada no pescoço —, que tem ritmo fúnebre, a bateria e as guitarras são rápidas como uma metralhadora. A faixa mais forte do disco, no entanto, era a de abertura, "Angel of death", que listava, em detalhes excruciantes, as atrocidades do espectro do dr. Josef Mengele nos campos de concentração, o que fez com que os membros do Slayer fossem acusados de ser simpatizantes do nazismo, embora as práticas doentias de Mengelle causassem consternação, não inspiração. Finalmente, o impacto do álbum vinha do poder esmagador e da precisão milimétrica de momentos como a faixa quase homófona ao título, "Raining blood". Como Joel

McIver, musicólogo especializado em heavy metal, comentou: "*Reign in blood* é o marco do metal extremo".

Lars Ulrich concordava, elogiando o Slayer por ser "o mais extremo" dos contemporâneos próximos ao Metallica, descrevendo *Reign in blood* como "um dos melhores álbuns de 1986". Ele fazia questão de tocá-lo poucos minutos antes de o Metallica subir ao palco: "Me deixa ligado e com vontade de descer porrada na bateria". Para ele, a única pergunta era: até que ponto o Slayer seria capaz de levar a sua música? "Acho que talvez seja a banda mais interessante, porque é incrivelmente extrema", admitiu. "Eles estão pouco se fodendo, o que é legal. Talvez não queiram progredir mais."

A única entre as Big Four do thrash que queria, ainda mais que o Metallica, fazer as coisas de um jeito diferente era o velho conhecido Anthrax. Embora *Spreading the disease*, de 1985, se aproximasse do modelo de thrash estabelecido pelo Metallica — que claramente idolatravam —, o disco já apresentava os sinais de uma banda com identidade própria, marcada por um som de guitarra bastante limpo (fadado a ser tão copiado quanto a levada frenética e suja da guitarra do Metallica) passando pelas letras das músicas, como a de "Gung Ho", uma interpretação caricata do machismo militar repleta de efeitos marciais, até a imagem inspirada pela cultura skatista — chamativa, com bermudas largas e compridas, camisetas de heróis de histórias em quadrinhos, bonés com a aba virada para trás. O som e o visual — uma atitude totalmente nova, mais centrada na cultura da Costa Leste — se estabeleceriam de vez no disco seguinte, *Among the living*, que teve um sucesso no Reino Unido, o single "I am the law", inspirado nos quadrinhos do Juiz Dredd [Judge Dredd], apesar de banido pela rádio BBC, que implicou com os versos: "I am the law / You won't fuck around no more".* Um mérito que não pode ser tirado do Anthrax é o de ter se tornado a primeira banda da geração thrash a abraçar a cena hip-hop — na época em rápida ascensão, valorizada pela investida revolucionária da pareceria entre Aerosmith e Run-DMC em "Walk this way"— com o clássico de rap metal referencial da banda, "I'm the man". "O fato de gostarmos de metal não significa que estamos

* Eu sou a lei / Você não vai mais foder com tudo. (N.T.)

com os olhos fechados para outras coisas", Scott Ian me disse. A essa altura, graças a Jonny e Marsha Z, que a banda, ao contrário do Metallica, tinha mantido como empresários, o Anthrax tinha assinado com a Island Records, e Jonny era só elogios ao cabeça da gravadora, Chris Blackwell: "Você não conseguiu o Metallica, mas o som desses caras é o máximo e é pesado demais para qualquer outra gravadora. Só mesmo um rebelde como você...".

Embora a mídia continuasse a colocá-los no mesmo balaio, dali em diante, cada um dos Big Four do thrash tomaria o seu próprio caminho distinto, ainda que às vezes atraísse a atenção de um mesmo público. A tribo thrash hardcore tomou o lado do Slayer. "Meus amigos e eu escutamos *Master of puppets* e, para ser franco, não gostamos nem um pouco", recordou o vocalista do Machine Head, Robb Flynn. "Queríamos músicas thrash, e havia algumas. Mas também havia elementos acústicos e um monte de harmonias, e a nossa reação foi: 'Opa, o que é isso? Não achamos legal'. Abandonamos o Metallica. Não dá para contar quantas vezes voltei a escutar o disco desde então, mas tínhamos dezesseis anos na época. Eu adorava o *Reign of blood*, e outras bandas novas eram ainda mais velozes, pesadas e até assustadoras." Malcolm Dome concordou: "As pessoas estavam começando a encarar o Metallica como um grupo *importante*, em vez de apenas bom. A carreira deles estava progredindo. Eles tinham superado a fase thrash, e todos sentiam que *Master of puppets* era um disco importante. Foi um salto adiante para o Metallica, um dos álbuns mais cruciais da era do metal. O Metallica era agora discutido num mesmo contexto que o Iron Maiden, muito mais abrangente, e os caras do Slayer tinham se tornado os reis do thrash". Até mesmo Xavier Russell, que tinha contribuído bastante para tornar o Metallica conhecido no início, passara agora para o lado do Slayer, descrevendo *Reign in blood* como "um momento decisivo" para a evolução do thrash, "principalmente quanto à produção. Os [primeiros] álbuns do Metallica sempre sofreram um pouco no quesito produção. Mas quando escutei *Reign of blood*, disse: 'Desculpe, Lars, mas isto é do caralho, cara!".

James Hetfield discordava, defendendo com afinco a atitude do Metallica num artigo tipicamente leigo sobre thrash da revista *i-D*, que não se interessava de jeito nenhum pelo assunto. "Quando as pessoas começaram a nos copiar, no início, era como se fosse um elogio, mas agora temos que nos afastar do rótulo de speed metal, porque todas essas bandas pegaram carona. Todas as bandas da NWOBHM tinham o seu próprio som e clima, mas não dá para dizer qual é a diferença entre a maioria das novas bandas de thrash. Está tudo fodido. Quer dizer que você é da banda mais veloz do mundo... e daí? As suas músicas são uma merda." Ao falar comigo na mesma época, Lars foi além, insistindo que o único motivo de *Master of puppets* ter atraído tanta atenção era o fato de não ser um álbum thrash. "Queríamos fazer um disco que deixasse toda aquela cena para trás, algo a que dedicássemos tempo, dando o nosso melhor. Não uma coisa rotulada." Gary Holt, do Exodus, uma das bandas com as quais os fãs de thrash hardcore estavam comparando, desfavoravelmente, o Metallica, disse que concordava. Não tinha a ver com quem tinha o pior visual thrash, mas apenas com as músicas: "Na minha opinião, o Metallica talvez tenha feito o maior álbum de metal de todos os tempos com *Master of puppets*. Eu nem quero chamá-lo de thrash, até porque estou cheio disso. É simplesmente um álbum genial. Eles começaram e mandaram ver, trabalharam duro para aperfeiçoar a arte deles e foram bem-sucedidos, merecem todos os créditos por isso".

Quando nos falamos em 2009, Lars disse: "No final, tudo teve a ver com o fator variedade. Depois de ter composto 'Fight fire with fire' e 'Battery', o que nos restava fazer? Se repetíssemos a fórmula, correríamos o risco de diluí-la, porque o resultado jamais seria tão bom quanto antes. Ou então poderíamos ter experimentado outras rotas, outras opções. E, no nosso caso, tivemos de experimentar novos caminhos, novas possibilidades, porque havia outras coisas que nos deixavam ligados". Como ele mesmo apontou: "Tinha ouvido em entrevistas que Kerry King possuía um gosto musical bastante variado, assim como Scott Ian e todos esses caras. Mas nós simplesmente fomos atrás. E não estou dizendo isso para nos gabarmos, mas tínhamos uma atitude desencanada. Porque acho que, desde o início, tínhamos dito: 'Escute, somos o Metallica, fazemos o que fazemos e vamos nessa, vamos experimentar todas essas coisas diferentes e nos divertir em todos esses diferentes níveis'". Determinados a não ser "restringidos pelo rótulo unidimensional de thrash", estavam preparados para criar um alvoroço na comunidade thrash com o sucesso, os violões e tudo mais. "Mas tivemos de seguir aquele caminho porque era a nossa verdade. Só teríamos nos vendido se não tivéssemos agido assim, pois estaríamos enganando os nossos fãs e a nós mesmos, e isso não seria certo."

Master of puppets também se tornaria, simbolicamente, o álbum definidor da filosofia do Metallica dali em diante. Por estar muito mais adiantado que o Slayer, o Megadeth e o Anthrax, longe de querer competir pela coroa do thrash, o Metallica tinha a atenção voltada para o mesmo grande público de rock que levaria *Somewhere in time*, do Iron Maiden, também de 1986, e *The ultimate sin*, de Ozzy Osbourne, lançado no mesmo mês em que *Master of puppets*, às posições mais altas das paradas americanas. Longe de ser "o ano do thrash", 1986 viu *Slippery when wet*, do Bon Jovi, alcançar o topo das vendas, um álbum que era sinônimo, mais do que qualquer outro, da falta de ousadia, da conveniência, da sede por sucessos do rock durante a era Reagan. Se, por um lado, o Metallica não tinha a intenção de vender seus discos exatamente para o mesmo público, a banda tinha, em Lars Ulrich, pelo menos um membro que reconhecia que queriam, sim, as mesmas coisas e que tinham enfim alcançado o mesmo nível, fazendo álbuns que chegavam às paradas, turnês com ingressos esgotados, construindo um fã clube o mais vasto possível, e que queriam, com certeza, competir.

Nos Estados Unidos, a abrangência da cobertura de *Master of puppets* em periódicos estendia-se desde as críticas, geralmente favoráveis, em jornais regionais até uma pequena quantidade de resenhas entusiasmadas em revistas especializadas em metal, como a *Faces* e a *Hit Parader*. Mas as publicações peso-pesado, como a *Rolling Stone*, ainda mantinham certa distância, exceto quando forneciam uma visão geral da cultura thrash, que amadurecia a olhos vistos. O mais irritante: era impossível para o Metallica figurar até mesmo nas estações de rádio mais especializadas em rock. Sem um videoclipe descolado para divulgá-los também na MTV, a banda teria que confiar numa promoção do disco à moda antiga: botando o pé na estrada e fazendo turnês. Ou, como disse Kirk, "pegar a estrada e tocar até a exaustão, que foi o que fizemos, literalmente". Aqui, no entanto, eles receberam uma ajuda, graças aos contatos impecáveis da Q Prime, que conseguiu encaixá-los na gigantesca turnê de verão de Ozzy Osbourne.

"Foi uma verdadeira oportunidade para nós", admitiu Lars. "Na época, Ozzy era visto como um dos astros mais controversos do metal nos Estados Unidos — ele atraía um tipo de público bem extremo —, o que era mais do que perfeito, porque lá estávamos nós, uma banda de metal em ascensão, ainda mais extrema, recebendo o selo de aprovação de Ozzy ao sermos levados para a estrada com ele." Ozzy mais tarde me disse que nunca sequer tinha ouvido falar do Metallica quando sua esposa e empresária, Sharon, falou pela primeira vez a respeito dos seus novos companheiros de turnê. "Eu costumava passar pelo trailer deles e pensar que estavam tirando uma comigo", ele disse, "pois tudo que se ouvia saindo pelas janelas era Black Sabbath no último volume. Isso e fumaça de maconha." Longe de tentarem despertar alguma reação no grande astro, os integrantes da banda — especialmente Lars e Cliff, fãs de longa data da era Ozzy no Black Sabbath — não conseguiam acreditar no quanto eram sortudos. "Estávamos maravilhados com ele", disse Lars. "Ozzy era um grande mito... mas, no final, acabamos nos divertindo bastante com o cara." E se divertiram mesmo. Apesar de uma recente e bastante divulgada passagem pela clínica de Betty Ford para se tratar, aqueles ainda eram os anos selvagens da vida de Ozzy, e as visitas ao trailer do Metallica se tornaram cada vez mais frequentes com o desenrolar da turnê, depois que percebeu que aquele era um bom lugar para fumar e beber — ou qualquer outra coisa que estivesse a fim —, longe do olhar desaprovador de Sharon.

O público de Ozzy também logo aceitou a banda. "Foi o verdadeiro sinal", disse Bobby Schneider. "Quero dizer, eu vi quando estava na Europa. Vi a reação fanática, e eles estavam vendendo ingressos, no entanto eram só 2 mil lugares. Mas quando abriram para Ozzy, vi o que estava para acontecer." Ele disse que, em alguns shows, o Metallica vendia quase tantos produtos licenciados quanto Ozzy — uma indicação de sucesso crescente no meio musical norte-americano, muitas vezes mais importante do que a venda de discos. Como me disse Sharon Osbourne certa vez: "Uma banda pode ter um sucesso nos Estados Unidos e isso não significar merda nenhuma quando estiver na estrada, principalmente no mercado do rock. O público que compra ingressos para o show não vai gostar dela a não ser que corresponda às expectativas, e um bom sinal disso é o número de pessoas que quer comprar ou vestir sua camiseta". De acordo com Schneider, ao final da turnê havia um número quase equivalente de pessoas na plateia vestindo camisetas do Metallica e do Ozzy. A reação do público "foi simplesmente fenomenal. Mesmo assim, tudo ainda era um pouco *underground*. Acho que eles nem percebiam. E essa era, em parte, a beleza de tudo aquilo. Eles eram apenas moleques mandando ver. Acho que ficavam tão felizes tocando numa casa de shows para quinhentas pessoas quanto numa arena para 15 mil. O sucesso não tinha subido à cabeça deles, de jeito nenhum. Havia bem poucas exigências e nenhum estrelismo. Todos eram próximos".

Junto com o sucesso veio o aumento na venda de discos. Ao final da turnê, em agosto, após mais de cinquenta shows de abertura para Ozzy, descobrindo o que era se apresentar para dezenas de milhares de pessoas em arenas de hóquei, centros de convenções, palcos ao ar livre e ginásios, alternados com mais ou menos uma dúzia de shows em teatros pequenos e feiras do interior em que eram a atração principal, *Master of puppets* tinha vendido mais de 500 mil cópias, dando à banda o seu primeiro disco de ouro e a levando para a parada dos trinta mais pela primeira vez, chegando à 29ª posição. O disco passaria 72 semanas na lista. Vinte e cinco anos depois, os números chegam a quase 7 milhões de cópias vendidas nos Estados Unidos e a quase o mesmo número no resto do mundo. A turnê Ozzy/Metallica foi a segunda mais bem-sucedida em termos de venda de ingressos no circuito norte-americano naquele verão (superada apenas pela dobradinha Aerosmith/Ted Nugent). Mais uma vez, embora não tivesse ficado tão óbvio para os fãs de thrash, o Metallica estava deixando um rastro a ser seguido pelos demais, ajudando a estabelecer uma nova hierarquia no rock *mainstream* norte-americano, uma mudança que resultaria, nos dois anos seguintes, no Slayer abrindo para o Judas Priest, o Anthrax para o Kiss e o Megadeth fazendo as honras para o Iron Maiden. Todos esperando pelo mesmo efeito em suas carreiras que o lugar na turnê de Ozzy tinha causado na do Metallica.

"Nunca esperei que fosse ser aquele sucesso", disse Kirk. Comparado com qualquer outro fenômeno das paradas de discos norte-americanas daquela época, *Master* "era uma enorme laranja em um cesto de maçãs". Ele disse que ficou "chocado" quando alcançaram o disco de ouro. Até então, tinha pensado: "Talvez as pessoas simplesmente não nos entendam. Talvez estivéssemos fazendo algo que não compreendessem. Mas, ao avançarmos naquela turnê com Ozzy, convertemos um monte de gente, noite após noite. E isso nos deu muita esperança para prosseguir. De repente, estávamos vendendo discos, e muito disso tinha a ver apenas com sair tocando pra valer, apresentando um grande show, com trazer a música até as pessoas daquela maneira. Porque as rádios simplesmente nos ignoravam". Kirk se recordou de uma reunião no fundo do ônibus da turnê, quando Cliff Burnstein havia informado que eles estavam prestes a conseguir o primeiro disco de ouro. "Ele disse algo realmente profundo: 'Vocês vão conseguir dar entrada numa casa, e estou muito orgulhoso'. E a primeira coisa que Cliff disse foi: 'Eu quero uma casa onde eu possa usar a minha arma que atira facas!'. Típico de Cliff Burton falar uma coisa dessas..."

Nem todos ficaram impressionados, é claro. Um repórter da *Newsweek* que cobria a turnê descreveu o Metallica de várias maneiras: "feios", "fedidos" e "odiosos", concluindo: "Detesto os caras. Mas não dá para negar o sucesso deles". Talvez ele estivesse pensando apenas em Lars, que tinha anunciado orgulhoso para quem quisesse ouvir: "Não tomo banho há três dias, cara". A teoria dele para isso: "Acho que tem algo a ver com o sucesso: quanto mais bem-sucedido você é, menos sente vontade de tomar banho". Só que, conforme lembrou James, ele sempre tinha sido daquele jeito. Mas, então, aqueles tempos de repente pareciam mesmo bastante longínquos, agora que Lars se queixava para a imprensa britânica dos "4 mil [fãs] cercando o ônibus da banda" todas as noites durante a turnê. "A demanda pelo nosso tempo havia aumentado muito", observou, sério. Era tudo com que ele tinha sonhado desde quando era um garoto de nove anos que escutava o disco *Fireball* do Deep Purple. O Metallica agora também tinha de se hospedar em hotéis usando pseudônimos. Como Lars observou: "Se os fãs têm acesso a você o tempo todo, vão querer incomodar a qualquer hora do dia ou da noite". Pelo menos, era o que ele esperava.

Felizmente, Cliff estava ali para impedir que o sucesso subisse à cabeça de Lars e dos demais, sempre perguntando: "O que é real para você?". Kirk se lembrou "da enorme integridade de Cliff, e que o modo de expressá-la estava numa frase curta, que até hoje uso: 'Eu não estou nem aí'. Ele só se preocupava com a música e a integridade por trás dela. Ele simplesmente era muito, muito real. Eu não sei se, de algum modo, pressentia que seu tempo era curto, mas ele vivia cada dia como se fosse o último, porque não aceitava nada em que não acreditasse. E isso me ensinou muito. Até hoje, há situações em que consigo imaginar Cliff dizendo: 'O que é real para você? O que é real para nós nessa situação? O que importa de verdade?'. E ele enumeraria uma série de coisas que não tinham nenhuma importância. Ao final de cada uma, diria: 'Não estou nem aí!'. Ele era um cara muito, muito forte. Teimoso às vezes, e por isso batíamos de frente de vez em quando. Mas éramos irmãos de verdade, e ele era uma grande influência para nós todos".

O único desvio de percurso foi James ter quebrado o pulso esquerdo num acidente de skate nos bastidores, antes de um show em Adamsville, em 26 de junho. O show teve de ser cancelado, e, no restante da turnê, James foi forçado a se apresentar sem guitarra, com o braço numa tipoia. Por sorte, o roadie de Kirk durante a turnê era John Marshall, da banda Metal Church, de Seattle, que concordou em ficar na guitarra base até que o pulso de Hetfield melhorasse e ele pudesse tocar de novo. Mesmo assim, quando retornaram a Londres, na primeira semana de setembro, para se preparar para o início da primeira turnê britânica completa da banda, chegaram animadíssimos. O pulso de James ainda estava engessado no primeiro show no St. David's Hall, em Cardiff, no dia 10 de setembro, mas a banda sabia que a sua vez havia chegado. *Master of puppets* tinha vendido tantas cópias pelo MFN na Europa quanto nos Estados Unidos, alcançando a 41ª posição na parada do Reino Unido, e nem mesmo uma performance inspirada do Anthrax — animado por abrir para o Metallica naquela que também seria a sua turnê de estreia no Reino Unido — foi capaz de abalar a confiança do grupo, que fez um show maravilhoso de duas horas. "O repertório ainda era o que eles teriam tocado num clube", recordou Malcolm Dome. "Nada de palcos grandes, como os dos anos a seguir. O pano de fundo era uma versão ampliada da capa de *Master of puppets*, mas, fora isso, eles subiam ao palco e mandavam ver. Puro rock de garagem, de altíssima qualidade."

Foi a mesma história na noite seguinte em Bradford, no St. George's Hall, e, depois, em Edimburgo, na Playhouse, em 12 de setembro. Entrevistada pela

Sounds no camarim, antes do show, ficou claro que a banda estava feliz com o sucesso. Até mesmo Cliff, que geralmente fazia tudo que estivesse ao seu alcance para evitar entrevistas, passando o bastão para Lars, que o recebia de bom grado, sentou e participou. "A diferença entre o restante do meio do metal e o Metallica é a diferença entre dar um soco no ar e num alvo específico", declarou Cliff. Ele desdenhava, no entanto, de qualquer sugestão de a banda ter de transmitir algo mais profundo daquilo que estava presente em sua música. "Fazer parte de uma banda coloca você numa posição de porta-voz", refletiu, "mas não somos esse tipo de banda de merda com uma mensagem!" Questionado a respeito do seu interesse por música clássica, um assunto desconcertante para o seu interlocutor, Cliff foi paciente ao explicar como "todos nós passamos por períodos em que escutamos música clássica", o que era novidade para James e Lars. "Fui consumido pela coisa", Cliff prosseguiu, "fiz aulas, aprendi teoria etc. Influencia bastante. Muitas músicas entram por um ouvido e saem pelo outro, mas você escuta esse lance por um mês e se acostuma. Deixa uma marca."

O restante da turnê de dez shows prosseguiu num clima positivo. Jonny e Marsha, como empresários do Anthrax, também estavam presentes — era a primeira vez, em quase dois anos, que viam o Metallica tocar. "Eles detonaram", disse Marsha. "Excelentes, e foi mesmo legal vê-los de novo, em especial Cliff, que foi supermeigo e fez várias perguntas sobre nossa família." O Anthrax também estava se divertindo e recebeu o mesmo tratamento que o Metallica havia recebido do Ozzy. "Sentíamos que éramos parte de algo", recordou Scott Ian. "O público era incrível, o sentimento era de que algo importante estava acontecendo." A atmosfera de bem-estar fez com que Lars, quando a turnê chegou ao Birmingham Odeon, convidasse Brian Tatler para uma *Jam* em "Am I evil?", que agora fazia parte do bis. "Peguei o ônibus para Birmingham", recordou Brian. "Eles me levaram para os bastidores e Lars me apresentou a James. Não conhecia nenhum deles antes... todo mundo parecia legal, foi bom. Chegando a hora do show, Lars me disse para ir assistir na frente, e depois, no momento certo, voltar e tocar 'Am I evil' com eles. Por mim estava tudo bem, mas não tinha imaginado uma coisa dessas." Como não tinha levado guitarra, usou uma de James. "Não sabia o que aconteceria, e então

James me apresentou como 'o cara que compôs esta música'... E eu fui lá e foi maravilhoso."

Quem também estava nos bastidores naquela noite era um jovem jornalista chamado Garry Sharpe-Young. Estava lá, aparentemente, para entrevistar Lars, mas falou também com Cliff enquanto esperava o baterista chegar. "Conversamos sobre bandas dos Estados Unidos, porque eu estava guardando as minhas perguntas de verdade para Lars", Sharpe-Young mais tarde se lembrou. "Cliff achava engraçado que todas as áreas de bastidores na Grã-Bretanha fossem pintadas como paredes de cadeia." A conversa também enveredou por um assunto mórbido: o que o Metallica faria se um dos integrantes da banda morresse? "Estávamos, na verdade, falando sobre John Bonham e o Led Zeppelin." A morte de Bonham, cinco anos antes, havia sido o último prego no caixão da banda, já moribunda. "O que estávamos discutindo era a hipótese de Lars encontrar Criador", continuou Sharpe-Young. "Cliff disse que eles dariam uma festa com muita bebedeira em sua homenagem e depois arranjariam um novo baterista. E rápido..."

A noite seguinte, um domingo, era a última da parte britânica da turnê — a primeira apresentação da banda como atração principal no Hammersmith Odeon, em Londres. Como havia ocorrido no Lyceum dois anos antes, toda a imprensa especializada em metal deu as caras, acompanhada de vários membros da grande imprensa musical, até mesmo gente do rádio e da TV. Tudo isso, no entanto, como disse Gem Howard, "tinha muito a ver com a propaganda boca a boca. Para quem conhecia o Metallica e o Anthrax, o show provavelmente era o maior do mês em todo o país. Mas ainda havia muita gente que nunca tinha ouvido falar neles". E acrescentou, sorrindo: "É claro que isso estava prestes a mudar". Ele também comentou sobre como o Metallica tinha progredido desde a última vez que tocaram no país: "Sempre digo que são necessários dez ensaios para fazer um show, e àquela altura, eles estavam com tudo em cima. Ter caído na estrada com Ozzy durante o verão os tinha transformado numa máquina de tocar ao vivo realmente afiada".

Antes do show, James e Lars foram ao pub ao lado, o Duke of Cornwall, tomar algumas cervejas. No grupo que se juntou a eles estava o DJ e designer da *Kerrang!*, Steve "Krusher" Joule. "Por algum motivo, Lars pensou que eu fosse Bon Scott — ou, pelo menos, o fantasma dele —, embora ninguém tivesse me confundido com o cara antes. O lugar estava lotado de fãs do Metallica, claro, mas todo mundo estava bastante relaxado quanto a isso. James estava bem quieto, porém Lars falava pelos cotovelos, sem parar. Então, lembro de voltar com eles para o show. Não havia seguranças naquela época, eles estavam no ambiente deles."

No lado de fora da casa de shows, Gem se recordou de ter cedido o seu último par de ingressos de cortesia: "Sempre que havia um show esgotado como o do Hammersmith Odeon, eu ficava na frente, entregando os ingressos para os jornalistas e outros convidados. Quando a banda entrava no palco, porém, encerrava. Mas, claro, havia sempre algumas pessoas que não apareciam, e eu odiava ficar com ingressos que seriam desperdiçados. Então, depois que o show começou, vi umas meninas se debulhando em lágrimas. Deviam ter uns catorze anos, e quando perguntei qual era o problema, elas disseram que não tinham ingressos e não podiam comprar dos cambistas porque, como sempre, os preços eram absurdos. Então cedi os meus últimos dois ingressos. Lembro, então, de ser derrubado e depois coberto de beijos. Elas, em seguida, correram para a entrada. Foi um momento adorável".

Após o show, os membros da banda passaram mais de uma hora dando autógrafos e conversando com os fãs nas mesas montadas num corredor dos bastidores. Então, Lars resolveu chamar os convidados da banda para irem até a casa de Peter Mensch, na Warwick Avenue, onde ele passaria a noite. Como disse Krusher Joule: "Lembro de ser jogado dentro de um carro com Lars, e possivelmente James, e ser levado para um lugar superchique, a casa de Mensch, nas proximidades de Holland Park, acho, onde conheci a esposa dele, Sue, uma mulher deslumbrante. Era um lugar extraordinário, com discos de ouro espalhados pelas paredes, numa dessas ruas com policiais a postos em cada ponta". Malcolm Dome, que também estava presente, lembrou que a festa na casa de Mensch "durou apenas algumas horas", e então James, Kirk e Cliff retornaram ao Columbia Hotel, onde alguns retardatários se juntaram a eles, e a festa foi até quase o amanhecer.

Por sorte, os dois dias seguintes seriam de folga, tempo suficiente para se recuperarem da ressaca (se é que tinham em algum momento parado de beber para poderem ficar de ressaca). Era uma época de festas, porém, e, a não ser por Cliff — que preferia maconha ao vinho —, James e Lars, em particular, pretendiam se divertir. Mal tinham dormido quando a banda embarcou no ônibus da turnê para fazerem a travessia de balsa até a Suécia, na terça pela manhã, prontos para iniciarem o trecho europeu da turnê. *Master of puppets* tinha vendido mais de 45 mil cópias só na Suécia, um número enorme para um território de vendas modestas, e a primeira apresentação, em 24 de setembro, seria no prestigioso ginásio Olympus, em Lund. James tinha esperança de conseguir voltar a tocar sua Gibson Explorer, mas o pulso, embora sem o gesso, ainda doía e tinha pouca firmeza. Mesmo assim, ele fez uma tentativa na segunda apresentação da turnê em Oslo e sentiu-se confiante o suficiente a ponto de dizer a John Marshall que não precisariam mais que tocasse. Na noite seguinte, no Solnahallen, em Estocolmo, James, de guitarra em punho desde o início, tocou de maneira impecável, com a banda de volta à formação clássica de quatro integrantes pela primeira vez desde o acidente, três meses antes. Cada vez melhor, com a confiança renovada, a banda se superou, e Cliff, em particular, alcançou novos patamares com o acréscimo de uma versão bizarra, ainda que comovente, de "The star spangled banner" [hino nacional norte-americano] ao costumeiro solo de baixo — tanto o público como o restante da banda ficaram boquiabertos enquanto ele balançava o cabelo pelo palco, rodopiando o braço direito. Antes disso, Cliff havia reclamado de novo de dor nas costas, causada pela maneira expansiva de tocar, mas quem o visse no palco não perceberia nada.

Não foram para o hotel naquela noite. O próximo show era em Copenhague, a segunda casa do Metallica e, em especial, de Lars, e eles estavam ansiosos pela folga que viria depois. Em vez disso, todos se amontoaram dentro do ônibus da turnê após a sessão de autógrafos em Solnahallen, ainda suados, com toalhas brancas ao redor do pescoço para se manter aquecidos. Não era mais verão na Escandinávia, e, embora os dias ainda fossem luminosos, começava a escurecer mais cedo e a esfriar à noite. A viagem seria longa, e os motoristas tinham pressa em colocar o pequeno comboio na estrada: dois ônibus, um transportando a banda, Bobby Schneider — o tour manager — e a equipe de palco, e outro, com o restante da equipe; além de um caminhão com o equipamento. O roteiro passava por diversas estradas vicinais do interior montanhoso. O ônibus da banda foi o primeiro a partir, e a maioria dos ocupantes decidiu assistir a um filme, beber e fumar até que a agitação pós-show passasse. Pararam num posto de gasolina em Odeshog, mas, às duas da madrugada, a maioria da banda já estava adormecida nos beliches.

O ônibus era apertado, desconfortável, um exemplar convencional da empresa Len Wright Travel convertido para leito, com os bancos de trás removidos e substituídos por oito beliches de madeira compensada, com colchões finos de espuma pretos. "Tínhamos um ônibus muito ruim", Kirk recordou mais tarde. Alguns leitos eram mais confortáveis que os outros. John Marshall, em particular, tinha dificuldade em fazer com que os seus cansados 1,80 m coubessem num deles. Kirk e Cliff decidiram no baralho quem ficaria com o leito mais confortável, na janela, e Cliff ganhou ao tirar o ás de espadas. Ele e James foram os últimos a ir para a cama, James mandando ver na vodca, Cliff fumando um baseado. Os leitos ficavam no fundo, um perto do outro. Ambos tinham caído no sono no ônibus silencioso, que começava a deixar a estrada.

Um certo mistério envolve os acontecimentos que vieram a seguir e, vamos admitir, alguns detalhes permanecem incógnitos, como a identidade do motorista. Ninguém com quem falei que estava no ônibus, incluindo Bobby Schneider, parece se lembrar do nome dele — ou, se lembram, não o dizem por motivos insondáveis. Quase 25 anos depois, ninguém da polícia sueca ou da imprensa local parece ter também algum registro desse nome — ou, pelo menos, um que estejam dispostos a divulgar. Porém, o que se sabe é que, viajando na direção sul, entre as junções 82 e 83 da rodovia E4, eles estavam cerca de três quilômetros ao norte de Ljungby quando tudo aconteceu: o motorista, atônito, tentava desesperado manobrar o ônibus de volta à estrada de pista dupla, os pneus já trepidando com o início da derrapagem. O veículo, então, tombou para um dos lados.

A primeira lembrança de James foi ter acordado com o café quente derramado sobre ele pela cafeteira virada para baixo. Foram os gritos que despertaram Kirk Hammett; John Marshall foi alertado pela dor aguda nas costas, seu corpo grandalhão havia sido jogado para fora da cama apertada. O corpo de Lars Ulrich reagiu antes de sua mente, a adrenalina pura o impulsionou através da abertura mais próxima, sem registrar nem sequer a dor no dedo do pé quebrado até que parasse de correr pela estrada e voltasse mancando.

John Marshall foi o que se desvencilhou a seguir do ônibus tombado, sentando na beira da grama, tremendo, de cuecas. Dentro do ônibus, ele tinha ouvido um barulho semelhante ao de água corrente e se apavorado pensando que tinham caído num riacho: "Mas era apenas o motor, que ainda estava ligado". O motorista também já estava do lado de fora, correndo pela estrada aos gritos, histérico. Ele foi a primeira pessoa que James viu ao conseguir sair, pulando, pela janela de emergência dos fundos, "completamente... transtornado". A segunda pessoa foi Cliff, suas pernas finas e branquelas para fora, o resto do corpo sob o ônibus. James não conseguia acreditar no que via, mas ainda não tinha consciência total do horror da cena. No acidente, Cliff fora jogado contra a janela — que se espatifou —, ficando com metade do corpo para dentro e metade para fora do ônibus, que, ao tombar, aterrissou sobre o torso e a cabeça do baixista. James correu, tentou soltar Cliff. Em vão. Cliff não se mexia. Foi quando a ficha começou a cair. Falando sobre o assunto na *Rolling Stone* sete anos depois, o choque ainda era palpável: "Eu o vi morto. Foi terrível". Quando o motorista tentou arrancar o cobertor ainda enrolado no corpo de Cliff, para dá-lo a um dos demais que tremiam de frio na beira da estrada, James ficou puto da vida, gritando: "Não faça isso!". Ele "já queria matar o cara", disse. Kirk, soluçando, com um olho roxo, também começou a gritar com o motorista: "O que você fez? O que você fez?". De repente, todos estavam falando e gritando ao mesmo tempo. James lembrou de o motorista ter dito que o ônibus tinha derrapado no gelo e, depois, de ter "caminhado vários quilômetros" de meias e cuecas para ver se achava o tal gelo. Mas não encontrou nada. Naquela altura, "queria matar o cara. Dar um fim nele ali mesmo". Enquanto isso, seu roadie de guitarra, Aidan Mullen, e o técnico de bateria de Lars, Flemming Larsen, permaneciam presos dentro do ônibus tombado, soterrados sob os pedaços dos frágeis beliches, e Bobby Schneider, que ainda não sabia que tinha quebrado a clavícula, tentava soltá-los. "Aidan tinha um cobertor sobre a cabeça e estava em choque", disse Bobby. "Lembro de tê-lo chamado e puxado o cobertor, e ele finalmente conseguiu sair." Flemming não teve tanta sorte. A equipe de resgate levou quase três horas para retirá-lo.

Quando a polícia sueca finalmente chegou à cena do acidente, prenderam o motorista, como era de praxe — um procedimento normal em casos assim. Àquela altura, a situação estava mais calma, pois a primeira das sete ambulâncias chegara e os feridos puderam ser socorridos. A maioria tinha cortes e hematomas. As feridas de verdade não estavam à vista, na superfície, não naquele momento. Todos estavam sentados, tremendo de frio, usando roupas de baixo. John Marshall vestiu uma das calças de Lars, "mas, claro, batiam nas minhas canelas".

O segundo ônibus com o restante da equipe chegou ao local ao mesmo tempo em que um guindaste desvirava o veículo acidentado. Mick Hughes assistiu, horrorizado, ao guindaste "colocar uma corrente grande ao redor do ônibus" e começar, devagar, a botá-lo de novo na vertical. "Não sei se àquela altura Cliff já estava morto, pois o ônibus tombou para o chão novamente." Se Cliff ainda não tinha morrido, agora estava morto. O corpo foi enfim retirado de debaixo do ônibus e levado para uma ambulância. Foi quando começou uma perícia minuciosa do local, à procura de quaisquer provas que pudessem explicar o acontecido. James, mais tarde, declarou que havia sentido cheiro de bebida no hálito do motorista, uma acusação que jamais foi provada. Outros ficaram pensando, com razão, que talvez o motorista estivesse cansado, como John Marshall ponderou com prudência. Havia outras atenuantes. Era um ônibus britânico, construído para transitar à esquerda, com o volante à direita. Tanto na Dinamarca como na Suécia, dirige-se pela direita, o que tornaria difícil, à noite, enxergar uma curva à esquerda, principalmente na escuridão absoluta do interior. Seria perigoso, também, dirigir sem prestar a atenção exigida, dormir ao volante ou se desconcentrar por um momento. É possível sobreviver a um cochilo de alguns segundos em linha reta, porém, numa curva inesperada, seria fatal. O motorista, que também era britânico, mas de quem nunca se soube o nome, estava dirigindo havia seis horas.

Além da polícia e dos serviços de emergência, as únicas pessoas a chegarem ao local naquela manhã foram, quase que por milagre, uma médica, que passava de carro e parou para prestar os primeiros socorros, e um fotógrafo de 49 anos chamado Lennart Wennberg, que trabalhava na época para o jornal sueco *Expressen*. O ônibus já havia sido desvirado quando Wennberg chegou.

"Fiquei no local do acidente por, talvez, meia hora", disse a Joel McIver. "Tirei cerca de vinte fotos. Não me lembro de ter falado com ninguém. A polícia não estava incomodada com o fato de eu estar fotografando, mas alguém da equipe da banda achou melhor eu parar."

Ele notou se havia gelo na estrada?

"Disseram que essa pode ter sido a causa do acidente. Considero fora de questão. O asfalto estava seco. A temperatura estava em torno de zero grau durante a noite, mas condições escorregadias? Não." Na delegacia no centro de Ljungby, o motorista, que Wennberg descreveu como "na casa dos cinquenta, encorpado, de estatura mediana", foi interrogado por várias horas pelos investigadores de polícia, mas liberado mais tarde, sem ser indiciado. Wennberg também fotografou os membros da banda quando chegaram do hospital num carro de polícia e entraram no hotel Terraza, em Ljungby. Ele se recordou: "O empresário veio até mim e o repórter do *Expressen* no saguão do hotel para uma entrevista. Mas, após alguns minutos, recebeu um telefonema e não voltou mais".

Bobby Schneider já tinha contado a sua versão dos acontecimentos para o repórter no hospital. "Não consigo acreditar", repetia sem parar. "Estávamos dormindo quando ocorreu o acidente... quando consegui sair do ônibus, vi Cliff estirado na grama. A morte deve ter sido instantânea porque ele atravessou a janela. Foi tudo tão rápido que não é possível que tenha sentido alguma coisa, o que é um pouco reconfortante." Ele acrescentou: "Ninguém na banda tem condições de tocar no momento. Só queremos ir para casa o mais depressa possível e garantir que Cliff tenha um funeral decente". John Marshall, deitado numa cama ao lado da de Bobby na sala de emergência, estava igualmente aturdido, ainda tentando aceitar o que tinha acontecido. "Lembro do Bobby deitado ao meu lado, enquanto tiravam a nossa pressão, coisa e tal, dizendo: 'O Cliff se foi, sabe?'. De repente, a realidade me atingiu. Naquele momento, olhei para cima, para o teto, e agradeci por ninguém mais ter se machucado gravemente, por não ter sido pior do que foi." James Hetfield não estava agradecido por nada. Quando Bobby começou a reunir todos após terem recebido cuidados médicos, dizendo que a banda deveria se juntar para ir a um hotel, a única coisa que James conseguiu pensar foi: "A banda? De jeito nenhum!

Não existe banda. A banda não é 'a banda' neste exato momento. São apenas três caras". Pela primeira vez, Lars não tinha nada a dizer. Ele não conseguia absorver os acontecimentos. "Lembro de estar no hospital e de um médico vir até o quarto onde eu estava, dizendo que Cliff tinha morrido. Não conseguíamos compreender, foi muito difícil, muito irreal..."

Naquela altura, Peter Mensch e o promotor dinamarquês do show de Copenhague, Erik Thomsen, também já haviam chegado ao hotel Terraza. Bobby Schneider estava organizando a viagem do grupo até Copenhague, a cidade grande mais próxima que tinha um aeroporto internacional, para o dia seguinte, enquanto ele ficaria mais um dia. "Tinha que lidar com o traslado do corpo", disse, remexendo nas lembranças daquele dia. "Também me lembro de ter ficado mais um dia em Copenhague para garantir que isso acontecesse." Enquanto isso, o Metallica passava sua primeira noite de sábado sem a companhia de Cliff.

James e Lars compartilharam um quarto, como de costume. Kirk, que dormiria com Cliff, ficou no de John Marshall. Este último lembrou que os dois estavam tão abalados que dormiram com a luz acesa naquela noite. Isto é, quando conseguiram pegar no sono. A maioria da banda e da equipe tinha se embebedado numa tentativa de lutar contra o choque e amortecer a dor crescente. Bobby se recordou de ter voltado para o hotel muito tarde e que "havia algumas questões relativas a prejuízos e mais algumas coisas. Os caras estavam bebendo e repassando, tentando entender os acontecimentos". Porém, por mais que bebessem, ninguém conseguia dormir. Longe de amortecer seus sentimentos, James desmoronou — num momento, sentindo a dor do luto, no minuto seguinte, movido por uma raiva inconsolável. Às quatro da madrugada, os demais ouviram James bêbado na rua, gritando: "Cliff! Cliff! Cadê você?". Kirk não conseguiu segurar e começou a chorar de novo.

O jornal local de Ljungby, o *Smalanningen*, noticiou o acidente na edição de segunda-feira, dizendo: "O motorista acha que foi um trecho coberto de gelo que fez com que o ônibus derrapasse para fora da estrada. Mas não havia gelo algum. 'Por isso, a investigação continua', disse o investigador Arne Pettersson, em Ljungby". A reportagem prosseguia: "O motorista negou ter adormecido enquanto dirigia. 'A sequência dos acontecimentos e as marcas deixadas no local do acidente coincidem com o padrão observando quando um motorista dorme ao volante', disse a polícia". Contudo, "o motorista disse, sob juramento, que tinha dormido durante o dia e que estava descansado, o que foi confirmado pelo motorista do outro ônibus".

No dia seguinte, dando continuidade à matéria, o *Smalanningen* noticiou: "O motorista do ônibus da turnê não será detido. Ele está proibido de viajar e deve contatar a polícia uma vez por semana até o final da investigação". A matéria acrescentava que o motorista era "suspeito de dirigir de maneira imprudente e causar a morte de outra pessoa. Ele afirmou que o ônibus saiu da estrada devido ao gelo. Mas a investigação técnica da polícia disse que não havia gelo na estrada no momento do acidente. Há suspeitas de que o motorista tenha adormecido ao volante...". Outra matéria, do dia seguinte, disse que o motorista estava hospedado num hotel local enquanto era realizada uma perícia no ônibus. Na segunda-feira, 6 de outubro, o jornal anunciou que "não havia problemas de ordem técnica no ônibus da banda de rock norte-americana Metallica. Isso foi determinado pela Secretaria Nacional para Segurança nas Estradas durante uma breve investigação". Uma semana depois, foi anunciado que o promotor público havia suspendido as restrições de viagem ao motorista, que agora teria permissão para voltar para casa. No início, falava-se que ele seria acusado de homicídio culposo. Houve rumores de que, alguns meses depois, ele teria voltado ao trabalho, dirigindo para bandas por toda a Europa em ônibus iguais àquele em que o Metallica havia se acidentado. Outros disseram que ele havia mudado de nome. Seja qual for a verdade, a investigação policial sobre a morte de Cliff, embora não tenha sido tecnicamente concluída, foi encerrada. Até hoje, não existe uma explicação oficial para o ônibus ter deixado a estrada momentos antes do amanhecer naquele sábado.

Em entrevista recente, Bobby Schneider se recusou a culpar alguém: "Se alguém deve ser culpado, acho que era o motorista que dirigia o ônibus. Mas as pessoas se envolvem em acidentes. Felizmente, muitas leis sobre a construção de ônibus mudaram. Por uma infelicidade, a situação toda conspirou. Quando um ônibus rodopia daquele jeito, cria uma força centrífuga. Então, coincidiu de o lugar onde Cliff estar dormindo ser o ápice disso. E havia uma janela bem ao lado dele. Não havia nada entre os dois, e ele saiu pela janela". Bobby disse: "Fomos informados de que ele morreu antes de chegar ao chão". Mas acrescentou: "Não estou sugerindo que foi o caso. Acho que se existissem ônibus construídos para esse propósito, como os de hoje, ele teria se ferido tanto quanto os demais. Mas as coisas eram feitas daquela maneira. Era o padrão. Não são mais feitas assim, não desde então. Nos veículos atuais, há um tipo de barra protetora nas janelas".

Bobby acrescentou que não vira gelo nenhum e lembrou que não havia nevado. Então, a culpa foi do motorista? Ele fez uma pausa. "É possível que ele estivesse indo depressa demais. Não lembro, mesmo... Como disse, acidentes acontecem. Não havíamos tido nenhum problema com o motorista até então. Não era o caso de ele ter levado uma bronca por dirigir de maneira imprudente, ou que andasse bebendo, ou houvesse algum problema. Se me lembro bem, só tínhamos usado o ônibus duas vezes. Partimos de Londres para a Suécia, fizemos o show e estávamos a caminho de Copenhague." Porém o resto da banda jamais será convencido de que o motorista não perdeu o controle, por qualquer razão. Ele era, supostamente, a única pessoa acordada na hora. Ele estava no controle. A responsabilidade era dele. E assim permanece. Como disse James: "Não sei se ele estava bêbado ou se o ônibus derrapou no gelo. Tudo que sabia era que ele estava dirigindo e que Cliff não estava mais vivo".

Com o restante da turnê cancelada 48 horas após o acidente, a banda e a equipe estavam a caminho de casa. Lars passou rápido pela casa de Mensch em Londres. Os membros americanos da equipe foram recepcionados no aeroporto JFK em Nova York por Cliff Burnstein, e James e Kirk fizeram uma conexão para San Francisco. O corpo de Cliff ficou na Suécia, onde uma autópsia teria de ser realizada antes que pudesse ser enviado de volta aos Estados Unidos. Foram necessários vários dias para que a documentação fosse processada, o que só contribuiu para aumentar a agonia de todos. O médico-legista oficial, dr. Anders Ottoson, determinou como causa da morte uma compressão fatal do tórax e danos pulmonares. O número do passaporte de Cliff, E 159240, fora cancelado e enviado para os pais enlutados. Somente depois de todos estarem em casa começaram a sentir o impacto da tragédia. Big Mick resumiu bem os sentimentos da banda e da equipe ao comentar mais tarde: "Você sempre se sente protegido durante as turnês, é como se nada assim pudesse acontecer, como se não fosse permitido. Nesse tal de rock 'n' roll, cara, ninguém morre. Mas aconteceu, e foi difícil de assimilar".

O Anthrax já estava em Copenhague para o show daquela noite quando os integrantes souberam do acontecido. "Desde o dia em que nos conhecemos até o último em que passamos juntos em Estocolmo, Cliff Burton não mudou nada", disse Scott Ian, menos de 24 horas depois. "Mesmo com o aumento do sucesso do Metallica, ele continuou o mesmo cara que conheci e de quem gostava. O jeito de se vestir e o comportamento de Cliff nunca mudaram, e todos vamos sentir muito a falta dele." Flemming Rasmussen tinha aguardado ansioso pelo show de Copenhague naquela noite. "Estava muito orgulhoso do sucesso de *Master of puppets*, e aquela seria a primeira vez em que os veria tocando desde as gravações", recordou. "Fui acordado às seis da manhã pela minha mãe, que disse que o ônibus havia sofrido um acidente. Tinha ouvido no rádio. Não conseguia acreditar! Foi tão esquisito ter acontecido a caminho de Copenhague."

As notícias correram. Mas não depressa o bastante, naqueles tempos sem celular e e-mail, para a namorada de Cliff, Corinne Lynn, que estava em San Francisco. Como disse a Joel McIver: "Na sexta à noite, o R.E.M. tocaria em Berkeley. Cliff amava e sempre escutava a banda. Ele estava com muita inveja de mim porque eu ia ao show. Então me disse: 'Me liga depois para dizer como foi'. Estava tão animada. Iam tocar no Greek Theater, mas estava chovendo e relampejando, então Michael Stipe subiu ao palco e disse: 'Desculpem, mas não vamos poder tocar porque os caras têm medo de que a gente morra esta noite'. Lembrei disso depois". Em vez de ir ao show, Corinne saiu para beber com uma amiga. Então, "por volta da meia-noite ou uma da madrugada", tentou ligar para o hotel em Copenhague onde Cliff deveria estar hospedado. "A senhora ficava dizendo que não, que eles ainda não tinham feito o check-in. Achei aquilo estranho". Ela pensou que Cliff talvez tivesse se hospedado usando um pseudônimo que de vez em quando usava — Samuel Burns —, mas, de novo, não teve sorte. "Bobby Schneider sempre usava o próprio nome, e também não estava lá. Achei tudo tão estranho que não consegui dormir.

Ligava de hora em hora: 'Não, eles não chegaram ainda'. Pensei: 'Que porra está acontecendo?'. Mas acabei pegando no sono."

Com um fuso de oito horas de diferença, somente na manhã seguinte a notícia da morte de Cliff chegou à Califórnia. Mesmo assim, Corinne ainda não sabia de nada. Ela tinha passado a manhã na casa de uma amiga, sem um celular em que pudessem localizá-la, e só recebeu a mensagem à noite, quando Martin Clemson, com quem morava, também voltou para casa. "Martin disse: 'Preciso falar com você'. Eu disse: 'O quê? O que foi?'. Ele: 'Cliff morreu'. Eu disse: 'Não, não morreu! Do que você está falando?'. Ele: 'Houve um acidente...'." Corinne telefonou imediatamente para os pais de Cliff, que confirmaram a notícia. "Fui para lá na manhã seguinte. Acho que fiquei direto com eles por duas semanas, só voltei para casa para pegar algumas roupas."

Gary Holt disse que "estava movendo um aquário de 95 litros" quando ouviu que Cliff tinha morrido. Ele estava no meio da mudança da casa dos pais para seu próprio apartamento. "Foi uma notícia chocante, é o mínimo que posso dizer. Você não imagina uma merda dessas acontecendo durante uma turnê. O comum quando sabemos que um músico morreu é que a culpa seja dele mesmo — overdose de drogas, sufocado no próprio vômito. Mas morrer num acidente de ônibus? Foi a primeira vez que soube de algo assim." Joey Vera também estava em casa quando recebeu o telefonema. "Fiquei totalmente surpreso, chocado, triste. Não podia acreditar porque tínhamos acabado de fazer uns shows com eles na turnê de *Master of puppets*. Você fica com aquela impressão de que 'não pode ser verdade, vi o Cliff seis ou oito semanas atrás...'. Não é o tipo de ligação que se recebe quando se é jovem, e isso é parte do choque. Num minuto, o cara está aqui e, no outro, se foi, e as coisas não batem. Deve ter sido horrível para a banda. Não posso imaginar pelo que eles passaram. Não consigo imaginar como deve ter sido presenciar, passar por tudo."

Um dos amigos mais próximos de Cliff, Jim Martin, então na estrada com o Faith No More, estrelas em ascensão, lembrou de ter recebido o telefonema da mãe de Cliff, Jan, dando a notícia: "Eu estava em casa, numa pausa da turnê. Fiquei arrasado". Cliff, disse, "era um cara que pensava". Jim teria de voltar à estrada no dia seguinte, mas "foi para casa no intervalo entre dois shows para ir ao enterro. Foi uma época muito dura, principalmente para os pais dele". Outro amigo de longa data, Dave Mustaine — afastado, dadas as circunstâncias, mas que voltara a falar com Cliff, quando este fora a um show do Megadeth em San Francisco antes de embarcar para a Europa — ficou arrasado. Em primeiro lugar, com a notícia, em segundo, com o fato de ninguém na banda ter pensado em contar pessoalmente para ele. Foi Maria Ferraro, que então trabalhava para o selo Megaforce, de Jonny Z., quem ligou para dar a notícia: "Nenhum dos caras ou dos empresários do Metallica me ligou. Fui direto para o meu traficante, comprei maconha e comecei a cantar, chorar e a compor uma música. Embora a letra não tenha nada a ver com o Cliff, a sua morte inesperada inspirou uma melodia que vive no coração de fãs de metal no mundo todo". A música era "In my darkest hour", que seria o ponto central e a faixa mais longa do álbum seguinte do Megadeth, *So far, so good... so what!*.

Por acaso, Jonny e Marsha Z estavam em San Francisco quando souberam da notícia. Tinham ido à cidade conferir um novo grupo de thrash metal chamado New Order, que logo mudaria o nome para Testament, cujo primeiro álbum, *Legacy*, influenciado pelo Metallica, seria lançado pela Megaforce no ano seguinte. "Estávamos no hotel, bastante animados por termos encontrado uma nova banda", disse Jonny. "Eram cerca de três da madrugada quando o telefone tocou. Era o tour manager do Anthrax, Tony Ingenere. Eu disse: 'Qual é o problema? Por que está ligando para a gente no meio da noite?'. Ele respondeu: 'Cliff Burton está morto. Houve um terrível acidente'. Sem conseguir voltar a dormir, Jonny e Marsha fizeram uma longa caminhada em direção à baía, consolando um ao outro.

Olhando para trás, Marsha disse que se sente grata por ter tido a chance de estar com Cliff, ainda que por pouco tempo, na Inglaterra, antes de ele morrer: "Sem saber que aquela seria a nossa despedida, passamos uma tarde tão adorável juntos que, de certo modo, me senti reconfortada quando ele se foi". Isso tinha sido em Londres, no dia seguinte ao show no Hammersmith Odeon com o Anthrax. "Foi um dia de folga, por isso tínhamos ido à Carnaby Street. Ele tinha mandado fazer um anel de caveira num joalheiro especializado, The Great Fog. Então fomos lá, ele pegou o anel e depois saímos para almoçar, colocar a conversa em dia. Ele sempre teve consideração por nós, acho que por termos sacrificado tanto para que eles pudessem viver aquele momento. Recordamos os velhos tempos em que eles tinham morado na nossa casa, as coisas que tinhámos feito e, depois, claro, nos despedimos, e Jon e eu pegamos um voo de volta para os Estados Unidos." A lembrança do terrível telefonema de Tony Ingenere naquela madrugada ainda faz Marsha estremecer: "Ter acontecido com Cliff era muito mais desolador do que podíamos imaginar — uma alma afetuosa, equilibrada, no meio de todos eles, a perder a vida naquele episódio".

A edição da *Kerrang!* na semana seguinte trouxe um tributo especial a Cliff Burton, em que foram publicadas várias mensagens de condolência, incluindo a da Music for Nations — uma solitária página em branco com o nome e as datas de nascimento e morte de Cliff — e, mais impressionante, de Jonny e Marsha Z, a página dupla na cor preta em que se lia: "O maior músico, o maior headbanger, a maior perda, um amigo eterno". Havia também algumas contribuições comoventes e bem-humoradas, com destaque para a do Anthrax: "Bocas de sino são o máximo! Ria de tudo isso, saudades!".

Gem Howard lembrou-se: "Havia tirado férias naquele ano. Tinha me preparado para os shows no Reino Unido e, então, quando terminaram, fui no sábado seguinte passar alguns dias na Cornualha, pensando: 'Eles vão para a Europa agora, não vão precisar de mim durante a turnê'. Então, na quarta de manhã, comprei uma cópia da *Sounds* e estava na capa. Foi um choque e tanto. Liguei para o escritório e foi quando soube o que tinha acontecido. Era a primeira turnê europeia do Metallica em que eu não era o tour manager e, sim, eu podia ter estado naquele ônibus com eles. Mas não sou do tipo que pensa 'se estivesse lá, poderia ter sido diferente', porque não acredito nessas coisas. Foi um acidente, acidentes acontecem. Coisas da vida. Lembro de ir direto para o pub afogar as mágoas. Cliff era uma parte tão grande do Metallica, parecia inconcebível que ele tivesse partido. Não tinha a ver apenas com o modo como ele tocava. Fiquei pensando nas vezes em que Cliff estava no banco da frente da van, enquanto eu dirigia — num momento batucando no painel ao som do Misfits, no outro, tocando 'Homeward bound', de Simon & Garfunkel, com a banda inteira cantando junto".

No velório em San Francisco, na primeira semana de outubro, "Orion" foi tocada. A cerimônia de cremação aconteceu na terça-feira, 7 de outubro, na Chapel of the Valley, em Castro Valley, onde ele tinha vivido a maior parte da vida com os pais. Assim como os familiares mais próximos de Cliff, estavam presentes a namorada, Corinne, e seus melhores amigos, Jim Martin e David Di Donato, com o restante do Metallica, além de Bobby Schneider, os principais membros da equipe norte-americana da banda e Peter Mensch. Também estavam presentes os integrantes do Exodus e do Trauma, o baterista do Faith No More, Mike Bordin, e conhecidos próximos de Cliff. Após a cremação, as cinzas foram espalhadas em Maxwell Ranch, um local que evocava muitas memórias de Cliff e dos amigos. Como relembrou Di Donato mais tarde: "Formamos um grande círculo, com as cinzas de Cliff no meio. Cada um caminhou até o centro, pegou um punhado e disse o que tinha a dizer. Ele então retornou à terra num lugar que amava muito". Como recordou Gary Holt: "Foi uma ocasião triste, no mínimo. Mas, depois, nos reunimos com outras pessoas na casa de alguém, ficamos bêbados e demos umas risadas".

Embora tenha sido cremado, uma lápide foi gravada com os seguintes dizeres: EM MEMÓRIA. Então, logo abaixo, um retrato de Cliff tirado um pouco antes de sua morte. Embaixo: "O reino da salvação não pode me trazer para casa", e, mais abaixo, enfim:

CLIFF BURTON
OBRIGADO POR SUA
BELA MÚSICA
10 DE FEVEREIRO DE 1962
27 DE SETEMBRO DE 1986

Embora eles não soubessem ainda, a repercussão da morte de Cliff Burton continuaria a reverberar em torno de Lars Ulrich, James Hetfield e Kirk Hammett pelo resto da vida de cada um. Como Kirk Hammett me disse em 2009: "Quando entrei para a banda, houve essa grande infusão de energia nova, e, até a morte de Cliff, estávamos tão alucinados com tudo, mas isso meio que acabou quando ele se foi". Fez uma pausa e acrescentou: "Ainda penso nele todos os dias. Em algo que fez, disse... em algo". Foi uma dessas coisas que não podem ser consertadas, disse Kirk — sentimento expressado também por Lars algumas semanas depois do enterro de Cliff, quando disse: "Estava tranquilo no início. Sofrendo, é óbvio, mas a revolta começou a se instalar quando me toquei de que a morte de gente ligada ao rock não era novidade, mas, no geral, é algo autoinfligido, em termos de consumo excessivo de álcool ou drogas. Isso não tinha nada a ver com ele. É tudo tão em vão. Completamente inútil...".

A questão era: que direção o Metallica seguiria depois de tudo? Joey Vera disse, ecoando o que muitos pensaram na época: "Achei que seria o fim da banda. Pensei no que eles poderiam fazer". Lars e James já sabiam e tinham passado as instruções relevantes a Peter Mensch, que convocou uma reunião com Bobby Schneider e outros membros da equipe algumas horas após o funeral. Como disse Cliff a Harald O. alguns dias antes de o Metallica sair para a primeira turnê em grandes palcos com Ozzy Osbourne, seis meses antes, quando questionado sobre qual seria o conselho dele para jovens aspirantes a músicos: "Quando comecei, decidi que dedicaria a minha vida a isso". Dedicação era o segredo, embora tivesse sensibilidade suficiente para acrescentar a seguinte advertência: "Imagino que haja um monte de pessoas que dedica sua vida à música e não alcança o sucesso desejado. Quero dizer, há diversos fatores envolvidos, mas o principal deve ser: dedicar-se por completo; 'se casar' com o que vai fazer e não se deixar distrair por outras bobagens que a vida tem a oferecer".

A procura por um substituto para Cliff começaria no dia seguinte.

Nove
De preto

Era tarde, fazia calor. Havíamos bebido, fumado demais... desde que eles tinham parado de tocar, em algum momento durante a tarde. Estávamos de volta ao quarto de hotel do Lars, em algum lugar na periferia de Tampa, ao lado do aeroporto. Era domingo à noite. Quer dizer, madrugada de segunda-feira, e em algumas horas ele retornaria ao estúdio para continuar a mixagem do novo álbum. Lutávamos para manter os olhos abertos. Mesmo assim, ele foi insistente.

"Não, não", dizia, todas as vezes que eu sugeria que encerrássemos por ali, "mais uma..."

Ele pegou o gravador e avançou a fita, parou, deixou tocar um pouco, parou, então voltou, parou, tocou um pouco, parou, avançou... por fim, encontrou o que estava procurando.

"Escute", ele disse, "isso..."

O som saiu se insinuando através das caixas, ficou mais agressivo e agitado, num crescendo como o de uma pira funerária. E, então, prosseguiu...

Não tinha a menor ideia do que dizer. Por um lado, era bom — veloz, pesado, típico do Metallica —, mas, por outro, diferente de tudo que tinha ouvido deles até então. Para começar, o som da bateria era esquisito, sem profundidade, mínimo, sem nenhum eco. Gostei bastante do efeito, mas não tinha certeza se tinha entendido bem. Era o que pretendiam, que a bateria soasse tão... estranha?

"Gosto da bateria", falei mais alto do que a música. "Não tem eco..."

"Reverb", *ele gritou. "Nada de* reverb. *Nada dessa merda..."*

Tomei mais um gole de cerveja e permaneci ali sentado, tentando absorver o som. E a música não terminava.

"Qual é o nome dessa?", berrei.

Não houve resposta. Olhei à minha volta, ele não estava no quarto. Esperei que voltasse. Ele não voltou. Levantei e fui procurar, achei o cara sentado na privada, os jeans escuros abaixados até os calcanhares; a porta do banheiro, escancarada.

"Ah", eu disse. "Desculpe."

"O que foi?", perguntou, como se fosse a coisa mais natural do mundo cagar com a porta aberta, enquanto eu, de pé, falava com ele.

"Hummm, esta música", disse, me retirando, "como se chama?"

"'And justice for all!'", gritou, enquanto eu retornava ao quarto barulhento.

"And 'o quê?'", gritei de volta.

"Justice... for all..."

Hummm. Soava... sombrio. Sombrio como o fundo do poço. Mas eles pareciam estar seguindo algum tipo de direção. Uma coisa meio antirock, pensei à toa.

Esperei a música acabar e ele terminar o que estava fazendo, fechar a porta e voltar. Mas ela continuava.

"É de propósito?", gritei de novo.

"O quê?"

"Tipo esse... antirock?"

Ele assentiu ao cruzar a porta fechando o cinto, mas sei que não tinha me ouvido.

Finalmente, acabou. "Um tipo de avant-garde... jazz... thrash..."

Ele olhou para mim. "Você está chapado."

"Não. Estou. Mas soa... meio que... não soa?"

"Acho que sim", disse. Mas pressentia que ele sabia do que eu estava falando. "É proposital", admitiu.

Proposital? Eu sabia!

"Eu gosto", eu disse. "De verdade. Vocês resolveram fazer algo realmente... diferente."

"Obrigado", ele disse.

Ele avançou a fita até outra faixa. Clique-clique, fazia a bateria, e as guitarras se arrastando. Um lance fundo do poço, sabe? Gostei. Gostei mesmo, de verdade. Mesmo.

Não conseguia mais ficar de olhos abertos...

Embora só fossem se conscientizar do fato anos depois, a maneira apressada, aparentemente superficial, com que Lars Ulrich e James Hetfield lidaram com a morte de Cliff Burton teria consequências duradouras, que iriam muito além da história do Metallica. A decisão de encontrar um novo baixista e prosseguir com os planos da banda assim que possível pode ter parecido correta em teoria, mas o papel de Burton no Metallica ia além de tocar baixo. Mesmo com essa parte resolvida, a maneira violenta como fora arrancado da banda era um dano irreparável. Os outros três não tinham perdido apenas um integrante. Perderam o seu mentor, o irmão espiritual mais velho — tinham perdido o melhor amigo do Metallica. Aquele que jamais mentiria, jamais deixaria alguém na mão, o único que podia protegê-los deles mesmos.

Como disse Malcolm Dome: "Cliff tinha uma grande personalidade. Se estivesse vivo, poderia ter conduzido o Metallica por alguns caminhos bem interessantes, ele tinha a cabeça aberta, era o cara em quem os demais se inspiravam porque era um pouco mais velho, mais maduro e seguro. Do jeito dele, era o líder da banda. Embora Lars e James fossem os donos do grupo, estava claro que Cliff era o cara a quem podiam recorrer quando precisavam de conselhos. Era ele quem dizia: 'Não acho que devamos fazer assim, devíamos fazer assado'. Ele não parecia pertencer a uma banda de thrash, e era essa a questão — ele não sentia a obrigação de se adaptar".

Em vez disso, Lars e James — tão diretos quando falavam como tudo tinha de ser feito do jeito deles, de acordo com o que sentiam — viram-se então pressionados a tomar a decisão certa em termos profissionais, e depressa, para salvar a carreira da banda. Quanto a isso, podiam contar com os conselhos sempre seguros de Peter Mensch e Cliff Burnstein, da Q Prime, que recomendaram que se reagrupassem depressa, disfarçassem quaisquer desavenças, mostrassem para o público que estavam unidos e retomassem os planos a médio prazo tão logo possível. Afinal, era uma encruzilhada decisiva na carreira da banda, e James e Lars tinham trabalhado duro nos últimos cinco anos para chegar até ali: era o momento certo, em que estavam preparados para se tornarem grandes estrelas. Não apenas como "inventores" do thrash, ou como uma boa banda de abertura para as maiores, com uma imagem roqueira mais viável no aspecto comercial, mas como uma grande banda. Em qualquer outro momento da trajetória profissional do Metallica, eles poderiam ter se dado ao luxo de fazer a pausa necessária para enfrentar a perda que tinham acabado de sofrer em termos mental, emocional e espiritual. Mas não agora. Burnstein e Mensch tinham experiência suficiente para saber quanto tais momentos eram importantes — e fugazes — na carreira de uma banda de rock, como um movimento em falso podia destruir o trabalho de uma vida inteira. Burnstein tinha sido um dos dirigentes da Mercury Records no final dos anos 1970 e fora forçado a assistir, de mãos atadas, a carreira do Thin Lizzy se desintegrar logo depois de uma série de cancelamentos de turnês, devido à saída abrupta de vários membros da banda. Ninguém havia morrido — muitas drogas consumidas e brigas de madrugada tinham causado a derrocada do Lizzy —, embora seja possível argumentar que o fim longo e doloroso do vocalista Phil Lynott, morto menos de cinco anos depois da última e malfadada turnê norte-americana da banda, possa remontar à incapacidade de aproveitarem ao máximo a sorte enquanto ela ainda estava em alta. Mensch, por sua vez, havia tido papel fundamental na rápida ressurreição, à primeira vista impossível, do AC/DC após a morte do vocalista Bon Scott em 1980. Como o Metallica, o AC/DC acabara de lançar seu primeiro disco de sucesso nos Estados Unidos, *Highway to hell*. Qualquer bobeada em aproveitar o momento teria sido fatal para as chances de manter o sucesso da banda a longo prazo. Sob a tutela de Mensch, porém, conseguiram o que parecia ser impossível, e quase de imediato encontraram um substituto para Scott, e o primeiro álbum com Brian Johnson, *Back in black*, foi lançado poucos meses após a chegada do novo vocalista, tornando-se o maior sucesso da carreira do AC/DC, ao vender milhões de cópias.

Ao se reunirem com Peter na noite anterior ao funeral de Cliff, James e Lars já haviam decidido continuar com o Metallica. Só precisavam que seu empresário visionário e genial verbalizasse e reforçasse os motivos de tal decisão. Mensch foi sucinto em suas colocações. Não se tratava, apenas, de não jogar a toalha: era essencial que entendessem que não tinham tempo a perder. A turnê europeia, cancelada, poderia ser reagendada para o Ano Novo. Mensch já tinha se informado. Mas a turnê japonesa em novembro — a primeira visita do grupo ao país que era o terceiro maior território mundial em termos de vendas, um marco importante na rota que os conduziria ao sucesso — não podia ser adiada. Conseguiriam cumprir o prazo? Lars e James resolveram que, sim, podiam.

Profissionalmente, era, sem dúvida alguma, a decisão certa, todos concordavam. O custo pessoal dessa decisão tomada às pressas, no entanto, seria imenso, não apenas para os três membros restantes do Metallica, mas também para quem assumisse a tarefa impossível de substituir Cliff Burton.

“Não entendo como alguém que conhecesse bem o Metallica pudesse pensar que desistiríamos”, Lars diria três meses depois ao repórter da *Sounds*, Paul Elliot. “A questão não era: ‘Vamos empacotar as nossas coisas ou não?’. Era: ‘Em quanto tempo podemos colocar a coisa toda novamente de pé?’.” Acrescentou: “Tínhamos de fazer isso por Cliff... Se ele soubesse que estávamos de braços cruzados em San Francisco, com pena de nós mesmos, ele chutaria nossos traseiros e diria para botarmos o pé na estrada de novo e continuar de onde tínhamos parado”. Esse viria a ser o tema recorrente, repetido como um mantra, todas as vezes que fosse perguntado ao grupo como tinham decidido prosseguir sem Cliff. Foi, como Kirk me disse depois, “porque era o que Cliff teria desejado”. Sei.

A turnê japonesa, que começaria em apenas cinco semanas, impôs um prazo à banda. Rejeitando a sugestão de chamarem um veterano para tocar apenas durante a turnê, resolveram apostar todas as fichas e encontrar um substituto permanente. “Queríamos alguém jovem, com fome de tocar, novo e um pouco desconhecido”, disse Lars na época. “Não alguém que as pessoas associassem a outra banda.” Bobby Schneider relembrou: “Todo mundo ficou completamente bêbado no funeral de Cliff. E lembro de Mensch olhar para mim e dizer: ‘Falei para vocês se comportarem’, porque tínhamos uma reunião depois. Não a banda e eu, mas Mensch, eu e mais alguém”. O plano, disse Bobby, conforme delineado por Peter, era: “‘O.k., os caras querem continuar, você vai se mudar para San Francisco, organizar os ensaios e começaremos a selecionar baixistas. Você vai comandar todo o processo e vai tomar conta deles’. Então, me mudei”. Ricos o suficiente para não terem mais de usar a garagem em El Cerrito, Lars e James tinham planejado comprar as próprias casas ao final da turnê. Mas com a volta repentina para San Francisco não tinham onde morar. “Arranjamos apartamentos para todos em Fisherman’s Wharf, e o processo começou”, disse Bobby.

Não tiveram de procurar muito. O sonho de todos os jovens baixistas americanos parecia ser substituir o insubstituível. Na mesma noite em que souberam da morte de Cliff, Jonny e Marsha Z tinham ido até o local de ensaios do Testament. “Era como se todas as bandas da Bay Area estivessem lá”, relembrou Jonny. “Todos os espaços de ensaio do edifício estavam lotados de baixistas tentando tocar ‘Pulling teeth’. Foi meio louco.”

Entre os pertences enviados à família de Cliff depois de o corpo ser despachado de volta aos Estados Unidos estavam os dois anéis de caveira que ele sempre usava, um dos quais foi dado a James. Embora tivessem se tornado próximos somente em seu último ano de vida, entre todos do grupo James era quem mais admirava Cliff. Disse Schneider: "Acho que James foi o mais afetado de todos. Porque quando ele gosta de alguém esse alguém vira parte da família pelo resto da vida. James é um cara genuíno e leal, e acho que ele estava muito transtornado". Cliff e ele tinham se identificado um com o outro, não apenas pelo amor que sentiam por rock sulista e bandas como Lynyrd Skynyrd, mas também pelo estilo de vida ao ar livre que atraía os dois — caminhar, acampar, armas, tomar cerveja. E, o mais importante, James via Cliff como um irmão mais velho, o cara mais sábio. No palco, onde James se sentia inseguro à frente da banda, mas tendo de assumir o papel após o episódio da demissão de Dave Mustaine, a confiança quase sobrenatural exibida por Cliff era uma inspiração imensa. Revendo algumas das filmagens dos primeiros shows, percebo que James geralmente olha para a direita, para o espaço do palco dominado pela grande presença de Cliff. Buscava aprovação, precisava de uma confirmação e conseguia. O Metallica pode ter sido fundado por Lars e James, os dois podiam ser os principais compositores, mas, em 1986, na cabeça de James, tudo tinha mais a ver com a visão dele e de Cliff com relação às coisas. Tinham até mesmo chegado a um ponto em que, aparentemente, começaram a levar a sério a possibilidade de substituírem Lars como baterista.

A possibilidade de tal sugestão ter sido mesmo levada a termo é um tópico de grande interesse, debatido até hoje entre os aficionados pelo Metallica. Com o passar dos anos, poucos ainda querem falar com franqueza sobre o assunto — exceto, é claro, Dave Mustaine, que em 2008 o mencionou mais uma vez quando disse aos expectadores do *Spread TV Show*, programa do guitarrista Dave Navarro: "Houve várias ocasiões em que James e eu quisemos demitir Lars. E Lars jamais vai admitir isso, mas, antes da morte de Cliff, os outros estavam planejando se livrar dele quando voltassem da turnê europeia". E ele repetiu a alegação em entrevista à *Rolling Stone* no ano seguinte: "Foi o que o Scott [Ian, do Anthrax] me contou. Disse que quando o Metallica voltasse para casa James, Cliff e Kirk demitiriam Lars". O Anthrax desmentiu em uma publicação no Twitter: "História não verdadeira. Poucos sabem, mas Lars é o dono do nome, boa sorte a quem quiser chutá-lo para fora da banda".

É tentador, portanto, encarar isso apenas como mais uma observação provocadora típica de Mustaine. Porém Marsha Z permaneceu bastante reticente sobre o assunto quando perguntei quanto ela sabia. Com certeza, não negou que a história fosse verdadeira. Malcolm Dome se sentiu menos inibido de falar sobre isso e alegou ter ouvido algo a respeito por intermédio de Ian e do baterista Charlie Benante. "Lembro que, depois do acidente, Scott e Charlie estavam em Londres. Fomos tomar um drinque num pub perto da redação da *Kerrang!* e Scott disse com todas as letras que a morte de Cliff talvez tivesse salvado o emprego de Lars, porque os demais estavam prestes a demiti-lo. Foi o que ele disse, com certeza. Acho que James ou Cliff tinha dito que estava farto de Lars. Que ele estava atrasando a banda. Hoje em dia, não acho que o Metallica pudesse trabalhar com um baterista bom de verdade, porque se adaptaram ao que ele não pode fazer. Mas, naquela altura, durante a era *Master of puppets*, quando estavam começando a progredir, mudar e experimentar novas maneiras de apresentar a música deles, Lars poderia ter sido substituído."

Dome chegou a sugerir que o baterista do Slayer, Dave Lombardo, estivesse sendo cogitado. "Dave Lombardo foi mencionado como sendo o cara que eles queriam", disse Dome. "Na verdade, não me recordo de outros nomes, mas Dave com certeza estava na lista, e por um bom motivo." É fácil entender o entusiasmo de Burton e Hetfield, que já eram mestres nos próprios instrumentos, quanto a trabalhar com alguém como Lombardo, um baterista inovador, cuja técnica estava anos-luz à frente da de um músico limitado como Lars. Na verdade, o desempenho dele em *Reign of blood*, lançado naquele ano, tinha impressionado a ambos. Por coincidência, Lombardo estava para sair do Slayer, citando motivos financeiros. "Eu não estava ganhando dinheiro", ele disse. "Cheguei à conclusão de que se era para fazer a coisa profissionalmente, com uma gravadora grande, que me pagassem as contas e o aluguel." Dentro de algumas semanas, no entanto, o falido baterista foi convencido pela mulher, Teresa, a voltar para a banda. Se o Metallica tivesse tentado uma aproximação, parece bem provável que ele teria agarrado a oportunidade. Seria possível que Lombardo tivesse abandonado o Slayer influenciado por algum boato sobre o

Quando o Metallica gravou "Hit the lights" para a coletânea *Metal massacre*. Da esquerda para a direita: Ron McGovney, James Hetfield, Lars Ulrich, Dave Mustaine. San Francisco, 1982 (*Bill Hale*).

“Lars mal conseguia tocar, eles estavam bêbados no palco, mas havia uma energia punk crua.” San Francisco, 1982 (*Bill Hale*).

Cliff Burton na noite de seu primeiro show com o Metallica no pequeno clube Stone, em San Francisco, março de 1983 (*Bill Hale*).

Lars Ulrich (*WENN*).

Kirk Hammett (*WENN*).

Durante o ensaio fotográfico para a primeira capa na revista *Kerrang!*, em San Francisco, 1985. Acima: a Metallimansion. Abaixo: apresentando a vizinhança (*ambas por Ross Halfin*).

Cliff Burton prepara-se para subir ao palco durante a turnê de *Master of puppets*, 1986 (*Ross Halfin*).

Cliff e a namorada, Corinne Lynn, em San Francisco, 1986 (*Ross Halfin*).

Local do acidente que tirou a vida de Cliff Burton na Suécia, em setembro de 1986.

Na turnê americana do festival Monsters of Rock, Tampa Stadium, Flórida, 1988 (*Ross Halfin*).

Mais um dia, mais uma multidão. Miami, Flórida, maio de 1988 (*Ross Halfin*).

Direita: Lars durante turnê do Álbum Preto, 1991-93. Abaixo: 100 Club, em Londres, primeiro show com Jason Newsted no Reino Unido, em agosto de 1987 (*ambas de Ross Halfin*).

James tratando as queimaduras do acidente ocorrido durante a turnê com o Guns N' Roses, setembro de 1992 (*Getty Images*).

A renovação da banda em meados dos anos 1990.
ACIMA: Kirk chega ao MTV Awards, setembro de 1996 (*PA*).
ABAIXO: Lars e Kirk provocando James (*Getty Images*).

Em quinze anos, apenas três créditos de coautoria: Jason Newsted dá vazão à sua raiva e frustração (*Ross Halfin*).

Limpo e tranquilo: James Hetfield após a reabilitação, em 2003 (*Corbis*).

Lars testemunha perante a Comissão de Justiça do Senado dos Estados Unidos durante a batalha contra o Napster; com Roger McGuinn, The Byrds (ao centro), e Hank Berry, CEO do Napster (à direita), julho de 2000 (*Getty Images*).

A nova formação. Da esquerda para a direita: Lars, James, Kirk e Rob Trujillo, abril de 2003 (*Getty Images*).

Kirk Hammett, ainda o mesmo cara fanático por quadrinhos, em 2010 (*Getty Images*).

James Hetfield "alcança a galera" no palco do SECC em Glasgow, Escócia, em março de 2009 (*Getty Images*).

Com seu estilo "guerreiro samurai bêbado", Rob Trujillo no palco do Madison Square Garden, Nova York, em novembro de 2009 (*Getty Images*).

O produtor Rick Rubin
em 2010 (*Getty Images*).

Lars, acompanhado da esposa, a atriz Connie Nielsen, chega a uma première em Hollywood, em maio de 2010 (*Getty Images*).

O produtor Bob Rock em 2010 (*Getty Images*).

James Hetfield em 2009: “Não vou começar a escrever sobre flores agora” (*Ross Halfin*).

que estava acontecendo nos bastidores do Metallica? Com certeza, não restam dúvidas de que James e Cliff discutiram a ideia de trazer um baterista melhor, assim como, certa vez, James e Lars cogitaram encontrar um baixista melhor. Como motores rítmicos da banda, Burton e Hetfield eram, também, os que sentiram com mais força o atraso, imposto sobre eles, causado pela falta de diversidade de Lars na bateria. Porém, se a ideia da substituição de Lars era para ser levada a sério ou não, é algo que só James Hetfield sabe. Pode ter sido apenas uma dessas divagações de gente bêbada e chapada no meio da noite típicas dos membros de várias bandas, quando falam mal uns dos outros pelas costas. Ou talvez fosse sério. Parece pouco provável que Lars tivesse patenteado o nome "Metallica" naquela época e, mesmo que esse fosse o caso, não seria impossível que James e Cliff, jovens e idealistas, estivessem brincando com a ideia de recomeçar com uma banda de nome diferente, que talvez incluísse Dave Lombardo e até Kirk Hammett, outro amigo próximo de Cliff no Metallica.

Qualquer ideia nesse sentido, porém, morreu com Cliff. Superar a morte dele já seria bastante difícil; começar do zero com um novo baterista também seria impensável. Na verdade, com a partida de Cliff, a relação entre James e Lars voltou a se fortalecer. "Após a morte de Cliff, James e Lars se reaproximaram", disse Schneider. A banda e as músicas tinham sempre sido deles, e os dois estavam assumindo o controle de verdade pela primeira vez desde a época em que ensaiavam sozinhos na garagem de Ron McGovney. Malcolm Dome se recordou de ter saído com Lars em Londres e de não demorar muito para o baterista, após alguns drinques, se emocionar e começar a fazer elogios eloquentes aos talentos do vocalista. "Lars ficou bem bêbado e começou a repetir, de maneira exaustiva, como James era genial", disse Malcolm. "Como nunca recebia os créditos por ser o grande guitarrista que era. A impressão era que, por causa da dor causada pela perda de Cliff, eles tinham se aproximado de verdade. E acho que esse vínculo reverteu os pensamentos que James tivesse a respeito de substituir Lars a fim de obter uma seção rítmica nova para a banda."

Não foi apenas isso. A morte de Cliff acentuou ainda mais as esperanças que os demais membros tinham quanto ao futuro. Não apenas aproximou Lars e James, como também fez com que focassem, mais do que nunca, nas reais intenções do Metallica. A presença de Cliff sempre fez com que houvesse uma linha tênue entre a integridade musical e as ambições da carreira da banda, uma linha nebulosa e encoberta por fumaça de maconha. A ambição de Lars estava ali para quem quisesse ver, e sempre se supôs que Cliff tivesse objetivos mais nobres, no que dizia respeito a não se render à moda ou à pressão comercial. Mesmo assim, Cliff queria tanto quanto os outros que a banda alcançasse um sucesso significativo. Lars sempre fora o cérebro; James, os músculos. Mas ainda eram jovens o suficiente para incorporar a visão de futuro de Cliff à causa ou, pelo menos, falar sobre ela. Todos estavam à vontade com a ideia de vender milhões de discos, sim, mas só se fosse nos termos *deles*. Com certeza, nunca se viram competindo no mesmo nível de bandas como Bon Jovi e Whitesnake, que lançavam quatro ou cinco singles por álbum e gastavam milhões de dólares em videoclipes ultramodernos. O sangue do Metallica era mais puro, verdadeiro; pertenciam a uma linhagem altiva de bandas que se estendia desde o Iron Maiden e o Motörhead, ao ZZ Top (antes dos clipes fofinhos) e ao Lynyrd Skynyrd, remontando a Zeppelin e Sabbath — bandas que não tinham se rendido ao sistema.

Com a morte de Cliff, esses valores se desgastaram aos poucos. Eles ainda falavam sobre não se vender e fazer as coisas do seu jeito, mas a realidade era que o jeito deles, sem Cliff, logo se resumiria às leis da selva, das unhas e dentes, em que apenas os mais aptos e fortes sobrevivem. Onde as únicas vozes que contam são aquelas que o show business leva a sério. Quanto a isso, o Metallica, com Cliff, tinha começado em desvantagem. Sempre existiram ressalvas quanto ao que fariam ou não; sempre o apelo especial para não serem julgados como os demais, mas, sim, em seus próprios termos. Agora, sem o sarcasmo de Cliff para oferecer uma visão alternativa, Lars e James podiam ir direto ao assunto. Em vários sentidos, a consagração chegaria por meio disto: um novo pragmatismo, valente, que garantiu não apenas que o Metallica sobrevivesse, mas que continuasse a prosperar, independentemente das circunstâncias.

O processo de escolha do substituto de Cliff começou logo após o funeral, em salas especiais de Hayward, o espaço onde costumavam ensaiar. "Eles realmente tentaram fazer as coisas de modo que não fosse esquisito para ninguém", disse Bobby Schneider. "Os caras chegavam, esperavam numa antessala e então iam para o ambiente principal de ensaio e tocavam. Entre os quase sessenta candidatos que deram as caras, incluindo um moleque que trouxe um amigo só para ficar ao lado da porta, batucando, e outro que nem chegou a ligar o equipamento, porque James o expulsou assim que viu um autógrafo do Quiet Riot no baixo, havia alguns dignos de nota, como Les Claypool, do Primus, Willy Lange, do Lääz Rockit, Doug Keyser, do Watchtower, e Tory Gregory, do Prong.

Um baixista que recusou o convite da banda foi Joey Vera, do Armored Saint: "Recebi um telefonema do Lars pedindo para participar de um ensaio com eles porque estavam bastante desanimados. Queriam tocar com pessoas conhecidas. Fiquei bastante lisonjeado quando ele me ligou, mas tive de dizer que daria a resposta no dia seguinte. E cheguei à conclusão de que se fosse tocar com eles teria de ser com a intenção de ser escolhido e de sair da minha banda". No final, Joey decidiu: "Não estava preparado para deixar o Armored Saint, que ainda tinha contrato com a Chrysalis. Estávamos no meio da gravação do nosso terceiro álbum. Então, não estava disposto a enxergar aquela situação como uma oportunidade de mudança para mim".

Lars não ficou magoado. "Ele levou super na boa. Acho que respeitou a minha decisão naquele momento. Depois, deve ter pensado que eu era doido. Mas, na época, tudo que ele queria era chamar gente conhecida para tocar com eles e, assim, não ter de lidar com o peso do processo seletivo. Deve ter sido horrível, não posso nem imaginar... Sei que tínhamos outras coisas em comum. E era tipo, 'eu quero ajudar o meu amigo'... Queria ir até lá só para dar um abraço nele. Mas tive que dizer que não estava pronto para uma mudança naquela fase da minha vida." Ele acrescentou, com um suspiro: "É claro, hoje, quando caras muito mais jovens que eu me fazem essa pergunta, eles me olham como se dissessem: 'Você é doido, cara?'. A questão é sempre: você se arrepende? E a minha resposta é sempre: não, porque a minha vida tem sido maravilhosa desde então".

Na tarde da terça-feira, 28 de outubro — exatamente três semanas após o funeral de Cliff —, o Metallica encontrou o que pensava estar procurando quando um rapaz de 23 anos, criado numa fazenda em Michigan, chamado Jason Curtis Newsted entrou pela porta em Hayward e ligou o baixo. "Jason tinha o espírito", disse Bobby Schneider. "Era capaz de comer, cagar e dormir Metallica. Era o sonho dele." Bobby se lembrou de ter ido buscar o baixista esperançoso, de olhar espantado, no aeroporto e de Jason perceber, quando já estavam na metade do caminho, que tinha deixado o amplificador no setor de bagagens. Voltaram para pegar o equipamento, o que fez com que ele se atrasasse para o ensaio e ficasse ainda mais nervoso. "O moleque devia ter nervos de aço", disse Bobby, porque assim que começou a tocar "acho que souberam que ele era o cara".

Fora Brian Slagel — que os tinha colocado em contato com Cliff — quem tinha mencionado Newsted para Lars pela primeira vez. Similar à descoberta do Trauma, o primeiro lançamento da banda de Jason, Flotsam and Jetsam, tinha sido uma das faixas da *Metal Massacre VII*, em 1984. A seguir, fizeram um álbum para a Metal Blade, *Doomsday for the deceiver*, lançado em julho de 1986, que recebeu seis estrelas, com entusiasmo, da *Kerrang!* — o máximo eram cinco. "Lars se interessou e pediu uma amostra", relembrou Slagel. Ele também falou com Jason: "Não quero que você fique muito animado, mas o que acharia de talvez fazer um teste para o Metallica?". O cara surtou. "Você está brincando comigo? Eles são a minha banda favorita de todos os tempos!" Perfeccionista por natureza, desde o telefonema de Slagel, Newsted tinha passado horas a fio aprendendo a discografia inteira do Metallica. Alguns amigos tinham feito uma vaquinha para pagar os 140 dólares da passagem de avião até San Francisco. Quando Hetfield perguntou que música ele gostaria de tocar, respondeu: "Escolha a que você quiser, sei todas".

Àquela altura, a lista que tinham em mente tinha sido reduzida a três nomes: Mike Dean, do Corrosion of Conformity, Willy Lange, do Lääz Rockit, e o amigo de infância de Kirk, Les Claypool, do Primus. Assim que ouviram Jason tocar, o nome dele foi adicionado. Na época, Lars disse: "Queríamos passar um dia inteiro com cada um dos quatro porque, para nós, não era só tocar bem. O jeito e a atitude da pessoa, se nos daríamos bem, a amizade, também eram importantes". Jason foi o segundo dos quatro. "Tocamos o dia inteiro e depois saímos para comer. E, então, passamos para o grande teste, que era o da bebedeira." Para isso, a banda levou Jason a um dos bares prediletos deles, o Tommy's Joint. "De algum modo, e juro que não foi planejado, Kirk, James e eu fomos ao banheiro, ao mesmo tempo, para mijar. Então, estávamos de pé ali, às três da madrugada, completamente bêbados, um ao lado do outro, quietos, e eu disse, sem olhar para ninguém: 'É ele, certo?'. E os outros caras responderam: 'É, é ele'", contou Lars. O único que não estava tão bêbado era o próprio Newsted, sóbrio devido ao nervosismo. Ele mais tarde relembrou: "Todos voltaram, se sentaram, e Lars perguntou: 'Então, você quer um emprego?'. E eu disse: 'Não!', o mais alto que pude. As pessoas olhavam para nós e pensavam: 'Que porra é essa?'".

Jason Newsted nasceu em 4 de março de 1963, em Battle Creek, Michigan. Cresceu no haras da família, e o primeiro baixo que teve foi um presente dos pais, no seu aniversário de catorze anos. Como a maioria dos garotos americanos da sua geração, Jason cresceu ao som do Kiss, baseando o seu primeiro grupo na escola, Diamond, nas músicas da banda de que era fã. Sua segunda banda, Gangster, mal tinha começado a ensaiar quando a família Newsted se mudou de Michigan para Phoenix, no Arizona. O Flotsam and Jetsam, ao qual se juntou em 1982, tinha como grande influência o Metallica e foi a primeira banda de thrash metal de Phoenix com estilo próprio que tocava uma versão de "Whiplash" — cantada por Jason — no bis dos seus shows. Mas ele foi sempre mais do que o baixista do grupo. Era o organizador, o líder, o compositor que também cuidava dos negócios do dia a dia, um cara com energia e ambição — uma mistura de Lars e James.

A única vez que Newsted tinha visto o Metallica tocar antes de entrar para a banda fora em Phoenix, durante a turnê do W.A.S.P, dois anos e meio antes, vestindo a camiseta do Metallica, com o olhar fixo em Cliff a noite inteira. Quando um amigo telefonou às seis da manhã para contar que o baixista do Metallica tinha morrido num acidente, Jason não conseguiu acreditar. Foi somente após ler a notícia no jornal que o fato o atingiu. "Lembro das lágrimas caindo no papel, ensopando as letras", relembrou numa famosa declaração. Num gesto de respeito, todos os membros do Flotsam usaram braçadeiras pretas no show seguinte.

Jason Newsted nunca teve o prazer de ser apresentado a Cliff Burton. Quando a sua entrada no Metallica foi divulgada, a família de Cliff fez questão de desejar boa sorte. "Eles foram os primeiros a me aceitar. Os pais dele, em especial. Vieram me conhecer no dia em que entrei para a banda. A mãe me abraçou por um tempo, não queria me soltar. Disse no meu ouvido: 'Você deve ser a escolha certa, pois esses caras sabem o que estão fazendo' e me desejou sorte. Um casal muito afetuoso, maravilhoso."

É compreensível que seus companheiros no Flotsam não partilhassem da sua alegria. "Rolou muito rancor. Mas, com o passar do tempo, aceitaram. Quem não teria tentado entrar para o Metallica? Os meus heróis se tornaram meus colegas." Ele concordou, porém, em voltar e fazer um último show com o grupo, no Halloween. Ironicamente, disse, "foi o melhor show que fiz com eles, porque não havia toda a merda relativa aos negócios. Dessa vez, tudo que fiz foi subir no palco e mandar ver, a sensação foi boa. Tinha muitas coisas na cabeça". Ainda mais quando cantou "Whiplash"...

O primeiro show de Jason Newsted com o Metallica foi em 8 de novembro, no Country Club de Reseda, abrindo para o Metal Church, num show surpresa, para cerca de duzentos fãs fanáticos, genuínos e bem informados do Church. Em essência, uma extensão da semana de ensaios solitária que tiveram, uma apresentação completa com treze músicas que incluía material dos três álbuns e um solo de Kirk. Um segundo show na noite seguinte, no Jezebel's, em Anaheim, foi mais curto, mas permitiu que a banda fizesse os ajustes finais antes da estreia oficial de Jason no Metallica. Flemming Rasmussen foi ao show no Country Club. "O lugar estava lotado. Eles tentaram manter segredo, mas a notícia se espalhou." Não ver Cliff lá "foi terrível"; já quanto a assistir o novo integrante: "Foi estranho, mas estava feliz com a continuidade da banda, de saber que não parariam, pois achava que ainda tinham muito a mostrar".

As cinco datas da turnê japonesa aconteceram, conforme agendadas, entre 15 e 20 de novembro: três shows em Tóquio, um Nagoya e outro em Osaka. O repertório incluía um solo de baixo aceitável, logo depois de "Ride the lightning", mas, em todos os outros aspectos, Jason estava com sérias dificuldades. "Todos nós tirávamos uma com ele", Ross Halfin contou a Joel McIver mais tarde. "Pegávamos um táxi juntos e o fazíamos pegar um sozinho.

Começou como uma brincadeira, mas foi muito além disso depois." Bobby Schneider concordou: "Jason se encaixava em termos musicais, mas a chacota com ele era terrível. O cara nunca teve uma chance de verdade". Ele explicou: "Todos nós, me incluo, infernizamos o Jason. Primeiro, num clima de piada, porém, para mim, eram brincadeiras infantis, tirando sarro do novo cara. Mas começaram a vir dos integrantes também, depois, da equipe... sabe como é. Uma vez que o *bullying* de alguém se torna normal, a maioria das pessoas, infelizmente, vai no embalo, é a merda da natureza humana".

O que Jason mais tarde definiu como "trotes e vários testes emocionais" incluíam brincadeiras como dizer, toda vez que o apresentavam a alguém, que ele era gay; pedidos de refeições e bebidas para o seu quarto; invasões ao quarto de hotel dele às quatro da madrugada, gritando: "Levanta, seu puto! Hora de beber, sua bicha!", batendo na porta até que as dobradiças quase se soltassem. Diziam: "Você devia ter aberto a porta, viado!", arrancavam o colchão da cama com Jason ainda deitado sobre ele e empilhavam tudo que estivesse no quarto — TV, cadeiras, mesa — em cima dele. Quinze anos depois, falando para a *Playboy*, Jason ainda se encolhia diante da lembrança: "Eles jogavam as minhas roupas, as minhas fitas cassete, meus sapatos, pela janela. Espalhavam creme de barbear no espelho; pasta de dente em todos os lugares. Devastação pura. Saíam correndo pela porta, gritando: 'Bem-vindo à banda, cara!'". O único motivo que fez com que aturasse foi "porque o Metallica era o meu sonho se tornando realidade, cara. Eu com certeza estava frustrado, de saco cheio e com a sensação de que não gostavam de mim". Em entrevista mais recente, ele disse: "Não dormi direito por três meses após entrar para o Metallica. Eles mandavam contas de milhares de dólares para minha mesa em restaurantes. Não tinha a menor ideia do que se tratava. Naquela altura, eu era um músico contratado, ganhando quinhentos dólares por semana. Antes de entrar para a banda, eu ainda contava os centavos". Lars relatou que, para piorar a situação, "em Tóquio, ganhamos presentes de uns moleques. Mas Jason não recebeu nenhum — pensaram que ele fazia parte da equipe de roadies. Então, ele surtou de raiva. Coitado. Devíamos, talvez, ter dado uma camiseta para ele com os dizeres: 'Eu sou o Jason, porra, me dá um presente!'".

Era óbvio que algo estava acontecendo e ultrapassava o comportamento brincalhão associado a uma banda em turnê. Era um problema de mão dupla. Em primeiro lugar, Jason tinha uma personalidade, em geral, reservada; por um lado, estava tão embasbacado com o desafio que tinha aceitado — não apenas fazer parte da sua banda favorita, mas substituir o membro mais importante — que tentava disfarçar o nervosismo e a falta de experiência com uma postura que, como mais de uma pessoa observou, demonstrava uma falsa arrogância; por outro, tinha de se adaptar à sua mais nova função, não mais como líder, mas como novato, o cara contratado para dar uma mão e aceitar toda e qualquer ordem. Um equilíbrio precário que, como não poderia deixar de ser, fez com que ele se desse mal.

Havia também outros tipos de tensão, mais sutis, que ele não tinha a obrigação de perceber. Jason chegara ao Metallica determinado a fazer a coisa certa, a não desperdiçar a oportunidade, a dar o máximo. Era o cara sério que, afinal, tinha pregado uma série de "regras da banda" na parede do estúdio de ensaios do Flotsam. Lars e James, no entanto, além de estarem naquele novo estágio trazido pelo sucesso, quando o brilho já sofreu certo desgaste e o artista se sente à vontade para bagunçar e fazer as coisas do seu jeito, ainda estavam perturbados com a morte de Cliff e, por isso, se irritavam facilmente com tudo que Jason fazia. Era como se estivem mais uma vez diante de Ron McGovney. Embora Jason tocasse bem, jamais seria tão bom quanto Cliff. Jason era um fã de thrash metal e do Metallica. Cliff era Cliff, interessado em Kate Bush e Lynyrd Skynyrd, em Misfits e Lou Reed. Lars ficou indignado quando Jason insinuou que ele talvez precisasse ensaiar um pouco mais. Que ousadia era aquela? Jason estava tentando fazer as coisas do jeito "certo" numa época em que a coisa certa não existia mais — ela fora esmagada com Cliff debaixo daquele ônibus.

Acima de tudo, havia ainda a raiva e o ressentimento que ainda cresciam no íntimo de todos eles; em particular, de James. "Uma grande quantidade de dor foi transformada em desprezo por Jason", admitiu James em 2005. "Isso é bastante humano, eu diria." Ou, como me explicou Lars em 2009: "Foi difícil. Com certeza, é inquestionável que não fomos justos com Jason. Mas, também, não éramos capazes de agir de modo diferente, tínhamos 22 anos e não sabíamos lidar com esse tipo de coisa. Não sabíamos como enfrentar situações assim, a não ser mergulhando numa garrafa de vodca. Não fomos acolhedores". Ele deu uma risadinha autorreprovadora e continuou: "Com certeza, grande parte da culpa é nossa".

Lars, de fato, detestou tanto Jason durante a turnê japonesa que foi até Mensch e insistiu para que o mandassem embora, disse que tinha sido um grande erro. "Sei, com certeza", disse Halfin, "que Lars queria demitir Jason. Ele queria um substituto. Mas Peter Mensch disse: 'Você fez sua escolha, agora ature'". Ele acrescentou: "A antipatia era pessoal. Não tinha a ver com as aptidões de Jason como músico, era uma questão de não se dar bem com a personalidade dele". O que foi confirmado por Bobby Schneider: "Lembro de Mensch com eles num bar no Japão dizendo: 'Porra, vocês têm que parar com isso! Ele *faz parte* do grupo. Entrou para a banda a convite de vocês. Então, lidem com isso. Ele é a escolha certa'".

O problema era: o Metallica não tinha contratado apenas um baixista, mas um fã. Para convencer Cliff a entrar na banda, tiveram de planejar e criar todo um esquema, mas Jason deixara tudo para trás para se juntar a eles. Eles tinham substituído o cara que todos admiravam por aquele que todos desprezavam — Jason "Newkid", um apelido que era uma provocação. Não era de espantar que se sentissem tão desconfortáveis com o fato de ele estar por perto o tempo todo. Ele não era um deles e jamais seria. Eles magoavam Jason — e fariam isso com qualquer outro — por ele ter caído de paraquedas na história da banda. Que se dane o baixo dele. Abaixe o volume.

Dois anos depois da contratação de Jason, Lars continuava a justificar o motivo daquela decisão, embora já começasse a soar mais como se tentasse convencer a si mesmo: "Veja, quando o Cliff morreu, devíamos ter dado um tempo antes de decidir o que fazer", admitiu. "Mas não demos, e aquilo pareceu ser a decisão certa. Poucas noites depois do enterro, sentei, tomei umas cervejas e escutei o *Master of puppets* inteiro. E, então, a ficha caiu. As duas semanas seguintes seriam uma merda, mas começamos a organizar os testes, passamos horas ao telefone e encontramos Jason Newsted. Começamos a tocar juntos e fizemos a iniciação do Jason em alguns shows menores... Foi bom para nós, era o que deveríamos ter feito. Sem tempo para divagações.

Houve um intervalo de cinco semanas entre o acidente e o primeiro show. Digo isso porque o que foi certo para nós poderia não ter sido para outras bandas..." Quando o jornalista Ben Mitchell perguntou a James, em 2009, se ele achava que tinham se apressado em retomar as turnês após a morte de Cliff, o vocalista respondeu: "Acho que agimos depressa demais quanto a arranjar um baixista, sair em turnê. Voltamos à ativa de imediato. O jeito de os empresários lidarem com a dor foi: 'Exorcizem com a música'. Agora a sensação é a de que não passamos pelo luto, que não respeitamos a ocasião como devíamos, que não lidamos uns com os outros, que não nos ajudamos como devíamos. Botamos o pé na estrada e descontamos bastante em Jason quando ele entrou para a banda. Foi mais como: 'É, nós temos um baixista, mas ele não é o Cliff'".

Mas em 1986 não houve tempo para olhar para trás. Os shows no Japão foram seguidos de imediato por uma breve turnê americana e canadense no final de novembro, antes de retornarem à Europa, a cena da tragédia, no início de 1987 para concluir as apresentações que tinham sido forçados a cancelar em razão do acidente. "Fiz outra turnê antes de retornarmos", disse Schneider. "Flemming Larsen e eu excursionamos com o Slayer, e nenhum de nós conseguia dormir no ônibus. Quer dizer, precisava me anestesiar para conseguir dormir. Vários anos depois, eu ainda tinha de escolher o leito em que dormiria, ou dormia na frente." Para apagar quaisquer resquícios de insegurança da parte do Metallica, a Q Prime contratou um motorista americano para viajar com a banda. "Ele observava o outro motorista. Era esse o papel dele, ficar de olho nas coisas."

Quando, em abril de 1987, lançaram o primeiro vídeo de longa-metragem — um tributo à baixa sofrida pelo grupo —, intitulado *Cliff 'em all*, isso pareceu ser um gesto de encerramento. O momento trazia mais uma rodada de críticas favoráveis, e, algumas semanas após o seu lançamento, *Cliff 'em all* foi tanto vídeo de ouro como de platina nas paradas norte-americanas. Com certeza, tudo tinha se normalizado no mundo do Metallica. Mas, na verdade, as feridas profundas causadas pela morte de Burton permaneceriam abertas, continuariam a infeccionar por pelo menos vinte anos, até que Newsted, desesperado, desse um basta e jogasse a toalha, deixando a banda fazer o que deveria ter feito em 1986. Nenhuma turnê, nenhum disco, nada de esconder as fissuras crescentes à espera de que tudo ficasse bem na manhã seguinte. Aquele dia chegaria, quisessem ou não. Enquanto isso, a situação só ficaria pior; a dor, a amargura, os ressentimentos e as recriminações, a culpa terrível, tudo isso perseguia o sucesso galopante da banda como uma sombra se expandindo à espera do anoitecer.

Composto de gravações amadoras dos fãs, de vídeos pertencentes à banda e fotos de várias fontes, oficiais e não oficiais, *Cliff 'em all* foi um lançamento revolucionário. Antecipando, em mais de uma década, conceitos como "reality TV", a natureza improvisada, espontânea e aparentemente aleatória do material chegou como uma deliciosa surpresa, tanto para o fã inveterado do Metallica como para qualquer espectador. Algumas vezes divertido, outras triste e inspirador, é o tipo de material a que não damos valor nesses tempos influenciados pelo YouTube, mas que pareceu muito revelador na época: Cliff, numa boa, fumando "a melhor maconha que já chegou a essas bandas"; o grupo entrando numa loja de bebidas e roubando cervejas e petiscos suficientes para uma noite — tudo isso em meio a uma enxurrada de humor ao estilo de *Beavis & Butthead*. Mais que tudo, há algumas gloriosas cenas do início da banda, do segundo show de Cliff no Stone, em abril de 1983, passando pelo Day on the Green em 1985, e diversas filmagens feitas por fãs durante a turnê de verão com Ozzy em 1986, onde se tornou claro o poder da presença de Burton no palco e fora dele e a insegurança de James, ainda mais com o autoritário Dave Mustaine do lado oposto. Imaginem a cena: ele sob os holofotes, com Cliff Burton de um lado e Dave Mustaine de outro e, às suas costas, o lunático Lars. Não é de espantar que James sentisse que tinha de lutar para se manter no mesmo nível.

Após a turnê, o plano era continuar a compor para o próximo álbum, um processo que havia sido interrompido por algumas apresentações lucrativas em festivais de verão. No entanto, as coisas mudaram quando Hetfield quebrou o braço de novo num acidente de skate; dessa vez, numa piscina vazia em Oakland Hills, acompanhado por Kirk e os amigos Fred Cotton e Pushead. James estava usando os acessórios de proteção, mas foi "um pouco vertical demais", relembrou Cotton. "Deu para ouvir o estalo assim que ele caiu no fundo da piscina." Após serem forçados a cancelar o que deveria ter sido uma aparição estimulante para a carreira da banda no *Saturday night live*, Cotton alegou que a Q Prime "fez James assinar um termo em que prometia não andar mais de skate". Em vez disso, o foco seria direcionado para algo ainda mais importante: gravar o primeiro lançamento sob o novo acordo com uma grande gravadora britânica, a Phonogram.

Master of puppets havia assinalado o final do contrato de licença do Metallica com a Music for Nations. Ao contrário de Jonny Z, que teve de lutar pela manutenção do controle contra os interesses usurpadores da poderosa Q Prime, Martin Hooker não apenas desejava renovar o contrato com a banda, como também possuía os recursos financeiros para isso. Peter Mensch, no entanto, estava de olho em peixes maiores. Ele queria o Metallica num selo britânico e europeu com dimensões equivalentes às da Elektra nos Estados Unidos e da CBS no Japão. Especificamente, queria a banda na Phonogram, onde já tinha o Def Leppard. "Oferecemos um acordo mais vantajoso que o da Phonogram", disse Martin Hooker, "num valor bem acima do 1 milhão de libras, que, na época, era o maior que já tínhamos oferecido a alguém. Infelizmente, a Q Prime não quis nem discutir a questão, já que era conveniente para eles que a banda fosse para a Phonogram." De fato, diz Hooker, a Q Prime, que ficou "admirada com a proposta", já tinha assinado o acordo com a Phonogram antes mesmo de falar com a Music for Nations. "Quando descobrimos, oferecemos um novo acordo, bastante generoso, para ficarmos apenas com o catálogo. Expliquei que isso seria muito benéfico para a banda como uma fonte adicional de renda, que não seria utilizada na recuperação dos custos de gravação e de suporte da turnê do novo álbum (como seria no caso da Phonogram). Achei que isso fizesse sentido, em termos financeiros, para a banda. Não preciso dizer que não acreditei quando descobri que a Q Prime já tinha incluído o catálogo existente no contrato com a Phonogram."

Hooker também disse: "Meu catálogo estava vendendo como água. Então, eles devem ter desejado ficar com os três discos, para ajudá-los a recuperar o investimento... eles pressionaram e, por fim, acho que um ano depois, quando o segundo prazo expirou, tiraram o catálogo de mim, o que era o direito deles, sem dúvida". Hooker riria por último, porém. Quando o Metallica foi para a

Phonogram, a Music for Nations relançou *Master* numa edição dupla, "limitada", alegando que os sulcos mais largos do vinil tornavam o som mais cristalino. "Não vou dizer que era *melhor*", admitiu Gem Howard, "mas era mais *alto*. Porque você consegue mais volume quando grava em 45 RPM num disco de doze polegadas, porque há mais espaço nos sulcos, o que melhora o som... Soa risível hoje, mas, na época, a molecada nos escrevia dizendo como a qualidade do som era maravilhosa, e vendemos milhares de cópias. Incrível". Gem disse que o valor final das vendas europeias e britânicas, combinadas, dos três álbuns do Metallica pela Music for Nations, ultrapassa 1,5 milhão de cópias, ou "cerca de 500 mil cópias cada". *Master* permanece como o maior campeão de vendas lançado pela Music for Nations.

Dave Thorne, gerente de produto sênior do departamento internacional da Phonogram em Londres, não teria sido envolvido na campanha de promoção do Metallica em condições habituais. Tendo trabalhado com Bon Jovi, Rush, Cinderella e diversos outros artistas de rock da Phonogram, porém, ocupou um papel central no acordo com o Metallica, "devido aos meus contatos e conhecimentos sobre heavy metal", ele disse. Thorne explicou como "a ligação-chave" do acordo tinha sido a relação de Peter Mensch com o diretor comercial do selo, John Watson, advogado sênior da Phonogram na época. Thorne soube do negócio quando foi chamado ao escritório do diretor-geral David Simone, que estava acompanhado de Watson. Eles disseram a Dave que tinham a oportunidade de contratar o Metallica e perguntaram o que achava das perspectivas comerciais a longo prazo.

"Fiquei animado e disse que eles eram 'a' banda do momento no cenário do metal extremo", classificando o grupo como "o Rush do gênero". Depois que Thorne acrescentou que o Metallica já tinha vendido 100 mil cópias só no Reino Unido, Simone perguntou: "Sim, mas o número vai crescer?". Ao que Thorne respondeu: "Se formos a empresa por trás deles, por que não cresceria?". Na verdade, por vários motivos, a Phonogram talvez não fosse a gravadora ideal para uma banda como o Metallica. Como admitiu Thorne, num primeiro momento, a única reação que obteve do A&R [departamento de artistas e repertório] foi "rostos impassíveis". Ele acrescentou: "Eles não sabiam como segurar uma guitarra, muito menos que tipo de banda era o

Metallica. Estavam contratando bandas como o Soft Cell e o Swing Out Sister, coisas pop e indie".

Ele se lembrou de Mensch ter ido a Londres para uma reunião de cúpula com Simone, Watson, Thorne e todos os cabeças do departamento, incluindo o diretor de marketing, John Waller, e o chefe dele, Tony Powell. O argumento dele foi: "Esta não é uma oportunidade para o A&R, essa banda não precisa desse tipo de cuidado. Esta é uma oportunidade de marketing". Thorne contou que Mensch dissera: "Não fiquem animados. Não esperamos que vocês sejam envolvidos do ponto de vista criativo. Ninguém a não ser, talvez, esse sujeito", apontando para Thorne, "sabe alguma coisa sobre a banda. Queremos suas vendas, distribuição e marketing".

Mensch conseguiu o que queria, mas, como já tinha admitido, muito pouco disso tinha a ver com a música. Thorne também disse: "Desconfio que alguns dos poderosos pensaram: 'Ei, este pode ser o novo Def Leppard'. Não acho que analisaram se era viável ou não. O que queríamos era construir uma conexão forte com uma empresa de gerenciamento com a qual já tínhamos um relacionamento". A Music for Nations "sabia escutar, tinha atitude e tenacidade excelentes quanto ao trabalho que faziam, mas havia chegado ao limite de suas capacidades". Para levar o Metallica até o próximo patamar desejado pela banda, em termos de carreira, seria preciso "uma persuasão marqueteira das sérias, à moda antiga, com grandes campanhas, grandes ofertas de descontos etc. A Polygram, que era o braço distribuidor da empresa, tinha na época o maior esquema operacional do ramo na Europa. Era isso que a Q Prime estava procurando".

O primeiro lançamento do Metallica pela Phonogram seria um vinil de doze polegadas, com quatro faixas, *The $5.98 EP: garage days re-revisited*, o título sendo uma referência ao subtítulo do lado B de "Creeping death", single lançado três anos antes — um sinal de que era uma coletânea de covers. Não é de hoje que se acredita que essa foi uma maneira prática de marcar a estreia de Newsted no Metallica, antes de embarcarem num álbum. O disco foi gravado por sugestão de Dave Thorne, que viu na apresentação no Monsters of Rock uma oportunidade perfeita de marketing para um lançamento britânico: "Eu disse: 'Veja, essa é uma grande oportunidade de vendas. Sei que não vai ser um álbum, mas temos de mostrar alguma coisa'. Eles disseram que pensariam no assunto". A ideia inicial de Thorne era um single, mas Mensch respondeu: "Não fazemos singles". Thorne retorquiu: "Bom, então grave alguma coisa que se encaixe na parada de singles, porém que não seja um single. Eles vieram até mim e disseram que fariam o *The $5.98 EP: garage days re-revisited*. Até hoje, Lars me dá o crédito pela ideia, o que é muito gentil da parte dele. Mas o conceito não foi meu".

De fato, a ideia — disparar versões preciosas de covers de metal e punk underground, como "Helpless", do Diamond Head, "The small hours", de outro grupo da NWOBHM, o Holocaust, "Crash course in brain surgery", dos veteranos do metal britânico Budgie e duas versões sucessivas, "Last caress" e "Green hell", da banda venerada por Cliff, Misfits, como se fossem tocadas ao vivo — era simplesmente genial. Ensaiado, conforme sugerido pelo título, na garagem (embora não no antigo refúgio de El Cerrito, mas do outro lado da rua, na nova garagem para dois carros, com isolamento acústico, na casa de Lars, comprada com o dinheiro extra que estava entrando) e depois gravado em apenas seis dias nos estúdios Conway, em Los Angeles — "quase o mesmo tempo que levamos só para montar o equipamento para o último disco", conforme observou James —, o EP *Garage days* era barulheira do início ao fim.

Abrindo com James cantarolando entre risos abafados ao fundo, antes do pontapé inicial do som monstruoso da bateria de Lars e de a coisa toda deslanchar como um trem em disparada, assim como *Cliff 'em all* antecipou aspectos da reality TV, *Garage days* antecedeu em grande escala o gosto por gravações do tipo caseiras da década seguinte, enfatizadas por momentos inovadores, tais como o *fade-out* de "Helpless", aumentando de novo com a guitarra sendo aproximada dos amplificadores, e Lars ditando instruções. A velocidade e a ferocidade continuam na faixa seguinte, com a erupção do baixo de Jason sobre a introdução improvisada, transformando o que era um hino do rock clássico, "Crash course in brain surgery", numa faixa de punk metal selvagem que se tornaria influente. A faixa de abertura no lado dois, "The small hours", recebe um tratamento ainda mais brutal, aproximando-se lentamente como um dos mutantes alienígenas caolhos da coleção de gibis antigos de ficção científica de Kirk, surgindo no horizonte, encoberto por nuvens de poeira nuclear e pelo sangue dos frágeis humanos. A verdadeira porrada, no entanto, é o clímax, as duas canções abandonadas havia muito tempo pelos Misfits, "Last caress" e "Green hell", transformadas numa só. Apesar da letra propositalmente escabrosa ("I got something to say / I raped your mother today..."),* "Last caress" era uma das músicas mais cativantes do Metallica, sua doçura bizarra sendo suplantada por "Green hell", uma das músicas mais velozes do grupo desde "Whiplash", e o medley inteiro durava um pouco mais de três minutos. O tom jocoso do EP é concluído com alguns segundos, fora de tom, da introdução de "Run to the hills", do Iron Maiden. De maneira irônica, a faixa dessas sessões de gravação que mais tinha a ver com o Metallica foi deixada de fora da versão do EP lançado no Reino Unido, para que pudesse ir para a parada de singles: a versão imponente de "The wait", do Killing Joke, em que o humor foi suspenso e a banda fez o que parecia impossível: fazer a música soar como se fosse dela.

Para uma banda que faria de uma produção superior a base do sucesso ou do fracasso dos seus álbuns, a gravação apressada e "não muito produzida" — conforme uma citação espirituosa na capa do EP — de *Garage days* fez mais pela reputação do Metallica naquele ponto específico da carreira do grupo do que qualquer outro álbum importante que viessem a gravar. Fez o Metallica parecer divertido e acessível, adjetivos que tinham sido deixados de lado desde o primeiro disco. E, sim, era um bom jeito de apresentar Jason Newkid — como ele é mencionado na capa, a qual parece, de propósito, "caseira" — para os fãs, que mal podiam esperar para compará-lo com Cliff. O EP também proporcionou a Jason, que usou sua experiência como carpinteiro e faz-tudo para ajudar Lars na vedação acústica da garagem, uma de suas primeiras experiências gratificantes, depois de a banda ter decidido que não se sentiria confortável trabalhando num estúdio no condado de Marin compartilhado com o Night Ranger e o Starship. Jason trouxe tiras de carpete para revestir as paredes e contou com a ajuda de um velho conhecido de Lars, John Kornarens (que ainda não tinha recebido os cinquenta dólares de volta!). Como Jason recordou:

* Eu tenho algo a dizer / Estuprei a sua mãe hoje. (N.T.)

"Era explosão pura, cara. Você entrava lá, ajeitava o amplificador do jeito que queria, colocava um microfone na frente e tocava. James ficava perto de mim, fazendo as coisas dele. Gravávamos numa só, incluindo os erros. Para mim, é um dos discos do Metallica que soa melhor, por causa da crueza do som".

O plano, explicou Thorne, era que a Phonogram usasse seu respaldo para "mandar o disco direto para as paradas. Impor a presença da banda de um jeito agressivo, e foi exatamente o que aconteceu". Na verdade, o disco estreou na 27ª posição — bom, ainda que não fosse ótimo, de acordo com o padrão dos singles, mas considerado um sucesso significativo pela Phonogram, já que tinha sido lançado num único formato (vinil de doze polegadas). Nada de CDs, cassetes ou sete polegadas. Quando Thorne tocou um trecho de "Helpless" na reunião estratégica semanal, "sem brincadeira, em trinta segundos as garotas da imprensa e todo mundo na sala começaram a dizer: 'Pelo amor de Deus, desliga isso!'". Quando o disco se tornou realmente um sucesso comercial, "isso abriu as comportas da Phonogram para o Metallica". O EP também recebeu o disco de ouro nos Estados Unidos, mas pelas vendas de 500 mil discos como álbum, já que não foi aceito como single. Promovido como "mini álbum", trazendo uma faixa extra, o cover de "The wait", assim como na versão japonesa, o pacote foi renomeado *The $9.98 EP: Garage days re-revisited*. "Eles tiveram de fazer isso", explicou Thorne, "ou cópias importadas do disco invadiriam o mercado e a Elektra — e a CBS — perderiam dinheiro."

Igualmente impressionante, da perspectiva da nova gravadora, era a boa vontade da banda para promover o disco. Eles talvez não fossem o tipo de artista interessado em singles com quem a Phonogram estava acostumada a lidar, mas compensavam isso com uma atitude objetiva e a vontade de arregaçar as mangas. Para a maioria dos artistas, "chegar ao país e promover o disco significava dar entrevistas importantes", disse Thorne. "Talvez um pouco de rádio e TV, se isso estivesse disponível. Daí, chamávamos alguns membros da banda para dar entrevistas secundárias ou coisa do gênero. Mas Lars não queria falar somente com a grande imprensa musical, mas também com todos os fanzines conhecidos e obscuros. Lars vinha e passava quatro ou cinco *dias* no escritório. Ele atendia sessenta, setenta, oitenta fanzines. Ninguém conseguia arrancá-lo do telefone."

Thorne citou essa prontidão para atender a mídia como um dos fatores que, de certo modo, mais contribuiu para a popularidade que a banda alcançaria, e que perdura até hoje, em revistas declaradamente hostis ao heavy metal, como *NEM*, *Time Out*, *Village Voice*, *Rolling Stone*, e para o atual destaque da banda entre os jornais de grande circulação. "Era uma combinação da boa vontade e dos esforços adicionais de Lars em relação à mídia e de algo mais. Tudo se resume a uma palavra que começa com 'c': credibilidade. Em todas as conversas que tive com Peter Mensch, todas as reuniões que fizemos, todas as grandes decisões que tomamos, essa palavra era o tema. Eles não faziam nada que prejudicasse os planos. Não se venderiam porque eram um grupo do povo. Tinham chegado até ali por causa da cena da troca de fitas e era onde queriam permanecer. Eles não queriam magoar essas pessoas", concluiu Thorne.

Talvez. Mas para Dave e o resto da Phonogram era Lars quem dava a palavra final em questões promocionais e todas as decisões relevantes dos negócios. "Eu conversava com Mensch e ele então me dizia que eu tinha de falar com Lars e convencê-lo. Peter tinha uma aversão natural a dizer 'sim', principalmente para as gravadoras. Então, no início, ele me mandava falar com Lars o tempo todo, que estava totalmente imerso na parte dos negócios, era o cara que tinha de ser persuadido. Ele então ia até o cara que de fato tomava as grandes decisões na banda: Hetfield", disse Dave.

Entre as tentativas da gravadora de angariar o máximo de publicidade possível para o primeiro lançamento do Metallica, o show surpresa da banda (anunciada como Damage, Inc.), no 100 Club (a lendária casa de shows em que o Clash e os Sex Pistols se apresentaram no final dos anos 1970), na Oxford Street, foi um aquecimento para Donington e um bônus. Quando, quase no final da apresentação de uma hora, o som do baixo de Jason desapareceu devido a uma falha técnica, o rumor na plateia era de que ele tinha desmaiado por causa do calor. O lugar estava tão quente e superlotado que foi impossível verificar essa alegação, e quando a notícia do "colapso momentâneo" de Jason foi distorcida pela *Kerrang!*, isso só aumentou a lista de queixas e o desprezo em relação a ele, algo que já não passava despercebido ao baixista. Newsted chegou até a desconfiar que a banda tivesse plantado a história por meio dos conhecidos que tinham nas revistas, como mais uma provocação. Como disse Dave Thorne: "Foi uma noite insana. A recordação que ficou foi a de Scott Ian sendo carregado e levado pela plateia diante da banda... uma noite louca".

Dois dias depois, a banda subiu ao palco em Donington, onde foi a terceira atração da noite, antes do ex-vocalista do Black Sabbath, Ronnie James Dio, e do Bon Jovi. Para milhares de fãs do Metallica, Donington foi a primeira oportunidade de ver a nova formação. Era importante para a banda, por outro lado, provar que tinha mudado pouco, que tudo continuava como antes — não para subestimar a morte de seu baixista e talismã, mas para demonstrar que isso não era um obstáculo intransponível, que ainda havia substância naquilo que faziam —, para indicar a direção que tomariam a seguir, sem se importar com quem estivesse à direita de James no palco. O show começou de maneira satisfatória, com três preferidas da plateia: "Creeping death", "For whom the bell tolls" e "Fade to black". Não demorou muito, porém, para que eles começassem a mergulhar no conteúdo do EP, numa interseção equilibrada de euforia promocional e visão de futuro, injetando a bem-sucedida diversão gerada no EP, mesmo que isso significasse remover a introdução chapante de "Run to the hills" do clímax de "Last caress / Green hell".

Então, no exato momento em que se aproximavam do ápice do show, a atenção da plateia foi desviada para a chegada do helicóptero que transportava o Bon Jovi para a área de backstage. A aeronave, zumbindo em alto volume, voou acima da multidão pelo que pareceu ser uma eternidade, em direção à área cercada por seguranças em terra firme, para que Jon e a banda pudessem desembarcar e evitar o contato com quem estivesse trabalhando lá naquele dia. "Filho da puta!", rosnou James quando saíram do palco. "Ele tentou foder o nosso show de propósito." Não havia sido tão ruim assim, com certeza, uma distração que todos logo esqueceram, a não ser Hetfield, que levou para o lado pessoal. Depois de encontrar um pincel atômico, ele rabiscou "Kill Bon Jovi" na guitarra. Jon Bon Jovi mais tarde me disse que tudo não passou de um mal-entendido, que ficou horrorizado com o fato de alguém pensar que ele faria qualquer coisa de propósito para estragar o show de outra banda, muito menos uma que estava na mesma lista de atrações. Jon deixou claro, no entanto, que ainda se lembrava dos comentários de Hetfield no palco de Donington dois anos antes, citando "lycra, maquiagem e músicas que diziam '*oh baby*'" e que os dois não se gostavam.

Parecia que o Metallica, dono de um estilo próprio e habitante de um universo soturno, no qual "mocinhos" saudáveis como Bon Jovi são considerados inimigos, tinha mostrado aos caras qual era o lugar deles. O que nem James Hetfield, nem Jon Bon Jovi — nem mesmo Lars Ulrich em todos os seus sonhos secretos — poderiam ter previsto foi a mudança drástica de posições que ocorreria nos cinco anos seguintes, quando o Metallica, os ranzinzas vestidos de preto, ascenderia em direção ao centro do sol, enquanto o Bon Jovi, antes tão imaculado, cairia como Ícaro no mar revolto — uma reviravolta do destino tão improvável que nem mesmo Peter Mensch poderia ter imaginado.

Ou poderia?

Dez
Garotas selvagens, carros velozes e muitas drogas

"Ei, cara", disse Kirk, "dá para fazer algo a respeito disso, sabia?". Estávamos em pé no vestiário do Newcastle City Hall. No palco, Glen Danzig, ex-Misfits, agora à frente da nova banda que levava o seu sobrenome, fazia o grande favor de tocar para a plateia.

"A respeito do quê?"

"Do seu cabelo. Você está ficando careca. Mas se agir agora tem conserto."

Olhei para ele. Tinha sido pego desprevenido. Meu cabelo? Estávamos falando sobre o meu cabelo? Tentei ficar na minha, como se não estivesse nem aí, e perguntei:

"E que tipo de conserto?"

"Rogaine, cara", ele sorriu. "Conhece?"

Na verdade, conhecia. Quer dizer, já tinha ouvido falar sobre algo parecido: Regaine.

"É a mesma coisa, cara", ele disse. "Minoxidil, certo?"

O meu cabeleireiro tinha mencionado o remédio em minha última visita, mas fiquei tão desconcertado que resolvi não pensar no assunto. Agora isso. Meu cabelo estava tão ruim assim que as pessoas vinham me dizer?

"Não, cara", disse Kirk, "só reparei porque está acontecendo o mesmo comigo."

Olhei para o cabelo dele. Comprido, preto, encaracolado. A testa era meio grande, mas fora isso... que porra ele estava dizendo? E para mim?

"É sério", ele disse, "você devia experimentar. Antes que seja tarde demais...". E foi embora.

Mais tarde, naquela noite, acompanhados de cervejas e baseados, mencionei o assunto para o Big Mick, o cara do som. Mick e eu sempre acabávamos juntos quando eu estava com o Metallica. Ele não conseguia encontrar haxixe escuro de qualidade nos Estados Unidos, e eu raramente conseguia comprar maconha forte em Londres — não no final dos anos 1980. Então nos ajudávamos. De algum modo, em Newcastle, ambos tínhamos conseguido o que procurávamos. O dia seguinte seria de folga, portanto Mick e o resto da equipe estavam enfurnados no hotel com a banda.

"Do que o Kirk está falando", perguntei, "Rogaine? Regaine? Você conhece?".

"Ah, Cristo!", ele disse. "É a nova obsessão do Kirk. Estamos carregando toneladas do negócio nesta turnê. Se juntarmos isso e a aquela porra de estátua, mal sobra espaço para o equipamento."

Mick, que tinha uma cabeleira espessa, na altura dos ombros, não era o tipo de cara que precisava se preocupar com essas coisas, então fez uma piada em vez de mudar para qualquer outro assunto. Ainda assim, eu estava intrigado. Na próxima vez que visse Kirk, iria perguntar.

"Claro, cara", ele disse, "você só tem de esfregar no couro cabeludo todos os dias. Tem de ser todos os dias, senão não funciona. Mas é legal. Você devia experimentar, mesmo", disse mais uma vez. "Antes que seja tarde demais..."

NA CARREIRA DOS ARTISTAS de rock mais bem-sucedidos, o lançamento de determinados álbuns se transforma num marco tão importante que permite certa margem quanto às decisões futuras. Quando o álbum sai no começo da carreira, no entanto, e constitui um avanço importante — em termos comerciais ou artísticos, ou, melhor ainda, em ambos —, se os caras forem espertos, o passo mais lógico a seguir é fazer um disco que dê continuidade ao anterior, no mesmo estilo, consolidando, assim, o crescimento desse status no círculo central de fãs e, também, mantendo a confiança da gravadora — de cujo trabalho duro eles dependem — e dos promotores, agentes e seus vários parceiros na mídia. Quando esse objetivo é atingido, e eles contam com um número substancial e regular de fãs, podem, então, se desejarem, repensar a fórmula para os lançamentos posteriores. O que eles não são aconselhados a fazer é experimentar algo diferente após uma estreia bem-sucedida e jogar tudo fora.

O Metallica estava nessa posição em 1987, durante o planejamento do quarto álbum, que não seria apenas a continuidade do sucesso que os fez estourar, *Master of puppets*, mas também o primeiro disco deles sem Cliff Burton. A opção lógica, segura, seria fazer uma continuação planejada, quase um *Master II*: tanto para aproveitar uma fórmula já estabelecida e vencedora, como para provar que a substituição de Burton por Jason Newsted havia ocorrido sem percalços. Quando Lars Ulrich e James Hetfield, no entanto, conversaram sobre o assunto numa tarde de outubro em 1987, enquanto escutavam as *Riff tapes* — um conjunto de excertos que costumavam compilar entre os álbuns, pequenas ideias que surgiam durante as passagens de som ou movimentos musicais aleatórios cantarolados por Lars e transformados em acordes de guitarra por James —, decidiram não seguir nenhuma dessas regras e, em vez disso, apostar em algo tão diferente do que tinham feito antes que seria praticamente impossível reconhecer o novo trabalho em relação ao modelo estabelecido nos três primeiros álbuns.

Ou melhor: Lars decidiu. Intoxicado pelo sucesso das milhões de cópias vendidas do EP e do CD do miniálbum *Garage days*, e excessivamente deslumbrado com o som revolucionário do álbum de estreia de uma banda de Los Angeles subestimada pela imprensa, Guns N' Roses, ele sentiu que era hora de o Metallica abandonar o barco do thrash de vez e tentar uma abordagem completamente nova. James, já acostumado ao longo dos anos com o falatório incessante de Lars sobre dominação mundial, mas perdido ainda, sem saber como prosseguir sem o desconfiômetro de Cliff como guia, apenas fez que sim com a cabeça. O que esse papo de "adicionar novos elementos ao som", propagado com tanto entusiamo por Lars, queria dizer? Eles comporiam as músicas como sempre e veriam no que dava, certo?

Em relação a isso, certamente não havia nada de novo: os dois trabalhariam sozinhos em casa num gravador de quatro canais, chamariam Kirk mais tarde para pensar nas partes de guitarra e deixariam Jason totalmente de fora, sob o pretexto de que, com tão poucas canções naquele estágio, ainda não havia lugar para o baixo. Como resultado, das nove faixas selecionadas para o álbum — todas composições de Hetfield e Ulrich —, apenas três levariam também o sobrenome de Kirk e uma o de Jason. Outra, ainda, teria o crédito de Cliff, um trabalho póstumo resultado de "alguns excertos" que o baixista tinha deixado gravados, sobre os quais James entoou um poema de quatro versos também deixado por Burton intitulado "To live is to die". Na verdade, a única grande diferença foi a decisão de gravar o disco mais perto de casa dessa vez, em Los Angeles; uma escolha baseada num conservadorismo recém-descoberto, ao menos longe dos palcos, e no súbito desejo de estarem próximos das parceiras.

Esse era um dos aspectos que os jovens integrantes do Metallica faziam questão de manter fora do alcance da imprensa. Até mesmo Lars, um tagarela, foi bastante reticente ao me apresentar a mulher, a inglesa Debbie, o que não era normal. Uma garota divertida das Midlands, de cabelos claros, sem meias palavras. Os dois tinham se conhecido durante a estada da banda em Londres em 1984 e se casado em 1987, durante o breve hiato de shows (o período de recuperação do pulso quebrado de James). Não que Lars a escondesse da imprensa, mas é que esse era um dos poucos assuntos sobre o qual ele não falava muito. Mais: o conquistador Lars não gostava da ideia de ver alguém atrapalhando as suas investidas, e, embora estivesse claro que ele adorava a companhia de Debbie, o casamento estava destinado a acabar dali a apenas três anos. Aqueles, afinal, foram os anos selvagens de Lars e, com a banda finalmente decolando, o momento errado para o mais festeiro dos quatro estar casado. Como ele disse mais tarde, chegaram a considerar *Wild chicks, fast cars and lots of drugs* como título do novo disco, de acordo com o clima no "Metalliword" na época. Como qualquer garota inglesa, caseira, da classe trabalhadora, poderia competir com isso?

Kirk também tinha escolhido aquele momento para se casar com a bela namorada norte-americana, Rebecca (Becky), e os dois decidiram juntar as escovas de dente em dezembro, poucas semanas antes de a banda começar a trabalhar no novo álbum. De fora, Kirk e Becky pareciam ser o casal perfeito, quase um reflexo um do outro, com os mesmos cabelos encaracolados, rosto élfico e grandes olhos castanhos. Becky era destrambelhada, aérea e complementava a imagem pública de Kirk, de trovador hippie, maconheiro sossegado, colecionador de gibis. Na verdade, uma nova faceta da personalidade do guitarrista começou a emergir com a concretização das suas fantasias de astro do rock, às vezes envolvendo Becky, às vezes não, e a cocaína, não mais a maconha, se tornou sua droga predileta. O casamento deles também terminaria dali a poucos anos.

Jason, que tinha rompido com a namorada de longa data, Lauren Collins, uma universitária de Phoenix, logo depois de entrar para o Metallica, se envolveu com uma nova pretendente, Judy, que se tornaria a primeira sra. Newsted no ano seguinte, embora os dois tenham se divorciado ainda mais depressa que

Lars ou Kirk, decidindo, de imediato, que tinham cometido um erro. O único que não se casou naquela altura foi James, e ele, ironicamente, era o que talvez estivesse mais apaixonado. De fato, Kristen Martinez seria a inspiração de uma das canções mais amadas do Metallica, alicerce da extensa popularidade da banda nos anos 1990, "Nothing else matters". Essa foi a única vez em que James mais ou menos reconheceu o romance dos dois para o público, e ele chegou até a alegar que a música não era, de jeito algum, sobre ela, tamanha a dor que estava sentido quando os dois se separaram, devido ao explosivo sucesso do Metallica.

Isso, no entanto, aconteceria no futuro. Não havia músicas românticas planejadas para o quarto disco do Metallica. Em vez disso, Lars estava determinado a enfatizar uma verve nova e mais sólida, e queria gravar depressa, ao contrário de *Master*, que ele mesmo admitiu, levou muito tempo. Encantado com *Appetite for destruction*, do Guns N' Roses — que tinha tantos palavrões que as rádios se recusavam a tocá-lo —, o que ele queria acima de tudo era que o Metallica não ficasse para trás com a chegada dos, como ele dizia, "novos pintos do pedaço". Em uma conversa, ele se lembrou de ter escutado o primeiro single de *Appetite for destruction*, "It's so easy", num voo de volta a San Francisco, e de ter ficado espantado diante da misoginia despudorada do verso "Turn around bitch, I got a use for you",* e também do final, quando o vocalista W. Axl Rose grita: "Why don't you just... fuck off!".** "Cara, me deixou alucinado!", Lars disse com entusiasmo para James. "Era o jeito como Axl dizia aquilo. Tão venenoso. Tão verdadeiro e com tanta raiva. Porra!" Foi o início de uma obsessão com Axl e o Guns N' Roses que, por fim, levaria as duas bandas a excursionarem juntas, mas que não era compartilhada por James.

Quando se tornou aparente que Flemming Rasmussen, com quem tinham escolhido gravar mais uma vez, não estaria disponível tão depressa quanto desejavam, Lars, em seu íntimo, ficou feliz, aproveitando a situação para sugerir uma alternativa mais excitante: Mike Clink, um produtor nascido em Baltimore, que tinha supervisionado a gravação de *Appetite for destruction*.

* Vire de costas, sua cadela / Você pode servir para alguma coisa. (N.T.)

** Por que você simplesmente... não vai se foder? (N.T.)

Clink tinha iniciado a carreira como engenheiro no estúdio Record Plant, em Nova York, como assistente do produtor Ron Nevison em álbuns de sucesso de gigantes do soft rock como Jefferson Starship, Heart e, o mais notável, Survivor, cujo *Eye of the tiger* — tanto o disco como o single — foi um grande sucesso em 1982. As principais qualidades de Clink, de acordo com Slash, guitarrista do G N' R, "eram os incríveis sons de guitarra e uma tremenda paciência". Esperto o bastante para saber que os álbuns em que trabalhara antes eram "pop", escutou com atenção os discos do Aerosmith que Slash tinha botado para tocar em preparação para as sessões de *Appetite for destruction*. Por coincidência, Axl pediu que ele prestasse atenção em *Ride the lightning*, do Metallica.

Com o One on One estúdios, em North Hollywood, reservado para os três primeiros meses de 1988, Lars pediu a Mensch para firmar um acordo para que Clink fosse o produtor do novo disco. Clink, um sujeito perspicaz, à procura de um projeto que ampliasse a sua recém-encontrada reputação como "o cara a quem recorrer" em casos de bandas em ascensão, ficou intrigado com a abordagem para aceitar de primeira. Mesmo assim, aparentemente, parecia uma combinação esquisita: Clink era conhecido por capturar um som mais solto, inclinado ao blues, trazendo um clima de gravação ao vivo para o estúdio, e o Metallica, pela precisão fria dos riffs metálicos e ritmos quase mecânicos. Clink teria de encaixar as duas coisas. Como disse em entrevista: "Eles me contrataram porque gostaram dos discos do Guns N' Roses". Porém, a mensagem que captou na primeira conversa com a Q Prime foi que "eles faziam as coisas do jeito do Metallica. E eu não tinha a menor ideia do que se tratava, até ser envolvido no processo".

James tinha menos certeza ainda. Como não era fã do disco do G N' R, para ele Clink não era nada de especial, apenas mais um dos caprichos passageiros de Lars. Observou, com calma, a busca dos dois por um som de bateria que se encaixasse nos requisitos preestabelecidos na cabeça de Lars e Mike, mas perdeu a paciência quando chegou a vez da guitarra. Embora tivessem conseguido repetir a rotina estabelecida para o começo das gravações de um álbum — experimentos com dois covers inacabados, para eliminar possíveis problemas; nesse caso, "Breadfan", do Budgie, e "The prince", do Diamond

Head, faixas num estado tão "bruto" que faziam o material do EP *Garage days* parecer polido —, em vez de amenizar as diferenças, isso só fez com que a distância entre as ideias de cada um fosse ainda mais enfatizada, em especial entre as de Hetfield e Clink. "Surtei", disse James, "não dava mais para aguentar".

Clink explicou: "Por mais que acredite que eles queriam que eu colocasse a minha mágica nas músicas, acho que estavam acostumados a fazer as coisas sozinhos e do jeito deles". Acrescentou, sem rodeios: "Sempre senti que era o cara reserva, esperando Flemming estar disponível, ou que eles o convencessem a trabalhar no álbum porque, naquele momento, as coisas não estavam dando certo... eles ficavam putos por alguém dizer o que tinham de fazer. Acho que a culpa foi tanto minha quanto deles. Tinha acabado de fazer o disco do Guns N' Roses, do meu jeito, como eu mandava. E meio que me deparei com uma parede, o que foi difícil para mim". Clink também sentiu que "a ausência de Cliff era um pouco desconcertante para eles; talvez, no fundo, quisessem algo mais familiar, pois estavam dando um grande passo sem ele".

Qualquer que fosse o problema, ao final da terceira semana de gravação, Lars estava ao telefone com Flemming, implorando para que ele reagendasse seus compromissos e pegasse um voo para salvar as sessões. "Lars me ligou e disse que eles não estavam chegando a lugar algum, que estavam de saco cheio, perguntou se eu estava disponível para qualquer eventualidade", disse Rasmussen. "Eu disse que tinha trabalhos marcados e que se precisassem de mim deveriam me avisar depressa. Recebi uma ligação no dia seguinte, e ele me pediu para ir até lá, no estilo 'quando você pode vir?'."

Chegando ao One on One duas semanas depois, Rasmussen insistiu para que a banda começasse do zero, mantendo os covers brutos, que poderiam mais tarde ser usados como lados B de singles, e somente duas das linhas de bateria que Clink tinha gravado com eles, para as faixas "Harvester of sorrow" e "The shortest straw". Flemming creditou o fracasso da relação entre a banda e Clink ao fato de que este "provavelmente esperava que fossem uma 'banda mais *banda*', em que todo mundo tocava ao mesmo tempo e que esse seria o ponto de partida do trabalho. E eles ainda estavam muito longe disso na época. Estavam mexendo no som da guitarra havia duas ou três semanas, e James não estava nem um pouco satisfeito", ele riu. "Quando falei com Lars, ele disse:

'Não vamos fazer outro *Master of puppets*. Vai ser um disco mais agressivo. O mais direto e enérgico possível'."

O resultado foi, conforme ordenado por Lars, o disco do Metallica com o som mais pesado até então, intitulado *...And justice for all*, reproduzindo a última linha do Juramento à Bandeira norte-americano, usado como uma metáfora jocosa do tema, mais geral, da raiva perante a injustiça, que permeia todas as faixas. O problema era: tudo parecia se resumir a um barulho raivoso, a ponto de amortecer as emoções que o disco tanto queria evocar; era uma sala repleta de espelhos em que todos os reflexos apareciam distorcidos. Acima de tudo, soava unidimensional: a bateria ativa, mas diminuta; as guitarras aceleradas, mas abafadas; os vocais agressivos, na maioria apenas berros. Se esse era um Metallica mais direto, o efeito seria capaz de afastar os fãs, a não ser os mais ávidos, alheios a esses fatos — uma criação tão repugnante como aquela costurada e montada pelo dr. Frankenstein em seu laboratório.

Não era difícil concluir que, pela primeira vez, o Metallica não estava seguindo os seus instintos, mas, sim, fazendo algo que achavam que deveriam fazer. *Reign of blood*, do Slayer, tinha roubado a coroa thrash que eles tinham rejeitado, e o Guns N' Roses ameaçava dar uma surra neles na conversão de roqueiros com gosto mais popular; assim, o Metallica não era mais o líder agindo de modo natural, mas tentando alcançar os outros, procurando por sinais externos que os levassem adiante, em vez de iluminar o caminho para os demais. Tendo os sonhos de Lars e os pesadelos de James como guia, a influência de Cliff seria, a partir desse momento, ainda mais sentida. Eles estavam, sem dúvida, perdidos. Ao escrever sobre "angústia" ser "o que ele gostava", James alardeava: "A dor física não é nada se comparada a cicatrizes psicológicas, o tipo de merda que nunca abandona você. A morte das pessoas que fazem parte da sua vida sempre nos faz pensar". Teria a morte de Cliff se tornado uma dessas coisas em que ele pensava muito?

No primeiro álbum do Metallica produzido para CD, com mais de 65 minutos de duração, a sequência das músicas ainda seguia o mesmo modelo de *Ride the lightning* e *Master of puppets*, abrindo com um grito de convocação, "Blackened" — a letra, um uivo raivoso contra a destruição do meio ambiente, com estrutura rítmica muito parecida com "Battery", embora menos eficaz, e a única música do disco em que Newsted é creditado como coautor. A seguir, a faixa-título, intencionalmente épica, uma das canções mais compridas e tediosas gravadas pela banda. Construída com base num *groove* peculiar de bateria de Lars e no som de marcha das guitarras, com James vociferando "Justice is lost / Justice is raped / Justice is gone..."* por quase dez minutos, "Justice" cava a própria cova e se enterra, evocando um suspiro de alívio do ouvinte quando enfim termina de supetão. Não que seja uma música ruim, mas teria brilhado mais em *Ride the lightning*, no qual a banda ainda estava estabelecendo suas credenciais e a guitarra de Hammett, pela qual receberia o primeiro dos três créditos de coautoria do disco, é exemplar. O problema é que a intenção da música é tão sisuda, amarga, implacável, que não sobra muito entusiasmo, apenas o som de um homem e sua dor. De modo semelhante, a instrumental que serve de tributo a Cliff, "To live is to die" empaca na mesmice, um gesto sincero que se torna insignificante por essa ser a música mais longa de um álbum sufocante com faixas que duram mais do que deveriam.

O restante do disco, com uma notável exceção, prossegue na mesma trilha sombria, emaranhada. De novo, não que músicas como "The shortest straw" ou "The frayed ends of sanity" sejam completamente ruins, ambas canções brutas que talvez ocupariam um lugar de respeito em *Ride the lightning*, mas, depois da produção e dos arranjos sofisticados de *Master of puppets*, e da atmosfera acolhedora e abrangente de *Garage days*, as expectativas em relação ao Metallica eram maiores. Naquele momento, em que deviam oferecer mais um marco sonoro, tinham retrocedido a algo grosseiro. O que teria soado totalmente novo quatro anos antes parecia fora de lugar e de ritmo.

Até mesmo o primeiro single do álbum, "Harvester of sorrow", era muito arrastado. "A letra é sobre alguém que leva uma vida bastante normal, tem uma esposa e três filhos e, de repente, surta e começa a matar pessoas à volta dele", explicou Lars na época. Se a música fosse ao menos um pouco interessante... É provável que o fato de ter chegado à vigésima posição nas paradas do Reino Unido estava relacionado ao grande número de fãs do Metallica no país, dispostos a comprar qualquer que fosse o próximo trabalho da banda, e com a

* A justiça está perdida / A justiça está violada / A justiça já era. (N.T.)

variedade de formatos em que a Phonogram comercializava o disco. De modo semelhante, a faixa seguinte, "Eye of the beholder", tocou nas rádios norte-americanas, embora não tivesse sido lançada como single. Tinha um som semelhante, e o que a salvava era o ritmo crescente em *staccato*, suficiente para prender a atenção dos ouvintes durante os dois primeiros minutos antes que sua monotonia repetitiva o fizesse desligar. "Você vê o que eu vejo?", entoa James solene. "A verdade é uma ofensa...", mas, estava claro, ninguém ousava dizer com franqueza a opinião sobre o álbum para a banda.

A exceção disso tudo — o único diamante em meio à sujeira — era "One", o experimento musical mais ambicioso e bem-sucedido do Metallica até então, a sua canção mais profunda e comovente. A macabra história de um soldado de infantaria que pisa numa mina terrestre e descobre, gradualmente, ao acordar, que perdeu tudo, as mãos, as pernas, os cinco sentidos, menos a mente, agora à deriva, presa em sua realidade lúgubre e impossível, "One" era ao mesmo tempo a descrição de um grande pesadelo e uma viagem musical transcendente. Era uma versão thrash e reduzida de *Tommy*, do Who, descrevendo a descida do protagonista ao inferno, implorando em silêncio pela morte, que pode ser vista tanto como uma metáfora existencial para a condição humana, como da vida de astro do rock; seu desfecho frenético servia também para demonstrar a desconexa raiva adolescente como nenhuma canção havia feito antes.

Baseada no romance de Dalton Trumbo, *Johnny vai à guerra*, de 1939, "One" se originou numa ideia de James para uma música, sobre ser "um cérebro e nada mais", antes que Cliff Burnstein sugerisse a leitura do livro de Trumbo. A história de Joe Bonham, um garoto norte-americano de boa aparência, estimulado pelo pai patriota a lutar na Primeira Guerra Mundial e a se portar de maneira "corajosa" quando uma bomba alemã explode próximo a ele, fazendo-o perder as pernas, os olhos, os ouvidos, a boca e o nariz. Depois de se conscientizar de suas terríveis circunstâncias no hospital, rodeado de médicos e enfermeiras horrorizados, Bonham usa a única parte do corpo que ainda é capaz de controlar, a cabeça, para transmitir uma mensagem em código Morse: "Por favor, me mate". "James tirou muita coisa disso", disse Lars, assim como Mensch e Burnstein quando escutaram a demo.

Houve mais uma mudança importante na estratégia da banda decidida antes de entrar no estúdio. Ao contrário de *Master of puppets*, fariam pelo menos um single marcante e, o que era ainda mais significativo, um clipe para o próximo álbum. Apesar da postura pública que tinham assumido, Dave Thorne disse que a questão dos singles nunca havia sido completamente descartada. "Quando questionei Mensch sobre o assunto, ele disse que se surgisse a oportunidade certa a banda poderia considerar." Thorne especulou que é provável que a Elektra, com quem "tinham um forte relacionamento profissional", os tenha convencido a pelo menos tentar. Na verdade, tanto James como Lars tinham mudado de ideia quanto à produção regular de videoclipes e singles desde o sucesso inesperado de *Garage days* e, em especial, de *Cliff 'em all* — a primeira indicação de que não precisavam fazer vídeos de acordo com as regras dos outros, mas com as deles. Mensch e Burnstein, que já sabiam que um single e um videoclipe na MTV podiam aumentar o número de vendas, aguardavam o momento certo para tocar no assunto com Lars e James.

O momento chegou com a conscientização de que "One" poderia se beneficiar de algum tipo de interpretação visual, que a complementaria de um jeito interessante, artístico. Eles ficaram ainda mais entusiasmados com a ideia quando souberam que Trumbo — um artista de esquerda e pacifista, expulso de Hollywood durante a caça às bruxas da era McCarthy, nos anos 1950 — tinha chegado a dirigir uma versão cinematográfica do livro, lançada em 1971, no auge da Guerra do Vietnã. Seria possível usar algumas cenas se fizessem um clipe? Essa era a ideia de Burnstein. De acordo com Rasmussen, eles tinham comprado os direitos do filme "a fim de usá-lo no clipe" antes mesmo de começarem a gravá-lo: "Não era bem um filme, mas eles gostaram do que viram e acharam que ficaria ótimo num videoclipe". Também utilizaram alguns dos efeitos especiais da trilha sonora original, sobrepondo o som de metralhadoras e explosão de minas terrestres na introdução da música.

Como no caso de "Stairway to heaven" para o Led Zeppelin ou de "Bohemian rhapsody" para o Queen, "One" representou a apoteose musical da banda, sintetizando tudo que tinham de grandioso e original numa única viagem: a melodia da guitarra, exuberante e ao mesmo tempo discreta, o crescendo que vai do meio ao desfecho vulcânico e a letra aterrorizante e certeira: "Hold my breath as I wish for death [...] / Now the world is gone / I'm just one...".* Isso não correspondia à postura padrão de um Van Halen ou Mötley Crüe, ou mesmo de um Guns N' Roses. Era uma revelação, uma música anacrônica que alteraria de maneira definitiva a situação do Metallica. Não era necessário ser fã da banda para reconhecer a qualidade artística de "One", assim como não é preciso ser fã do Led Zeppelin para apreciar "Stairway to heaven". Mas os fãs sabiam que aquele seria um momento marcante, que a banda talvez jamais fosse conseguir igualar.

Não deixa de ser notável que a única música após "One" que transcende um pouco as faixas intricadas ao seu redor seja a mais curta do álbum, "Dyer's Eve", cujo riff cortante e veloz é um alívio após os blocos torturantes de metal progressivo que a precedem. A última do disco é boa em termos de clímax, mas não no mesmo nível de "Damage, Inc.", seu sucesso é uma prova do desastre que caracteriza a sonoridade das demais faixas. Foi também a primeira letra de Hetfield em que ele abordou de maneira direta algumas das questões relativas à sua infância reprimida: "Dear mother / Dear father / What is this hell you have put me through?".** "É basicamente sobre um moleque que os pais esconderam do mundo real. Quando ele, já crescido, precisa enfrentar o mundo, não consegue lidar com ele e pensa em se suicidar", Lars explicou: "É, em resumo, uma carta do moleque para os pais, perguntando por que não tinha sido exposto ao mundo real". Esse não seria o último autorretrato composto por James Hetfield.

Com uma sonoridade horizontal e insípida, um tom de revolta vazio, uma amargura convicta e, acima de tudo, uma postura egocêntrica terrível, *Justice*, em vez de ser a obra-prima "diferente" prevista por Lars, foi, no máximo, uma fase oblíqua, um erro de cálculo e, pior de tudo, um manifesto estranho, que os próprios músicos renegariam cada vez mais com o passar do tempo e com a produção de álbuns melhores. "One" era, sem dúvida, o que salvava, porque é uma música extraordinária. Além disso, a experiência valeu pelo fato de ter feito todos concordarem que jamais fariam um álbum com uma perspectiva

* Prendo a respiração enquanto desejo morrer [...] / Agora o mundo acabou, sou apenas um. (N.T.)
** Querida mãe / Querido pai / Que inferno é este em que me colocaram? (N.T.)

tão sombria, ou de tamanho péssimo gosto musical. Os dias do Metallica como monstro do heavy metal estavam contados.

A grande ironia é que a área em que eles mais pretendiam inovar em *Justice* foi aquela em que soaram menos convincentes: a produção. Como disse Rasmussen: "A sonoridade era completamente estéril, sem densidade, rígida e barulhenta". De fato, o disco inteiro parece desprovido de *reverb*, que é o elemento especial para fazer com que até o mais medíocre dos sons se destaque na mixagem. Rasmussen não discordou, mas reafirmou que havia entregado o som de acordo com as instruções que recebera: "Todos estavam satisfeitos com o resultado assim que terminamos e, então, cerca de um mês depois, as pessoas começaram a demonstrar certa insatisfação. Mas talvez seja o álbum que, ao longo do tempo, *mais* tenha influenciado as bandas de metal". Talvez. David Ellefson, do Megadeth, concordou: "Era um disco complicado porque era muito progressivo. No início, nos orgulhávamos de como éramos velozes ao tocar. Então, passamos a nos orgulhar de como conseguíamos ser complicados. Orgulho intelectual musical ou alguma bobagem do gênero. Se houvesse mais som de baixo no disco, seria muito pesado. Pesado mesmo...".

Conforme sugerido por Ellefson, a omissão mais gritante na sonoridade de ...*And justice for all* era a ausência do baixo de Jason Newsted, algo imperdoável, uma vez que aquele era o seu primeiro álbum com o Metallica e o primeiro deles sem Cliff Burton. Ao longo dos anos, houve uma variedade de explicações para isso, desde a acusação de que Lars e James haviam diminuído o volume do instrumento durante a mixagem como parte da humilhação que infringiam, até a sugestão de que não havia espaço suficiente entre o ritmo em *staccato* da guitarra de James e o bumbo estrondoso de Lars, em termos técnicos, para que o baixo pudesse ser ouvido.

"Eu me senti na sarjeta", disse Newsted, mais de dez anos depois. "Fiquei muito decepcionado quando escutei a mixagem final. Bloqueei o assunto na minha cabeça, é o que as pessoas fazem com esse tipo de merda. Estávamos trabalhando pra caramba, e tinha um monte de merda acontecendo. Eu só estava indo no embalo, seguindo adiante. O que eu podia dizer, 'vamos remixar tudo?'." Segundo ele, ainda havia "sentimentos estranhos rolando. Era a primeira vez que estávamos num estúdio para fazer um álbum de fato do Metallica, e Cliff não estava presente". Trabalhando sozinho com o engenheiro assistente, Toby Wright, Jason tinha usado a mesma configuração de baixo dos shows: "Não houve tempo para posicionar os microfones a fim de obter um som melhor ou pensar se seria preferível usar os dedos ou a palheta. Nada do que sei hoje". Gravando três ou quatro músicas por dia, "duplicando a guitarra do James", Jason passou menos de uma semana no estúdio sozinho durante o período total de três meses em que o restante da banda trabalhou com Rasmussen. "Hoje, tiro um dia para cada música. É o que faço nos álbuns. Mas naquela época não sabia nada disso. Só tocava, e já estava de bom tamanho."

Mike Clink disse que a ausência do som de baixo era um problema presente desde a sua participação no trabalho: "Não deixavam espaço suficiente, em termos sonoros, para encaixar o baixo. Mas era o conceito deles, e acho que se Cliff estivesse lá tudo poderia ter sido um pouco diferente. Mas senti que, como novo integrante, o cara não tinha muito a dizer. Acho que ele se contentava com estar lá, naquele momento. Acho que tudo que disse foi: 'É como as coisas são, vamos nessa'". Clink acrescentou: "Tem a ver também com o som da guitarra, que ocupa muito espaço no espectro sonoro. Mas, no final, a decisão foi da banda e de quem fez a mixagem". Rasmussen disse o mesmo a respeito da mixagem. "Sei, com certeza, pois fui eu que gravei, que o disco tinha um som de baixo *genial*." Assim como Clink, porém, Flemming não foi responsável pela mixagem. A tarefa ficou nas mãos da equipe de produção de Mike Thompson e Steven Barbiero, responsáveis por álbuns de Whitney Houston, Madonna, Rolling Stones, Prince, Cinderella, Tesla e de *Appetite for destruction*, do Guns N' Roses.

A mixagem ocorreu em maio de 1988, no Bearsville Studios, em Woodstock, onde James e Lars monitoraram todo o trabalho de Thompson e Barbiero. Entrevistados na época pela revista *Music & Sound Output*, os comentários de Lars e James confirmaram as alegações de Clink e Rasmussen de que eram eles, e não os produtores, os verdadeiros arquitetos por trás do som de *...And justice for all*. Questionado sobre a diferença em relação a *Master of puppets*, Hetfield disse: "É mais seco. O som é bastante direto, e não há muito *reverb* ou eco. Fizemos de tudo para garantir que a gravação na fita fosse o que queríamos, facilitando assim ao máximo o processo de mixagem". Ambos reclamaram que não queriam que fosse como *Ride the lightning*, em que "Flemming viajou no *reverb*". Mais reveladora foi a resposta de Lars, desenvolvida melhor por James, ao ser perguntado sobre o que tinham aprendido com a sonoridade "crua e direta" do *Garage days*, mencionando em especial "aquela mixagem": "Concluímos que o baixo estava alto demais".

"E quando é que o baixo está muito alto?", Lars perguntou, estridente. "Quando você consegue ouvi-lo!", responderam em uníssono, rindo.

Joey Vera, que tinha recusado o emprego que acabou sendo de Jason, mas que era próximo a James, Lars e Cliff, disse que Jason era "mais do que capaz", porém tinha ouvido falar que James poderia ter tocado a maioria das partes de baixo em *Justice*. Ele também rejeitou a ideia de que isso fizesse parte das humilhações: "Ficaria surpreso se eles tivessem feito algo assim. Teria sido malicioso e premeditado demais". Em vez disso, ponderou que essa poderia ter sido "uma maneira inconsciente de esconder o fato de que estavam se recuperando [da morte de Cliff] e que não tinham muita certeza de como sairiam daquilo. Não queriam que ninguém esquecesse que a banda prosseguiria, e o jeito de fazerem isso foi aumentar ao máximo o volume da guitarra-base e da bateria. Com a partida de Cliff, eles tinham que deixar evidente que os dois precisavam ser ouvidos, que as coisas seriam feitas à maneira deles... era um tipo de cura. Não queriam ser distraídos pelo novo baixista ou pensar em como ele se encaixaria no som".

Qualquer que seja a verdade, quando a mixagem começou em Woodstock, o Metallica já estava de volta à estrada, na versão norte-americana do Monsters of Rock: 25 apresentações nos maiores estádios abertos dos Estados Unidos, tocando para até 90 mil pessoas por noite, em quarto lugar na lista de atrações encabeçada por Van Halen, logo depois de Scorpions e de Dokken, colegas na Q Prime. Viajei com a banda durante as duas primeiras datas da turnê na Flórida, no Miami Orangebowl e no Tampa Stadium. "Essa deve ser a viagem mais fácil que já fiz", Lars me disse, rindo. Dava para entender o que ele queria dizer. Embora o Metallica fosse tocar no meio da tarde, eles eram a banda "do momento" entre as escaladas para a turnê, e o público estava extasiado. Com um show de apenas quarenta minutos, sobrava à banda um bom período livre. "Estou bebendo desde que acordei", declarou James, arrotando, antes de subirem ao palco em Tampa, no início da turnê.

Não eram apenas as bebedeiras que os atraíam naquele momento. "Era bom pra caralho!", Lars mais tarde se gabaria para a *Rolling Stone*. "As garotas sabiam que fazíamos parte da turnê e queriam transar com a gente, mas, ao mesmo tempo, podíamos nos misturar à multidão... Tipo: 'Ninguém está nem aí! Vamos tomar mais uma coca com rum, voltar para a plateia e ver o que está acontecendo'." E foi exatamente isso o que fizeram em Tampa; o fotógrafo Ross Halfin e eu caminhamos até a fileira mais alta das arquibancadas com eles, que abaixaram as calças e se exibiram para o público. O único que não estava sempre bêbado era Jason, que, ainda taxado como forasteiro, fumava maconha tenso, sozinho, em seu quarto de hotel, ou na companhia de groupies jovens demais para entender a sua humilde situação; agradecido por estar numa posição tão privilegiada e financeiramente estável, mas ainda se perguntando se algum dia sentiria que o Metallica era também a banda dele.

Havia agora um pequeno grupo de garotas à disposição em todos os shows. Algumas esperando por eles nuas nos chuveiros; outras de biquíni para quem tinham dado crachás de acesso aos bastidores na noite anterior e cujos nomes tinham esquecido; e até namoradas que fãs ofereciam à banda num estranho ritual. "Não entendia por que havia me tornado bonito de uma hora para outra", disse Kirk. "Ninguém nunca tinha me tratado daquele jeito antes." Tanto Kirk como Lars tinham começado a usar cocaína com mais frequência também. Lars, principalmente, porque "podia beber por mais umas duas horas"; Kirk porque se sentia mais desinibido. E porque gostava de desanuviar, ficar sentado, chapado, assistindo a filmes de terror, alguns na TV, outros rolando em sua própria mente.

Quem mais bebia ainda era James, que regularmente dava cabo de meia garrafa de Jägermeister 70%. Ele também gostava de vodca, e sua nova marca preferida era a Absolut. "Aquela turnê inteira para mim está envolta numa névoa", James recordou mais tarde. "Foi ruim voltar para algumas daquelas cidades depois, porque havia uma série de mães, pais, maridos e namorados procurando por mim. Não foi bom. As pessoas me odiavam, e eu não sabia por quê..."

James não estava aborrecendo apenas maridos e namorados irados. O álcool trazia à tona a faceta "monstro", sombria e desbocada, do seu monossilábico lado dr. Jekyll. Numa visita passageira a Londres durante aquele verão, ele mostrou ao designer Krusher Joule, da *Kerrang!*, quanto podia se tornar sombrio quando bebia: "James e Lars tinham vindo até a redação para discutir o programa da nova turnê, com o auxílio de Geoff Barton. Depois, levei os caras para beber, e acabamos num pub perto da minha casa no sul de Londres. Naquela altura, é claro, já estávamos bem bêbados, mas dando boas risadas. Então, uma das minhas vizinhas apareceu, uma mulher adorável, um pouco mais velha e bem careta, a 'sra. Normal'. Lembro de me virar para apresentá-la e lá estava Lars, com o pau para fora, olhando para ela. Bom, disse a ele para colocar para dentro, ela era uma mulher comprometida, e nós voltamos a beber. Mais tarde, depois que o pub fechou, estávamos caminhando de volta para o meu apartamento, do outro lado do parque, e James veio com um papo sobre como as pessoas chegavam ao país dele e roubavam os empregos. Eu disse: 'Espera aí, cara, você descende de pessoas que se mudaram para aquele país e o roubaram...'".

Esse não é o tipo de declaração engajada que James levaria numa boa, não depois de uma noite de bebedeira. "Tudo que lembro a seguir", disse Krusher, "é de partirmos um para cima do outro. Corremos na direção um do outro e trombamos. E eu o derrubei! Ele caiu de cara no chão, e dei uma chave de braço. Paralisar alguém com uma chave de braço é um jeito poderoso de segurá-lo. Você puxa a pessoa para trás e ela desiste. Lars estava ali, se mijando de rir. Então eu me toquei que, sim, eu havia derrubado o cara, mas assim que ele se soltasse me mataria. Pedi para Lars me ajudar, disse que tínhamos de negociar: 'Eu solto James se ele prometer que não vai me acertar e juro que não falo mais sobre toda essa merda racista'. Lars então falou com James, eu soltei o cara, ninguém disse mais nada, e voltamos a caminhar para o apartamento".

"As coisas estavam começando a acontecer naquela época, e tudo se tornou mais disponível", disse James, em 2009, a respeito do passado. "Mulheres, festas, o que quiséssemos. Nós nos deixamos levar... Foi divertido." Ele admitiu, no entanto, que não era divertido ficar tão bêbado a ponto de se tornar violento: "Havia o estágio da felicidade. Depois, a coisa ficava feia, e o mundo não prestava, e que fossem todos se foder. Eu me transformava no palhaço, depois no punk anarquista, em seguida queria quebrar tudo e machucar as pessoas. Eu me envolvia em brigas, às vezes com Lars. Era assim que eu me livrava dos ressentimentos, nos empurrávamos, eu jogava coisas nele. Ele quer ser o centro das atenções o tempo todo, e isso me aborrece porque sou do mesmo jeito. Ele sai seduzindo as pessoas com simpatia, e eu, intimidando-as para que me respeitem".

Enquanto isso, a reputação da banda continuava a crescer a cada apresentação da turnê. Quando todo mundo ficou sabendo que as camisetas do Metallica estavam vendendo mais do que as outras, com exceção das do evento, até mesmo o Van Halen prestou atenção, e o vocalista Sammy Hagar fez questão de reservar um tempo para interagir com eles em ambas as noites em que estive presente. O *merchandising* do rock 'n' roll estava em ascensão nos anos 1980. Os integrantes do Iron Maiden tinham ficado milionários com os lucros de produtos licenciados antes mesmo das vendas de discos; muitas bandas norte-americanas, cuja limitada popularidade fora dos Estados Unidos não permitia que tocassem com frequência na Europa e no Reino Unido, só podiam se apresentar devido à lucrativa venda de produtos nos locais dos shows. Já eram passado os dias em que os espectadores só podiam pagar pelo ingresso e pelo programa do show. Por volta de 1988, os negócios relativos ao *merchandising* nos shows haviam se tornado uma ciência exata, com os grandes artistas vendendo acima de duzentos itens diferentes em suas apresentações. As gigantes do *merchandising*, como a Brockum, nos Estados Unidos, e a Bravado, no Reino Unido, calculavam um gasto entre 25 e 50 dólares por cabeça, por show, organizando os seus estandes de produtos nos locais de modo que os artigos mais caros — jaquetas da turnê, programas, pôsteres e bonés — ficassem próximos à entrada, chamando a atenção dos fãs quando eles chegassem. Itens menores e mais baratos — bottoms e munhequeiras de dois dólares, tatuagens autocolantes e *patches* — eram posicionados próximos à porta que levava à pista. "A ideia era fazer com que eles gastassem quantias maiores, dez ou vinte dólares, assim que chegassem, todos animados", disse um vendedor. "Eles levavam todo o dinheiro que tinham, então quando estavam prestes a se sentar, você levava os últimos dólares que restavam. A ideia era que fossem embora sem um único centavo no bolso." No Japão, onde os fãs já estavam acostumados a usar cartões de crédito durante os shows, era possível lucrar dez vezes mais do que o normal. Lá, os promotores organizavam a venda de "lembranças" para os fãs na saída, erguendo barreiras que se insinuavam na direção das saídas, passando por uma longa fileira de barracas de todos os tipos de quinquilharias com a marca da banda. "No Japão, eles calculam que faturavam de cem a duzentos dólares por espectador, às vezes mais."

Astutos como sempre, Lars e Mensch tinham percebido que a maioria das marcas de *merchandising* de rock bem-sucedidas arrecadava bastante em itens para colecionadores; não bastava apenas ter uma camiseta da turnê de 1988, as bandas mais espertas produziam uma camiseta para cada situação. Nesse quesito, o campeão era o Iron Maiden, que tinha o seu próprio artista e designer, Derek Riggs, que produzia tanto as capas dos discos como as camisetas colecionáveis e os produtos relativos às turnês; a sua criação mais famosa foi Eddie, o monstro que adorna todos os singles, discos e produtos do grupo. "Gostava da ideia porque as imagens formavam uma sequência", o empresário Rod Smallwood me explicou, "e fazia com que as capas do Iron Maiden se destacassem um pouco mais do que as da maioria das bandas da época, que não tinham personalidade. E, desse modo, se tornou uma parte muito importante da imagem do grupo". Assim como o Metallica, o Iron Maiden não fazia videoclipes, e suas músicas não tocavam no rádio com frequência. "Como Eddie tinha conquistado os fãs, não precisávamos de nada disso. Vestir uma camiseta do Eddie era como fazer uma declaração: foda-se o rádio, foda-se a TV, nada disso nos interessa, só o Iron Maiden. E, é claro, nos divertimos muito com o Eddie ao longo dos anos, procurando encontrar situações novas e ainda mais ousadas em que ele pudesse ser retratado. Algumas vezes, as ideias partem de Derek; no geral, são minhas ou de alguém da banda. Mas qualquer pessoa ou fato podem nos inspirar."

Um inglês excêntrico e estiloso, ex-estudante de arte — havia abandonado a faculdade —, Riggs produziu milhares de imagens do mascote monstruoso do Iron Maiden, de acordo com cada circunstância da carreira da banda: do diabo em pessoa no álbum de 1982, *The number of the beast*, ao deus egípcio mumificado da capa de *Powerslave*, de 1984, e o policial futurista de *Somewhere in time*, de 1986. Não demorou muito para que Eddie se tornasse a imagem definitiva de todo o *merchandising* da banda, uma ideia que se transformou bem rápido numa mina de ouro. As possibilidades eram incontáveis. O Iron Maiden vai tocar no Havaí? Bom, que tal uma imagem do Eddie numa prancha de surfe? O Iron Maiden vai a Nova York? Que tal Eddie numa versão King Kong? O fato de Eddie ter sido também transformado em parte da decoração de palco da banda nos anos 1980 não passou despercebido pelo Metallica e pela Q Prime. Com o Metallica planejando a sua primeira turnê em estádios como atração principal, Lars decidiu que eles precisavam de um Derek Riggs, até mesmo de um Eddie, talvez. Os outros concordaram.

O Metallica encontrou o seu próprio Derek Riggs em Pushead (Brian Schroeder), um dos amigos skatistas de James, que ele tinha conhecido num show do Venom em 1985. "Ele viu um trabalho que eu tinha feito para o Misfits", Pushead recordou, "e perguntou se não podia colocar numa camiseta. Eu disse que não havia problema. Foi a camiseta que vestiu para a foto da contracapa do *Master of puppets*, e assim toda a onda cult dos Misfits começou." Quando Pushead se mudou de Los Angeles para San Francisco, eles se encontraram de novo na cena skatista. Trabalhando em seu quarto e sala, rodeado por uma coleção de crânios (humanos, de vaca, macaco, jacaré), a primeira coisa que Pushead fez para banda foi a camiseta de "Damage, Inc.". "James queria algo na linha animalesca, como um animal selvagem... Mas não funcionou para mim. Então, peguei um crânio humano e aumentei um pouco a cabeça. James queria uns dentes de vampiro e desenhei; quis marretas, incluí também. Então, todos vieram me visitar, mostrei o resultado e eles amaram."

A seguir, veio o projeto para a capa do vídeo *Cliff 'em all*: as quatro faces da era Burton alinhadas numa conveniente pose ameaçadora, dispostas em sentindo anti-horário sobre um fundo cinzento. Como algo informal, chegava a ser aceitável. Foi nas camisetas, no entanto, que o design de Pushead se revelou. O próximo foi o da camiseta, item disputado por colecionadores, de "Crash course in brain surgery" — um exemplo clássico, assustador e engraçado do traço de Pushead, baseado num crânio. Com o início eminente da turnê mundial 1988-89, a banda pediu para ele aumentar a produção, começando com uma ilustração para o interior da capa de ...*And justice for all*: uma mão, com a palavra "*f-e-a-r*" [medo] tatuada nos dedos, segurando um martelo com os quatro rostos desenhados, quase indiscerníveis. Foi também uma ilustração de Pushead que adornou a capa do programa oficial da turnê mundial Damaged Justice, em 1988-89, uma brincadeira com a "justiça cega" da capa do álbum — a Estátua da Liberdade numa versão esqueleto, com os pratos da balança enfaixados e a espada abaixada. Eles também encomendariam o design das capas de dois singles do álbum: "Harvester of sorrow" e "One". Pushead teria de se concentrar ainda no design dos numerosos itens de *merchandising* presentes em todas as etapas da turnê.

Inspirado, na época, em artistas dos quadrinhos como Kevin O'Neil — famoso pela série *Torquemada*, publicada na revolucionária revista semanal britânica *2000AD*, que revelou ao mundo *O Juiz* —, Pushead também bebia na fonte dos pôsteres psicodélicos da década de 1960 do lendário Rick Griffin, embora fique ressentido diante de qualquer insinuação sobre os seus desenhos lúgubres terem sido produzidos sob a influência de drogas. "Nunca usei drogas para desenhar!", me disse, franzindo a testa. "Estou careta desde o colegial. Não bebo nem café. Crânios humanos são a minha maior inspiração." A única encomenda ausente de seu portfólio, observou com certo pesar, era uma capa completa para um álbum do Metallica. "É óbvio que adoraria, mas eles não me pediram ainda." Demoraria quinze anos até que pedissem, já que as suas ilustrações bizarras se pareciam muito com desenho animado, em contraponto à perspectiva cada vez mais séria dos discos do Metallica. Até que, em 2003, o grupo lançou *St. Anger*, álbum influenciado por traumas, e um desenho de Pushead seria como uma espécie de atenuante da agressividade. Enquanto isso, os projetos de Pushead para o *merchandising* do Metallica eram considerados tão interessantes que ele logo se tornou o artista preferido de outros gigantes do rock da época, como Aerosmith e Mötley Crüe (a camiseta com a estampa de um esqueleto numa camisa de força, desenhada por ele, se tornou o segundo item mais popular da turnê de 1989 do Crüe, do álbum *Dr. Feelgood*).

Foi em Nova York, no final de junho, que Lars se conscientizou do quanto a banda havia progredido desde a turnê norte-americana de verão com Ozzy, dois anos antes. De bobeira com Cliff Burnstein após o almoço, Lars não sabia da surpresa que o empresário tinha reservado. Sugerindo que passassem no escritório da responsável pelos agendamentos, Marsha Vlasic, da ICM, Lars ficou boquiaberto quando ela mostrou a lista de shows pré-agendados para a grande turnê da banda, mais adiante, naquele ano. "Olhei para as duas primeiras semanas e lá estava Indianápolis. Cliff e eu tirávamos sarro de Indianápolis, sobre como lá as pessoas não entendiam qual era a nossa. Era o barômetro. Que surpresa! Fomos para Indianápolis e tocamos para 9 mil pessoas! Lembro de pensar: 'Uau, agora é capaz que todas essas pessoas do interior dos Estados Unidos nos entendam'."

Houve uma pausa em agosto, entre o final da turnê Monsters of Rock e o começo da turnê mundial do Metallica como atração principal. Lars pegou um voo para Londres com Debbie, sua mulher, e os dois ficaram na casa de Peter Mensch, alternando com visitas aos pais dela nas Midlands. Lars também aproveitou a oportunidade para circular nos bastidores do show da versão britânica do Monsters of Rock, em Donington, encabeçado por sua banda favorita, Iron Maiden. Outra atração era a sua mais recente descoberta, o Guns N' Roses, com quem passou a maior parte do tempo, compartilhando uma garrafa de Jack Daniels com Slash, cuja famosa cartola foi fotografada na cabeça de Lars nos intervalos de bebedeira, e trocando impressões com o problemático Axl Rose, cuja jaqueta de couro branca com o logo da banda estampado nas costas deixou Lars tão encantado que ele encomendou uma parecida (essa jaqueta era feita sob encomenda pela Brockum, a empresa norte-americana responsável pelo *merchandising* de ambas as bandas, e James e os outros integrantes fizeram piada quando ela chegou).

Havia mais uma banda na lista que exercia uma fascinação secreta sobre Lars: o Megadeth. "Sempre tive a impressão de que Lars queria saber o que Dave [Mustaine] andava fazendo e que ficava curioso pelo que Dave fazia", disse em entrevista o baixista do Megadeth, David Ellefson. "Parecia que Lars tinha um desejo especial de manter a amizade e, talvez, por motivos competitivos, saber dos passos de Dave." Nem Ellefson, nem Mustaine ficaram surpresos quando Lars entrou no camarim da banda, antes que eles subissem ao palco. Chapado após a visita ao Guns N' Roses, Lars estava aéreo demais para captar a atmosfera pesada que emanava do Megadeth. Como explicou Ellefson:

"O grupo todo era sinônimo de desânimo, confusão e disfunção por causa da heroína".

Durante o período de mais de quatro anos em que Ellefson e Mustaine foram *junkies*, a "doença" — como diz Mustaine — deles tinha custado aos dois um empresário, namoradas e grandes oportunidades para o Megadeth, cuja carreira estava ainda em ascensão, apesar de tudo. "No começo era uso", Mustaine assumiu, "e então virou abuso e, a seguir, vício total. Chegou a ponto de eu não saber o que estava acontecendo. Eu não tinha forças... Quando Dave [Ellefson] e eu começamos a andar juntos, o máximo que fazíamos era beber cerveja e fumar maconha. Mas estávamos andando com músicos de jazz, e jazz é sinônimo de drogas. E eles diziam: 'Cara, todos os grandes usam heroína! Charlie Parker, Miles Davis, blá-blá-blá!'. Fiquei de certa maneira fascinado pela possibilidade de virar *junkie* também."

Na ocasião do show de 1988 em Donington, Mustaine me contou que estava "gastando quinhentos dólares por dia naquela coisa". Como tinham chegado para o show apenas um dia antes, no entanto, ninguém na banda tinha conseguido — com exceção, talvez, de Mustaine — comprar drogas. Como resultado, disse Ellefson, estavam todos "muito na fissura". Ele conseguiu, a duras penas, "aguentar durante o show". O que tornou as coisas piores foi que eles tinham chegado àquele estágio de desespero dos *junkies* em que um começa a mentir para o outro, dizendo que não tem heroína. Pelo que Ellefson sabia, Mustaine tinha um pouco, mas dizia que não. Ou talvez a banda inteira tivesse conseguido arranjar alguma coisa e ninguém tenha dito, para ficarem com o pouco que tinham só para si. A paranoia era descontrolada. "Nesse estágio, a coisa é sombria, bastante enganadora, é muito profunda. É maléfica. E a desonestidade... tudo é completamente disfuncional, ruim."

Alheio a tudo isso, Lars se sentiu bem-vindo no camarim do Megadeth e ficou por lá para colocar a conversa em dia com seu velho amigo Dave. O humor de Mustaine estava bom para um *junkie* em abstinência, e ele até convidou Lars para se juntar a eles no bis — que foi o que ele fez — e fazer backing vocals em "Anarchy in the UK". A multidão, compreendendo o significado do acontecimento, vibrou, obediente, fazendo a sua parte. Lars e a banda saíram cambaleantes de volta ao camarim, e o baterista do Metallica, que tinha tramado a derrocada do ex-guitarrista, com o braço ao redor do pescoço de Mustaine. Eu também estava presente naquele dia e lembro de ficar um pouco surpreso com essa reviravolta inesperada dos acontecimentos. Lars gostava de circular, todo mundo sabia. E, talvez, Dave, o grandão malvado, tivesse, enfim, perdoado. Talvez...

Fiquei mais perturbado quando, circulando pelos bastidores cerca de uma hora depois, vi o que imaginei um cara festeiro, bêbado, de cara no chão, mal se mexendo. Preocupado com o seu estado inerte, fui até ele para ver se precisava de ajuda, apenas para descobrir, quando consegui virá-lo, que se tratava de Lars. Ele se levantou cambaleante, sorrindo, porém, do jeito que só quem está bem chapado sorri quando está satisfeito consigo mesmo. "Ei, Mick", disse numa voz arrastada, jogando os braços ao redor do meu pescoço, "como você está?" Ele começou a rir. "Uau", pensei, "ele deve estar muito bêbado." Então, ele se afastou, e notei que seus olhos estavam irritados; o rosto, molhado de suor.

"O que você fez?", perguntei, preocupado.

"Estava circulando", ele riu.

"Você está bem? Precisa de ajuda? Consegue ao menos ficar em pé?"

"Estou bem", disse, babando. E foi embora, trôpego.

Por sorte, os excessos de Lars não eram restritos às drogas e ao álcool, ele ainda era o mesmo nerd adolescente que tinha passado a juventude colecionando fitas e gravações em vez de treinar na quadra de tênis. Brian Tatler, contentíssimo por o Metallica ter decidido lançar, mais uma vez, uma gravação de "The prince", canção do Diamond Head que estaria no lado B do single de "Harvester of sorrow", lembrou de ter viajado para Londres para ficar no hotel com Lars e ir até a Shades para comprar gravações piratas do Metallica (Lars já tinha mais de quarenta no quarto, as quais havia angariado durante a turnê). Quando Lars sugeriu que voltassem juntos para as Midlands para o almoço de domingo na casa dos pais de Debby, Brian achou que iriam de trem. "Nem fodendo", disse Lars, que chamou um táxi. A conta, que Lars pagou em dinheiro, foi de 180 libras. Mais uma boa gorjeta. "Ele sempre foi muito generoso", disse Tatler. Essa foi a primeira vez, porém, que sentiu que Lars havia demonstrado um sinal dos excessos típicos dos astros de rock.

O quarto disco do Metallica, ...*And justice for all*, foi lançado, afinal, em 5 de setembro, ao mesmo tempo em que *Master of puppets* recebeu oficialmente o disco de platina. *Master* tinha levado dezoito meses para vender o seu primeiro milhão de cópias nos Estados Unidos; *Justice* demoraria nove semanas, chegando à sexta posição nas paradas norte-americanas, a mais alta até então. As críticas foram positivas, com a *Kerrang!* resumindo a opinião geral ao concluir que o álbum colocaria "o Metallica no seu lugar, ao lado dos grandes". Em termos de gravadora, no entanto, a portas fechadas corriam sérias preocupações. Embora o álbum fosse igualar o volume de vendas nos Estados Unidos, na Grã-Bretanha e na Europa, demoraria muito mais para alcançá-lo. Dave Thorne, da Phonogram, que considerou a produção "terrível, principalmente a ausência do som do baixo", passou as primeiras semanas do lançamento defendendo o disco diante de "um grande número de pessoas da gravadora que, com uma opinião formada, batiam na porta dele dizendo: 'Esse disco é uma merda, o que aconteceu?'".

Mesmo assim, o álbum foi direto para as paradas do Reino Unido, alcançando a quarta posição, um sucesso comercial sem precedentes para um grupo que jamais tinha chegado ao Top 40 com seus discos anteriores. As etapas europeia e britânica da turnê Damaged Justice também tiveram ingressos esgotados, começando em Budapeste, uma semana depois do lançamento do álbum. A turnê chegou à Grã-Bretanha em outubro, e não havia mais ingressos para as três noites no Hammersmith Odeon. A grande surpresa da turnê foi a nova produção de palco, a primeira tentativa mais elaborada da banda, apresentando uma réplica de cerca de seis metros de altura da Estátua da Liberdade da capa do disco, vendada e amarrada — apelidada de Edna, em homenagem ao Eddie do Iron Maiden —, que despencava no eterno clímax de "...And justice for all" todas as noites, a cabeça caía como se tivesse sido guilhotinada. Foi a era da pantomima heavy metal como espetáculo aceitável no palco — liderada pela figura onipresente do Eddie do Iron Maiden, então ressuscitado durante o bis todas as noites, e pelo dragão ainda mais tolo de Dio, apelidado Denzel, com quem o cantor Ronnie James Dio travaria uma batalha. Comparada a isso, a queda de Edna todas as noites era quase digna, já que havia um contexto relacionado. Mesmo assim, tinha também os seus momentos cômicos, quando a estátua se recusava a desabar, ou apenas a cabeça rolava em direção ao público, ou metade de um braço caía, oscilando antes de tombar sobre o palco da bateria.

No entanto, essas eram preocupações menores, assuntos cotidianos superados com facilidade no bar do hotel todas as noites. A banda já estava pensando no futuro. Ao errar o caminho em direção ao camarim numa noite em Newscastle, encontrei Lars e Mensch lado a lado diante de um toca-fitas, rebobinando e avançando os mais de sete minutos de "One", procurando por trechos da música que pudessem editar e encurtá-la num tamanho apropriado às rádios norte-americanas. Vendo que tinha me intrometido num momento delicado, com certeza para Lars, para quem o conceito de edição de singles para o formato de rádio sempre fora antiético de acordo com a filosofia do Metallica, aceitei a sugestão de Mensch, que me mandou para o inferno, e fechei a porta. Em retrospecto, porém, esse pragmatismo logo distinguiria o Metallica de bandas como Iron Maiden e Motörhead, que eles tinham crescido adorando, mas os quais ultrapassariam, em todos os níveis. Não era mais suficiente para Lars Ulrich estar na banda "mais veloz e pesada" dos Estados Unidos, ele focava um prêmio muito mais esplendoroso. Não apenas melhor, mas maior.

Como Mensch disse, o Metallica era "como o Grateful Dead do heavy metal. Podem vender o quanto quiser, sozinhos, do jeito que são. Para ir além, teriam que editar uma música para transformá-la em single, fazer um videoclipe, as coisas de sempre. E perceber que é o único jeito de expandir o seu público. Não é como nos anos 1960, quando algo alternativo podia causar um impacto no grande público". Ou como Lars explicou: "O modo como vejo é: se tirar o último solo de guitarra pode levar mais pessoas a escutar a música, comprar o disco, ouvir uma versão mais completa e se renderem ao Metallica, então, ótimo. 'One' tem quase oito minutos de duração e 23 solos de guitarra, então, podemos podar um pouco".

A edição para o rádio foi lançada em fevereiro de 1989, no meio da primeira turnê norte-americana em que seriam a atração principal, o que faria de "One" o primeiro single de sucesso significativo. No entanto, a causa não foi a edição para o rádio, embora fosse parte importante, mas o fato de terem concordado em fazer um clipe para acompanhá-la. Mais uma das antigas regras, inflexíveis, havia sido quebrada, acompanhada de um pouco da filosofia de Lars para explicá-la. "Se fosse uma merda, não veicularíamos", disse, enfático. "Era esse o acordo. Mas deu tão certo que pensamos: claro, por que não?" Filmado no que parece ser um abrigo antibomba subterrâneo — na verdade, um galpão abandonado em Long Beach — em dezembro de 1988, para um primeiro videoclipe, "One" era uma obra muito bem executada. Construído em torno de cenas da versão cinematográfica de *Johnny vai à guerra*, estrelado por Jason Robards, entrecortadas por tomadas simples da banda tocando sob uma luz estroboscópica, o clipe de "One" faria pelo Metallica o que nenhum dos seus discos ou apresentações ao vivo, com ou sem Cliff, tinha conseguido fazer: tanto reforçar a reputação de inovadores musicais como reposicionar a banda como astros do rock com apelo para o grande público.

O clipe quase não foi feito, por conta das negativas que a banda recebeu de vários diretores renomados antes de chegar a um acordo com Michael Salomon, conhecido pelo trabalho com Dolly Parton e Glen Campbell. A questão central para Salomon era encontrar o equilíbrio entre a performance da banda e as cenas do filme. "É uma história complicada, e representá-la com apenas uma ou duas imagens de impacto aqui e acolá não teria sido suficiente", refletiu mais tarde. No final, Salomon decidiu seguir os instintos e fazer o melhor vídeo que podia, colocando a vaidade da banda em segundo plano, cobrindo quase todos os solos com cenas, incluindo fragmentos de diálogo que em alguns momentos obscureciam a música. "Como músicos, pensavam: 'Isso não está legal, não dá para ouvir a música'. Acho, porém, que eles perceberam que a história era mais relevante." Foi uma importante lição assimilada por todos. Os melhores clipes da banda no futuro resgatam os riscos corridos em "One", todos feitos quase como curta-metragens, entrecortados por imagens variadas: de guerra, prisioneiros, pesadelos, viagens na estrada, paisagens oníricas, cavalos brancos e, por fim, até garotas.

Bill Pope realizou a filmagem em preto e branco da performance no mesmo galpão onde tinha feito vídeos para Peter Gabriel e U2. Nesse caso, a banda fez valer a sua opinião, insistindo que o clipe os mostrasse tocando exatamente as mesmas notas, cantando as palavras certas, tudo sincronizado como se fosse uma apresentação de verdade, não mímica. "Resolvemos que se não saísse como queríamos iria para o lixo", disse Lars. No entanto: "Logo de início sentimos que tínhamos algo especial em mãos. Sendo bom ou uma merda, significava alguma coisa".

O videoclipe completo, não editado, tinha quase oito minutos de duração. Como o single, no entanto, também foi editado para a TV, sem as cenas do filme, com *fade-out* nos dois minutos finais da música. "Eles nunca fizeram objeção", disse Salomon. "Esperaram para dar o veredicto até que vissem o produto final. Naquela altura, três ou quatro semanas depois, já tinham se acostumado à ideia." Mesmo assim, o vídeo destoava tanto das tendências dominantes dos clipes de rock da década de 1980, que um executivo da MTV disse para Cliff Burnstein que os noticiários eram o único lugar em que "One" seria visto. Sem se deixar abalar, a Q Prime aplicou a sua costumeira influência nos bastidores, e o videoclipe completo de "One" estreou na MTV na noite de 22 de janeiro de 1989, na edição de *Headbanger's Ball* daquela semana. Tornou-se de imediato o clipe mais requisitado da emissora.

Farejando um grande sucesso, tanto a Electra como a Phonogram se prepararam para lançar o single em múltiplos formatos, acompanhado das edições especiais para o rádio. Em fevereiro, "One" tinha se tornado o primeiro single do Metallica a alcançar a parada dos quarenta mais vendidos nos Estados Unidos, chegando à 35ª posição, enquanto, no Reino Unido, ficou na 13ª. Dave Thorne, que se "envolveu bastante" na divulgação britânica e europeia de *...And justice for all* e, em especial, de "One", percebeu no ato o potencial do vídeo em relação a uma mudança no modo como as pessoas viam o Metallica: "Pesquisei um pouco e descobri que o livro tinha sido banido durante a era McCarthy e que ainda não podia ser encontrado no Reino Unido e na Europa. Então, fui até a editora norte-americana e comprei cerca de quinhentos exemplares, os quais distribuí para jornalistas, de modo que pudessem ler a história e entender a música e o videoclipe. Isso teve um enorme impacto e fez as pessoas entenderem que a banda não tinha a ver apenas com barulho e headbanging. Havia um lado profundo, significativo também".

Sob a égide de Thorne, a Phonogram enviou um press-kit contendo o single de "One", o livro e a fita VHS do vídeo para jornalistas escolhidos na *Sounds*, *New Music Express*, *Melody Maker*, *Q* e vários críticos musicais dos jornais de grande circulação, além de figuras-chave na Radio I e em todas as redes comerciais que transmitiam programas de rock semanais em suas estações. "Foi um momento marcante. Foi essa a sensação." "One" moveu, sozinha, o Metallica para fora da categoria, na percepção das pessoas, que agregava Iron Maiden ou Black Sabbath e os conduziu para uma posição mais próxima do reino superior de astros do rock popular com algo significativo a dizer: "O Metallica se tornou a banda que todos reverenciavam porque os caras pareciam capazes de elevar seu trabalho a um nível inacessível às outras bandas [thrash], de um jeito não apenas legal, mas também discreto".

"One" estabeleceu mais um marco para o Metallica ao atrair a atenção dos membros da academia do Grammy daquele ano, e a banda foi selecionada para um prêmio recém-criado: "Melhor performance vocal ou instrumental de hard rock/heavy metal". "'One' nos provou que coisas que considerávamos ruins não eram tão ruins como pensávamos, contanto que fossem feitas à nossa maneira", justificou Lars. A apresentação do Grammy ocorreu no Shrine Auditorium em Los Angeles, no dia 22 de fevereiro, e a banda foi convidada para tocar a nova música de que tanto se ouvia falar. Foi uma ocasião importante, a primeira vez que uma banda descaradamente "heavy metal" tocava no Grammy, mesmo que fosse a versão editada de cinco minutos da música. Envolta em sombras e cores suaves, o que quase criava um efeito preto e branco, a performance foi estupenda para uma banda que, conforme admitiu Kirk, estava "muito nervosa" por tocar diante de todos aqueles engravatados. "Éramos como diplomatas ou representantes desse gênero musical." O sentimento foi de indignação, no entanto, quando a banda perdeu o prêmio, concedido de maneira inexplicável para o álbum *Crest of a knave*, do Jethro Tull, uma decisão tão inesperada que ninguém do grupo estava lá para recebê-lo. O Metallica disfarçou a decepção, como se estivesse acima de tudo aquilo — sugeriram, jocosos, até que fosse colado um adesivo no álbum dizendo "Perdedores do Grammy". Mas, no íntimo, Lars estava mordido de raiva. "Vamos combinar que os caras foderam tudo", ele me disse. "Jethro Tull melhor banda de heavy metal? Puta que pariu, né?"

Com o reinício da turnê norte-americana três dias depois, eles não tiveram tempo para remoer os sentimentos. De carona, abrindo os shows, estava outra banda em ascensão da Q Prime, o Queensrÿche, que acabara de lançar seu álbum de maior sucesso, *Operation: mindcrime*. Embora os integrantes das duas bandas se dessem bem — "Bebíamos pra caramba", riu o vocalista Geoff Tate —, em termos musicais, o Queensrÿche se enxergava num patamar superior e, ainda que apreciassem o empurrão oferecido por uma turnê de grande visibilidade, ter que conquistar o público durão do Metallica todas as noites foi um teste bastante difícil. "Estávamos tocando para uma plateia em sua maioria masculina", disse Tate, "em geral pessoas de baixa renda, sem muita instrução, que bebiam muito, usavam drogas, iam para o show e se tornavam violentas e vociferavam contra a sociedade, esse perfil. O tipo de pessoa que não gosta do mundo em que vive e desconta no cara ao lado... Deparamos com uma resistência violenta num primeiro momento, todas as noites eram como uma batalha. Garrafas e coisas voando. Ainda tenho várias cicatrizes daquela turnê, acho que todos na banda têm." Ele riu de novo. "Falo de um bando de idiotas na plateia. Quero dizer, gente realmente sem educação. O modo como reagem a qualquer coisa é com medo. É uma reação humana bastante típica, mas, de novo, no decorrer do nosso show de 45 minutos, acho que conquistamos muita gente."

Havia outras preocupações também, como as duas ocasiões em que jovens fãs do Metallica cometeram suicídio: em um dos casos, deixando um bilhete pedindo que "Fade to black" fosse tocada no velório; no outro, uma mensagem de suicídio na qual a letra da mesma música era citada. "Não é algo que deixa você feliz, mas fazer o quê?", disse Lars, lembrando que eles também recebiam "milhares de cartas de moleques dizendo que as músicas da banda faziam com que tivessem vontade de viver". Então, ao chegarem para um show no Memorial Coliseum, em Corpus Christi, no Texas, acordaram com um telefonema de Mensch "dizendo que estava acontecendo alguma merda, que a emissora de TV local estava alardeando que um moleque tinha tomado ácido, ou outra bosta de droga qualquer, e promovido uma matança, e a única coisa que ficou gravada na memória de uma das testemunhas foi que, ao atirar em alguém à queima-roupa, ele citou uma das letras do Metallica, 'No remorse'". Lars balançou a cabeça, sem acreditar. "Ele recebeu a sentença de morte, e houve todo um alvoroço quando ficou de pé na sala do tribunal e citou a letra de novo.

Mas, acredite", acrescentou com certa indiferença, "não é o tipo de coisa pela qual me interesso no dia a dia."

Tornava-se impossível ter algum tipo de "interesse diário" em qualquer assunto que não fosse o impulso vertiginoso que a turnê tomava. Após o final da etapa norte-americana em abril, foram, pela primeira vez, à Nova Zelândia e à Austrália: o início da maior e mais exaustiva parte de toda a turnê Damaged Justice, seis meses que os levariam para o Japão, e então para Havaí, Brasil, Argentina e de volta para mais uma rodada pela América do Norte. A banda que abria a maioria desses shows era The Cult, outra com um catálogo substancial que havia alcançado o sucesso multiplatinado graças à qualidade superior do disco mais recente, *Sonic temple*, de autoria do produtor do momento, Bob Rock —, fato que não passou despercebido por Lars Ulrich e sua eterna ansiedade de fazer o que os outros nomes do rock 'n' roll estavam fazendo.

Reencontrei a banda durante a turnê de cinco dias pelo Japão, nos dois shows no ginásio Yoyogi Olympic Stadium Pool, em Tóquio. Naquela altura, tinham passado grande parte do ano na estrada, mas, com exceção dos problemas estomacais de James — que ele parecia tentar aliviar com o maior número de cervejas Sapporo e garrafas de saquê possível —, pareciam estar aguentando bem e, em geral, de bom humor. O dinheiro estava entrando, e eles não viviam mais grudados, dividindo tudo, embora ainda saíssem juntos, pelo menos quando estavam na estrada. Todos, com exceção de Jason, cujos tempos sombrios não pareciam ter terminado, embora as tentativas de humilhação estivessem menos concentradas nele, sendo dirigidas com a mesma frequência a Lars ou Kirk, mas nunca a James — pelo menos não na frente dele.

No final da noite, iam ao Lexington Queen, um conhecido ponto frequentado por bandas desde a época do Led Zeppelin e do Deep Purple e onde, diziam, era possível ganhar uma bebida de graça se mencionasse o nome do guitarrista Ritchie Blackmore. Bizarro, o lugar parecia abrigar também diversas belíssimas modelos americanas que iam trabalhar no país, em comerciais de TV e revistas de moda, mas acabavam dançando vestidas em trajes diminutos. Havia também centenas de jovens japonesas que seguiam a banda aonde fosse, gritando os nomes dos integrantes e implorando por uma chance de presenteá-los com inúmeros itens, de acordo com o costume local. "Escovas de dente de gatinhos, toalhas do Snoopy e fotos dos integrantes tropeçando de bêbados ao entrar no hotel na noite anterior", conforme contou James, de maneira pouco respeitosa. Certa ocasião, quando Lars e eu caminhávamos de volta ao hotel Roppongi tarde da noite, um grupo barulhento de garotas saltou de repente na nossa frente, saindo de trás dos arbustos onde estavam escondidas, chorando e gritando: "Rars! Rars!". Uma sortuda teve o seu desejo atendido e não retornou aos arbustos — pelo menos não naquela noite.

Num outro momento, mais privado, eu estava fazendo uma refeição com a banda, escutando-os falar sobre as casas que tinham comprado ou que estavam procurando, com base nos conselhos confiáveis dos seus contadores, prontos para voltar para casa pela primeira vez como milionários, mais para o final do ano. A riqueza ainda era uma novidade, o que os impedia de fingir indiferença. Lars protestava por dirigir uma "porcaria de Honda", James, uma caminhonete. Ainda assim, eu só os tinha visto em limusines e no jato particular em que viajaram durante a turnê norte-americana — o mesmo jato antes utilizado pelo Bon Jovi e, antes ainda, pelo Def Leppard. "Investimos parte do dinheiro no meio de transporte para as viagens", disse Lars, "porque passamos muito tempo na estrada, e assim as coisas ficam bem mais fáceis."

Quanto mais ele falava, porém, mais os outros abafavam o riso e faziam caretas. "E aquela casa que você acabou de comprar?", brincou Kirk. "Onde é mesmo, numa montanha?"

Lars olhou para ele, como se o mandasse calar a boca. Acontece que a casa que tinha comprado ficava num monte tão alto que ele considerava construir um elevador para que as pessoas tivessem acesso à porta da entrada.

"Faça isso", eu disse. "Se tem condições, por que não?"

"É", ele disse, "você está certo. Vou fazer..."

E ele fez.

Onze
A limusine preta

Estúdio One on One, Hollywood. Final de tarde, quase anoitecer, os pensamentos de todos direcionados para o jantar.

Estava sentado com Bob Rock numa sala de estar lateral, conversando despreocupado sobre um novo restaurante vegetariano que eu tinha descoberto no Sunset Boulevard chamado The Source. O tipo de lugar em que caras de camisetas feitas de cânhamo e bermudas apareciam com meninas descalças. Um pouco pretensioso demais, mas a comida valia a pena.

Contava para Bob sobre o tofu grelhado, delicioso. Ele lambeu os beiços. Então, James chegou, e a atmosfera mudou imediatamente, como quando o bandido entra pelas portas do saloon, *o pianista interrompe a música e os caras na mesa de pôquer fingem que não estão olhando.*

Ele ignorou a nossa presença, sentou e ficou assistindo à TV, que estava com o volume baixo.

"Carne vermelha", ele disse de repente, com aquela voz profunda e gutural que hoje todo mundo conhece dos discos. "Pão branco..."

Captamos a mensagem. Bob, que após passar meses enfurnado com ele no estúdio, já estava mais acostumado a esse tipo de coisa, mudou de tom e disse:

"Nada como um bom hambúrguer. Sabe, você pode dar legumes, verduras e todas as coisas saudáveis do mundo para as crianças, mas se ama os seus filhos de verdade tem de levá-los para comer um bom hambúrguer de vez em quando."

"O bom e velho McDonald's", resmungou James, ainda sem nos olhar, mas aparentando prestar atenção.

"Isso!", disse Bob, entusiasmado. "Eles agora têm uma promoção nos fins de semana também. Um lanche para as crianças: hambúrguer e batatas fritas acompanhados de Coca-Cola por tipo um dólar e meio."

"Bom pra caralho!", disse James, alcançando o controle remoto. Ele começou a mudar de canal até chegar ao noticiário. Bush falava sobre a vitória na Guerra do Golfo.

"Não entendo por que ele simplesmente não prosseguiu até chegar a Bagdá", comentei, como um cara normal.

"É", disse Bob. "Tipo, por que não encerrou de vez o assunto...?"

"Por que não detonou os caras com armas nucleares até que ficassem fosforescentes?", disse James.

Meus Deus?, pensei. Não estou entendendo. Não sei dizer quem está brincando e quem está falando sério. Carne vermelha, pensei. Pão branco... Jesus, onde estou?

No verão de 1990, o Metallica vivia outra encruzilhada. Em teoria, eles eram uma das maiores e mais festejadas bandas de heavy metal do mundo. No início daquele ano, tinham recebido o Grammy que deveriam ter ganhado no ano anterior por "One". Também seriam premiados com um segundo Grammy, em 1991, pelo cover de "Stone cold crazy", do Queen, tocado no estilo cru de *Garage days*, para o álbum duplo *Rubáiyát* — uma coletânea de covers celebrando os quarenta anos da Elektra Records. "É o seguinte", Lars me disse na época, "qualquer coisa que lançarmos no restante dos anos 1990 receberá um Grammy, porque eles foderam tudo na primeira vez." A previsão dele se revelou incrivelmente profética. Em termos da futura direção artística do Metallica, as opções tinham diminuído tanto após o unidimensional *...And justice for all* que as possibilidades eram poucas. Podiam permanecer como estavam — fazer "mais um álbum no estilo do Metallica", vender mais alguns milhões de cópias no mundo todo e se contentar em ser o Iron Maiden da sua geração, que, por sua vez, não se incomodara em ser um Judas Priest, que, antes, tinha ficado feliz em ser um Black Sabbath, que tinha se conformado, pois nunca seria um Led Zeppelin, que, na década de 1990, ainda não tinha sido considerado, nem de longe, tão interessante como o Cream ou mesmo Jeff Beck, que, vamos ser sinceros, nunca gozariam de um status histórico tão elevado quanto o de Jimmy Hendrix ou do Who, ambos deixados para trás pelos Stones, os Beatles e Bob Dylan, e assim por diante, retrocedendo à árvore genealógica do rock. Ou os caras do Metallica podiam fazer o que sempre insistiram que fariam quando chegasse a hora de produzir algo inesperado e fabuloso. Reescrever as regras.

Era mais fácil dizer do que fazer numa era em que a sensação de que não havia nada de novo a ser visto ou ouvido prevalecia. Restava, porém, uma área que uma banda como o Metallica, que relutava tanto — pelo menos aparentemente — em ser comercial, podia ter em vista, algo em que ninguém havia pensado. Fazer o único disco — dar o único passo ultrajante — que tinham jurado, quando eram mais jovens, lutar até a morte para não fazer. Aquele que, como logo perceberiam, poderia determinar a sobrevivência musical da banda. Em resumo: algo tão comercial que ninguém, nem mesmo Lars Ulrich e James Hetfield, poderia ter previsto.

Primeiro, no entanto, teriam de ser convencidos. Apesar de tudo, ...*And justice for all* era um sucesso. Mesmo assim, eles não conseguiriam se safar se gravassem mais um álbum tão pesado e pouco convidativo a novos fãs como aquele. Não se quisessem que a carreira do grupo continuasse em ascensão. A questão era: teriam coragem para levar o Metallica para o próximo nível? Ou já tinham alcançado o lugar mais elevado? Como Lars e James enxergavam o desenrolar da história do Metallica agora que tinham chegado a esse ponto? Quem faria essas perguntas à banda seria Cliff Burnstein.

Lars relembrou o que ele classifica de "uma reunião muito famosa em Toronto", em julho de 1990, num festival em que o Metallica abriu para o Aerosmith. "James, Cliff Burnstein e eu nos sentamos, e Cliff disse: 'Se quisermos, podemos levar o trabalho a um público muito maior. Mas isso significa fazer certas coisas que, na superfície, parecem semelhantes ao jogo das outras bandas'. Porém estaríamos no jogo, e, para nós, do Metallica, significava fazer as coisas de um jeito diferente. E não tinha nada a ver com a música, mas com a maneira como lidávamos com tudo fora dela. A ideia era fazer o mundo inteiro engolir o Metallica." Ou, como Kirk Hammett me explicou em 2005: "Dissemos que sim, gravaríamos o álbum com músicas mais curtas que tocariam no rádio e doutrinariam o universo inteiro em favor do Metallica. Era o nosso objetivo, e foi o que fizemos! E foi uma grande surpresa para todos...".

Com certeza foi. Mas o que eram as "certas coisas" que Burnstein havia falado, que "jogo" eles teriam de jogar? A prioridade era encontrar um produtor capaz de arrastar o Metallica para fora do gueto do heavy metal em que ...*And justice for all* havia deixado a banda apodrecer. Alguém que entendesse de rock o bastante para produzir um álbum que mantivesse a credibilidade que a banda havia construído cuidadosamente ao longo dos anos, mas para quem as palavras "single de sucesso" não fossem uma blasfêmia. Alguém, acima de tudo, bem-sucedido do ponto de vista comercial, mas que possuísse, também, um conhecimento detalhado o suficiente sobre a essência da música do Metallica. No verão de 1990, parecia haver poucos nomes capazes de cumprir tal tarefa. A banda de rock mais em alta naquele momento era o Guns N' Roses, cujo *Appetite for destruction* tinha vendido quase 10 milhões de cópias mundialmente, e o Metallica já havia tentado — e fracassado — trabalhar com o produtor deles, Mike Clink. O outro único álbum de rock recente que tinha alcançado números semelhantes foi *Hysteria*, do Def Leppard. Mas o produtor desse disco, Robert John "Mutt" Lange, era um gênio perfeccionista que usava o estúdio como uma tela em branco sobre a qual "pintava" o seu próprio refinado espectro de sons. Multi-instrumentista genial, Mutt era o tipo de produtor que insistia para que os guitarristas tocassem uma corda de cada vez, à exaustão, para reconstruir depois o som dos acordes no computador; cujos vocais principais e de fundo sobrepostos de maneira intrincada se constituíam de dezenas de vozes em harmonia e contraponto, fiadas e entrelaçadas como a seda; o tipo de técnico visionário que havia muito tempo abandonara a ideia de usar um baterista "ao vivo" no estúdio, muito antes de isso se tornar o padrão, para que pudesse ele próprio criar um som de percussão mais convincente; um maestro rebelde dirigindo um espetáculo. Juntar Mutt e o Metallica seria como pedir para um piloto de Fórmula 1 conduzir os cavalos de uma carruagem. Lange também tinha deixado claro para a Q Prime que tinha levado o Def Leppard — até então, os clientes mais famosos e bem-sucedidos da agência — o mais longe possível e que estava à procura de algo novo que exigisse mais dele, qualquer que fosse o próximo projeto. Contanto que não fosse transformar Frankenstein em Marilyn Monroe.

Porém, a Q Prime tinha uma sugestão: Bob Rock, um produtor canadense cuja reputação estava em alta devido ao trabalho incrível que havia realizado nos dois álbuns de rock mais vendidos nos Estados Unidos no ano anterior — *Sonic temple*, do Cult, e *Dr. Feelgood*, do Mötley Crüe. James, fazendo jus à sua personalidade, foi cético: "Ninguém fode com a nossa música". E, meses depois, quando fui visitá-los no One on One para entrevistar Lars sobre as gravações do novo álbum, ele me disse que foi quase por acaso que fecharam o trabalho com Rock. Mas a verdade é que não foi preciso muito para persuadir Lars, que tinha ficado encantado com os explosivos sons de bateria tanto no disco do Cult como no do Mötley Crüe.

"Na verdade, nunca chegamos a gostar das mixagens de ...*And justice for all* ou *Ride the lightning*", ele me disse, com seriedade. "Então, pensávamos em quem poderíamos chamar para fazer a mixagem. Sentíamos que era hora de fazer um disco com um som mais forte, mais encorpado, e que o disco mais recente com a melhor sonoridade tinha sido o do Mötley Crüe. Portanto, pedimos a Peter Mensch que consultasse Bob para que ele mixasse o disco. Ele nos disse que Bob não apenas queria mixá-lo, como queria produzir o álbum, por ter visto um show nosso em Vancouver e gostado muito. Claro que dissemos: 'Somos o Metallica e ninguém diz o que temos de fazer!'. Mas, com o passar dos dias, concluímos que talvez o melhor fosse baixar a guarda com o cara. Tipo, se ele é mesmo chamado Rock, não pode ser tão ruim assim!"

Essa era uma declaração no mínimo hipócrita. Lars estava tão intrigado com a possibilidade de trazer Bob Rock para trabalhar com eles como na época de Mike Clink. Enquanto circulava com o Cult durante a turnê do verão anterior, *Sonic temple*, assim com *Dr. Feelgood*, tinha sido um dos álbuns favoritos no seu walkman. Ele agora também tinha feito amizade tanto com o baterista do Mötley Crüe, Tommy Lee, como com o do Cult, Matt Sorum, e estava impressionadíssimo com o trabalho que Rock tinha feito com eles em estúdio. E o mais importante: se o novo álbum do Metallica tinha de levá-los ao "nível seguinte", estava claro que não deviam mais se trancar no estúdio com Flemming Rasmussen. Precisavam ser conduzidos na direção certa. Agindo com sensatez, a Q Prime concordou em deixar Rasmussen de reserva por um mês, caso, como acontecera com Clink, o trabalho não desse certo com Rock, mas, a partir do momento em que Lars e James decidiram pegar um voo para Vancouver sozinhos e se encontrar com Rock na casa dele, na sequência da "reunião muito famosa" com Burnstein poucas semanas antes, o cenário estava armado para o que seria o passo mais radical da carreira da banda —

apostar todas as fichas num álbum de grandes sucessos. "Dissemos ao Bob que tínhamos essa grande energia ao vivo e que era o que queríamos no estúdio", disse Lars. "Foi engraçado porque ele disse: 'Quando vi o show de vocês e depois escutei o disco, achei que não tinham chegado perto de capturar o que faziam ao vivo'. Ele nos disse a mesma coisa, e a partir dali pensamos que talvez não devêssemos ser tão teimosos e conferir aonde isso nos levaria."

E o que aconteceu foi: James, que certa vez tinha escrito "Kill Bon Jovi" na guitarra, estava disposto a passar meses no estúdio com um dos principais responsáveis pelos maiores sucessos do Bon Jovi; e o Metallica, que escapara de Los Angeles para fugir da cena musical liderada pelo Mötley Crüe, estava no mesmo lugar onde o grupo havia feito o seu álbum mais vendido. Mas, com Rock, teriam de trabalhar muito mais do que haviam imaginado.

Como todos os melhores produtores, Bob Rock era um músico acima da média, perito na guitarra, no baixo e nos teclados. Ele tinha começado com sua própria banda, The Payola$, que fizera sucesso no Canadá com o single "Eye of a stranger". A banda mais tarde se metamorfoseou em Prism, mas foi o trabalho como engenheiro, ao lado do produtor da banda, Bruce Fairbairn, nos estúdios Little Mountain Sound, em Vancouver, que o tornou conhecido no meio musical. O grande sucesso de Fairbairn veio por meio do trabalho que fez para uma outra banda canadense, mais bem-sucedida — a Loverboy, do início dos anos 1980, que teve alguns sucessos na América do Norte, com Bruce como produtor e Bob como engenheiro e homem de confiança. Trabalhando juntos e também separados fora do Little Mountain, ajudaram a conquistar discos de platina para líderes da segunda divisão do rock, como Survivor, Loverboy e Black 'N Blue, antes de alcançarem o topo com o Bon Jovi, cujo álbum *Slippery when wet* e seus singles de sucesso "You give love a bad name" e "Livin' on a prayer" tinha salvado sozinho a, até então, carreira vacilante da banda (eles quase tinham sido dispensados pela gravadora, a Phonogram, a mesma do Metallica naquele momento, quando a mágica de Fairbairn o transformou no disco de rock mais vendido do ano).

Até então, Fairbairn tinha ajudado também a resgatar a carreira do Aerosmith, produzindo dois álbuns recheados de hits: *Permanent vacation* (1987) e *Pump* (1989). No verão de 1990, *Pump* já estava nas paradas, assim como quatro singles, havia quase um ano e estava a caminho de vender 4 milhões de cópias nos Estados Unidos — o tipo de álbum que o Metallica tinha em mente naquele momento. Essas conquistas, porém, tiveram o seu preço. Como mais tarde recordou o baixista do Aerosmith, Tom Hamilton, havia vantagens em trabalhar com Fairbairn; ele era um produtor "importante, direto, focado e exigente que proporcionava as condições ideais para a criatividade aflorar. Quero dizer, o cara tinha a capacidade de nos fazer tocar melhor do que achávamos que podíamos". O preço: "Grande parte do processo foi doloroso porque abrimos mão do controle, totalmente".

Quando Rock se aventurou sozinho como produtor — o seu primeiro sucesso internacional foi com o álbum de estreia do Kingdom Come em 1988 —, estava determinado a fazer as coisas do seu jeito. Mesmo assim, utilizou os métodos intransigentes de Fairbairn para alcançar seus objetivos. "Bruce e eu crescemos juntos", disse Bob. "O estilo de produção dele, porém, é diferente do meu. Mas algo que aprendi com ele foi a me concentrar na performance, e não no perfeccionismo, o que pode soar bizarro vindo de alguém como eu, porém é nisso que tento focar. Tento, mesmo, fazer com que os músicos fiquem à vontade e satisfazer as necessidades deles, consumar seus objetivos." Ou, como o baixista e líder do Mötley Crüe, Nikki Sixx, mais tarde relembrou a época que passou com Rock: "Bob nos chicoteava como se fossemos escravos nas galés. O que sempre dizia era: 'Isso não é o seu melhor'. Nada era bom o bastante". Rock faria o guitarrista Mick Mars passar semanas duplicando sem cessar os trechos de guitarra até que a sincronização ficasse perfeita. Em relação aos vocais, havia dias em que Vince Neill "não conseguia cantar quase nada que agradasse a Bob. Ele era crítico, exigente e defensor da pontualidade. Ninguém antes tinha forçado tanto os limites das nossas habilidades ou exigido mais do que pensávamos ser capazes, até descobrirmos que, sim, éramos capazes de mais". Nikki admitiu que "o processo era a antítese de todos os princípios punks aos quais tinha me agarrado quando adolescente", mas concluiu que, ao mesmo tempo, queria um álbum do qual se orgulhasse.

O Metallica também. Embora já tivessem álbuns dos quais tinham extremo orgulho — *Master of puppets*, em especial —, o que eles desejavam — ou melhor, precisavam — naquele momento era de um disco que revelasse a música da banda para o público consumidor de Cult, Mötley Crüe, Guns N' Roses e, sim, até mesmo Bon Jovi. Eles queriam tudo, e Bob Rock era o cara que os ajudaria a conseguir isso, decidiram. O único empecilho, em teoria, era a relutância de Rock em gravar em qualquer outro lugar que não fosse o Little Mountain. No entanto, como Lars me disse, "não queríamos de jeito algum gravar em Vancouver — todo mundo ia até ele. Por um momento, achei que não fosse dar certo. Bob tem uma família grande e não estava a fim de vir para Los Angeles. Então, quando nos viu tocando, percebi que os olhos dele se acenderam. Tínhamos montado um pequeno estúdio de oito canais na minha casa e feito algumas demos improvisadas — só eu, na bateria, e James". O momento em que tocaram a versão inacabada de uma nova música, a épica "Sad but true", foi decisivo: "Foi tipo: uau! A partir dali, o negócio estava quase fechado".

As gravações começaram na primeira semana de outubro de 1990. Quando me encontrei com Lars no início de 1991, ficou óbvio que ele estava animado com o rumo dos acontecimentos. "Olhando em retrospecto para os nossos quatro álbuns mais recentes, vemos que são grandes discos. Não vou dizer nada de ruim a respeito deles. Mas nunca achamos que tínhamos terminado um e dito 'é esse!'. Aquele único álbum que é 'o álbum'. Talvez não dê para fazer um álbum assim, mas se há um disco que se aproxima disso é esse, porra!", disse, entusiasmado. "O material novo que compusemos tem muito frescor. Estávamos animados como nunca. Bob diz que as composições parecem mostrar que temos uma alma carregada, repleta de emoções que não demonstramos com facilidade porque somos muito defensivos. Ele diz que enxergou isso de cara, que uma das intenções desse álbum foi fazer com que baixássemos a guarda e nos livrássemos das coisas ruins que estavam guardadas."

Tinha a ver, também, conforme confessou Lars, "com o fato de que estávamos bastante entediados com a direção tomada nos últimos três álbuns. Eram diferentes uns dos outros, mas tinham uma proposta semelhante. Músicas compridas, músicas mais compridas, músicas ainda mais compridas... Era o momento de dar uma virada radical. Havia duas maneiras de fazer isso: uma seria escrever uma música tão longa que preenchesse o disco inteiro; a outra, mais viável, escrever canções mais curtas que as anteriores. E foi isso que fizemos. Não preciso dizer mais uma vez como me sentia rotulado pela coisa do thrash metal. Mas as novas músicas têm energia e passam uma vibração nova, que nunca imaginei que fôssemos capazes". O ponto de partida, crucial, era garantir que as músicas mantivessem o foco. Faixas que duravam nove ou dez minutos, passando por vários "movimentos", foram para o lixo: "Achava que era legal, uma demonstração da atitude do 'foda-se' em relação a ser comercial. Agora percebo que era porque não sabíamos tocar. Até começarmos a trabalhar com Bob, não sabíamos como encontrar o riff ou um ritmo, ou qualquer outra coisa, certo. Na verdade, é muito mais difícil trabalhar assim, mas você só aprende isso se tentar".

Lars, em particular, descobriria quanto isso era difícil quando Bob insistiu para que ele fizesse algumas aulas e aprendesse a tocar com mais velocidade, pois não considerava o desempenho dele bom o bastante. Uma sala do estúdio foi reservada para Lars — em que James pregou um aviso manuscrito: ARMÁRIO DO LARS — passar várias horas do dia "praticando". "Acertar" a bateria atrasaria o projeto em várias semanas. Enquanto isso, Bob trabalhava com James para extrair o melhor das quase duas dúzias de músicas que tinha composto com Lars — algumas com Kirk, e com Jason apenas uma, assim como em *...And justice for all* — e deixá-las no ponto ideal para serem gravadas. Num primeiro momento, isso pareceu tão difícil quanto arrancar uma linha de bateria decente de Lars. Pela primeira vez, James, que nunca tinha ouvido ninguém reclamar das suas letras, se viu reescrevendo versos, melhorando refrões. Em particular, Bob teve de trabalhar duro para botar na cabeça do vocalista que era melhor e mais fácil usar apenas uma palavra em lugar de várias: palavras avulsas podiam ser divididas em sílabas, suficientes para cobrir versos inteiros de uma música. Como no refrão de um dos potenciais singles, "Enter Sandman", em que os versos originais de Hetfield foram quebrados em palavras separadas, usando as sílabas para estender e extrair a melodia. "En... ter ... night... / Ex... it ... light...".

James também chegou armado com algo que nunca tinha feito antes: uma música sinceramente romântica. O verso-chave da canção — escrita na estrada, devido às saudades de Kristen — "Never opened myself this way" [Nunca me abri dessa maneira] — resumia um momento musical que ninguém esperava de Hetfield ou do Metallica, nem mesmo na busca por um sucesso. Ao que parecia, de uma hora para outra, o "adolescente comum" tinha se transformado num "homem comum".

Ao falar sobre isso cerca de vinte anos depois, James admitiu que, num primeiro momento, "não queria nem tocar a música para os caras. Era tão sentida, tão pessoal. Achava que o repertório do Metallica só podia tratar de destruição, headbanging, dar o sangue para a plateia... Com certeza não achava que era uma música típica da banda. Quando os caras ouviram, se surpreenderam com a identificação que, acho, rolou. Ela se tornou uma música superimportante do disco, que tocou muita gente". A música era, também, como ele refletiu em outra entrevista por volta da mesma época, mais do que uma balada confessional; era "sobre uma conexão com o seu poder superior, várias coisas diferentes". Ele se lembrou de ter sido convidado para uma reunião no Hell's Angels Clubhouse em Nova York: "Os caras me mostraram um filme que tinham montado sobre um dos 'irmãos' que tinha morrido, e a trilha sonora era 'Nothing else matters'. Pensei, 'uau, isso é muito mais importante do que a saudade da minha namorada, certo? Isso tem a ver com irmandade. O exército podia usar esta música. É muito poderosa'".

Poderosa, sim, ainda mais devido ao acréscimo de última hora feito por Rock — uma parte orquestrada, com arranjo de Michael Kamen. Um toque de produção que jamais teria passado pela cabeça da banda, o que causou uma reação negativa num primeiro momento. Porém, escutando-a de novo certa vez, tarde da noite, eles de repente compreenderam. "Costumava chamar James de 'Dr. Não'", relembrou Rock. "Sempre que eu tentava sugerir algo um pouco diferente, ela dizia 'não' antes mesmo de eu concluir a primeira frase." Isso também aconteceu quando ele criou uma sutil base de violoncelos para a outra balada do disco, "The unforgiven", aliando a influência de Ennio Morricone com algo ainda mais impressionante. Ou a introdução, com um som de guitarra semelhante ao da cítara, de "Wherever I may roam"; ou o refrão ao toque de clarins de "America", de Leonard Bernstein, no início de "Don't tread on me"; a bateria em ritmo de marcha e a guitarra no estilo de gaita de foles no começo de "The struggle within". Mesmo em faixas com uma influência mais thrash, como "Holier than thou', 'Through the never' ou 'The struggle within', a influência de Rock trazia uma sonoridade mais fluida em pontos em que antes parecia haver só agressividade — amostras de thrash transformadas, pela contribuição criativa da produção, em algo maior do que seriam as previsíveis partes individuais.

Outras vezes, o produtor insistia para que tocassem todos juntos, como na base rítmica da monumental "Sad but true". Kirk relembrou: "A energia que emanava de todos tocando era tão intensa e tão focada no ritmo, com tanta atitude, que Bob Rock disse: 'Podíamos pegar essa música e colocá-la direto no álbum porque vocês botaram pra foder'". Era uma ousadia musical espelhada pela audácia, recém-encontrada, das letras de Hetfield. As palavras não vinham mais do que ele assistia na CNN, como a maioria das letras de *...And justice for all*; elas vinham de um lugar mais íntimo. Em "The god that failed", ele aborda especificamente a morte agonizante da mãe, justificada por uma devoção, quase perversa, a crenças religiosas. "Don't tread on me", uma "God bless America" dos anos 1990, soa um tanto chocante após a postura antiguerra da música mais famosa da banda até então, "One". "Of wolf and man", enquanto isso, glorifica o amor de James pela vida ao ar livre, a pesca e o tiro: "I hunt / Therefore I am..." [Eu caço, logo existo]. Não surpreende que a faixa mais fraca do álbum seja a mais comprida e aquela que mais remonta aos primórdios da banda: "My friend of misery", uma meditação estrondosa, de velocidade mediana, sobre a devastação do ego causada pelo estrelato. Enterrada no fundo do álbum, era a única faixa de coautoria de Jason Newsted, que se salva apenas pela seção intermediária, na qual a guitarra de Hammett proporciona certo equilíbrio. O *bullying* podia até ter diminuído agora que a banda não estava na estrada, mas a participação de Jason no processo criativo ainda era bastante limitada. Ele esperava que isso fosse mudar com o passar do tempo e o crescimento de seu papel. Esperou em vão.

De fato, o modo como todos tocavam se superou em todos os níveis — incluindo a grande melhora da bateria —, mas a guitarra solo de Hammett, em particular, esteve primorosa do começo ao fim. De novo, porém, a maior surpresa veio de Hetfield, cujos vocais deram um salto em relação à postura durona da época do seu melhor desempenho — a era entre *Master of puppets* e

...And justice for all —, revelando mais sensibilidade (como no canto quase recitado antes do encerramento instrumental de "Nothing else matters") e até certa doçura (a voz limpa no refrão de "The unforgiven"), jamais vistas em seu trabalho até então. Seu jeito de tocar também denunciava uma recém-descoberta delicadeza, tanto no violão quanto na guitarra de "Nothing else matters", incluindo um solo minucioso de tal modo que Hammett não apareceu em nenhum trecho da música.

As músicas de destaque, no entanto, são as de abertura: "Enter Sandman" e "Sad but true". A última — um manifesto musical, cujo ritmo vibrante surgiu enquanto eles gravavam "Stone cold crazy" para o álbum *Rubáiyát* — estava destinada à grandeza desde o momento em que Rock, impressionado, escutou a demo pela primeira vez e disse para Lars e James que achava que ela podia se tornar "a 'Kashmir' dos anos 1990". A primeira, uma joia ainda mais preciosa e o tipo de música obrigatória nos discos que se transformam em clássicos, foi mais uma novidade do Metallica: um single à moda antiga, nascido para virar hit. Baseando-se no mesmo tipo de riff circular de outros clássicos do rock, como "Smoke on the water" e "All right now", Kirk se recordou de, na época, ter escutado *Louder than love* — álbum do início da carreira do Soundgarden, banda de Seattle então desconhecida —, "tentando capturar uma atitude voltada a riffs grandiosos e pesados. Eram duas da manhã. Gravei numa fita e não pensei mais no assunto". Quando, mais tarde, tocou o riff para os outros, no entanto, Lars disse: "Isso é maravilhoso, mesmo. Mas repita a primeira parte quatro vezes". Foi essa sugestão, disse Kirk, que "tornou a música ainda mais cativante".

No final, foram necessários mais de dez meses para finalizar o álbum que custou mais de 1 milhão de dólares e que quase os levou à loucura várias vezes, tanto que quase quinze anos depois, Rock o descreveria como o "disco mais difícil que fiz". A banda se sentia do mesmo jeito. "Foi duro trabalhar com Bob", disse Lars. "Foi o álbum mais difícil que fizemos com Bob porque não nos conhecíamos e não existia confiança. Então, fomos muito cautelosos." A pressão havia sido tanta que "no final, tinham começado a detestar uns aos outros". Quando os visitei no meio do projeto, notei que havia um saco de pancadas e luvas de boxe penduradas numa das salas. "Para aliviar a tensão!", disse Lars, gargalhando quando apontei para elas. "Sabe como é esse tipo de merda — você tenta fazer algo e não consegue acertar, então precisa descontar em alguma coisa. Daí, recebe a conta dos prejuízos na semana seguinte. Se socar esse negócio, não paga nada por isso." Era que James andava fazendo com frequência, acrescentou: "Mas agora que Jason começou a trabalhar no baixo, também tem usado bastante". Rock concluiu: "Foi um álbum duro de gravar, se pensarmos no que queriam alcançar e qual era o histórico deles e o meu. Portanto, demorou um pouco para descobrirmos como tinha de ser feito". Mais do que tentar produzir algo acessível, o álbum era "a primeira vez em que dava para sentir que havia alguma emoção verdadeira por trás da música".

Ao falar com Lars no estúdio — enquanto James, na sala de gravação com a guitarra no colo, trabalhava nas partes cíclicas da guitarra de "The unforgiven" —, ficou claro para mim que eles tinham objetivos bem específicos desde o início. Ele falou sobre como, quando a banda havia começado, os seus bateristas favoritos eram artistas dotados de muito apuro técnico, como Neil Peart, do Rush, e Ian Paice, do Deep Purple: "Então, nos oito anos seguintes, imitei Ian Paice e Neil Peart, para provar ao mundo que sabia tocar". Após absorver as lições incutidas pelo novo produtor — e figura paterna —, os dois bateristas favoritos de Lars eram Charlie Watts, dos Rolling Stones, e Phil Rudd, do AC/DC — discretos, íntegros, caras que criavam uma base sólida para o som. "Achava que esse tipo de coisa era fácil, mas, não, é bem difícil."

Outra concessão ao caráter comercial assumido do novo álbum estava no título: simplesmente Metallica, uma vez que títulos homônimos eram os preferidos de todas as grandes gravadoras, por serem descomplicados e fáceis de lembrar. Foi irônico, portanto, que o disco viesse a ser conhecido não pelo nome, mas pelo apelido que recebera devido à capa preta, ameaçadora — o Álbum Preto. Era como se fosse o negativo do Álbum Branco dos Beatles (por sua vez, intitulado simplesmente The Beatles, mas chamado assim pelos fãs em razão da capa totalmente branca).

Lars explicou que, nos primeiros dias no estúdio, ele folheava uma revista de heavy metal, como sempre, colorida, reparando que os vários anúncios de discos eram todos parecidos. "Todos com os mesmos personagens, aço, sangue e vísceras. Pensamos em evitar algo assim o máximo possível." O "máximo possível" significava ter uma capa monocromática, sem nenhum tipo de informação na frente, a não ser a imagem quase indiscernível de uma serpente encolhida num dos cantos (um símbolo, talvez, do fruto proibido que tinham mordido?). A escolha da cor foi inevitável. "A verdade é que todos gostávamos da cor preta", Lars deu de ombros. "Claro, algumas pessoas acharam que parecia coisa do Spinal Tap, mas tivemos de decidir entre o preto e o cor-de-rosa, entende? As pessoas podem vir com essa merda de Spinal Tap para mim que não me atinge. Não dou a mínima." Ou como disse James: "Aqui está, capa preta, logo preto, foda-se!".

Outra referência, embora mais oblíqua, à mudança de perspectiva do novo disco, ao lado dos refrões fortes e das músicas mais curtas, era o número reduzido de créditos na capa. Enquanto, no passado, as capas do Metallica vinham amontoadas de créditos e agradecimentos — e até ocasionais "vão se foder!" —, o encarte do Álbum Preto continha as letras das músicas, os nomes dos quatro integrantes e seus instrumentos e o mínimo de detalhes sobre a produção.

Lars tinha certeza de que muita gente diria que haviam se vendido, mas tinha consciência de que, desde *Ride the lightning*, as pessoas já os reprovavam e chamavam de "vendidos". O fato de as músicas serem mais curtas "não significa que sejam mais acessíveis". Já estava claro, no entanto, que acessibilidade era a questão principal. O tema poderia ser sombrio como sempre, mas a música agora tinha várias nuances, e todas atraentes. "'Sad but true' era sobre como nossas diferentes personas nos fazem agir de modos distintos e como as nossas atitudes entram em conflito e lutam para nos controlar; 'The unforgiven', sobre como um monte de gente vive sem tomar nenhuma iniciativa. Muitas pessoas vão apenas no embalo dos outros. A vida inteira dessas pessoas segue um plano, e há pessoas que planejam, outras que os seguem", Lars explicou. O melhor exemplo disso é o single que já havia sido escolhido para ser o carro-chefe do álbum, intitulado, de modo instigante, "Enter Sandman". "Essa música estava na lista de espera havia seis anos", disse Lars, numa tentativa de deter quaisquer insinuações de que tivesse sido composta intencionalmente para ser um dos singles do álbum. "Sempre olhei para 'Enter Sandman' e pensei: 'Que porra significa isso?'. Como cresci na Dinamarca e não sabia merda nenhuma a respeito, não entendia. Então James me explicou. Sandman é um vilão do universo infantil que esfrega areia nos seus olhos se você não for para a cama à noite. Então, James distorceu um pouquinho a fábula." Ele acrescentou: "Seis anos atrás, olhei para 'Enter Sandman' e pensei: 'Nada disso, vamos escrever 'Metal Militia'... Metal até morrer, entende?'". Chega disso.

O mais importante naquele momento seria a opinião das diversas gravadoras da banda sobre o produto final. A Elektra ficou extasiada. Era o tipo de álbum do Metallica que a empresa podia agarrar com unhas e dentes: múltiplos singles, grande produção, ideias abrangentes; em resumo, algo que o meio dos negócios chama de "pernas". Aproveitando o grande clima de empolgação, Mensch marcou reuniões com os vários chefes de departamento da Phonogram por toda a Europa, começando com Dave Thorne e a equipe londrina.

"Acho que se alguém disser que, quando escutou o disco, pensou que esse seria o álbum de metal mais vendido da história da música, estará mentindo", disse Thorne, em entrevista. Mas quando Mensch colocou o álbum para tocar pela primeira vez todos ficaram pasmos: "Porque era um verdadeiro salto qualitativo em relação a qualquer outra coisa que tínhamos ouvido antes na cena do heavy metal, com toda franqueza. E lembro de Mensch dizer, num estilo bem característico dele: 'A Elektra está com uma ideia completamente louca de lançar três singles, talvez quatro. Eu não sei o que vocês acham'. Então ele pediu que indicássemos qual seria o single. E eu lembro de dizer que, para mim, tinha de ser 'Enter Sandman'".

Thorne acertou em cheio. O single foi lançado no Reino Unido antes do disco, com o respaldo de um clipe fantasmagórico muito apropriado (na verdade, uma representação literal de um "Sandman" assombrando uma criança adormecida, entrecortada por cenas de uma performance da banda que, em comparação, faz "One" parecer *E o vento levou...*) e disponível em todos os formatos que a Phonogram pôde conceber: o usual vinil de sete polegadas num encarte preto, com ou sem o adesivo do logo; vinil de doze polegadas; três versões diferentes em CD; fita cassete, e caixas, incluindo uma edição limitada do encarte, mais o vinil de doze polegadas e quatro fotos "exclusivas", uma de cada integrante do Metallica, autografadas. "Enter Sandman" alcançou a quinta posição nas paradas, transformando-se, ao longo do tempo, em um dos singles mais vendidos do ano. O lançamento norte-americano foi orquestrado de maneira diferente, programado para depois da explosão inicial das vendas do álbum, o que ajudou a empurrar o single para o topo das paradas quando o disco estreou na 16ª posição do Top 20 e o videoclipe permaneceu na programação diária da MTV por meses.

Cientes mais do que ninguém do poder da propaganda boca a boca, a banda também se certificou de que os fãs tivessem a chance de julgar os méritos do novo disco antes do lançamento, organizando festas para a primeira audição no Hammersmith Odeon, em Londres, e, o que era ainda mais espetacular, no Madison Square Garden, em Nova York, para cerca de 20 mil pessoas. A entrada era gratuita para os membros do fã clube do Metallica, e, com a presença da banda para apresentar o disco e dar autógrafos, ambos os locais ficaram lotados. Em Nova York, enquanto o disco tocava, James chegou a se misturar no meio da plateia durante "Nothing else matters" e ficou aliviado ao descobrir que estavam todos prestando bastante atenção, escutando a letra. Nos Estados Unidos, certas lojas abriram as portas um minuto após a meia-noite, no dia 12 de agosto, a data oficial de lançamento do álbum. Filas se formaram no lado de fora, em alguns casos, até dezoito horas antes. Uma semana depois, *Metallica* — ou Álbum Preto, como já começava a ficar conhecido — estreou em primeiro lugar nas paradas do Reino Unido e dos Estados Unidos. Também alcançou o topo no Canadá, na Austrália, Nova Zelândia, Alemanha, Suíça e Noruega.

A banda já estava em turnê pela Europa quando recebeu as notícias num hotel em Budapeste, onde se apresentava como "convidada especial", segunda na lista, do AC/DC no Monsters of Rock. Lars disse que leu o fax da Q Prime e que, por um momento, não soube como reagir. "A gente acha que um dia alguém vai se virar para você e dizer: 'Seu disco está em primeiro lugar nos Estados Unidos', e o mundo inteiro vai explodir. Fiquei no meu quarto de hotel e foi mais como um 'bom, o.k.'. Era apenas mais um fax vindo do escritório." Pelo menos, foi o que ele disse mais tarde à *Rolling Stone*. Na verdade, esse foi o momento sobre o qual ele tinha fantasiado desde os dias em que vivia atrás de discos do Diamond Head e lia sobre a NWOBHM na *Sounds*. Uma recompensa pelos anos em que fora um tenista perdedor, um rejeitado em Los Angeles com um sotaque curioso que nunca pertenceu a lugar nenhum.

As críticas também foram mais positivas e abundantes, e o álbum recebeu críticas favoráveis não apenas na imprensa especializada em metal, como também em publicações como *Rolling Stone*, *New Music Express*, *Time Out*, *Village Voice*, *LA Times* e *New York Times*, e outras mais mundo afora, todas prontas para tecer elogios. Era o golpe duplo em que a Q Prime tinha apostado: sucesso comercial numa escala considerada além do alcance de uma banda de "gênero" como o Metallica, ao mesmo tempo em que acumulava suporte crítico. De repente, ninguém mais usava expressões como "thrash metal" em artigos sobre o Metallica. A subsequente matéria de capa na *New Music Express* podia estar relacionada, conforme sugerido por Dave Thorne, "com o fato de Steve Sutherland, o editor, ser casado com a chefe do departamento de imprensa da Phonogram, Kaz Mercer, que permanece até hoje como assessora de imprensa do Metallica". Mas, como ele também apontou, "é óbvio que foi a coisa certa a ser feita. Até mesmo os jornais de grande circulação estavam escrevendo sobre a banda, levando-a para as massas".

"Acho que a razão de termos alçado um novo patamar foi a consciência de que tínhamos algo especial em mãos", disse Lars, "que, de certo modo, quando James e eu compusemos as músicas, sabíamos que elas mereciam aquele nível de produção e atenção aos detalhes, que valia a pena lutar por elas". Tempo, espaço e o clima do meio musical naquela época também foram essenciais. "Era o começo da década de 1990, e toda a parafernália pop, os cabelões, toda a *vibe* de Los Angeles estava chegando ao final. O bastão estava prestes a mudar de mãos. Havia uma efervescência cultural em Seattle. Coisas totalmente novas estavam acontecendo, e o público da música mais comercial estava mudando de direção, afastando-se cada vez mais do curso dos anos 1980. De uma hora para outra, a molecada estava pronta para abraçar coisas novas. Então, não dá para evitar a analogia com a configuração do alinhamento planetário. E os planetas se alinharam em 1991, 1992, quando o álbum foi lançado; uma conjunção de fatores certos — as músicas, o produtor, a atitude e a temperatura ideal na cena musical para criar esse monstro que o disco se tornou, em seu melhor ou pior."

Como Lars sugeriu, *Metallica* foi um desses álbuns que se faz uma vez na vida, o que foi bom para o Metallica, considerada então uma das bandas mais importantes da década. Mas, também, benéfico para o meio musical em geral, pois ajudou a abrir as portas para a aceitação do rock underground, alternativo, como produto para as rádios e emissoras de TV norte-americanas, algo de que nomes que ainda eram desconhecidos, como Nirvana, Pearl Jam e Soundgarden, tirariam vantagem antes do final daquele ano. O único porém era que o Metallica deixaria de ser considerado um grupo em ascensão. Mas isso, conforme Lars, muito astuto, observou, foi porque "o grande público estava muito mais próximo da nova tendência alternativa do que cinco anos antes. Para um funcionário de banco, o Metallica ainda era a coisa mais extrema da qual ele podia gostar".

Não que isso os deixasse imunes às críticas. Jornalistas que tinham ficado impressionados com o retrato severo de uma vítima da guerra em "One" protestaram, no clima pós-Guerra do Golfo, contra o patriotismo declarado de "Don't tread on me", que apontava para um discurso nacionalista um tanto exacerbado. Mas até mesmo para essa polêmica a banda tinha uma resposta. James tinha escrito a música muitos meses antes da invasão do Kuwait, a bandeira que estava louvando não era a dos Estados Unidos, mas, sim, a dos Culpeper Minutemen,* da Virgínia, durante a Revolução Americana, cujo estandarte tinha também uma cobra enrolada, como na capa do Álbum Preto, e carregava o lema "Don't tread on me" (de fato, uma réplica da bandeira permaneceu pendurada no One on One durante toda a gravação do álbum). "Os Estados Unidos são um lugar bom pra caralho", James respondeu num tom desafiador à *Rolling Stone*. "É a minha opinião. E é um sentimento desencadeado por passar muito tempo na estrada. Você descobre do que gosta em certos lugares e porque mora nos Estados Unidos, mesmo com toda a merda. Ainda é o lugar onde as coisas acontecem."

Hetfield também se encrencou por causa dos comentários que fez ao semanário inglês *New Music Express*, classificando o rap como "extranegro",

* *Culpeper Minutemen of Virginia*: membros seletos da milícia colonial norte-americana que combateram durante a Revolução Americana (1775-1783). (N.T.)

acrescentando: "É só 'eu, eu, eu, e o meu nome na música'". De novo, não se desculpou: "Nossos fãs gostam de algumas coisas, tipo Body Count, porque contém certa agressividade. Adoro esse lado. Mas qual é a de 'Cop killer' com essa coisa de 'mate o branco', porra? Não compreendo". Isso o fazia lembrar "do Slayer falar sobre Satã e infanticídio em suas músicas. Cantar sobre matar policiais dá na mesma. Se Deus quiser, ninguém vai fazer nenhuma das duas coisas. As pessoas gostam, tudo bem. Gosto não se discute, como meu pai diria. Mas não é o meu".

Embora abaixo do AC/DC no Monsters of Rock, o Metallica, naquele verão, era a banda mais comentada entre as atrações do festival. "Tivemos muita sorte com os elogios das revistas famosas", Lars reconheceu quando nos falamos "Todos esses jornalistas costumavam falar de Prince ou Bruce Springsteen. O Metallica meio que foi imposto a esse tipo de gente nos Estados Unidos". Mas por que o Metallica? Por que não o Slayer? Ele respirou fundo como se estivesse se preparando para não soar convencido. "Acho que muito disso tem a ver com a abordagem das nossas letras, com o fato de confrontarmos questões mais realistas e muito mais conectadas com o que estava acontecendo ao nosso redor. Sou o primeiro da fila para comprar um lançamento do Slayer porque acho que eles são os melhores no que fazem. Mas, em termos de letras, é algo bem diferente. Sempre fomos bastante inflexíveis quanto a aderir a certos clichês do heavy metal, entre eles toda a merda sexista e satanista. E, como consequência, parece que todos os jornalistas influentes têm elogiado o Metallica..."

Como Lars previa, no entanto, houve uma quantidade significativa de rejeição da parte de certos fãs mais antigos. Acusações sobre terem se vendido imperavam, o que era justificável da perspectiva do pessoal mais tradicional. Mesmo duas décadas depois, é um assunto que polariza até mesmo os aliados mais fiéis do grupo. Rob Flynn, um sujeito sempre franco, grande fã do Metallica na adolescência e cuja banda, Machine Head, estava abrindo para eles durante a turnê de 2009, mudou de assunto quando perguntei a opinião dele sobre o Álbum Preto. Como disse Joey Vera: "O Álbum Preto nunca esteve nos planos... Mas eles foram muito espertos. E isso se deve ao trabalho de Lars em conjunto com a empresa de gerenciamento. Eles tomaram algumas decisões muito inteligentes, embora algumas fossem questionáveis para alguns fãs. Mas, no final, foram muito espertos em suas decisões o tempo todo".

Outros concordam. David Ellefson disse: "O Álbum Preto, em termos de som, é um dos melhores discos feitos na história da gravação *multi-track*". Até mesmo Flemming Rasmussen, ignorado após levar a culpa pelo pesadelo que foi a produção de ...*And justice for all*, "pirou no Álbum Preto": "Bem produzido, o som e a parte instrumental eram ótimos, achei genial. Eles fizeram uma série de coisas que eu queria que tivessem feito em ...*And justice for all*, em termos de som e de todas as coisas que foram simplificadas. Ele passaram de músicas realmente longas a uma música, um riff. E o interesse súbito de James por sua maneira de cantar me agradou muito. Esse foi o primeiro álbum em que ele cantou de verdade, em que foi possível perceber que está levando a sério. Acho que é um álbum fabuloso".

A grande pergunta era: o que Cliff teria achado? O sentimento era que Burton, por tanto tempo a alma intransigente do grupo, teria ficado horrorizado com o rumo dos acontecimentos. Como disse Joey Vera, um álbum assim "seria inimaginável", se Cliff ainda estivesse vivo: "Não estou dizendo que eles teriam se transformado num King Crimson ou algo do gênero, mas nunca se sabe. A banda podia ter virado algo totalmente louco e inesperado".

Foi quase "profética" a última entrevista, menos de 48 horas antes de morrer, que Cliff concedeu a Jorgen Holmstedt, da revista sueca *OK!*. Ele disse ao jornalista que achava que o som Metallica se tornaria mais "suave e melódico" com o passar do tempo. "Não estamos preocupados com isso agora", insistiu, mas previu com exatidão o que viria a acontecer, especulando que trabalhariam com "um produtor famoso", algo que tinham considerado fazer em *Master of puppets*. "Se nosso desejo for atendido", afirmou, "vamos gravar no sul da Califórnia, talvez em Los Angeles". Ele não tinha gostado de passar pelo seu "pior inverno" durante os meses em que estavam no Sweet Silence na Dinamarca, queixando-se de que "não havia energia". Na próxima vez, disse, "seria legal gravar em algum lugar luminoso, com muito sol". Os gostos musicais de Cliff eram diversificados o bastante para incluir a mudança representada pelo Álbum Preto. Como Kirk me disse: "Se tivéssemos feito mais um álbum com Cliff, acho que teria sido bastante melódico". Antes de morrer,

Cliff escutava muito Creedence Clearwater Revival, Eagles, Velvet Underground, R.E.M. e Kate Bush. "Ele era o mais cabeça aberta de todos nós em termos de gosto musical."

Mas mesmo que Cliff Burton não tivesse se incomodado com o redirecionamento musical, sua reação quanto às outras mudanças permanece aberta a especulações. O que o "irmão mais velho" da banda teria achado, por exemplo, de passar quase um ano morando em Los Angeles enquanto faziam o disco, onde todos, cada um a seu modo, aderiram ao estilo de vida dos astros do rock, frequentando o Rainbow (o bar de Hollywood onde o Led Zeppelin passou algumas das suas mais famosas noitadas à caça de groupies) e circulando com novos amigos, como a turma do Guns N' Roses e do Skid Row? Como Cliff teria reagido à nova fase do grupo, em que a música ainda era importante, mas não o mais importante, após deixarem o estúdio e a seriedade de Bob para trás e, todas as noites, voltarem para West Hollywood e as garotas, o pó, a bebida e os letreiros em neon cintilantes da Sunset Strip, com o rádio do carro sintonizado na KNAC, ouvindo glam rock no último volume?

Ao falar comigo vinte anos depois, Lars confessou: "Sempre que penso no Álbum Preto, o que me vem à cabeça é um ano em Los Angeles, circulando com o Guns N' Roses, o Skid Row, que estavam gravando na mesma época. Penso em como ia ao estúdio em San Fernando Valley todos os dias e brigava com Bob Rock sobre os rumos das coisas. Penso em todas as noites em que íamos dormir tarde e tínhamos de acordar cedo. Sem dúvida, foi o ano mais louco da minha vida, vivendo tudo que se possa imaginar, em Los Angeles, aos 26 anos e com pau grande. Foi ótimo". Foi o tempo em que Lars, James e Kirk — mas ainda não Jason — formaram uma banda de improviso, por uma noite, com Axl Rose, Slash e Duff McKagan, do Guns N' Roses, além do vocalista do Skid Row, Sebastian Bach, sob a alcunha de Gack — gíria, entre usuários, para cocaína —, para um show na festa de aniversário da *RIP*, a revista de heavy metal mais podreira dos Estados Unidos, no Hollywood Palladium. Foi uma época em que Lars e James iam à casa de Slash para "algumas festas insanas". Em sua autobiografia, Slash relembrou uma ocasião: "James estava a fim de transar com uma garota, e eu deixei que ele a levasse para o meu quarto. Eles ficaram lá por um tempo, e eu tive que buscar alguma coisa, por isso entrei de mansinho e vi a garota com o pau do James na boca. Ele estava de pé na cama, batendo a cabeça dela na parede de tanto que martelava, gemendo e rugindo com aquela voz estrondosa".

A diversão de verdade, no entanto, só começaria quando a banda voltasse a cair na estrada — embora parecesse que eles estavam, pelo menos, tentando se distanciar do que Lars chamou de "clichês do heavy metal". Assim como tinham se esforçado para apagar tais resquícios do som e da arte visual dos discos, expurgaram também a parafernália, *à la* Iron Maiden, usada nos shows da turnê Damaged Justice. Apresentando-se num palco em forma de diamante, sem adereços, a ênfase estava agora na interação com o público, Kirk podia caminhar no meio da plateia enquanto solava, e Lars, num palco de bateria móvel, capaz de alcançar ambas as laterais. Telões gigantes eram montados na frente e ao lado, transmitindo closes da banda, e o esquema de iluminação ficou mais sutil, projetando, num momento, uma forte luz branca e, no outro, uma sombra profunda e límpida, criando um brilho sinistro no rosto de James, perfeito para a ocasião, como no clipe de "Enter Sandman". Até mesmo Jason tinha certo destaque. Além do solo de baixo, que nunca chegava a igualar os de Cliff, ele assumia os vocais de "Seek and destroy", o que permitia que James pudesse perambular na inovação mais impressionante do show, o *Snake Pit* ("Poço da Cobra") — uma área reservada aos fãs mais fanáticos situada bem no meio do palco. Todas as noites, assim que Jason começava a despejar a letra de "Seek and destroy", James pulava para dentro do *Snake Pit* e fazia a molecada cantar junto, abraçando-os, gritando com eles, transformando-os em parte da banda como nenhum outro grupo fazia. Havia espaço, também, para um pouco de reflexão: o show começava todas as noites com um vídeo de vinte minutos retratando a história da banda, dedicado a Cliff Burton, parte da mitologia do Metallica para sempre. A maior ovação da noite ocorria ao aparecer a imagem de Cliff — com os cabelos rebeldes, girando o braço, sempre trajando cardigãs e calças boca de sino. Um grande momento para todos, com a possível exceção de Jason, que, da boca para fora, sempre elogiava a lenda Cliff Burton, mas certamente devia estar cansado do constante lembrete de que estava ali devido à sorte — ou azar, no caso. O encantamento só era quebrado quando James virava para a plateia, chamando a sua atenção: "Vocês todos já têm o Álbum Preto, certo? Decoraram as letras? Não vou tolerar erros! E, ei, se ficar muito pesado, é só...". Uma pausa, enquanto o público protestava, e James exibia um sorriso estático, irônico... "Sinto muito!" Havia referências ocasionais ao passado, "Creeping death", "For whom the bell tolls", "Master of puppets", todas tocadas numa velocidade tão intensa que parecia que eles queriam tirá-las da frente o quanto antes, encerrando todas as noites com uma versão ampliada, cataclísmica, de "One", que sempre fazia o público vir abaixo, antes de um bis com "Battery", numa levada ainda mais agressiva. Era um espetáculo de rock de garagem legítimo, o melhor que o dinheiro podia comprar e que dizia tudo sobre a versão moderna do Metallica nos anos 1990, abandonando a original da década de 1980 — desafiadora, arrogante, inflexível. Fosse qual fosse o plano de Lars e James, estava claro para quem estava de fora que o espírito não era mais aquele de quartinho dos fundos e de autenticidade de rock de garagem de raiz, mas, sim, de total devoção, guerra declarada, dominação mundial. Tinha a ver com ser o número um, seus babacas!

Em fevereiro de 1992, o Metallica levou mais um Grammy, o terceiro sucessivo, dessa vez por "Enter Sandman", que venceu na categoria "Melhor Performance de Metal com Vocais", provando que a banda era aceita. "Temos de agradecer ao Jethro Tull por não ter lançado um disco este ano", brincou Lars, o público fingindo desagrado com ele. Por trás do riso, no entanto, estava uma determinação de aço. "Trabalhamos pra caralho nesse álbum", disse James depois, "então, o fato de termos ganhado um Grammy significa algo dessa vez. Em relação aos outros, não tenho a menor ideia do que fazer com eles, mesmo". E quanto a Lars, isso o deixava orgulhoso? "É claro que gosto de ganhar um Grammy!", sorriu, sem sinal de timidez. "Quero um Grammy tanto como qualquer outra pessoa, mais que qualquer um até!" Ele se endireitou na cadeira. "Estou sentado aqui pensando que, antes, ninguém me perguntava se eu tinha ficado orgulhoso. Se pensar, estou orgulhoso pra caralho, mesmo! Costumava achar que isso não tinha muita importância. Mas a verdade é que acho que tem..."

Em abril daquele ano, ao se apresentar no Concert for Life, um show em tributo ao vocalista do Queen, Freddie Mercury, no estádio de Wembley, o

Metallica confirmou o lugar recém-conquistado no topo do panteão do rock. Tocaram três músicas, todas do novo álbum, aprovadas pelo grande público: "Enter Sandman", "Sad but true" e "Nothing else matters" (as três foram lançadas num single comemorativo especial na semana seguinte, com todas as vendas revertidas para o Fundo Freddie Mercury para a Aids). Hetfield cantou também "Stone cold crazy" com os três membros do Queen, mais Tony Iommi, guitarrista do Black Sabbath.

Depois, em maio, Lars e Slash estiveram à frente de uma coletiva de imprensa em que anunciaram que o Guns N' Roses e o Metallica fariam uma turnê norte-americana juntos naquele verão. No papel, parecia uma combinação perfeita. O disco do Metallica acabara de deixar a primeira posição quando o Guns N' Roses apresentou mais um lançamento — dois álbuns duplos lançados juntos, *Use your illusion I* e *Use your illusion II*. O último tinha superado o Metallica na posição número um; o primeiro, chegado ao Top 5 da parada norte-americana. Após oito meses, as vendas combinadas dos três álbuns alcançavam os 10 milhões de cópias. Guns N' Roses e Metallica num mesmo show seria o maior e mais lucrativo concerto do ano. A turnê seria, também, marcada por um grande número de incidentes, uma das mais controversas da história — uma ideia, como não poderia deixar de ser, de Lars, fascinado por Axl Rose.

Como disse em entrevista o ex-empresário do Guns N' Roses, Alan Niven: "Por mais que eu amasse o Metallica — eu ia aos shows para escutar 'Seek and destroy' e esperava por 'Orion' —, achei que a ideia da turnê com o Guns N' Roses era absurda e uma receita para algum tipo de desastre. Para começo de conversa: quem toca depois de quem? É loucura esquecer que é melhor ter uma performance difícil de igualar do que igualar uma boa performance". Niven acrescentou: "Foi muito desconfortável estar sentado no banheiro do Duff certa noite com Lars e companhia cheiradíssimos, planejando dominar o mundo. Fiquei pensando em como resolveria isso e quase considerei a ideia de deixar Lars na delegacia de West Hollywood em vez de no hotel, pois ele não parava de falar bobagens, tagarelava sobre o poder de um ataque sônico repentino, acenando com os braços na janela do Range Rover enquanto eu tentava descer tranquilamente o Sunset Boulevard, sem trânsito, antes do amanhecer. Mas o deixei no hotel, relutante, assim que surgiu a luz do dia, fria e cinzenta. Deus abençoe a cocaína e as idiotices por ela induzidas...", acrescentou, desanimado.

De fato, a ordem das bandas era a menor das preocupações de todos, uma vez que já havia sido combinado que o Metallica — também atração principal e dividindo os lucros meio a meio com o Guns N' Roses — tocaria primeiro, pelo simples fato de que, naquela altura, Axl Rose fazia o público esperar até três horas na maioria das noites da turnê. Como disse Slash: "O Metallica não era o tipo de banda que faria uma merda dessas, então, como os caras eram sensatos, escolheram tocar primeiro, para evitar serem prejudicados pelas nossas cagadas".

A turnê de 25 apresentações em estádios teve início no RFK Stadium, em Washington, em julho. Axl estava no auge da fama megalomaníaca. À comitiva que o acompanhava em turnês — quiroprático, massagista, professor de canto, guarda-costas, motorista, assistente pessoal, relações-públicas, empresário e uma *entourage* formada por um bando de acompanhantes disfarçados de amigos —, ele tinha acrescentado uma psicoterapeuta, Suzzy London, e uma vidente profissional, Sharon Maynard — uma mulher baixinha, de origem asiática, na meia-idade, apelidada de Yoda (de *Guerra nas estrelas*) pelo resto da banda —, cujas especialidades incluíam regressão a vidas passadas, comunicação com extraterrestres e a utilização do poder dos cristais. Como era de esperar, o Metallica subia ao palco pontualmente todas as noites, ao contrário do Guns N' Roses. Às vezes, porque Axl estava mesmo com problemas na garganta; na maioria, porque estava se energizando no hotel. Se a energia não estivesse correta, ou as vibrações confusas, ele seguiria os conselhos de Yoda.

Passados dez dias da turnê, no Giants Stadium em Rutherford, Nova Jersey, Axl foi atingido na virilha por um isqueiro jogado da plateia. Ele arremessou o microfone com força para baixo, rasgou o chapéu de caubói que estava usando e foi mancando até a asa lateral do palco, onde tentou recuperar o fôlego. O público começou a gritar o nome dele, e então as luzes se acenderam e ficou claro que o show havia terminado. Os três seguintes — em Boston, Columbia e Minneapolis — foram cancelados. A explicação oficial: "Dano severo às cordas vocais de Axl". O motivo real: humilhação, fúria, ultraje? Somente Axl poderia saber.

O Metallica encarou a situação com tranquilidade. Sabiam que cair na estrada com o Guns N' Roses seria "uma viagem". Além disso, estavam ocupados com suas próprias aventuras, menos públicas. Durante o período de calmaria após Nova Jersey, James viajou para o México: "Tomei muitas doses a mais de tequila, me envolvi numa briga e alguém quebrou uma garrafa na minha cabeça". As cicatrizes ainda estavam visíveis no reinício da turnê, em 8 de agosto, no Olympic Stadium, em Montreal. Naquela altura, um acidente de verdade, muito mais assustador, ocorreu quando, em "Fade to black", James machucou seriamente o braço esquerdo após uma explosão pirotécnica na hora errada — a chama de um pouco mais de 3,5 m de altura lhe causou queimaduras de terceiro grau. Enquanto a banda era forçada a abandonar o show para que James fosse levado às pressas ao hospital, o Guns N' Roses, ainda relaxando no hotel, recebeu um telefonema, pedindo para que começassem mais cedo para compensar o cancelamento do Metallica. De acordo com Slash, todos concordaram e então tiveram de esperar por Axl, subindo ao palco, afinal, três horas depois do horário marcado para o início do show, que terminou depois de apenas nove músicas, quando o vocalista de temperamento inflamado foi embora se queixando de que não conseguia ouvir a própria voz, devido a um problema nas caixas de retorno do palco. Outros insinuaram que ele estava puto da vida com o Metallica, "por deixá-lo numa situação delicada". A mensagem de despedida dele para o público foi: "Obrigado. O dinheiro de vocês será reembolsado, estamos nos mandando". Com todo o direito de estarem irritados, tendo que suportar o final prematuro de dois shows, mais de 2 mil fãs criaram um tumulto na saída, brigando com a polícia, o que resultou em mais de uma dúzia de feridos. Como mais tarde Lars observou com sarcasmo: "Foi a noite errada para ter problemas com o retorno". James acrescentou: "Fiquei muito decepcionado com Axl, ele podia ter conquistado tanta gente se prosseguisse com o show". Em vez disso: "Houve violência demais, desnecessária, por causa da atitude dele. Ele poderia ter feito daquela uma grande noite". Dessa vez, sete shows tiveram de ser cancelados e reagendados. Naquela época, já fazia bastante tempo que Alan

Niven tinha partido, por ter respondido à altura ao "ditador loiro", como ele chamava Axl. Mas mesmo o seu substituto, Doug Goldstein, teve de admitir que a turnê era "como a Indy 500, em que as pessoas não vão assistir à corrida, mas às batidas".

Nos bastidores, as festas eram ainda mais barulhentas. "Axl queria impressionar o Metallica e todas as outras pessoas", relembrou Slash, "com as suas festas toda santa noite". Todos os dias, Axl preenchia cheques polpudos para que seus meios-irmãos, Stuart e Amy, seguindo instruções, organizassem algo "especial" para o entretenimento pós-show. "Gastávamos 100 mil dólares por noite em festas", recordou o baterista Matt Sorum. O tema da noite poderia ser, por exemplo, "Grécia", e quatro caras musculosos e besuntados em óleo apareciam carregando um porco assado. Outro, a década de 1960, e assim a decoração incluiria *lava-lamps*, luzes psicodélicas e slogans pintados com spray por todos os cantos: "Ácido é legal", "Mate os porcos". As únicas constantes eram as bebidas à vontade, diversas máquinas de fliperama, mesas de sinuca, banheiras de hidromassagem e strippers dançando sobre as mesas. De acordo com Roddy Bottum, tecladista do Faith No More, que abriu o show algumas vezes, "havia mais strippers do que roadies".

Por um tempo, Lars se sentiu em casa. Ainda cheirando grandes quantidades de cocaína quase todos os dias, vestindo a réplica da jaqueta de couro branca de Axl feita sob medida, ele era figurinha carimbada nas festas após os shows. "O espírito era 'estamos em Indianápolis'", recordou. "Carros de Fórmula 1 por todo canto, garotas usando uniformes das equipes de corridas. Era a decadência do mais alto nível que eu já tinha visto, uma bizarrice ao estilo de Calígula. Rolavam orgias, claro. Eu participava? Sim. Bom, estava na mesma sala — vamos parar por aqui." Ross Halfin se lembrou de ter levado a banda para uma sessão de fotos em Jacksonville na qual Lars vestiu a jaqueta de couro branca, "e os outros se posicionaram atrás dele, fazendo o sinal da cruz". James, em particular, estava de saco bem cheio: "A turnê do Guns N' Roses foi muito extravagante, o que não combina comigo. Os bastidores tinham banheiras de hidromassagem. Ia para lá tomar cerveja e jogar sinuca — era o que fazia. Quando o show deles terminava, eu já tinha ido embora, para não ter de ficar de papo furado com os caras". Para James, que não curtia drogas, o Guns N' Roses era "um dos inimigos": "Lars ficava ali, de jaqueta branca, fazendo tipo. É o jeito dele. Ele se apaixona por certas pessoas e tem de se enturmar. É parte do que ele é, acho. Ele gosta de aprender coisas com gente que tem algo de especial, como no caso do Axl". Confirmando esse fato, após o final da turnê, demorou quase quinze anos para que Lars se encontrasse novamente com Axl. "Axl era duas pessoas", disse Lars. "Ficava tentando imaginar que merda ele aprontaria a seguir. Quando estava de bom humor, era o cara mais meigo do mundo; quando esquecia de tomar os remédios ou decidia surtar, era meio doido. Ele foi a única pessoa que conheci, com exceção talvez de Bill Clinton, com o dom de entrar num ambiente e atrair a atenção de todo mundo. É uma coisa rara."

Enquanto isso, mais de um ano após o lançamento, o Álbum Preto ainda estava vendendo milhares de cópias por semana em todo o mundo. Impulsionado por nada menos do que o sucesso consecutivo de cinco singles — "Enter Sandman" não demorou a ser seguido nas paradas por "The unforgiven" (lançado em oito formatos diferentes só no Reino Unido), "Nothing else matters" (também em oito formatos), "Wherever I may roam" (seis) e, no final de 1992, "Sad but true" (de novo, em oito formatos) —, o álbum, no final da turnê de verão de 1993, tinha vendido cerca de 7 milhões de cópias nos Estados Unidos e mais 5 milhões no exterior. Tinha se tornado o tipo de disco que deve constar em qualquer coleção que se preze, somando mais de 15 milhões de cópias vendidas nos Estados Unidos até hoje e cerca de 25 milhões no mundo todo — sem dúvida, um dos álbuns mais vendidos de todos os tempos, de todos os gêneros.

A lucrativa etapa final da turnê mundial foi chamada de Nowhere Else to Roam, mais uma série de grandes shows ao ar livre partilhados com outro artista, dessa vez, na Europa, com Lenny Kravitz. A coroação gloriosa veio com o festival encabeçado por eles na Inglaterra, em junho, no estádio Milton Keynes Bowl, com capacidade para 55 mil pessoas. "É o tipo de coisa que só quem está com o ego lá em cima faz", disse Lars ao telefone antes da chegada da banda. "Mas tem de ser do jeito certo. Eu acho que o Iron Maiden foi quem se saiu melhor nas turnês do Monsters of Rock; temos de esperar pelo momento certo. Agora, de repente, parece ser a coisa certa a fazer."

Com certeza, era o que transparecia para quem caminhasse pelos bastidores naquela tarde. Lars foi simpático como sempre, chegando ao local do festival horas antes do necessário, para circular e cumprimentar novos e velhos amigos. A única diferença, impossível não notar, eram os membros da equipe da MTV seguindo-o o tempo todo, registrando com câmeras e microfones toda e qualquer atenção dirigida a ele, incluindo cenas deles próprios... se filmando. O show em si foi impecável, James havia se tornado a maior estrela, o estereótipo do vocalista de heavy metal — intenso, determinado, alto, magro, dominando o palco, séculos à frente do rapaz cheio de acne e insegurança que tinha passado anos tentando se livrar do papel de líder da banda. A ligação dele com o público parecia intocável, completa, como se quando olhasse para os milhares de rostos à sua frente visse um reflexo dele mesmo o encarando, de punhos erguidos. Dava para dizer que a plateia, a sua turma, sentia que conhecia aquele homem melhor do que conhecia os seus melhores amigos. O cara que bebia demais, o headbanger, devorador de mulheres, apreciador de armas, ícone do rock dos bons e maus momentos, da "porra do heavy metal", como ele dizia, transmitindo a sua fúria no palco. E mesmo assim, por mais que passasse essa imagem, que os fãs o vissem dessa maneira, eles não sabiam da metade da história — que, até naquele momento, James Hetfield estava apenas fingindo, fazendo o que era obrigado a fazer.

Já havia sinais da mudança por vir, mas os fãs do Metallica estavam ocupados demais se multiplicando e adorando a banda para que pudessem enxergá-la. "Ter dinheiro, fazer parte de tudo, isso é assustador", James dissera numa das primeiras matérias de capa da banda na *Rolling Stone*. "Gosto de estar onde as pessoas não possam me encontrar, fazendo coisas sozinho, ou na companhia de bons amigos, no mato, acampando, bebendo, o que for. Passo bastante tempo pensando no significado de toda essa merda e no que nos faz felizes... Ter uma boa aparência, ser visto nos lugares certos, fazer parte da porra do jogo. Eu fico de saco cheio de toda essa porcaria. Isso não tem nada a ver com a vida real, com estar vivo."

A verdade, no entanto, só seria revelada depois; muito tempo depois, somente quando já era tarde demais para tomar qualquer atitude benéfica — ou real — a respeito disso.

Doze
Carregados

Foi uma entrevista pelo telefone. Enquanto, no passado, entrevistas assim só ocorriam em último caso, a partir da metade da década de 1990 elas se tornaram cada vez mais o padrão. A recessão no início da década tinha forçado as gravadoras a fazerem cortes no orçamento — viagens ao exterior não eram tão comuns quanto antes. Mais precisamente, a chegada do grunge tinha aniquilado tantas estrelas antigas do rock que seguiam o molde dos anos 1980 que revistas como a Kerrang! *começavam a sofrer também, encurraladas entre os números reduzidos de circulação e o fato de que os exponentes do novo gênero, como o Nirvana e o Pearl Jam, simplesmente não se enxergavam nesse tipo de publicação. Se você não era do* New Music Express *ou da* Melody Maker, *bom, estava em algum lugar no final da lista.*

A solução, então, era entrevistar pelo telefone, a não ser que a matéria fosse de capa ou tivesse várias páginas. Eu estava fazendo um artigo de destaque, isto é, longo, em cores, com chamada de capa, embora não fosse a matéria de capa. Chegaria às bancas logo mais, com a chegada da banda a Donington, como atração principal. Enquanto isso, como o parasita da gravadora tinha me explicado, Lars e os rapazes ainda estavam nos Estados Unidos; então, era o telefone ou nada. Sem problemas, resolvi.

"Ei, Mick!", ele atendeu o telefone num tom arrastado naquela noite. "Legal falar com você de novo, como vão as coisas?"

Expliquei do que se tratava (como se ele ainda não soubesse...), e fomos direto ao assunto. Estava passando a noite no meu quarto e sala em Londres. Em San Francisco, era início da tarde, e ele tinha acabado de acordar em sua mansão em Marin County, uma área chique da região norte da cidade.

"Ei, desculpe por não poder fazer isso pessoalmente", ele disse. "É que os nossos compromissos..."

"Sem problemas", eu disse. O que era verdade.

Conversamos por vinte minutos, resolvemos o assunto, nos despedimos.

"Ei, legal conversar com você", ele disse, "vamos tomar uma cerveja ou qualquer coisa do gênero na próxima vez que eu aparecer por aí".

"Com certeza. E, se não nos encontrarmos antes, vejo você em Donington!"

"Legal, cara. Tchau."

Desliguei. Um cara legal, pensei. Apesar de tudo.

No dia seguinte, eu estava ao telefone com alguém que ainda trabalhava próximo à banda. Contei para ele sobre a minha conversa com Lars na noite anterior.

"Por que você fez a entrevista pelo telefone?", perguntou. "Por que não esperou ele vir para cá?"

"Porque precisávamos do artigo sobre Donington em tempo para a edição da semana que vem", expliquei.

"Sim", ele disse, "mas ele chega amanhã".

"Como assim?"

"Ele chega em Londres amanhã."

"Tem certeza?"

"Tenho. Ele vem comprar algumas antiguidades. Quer manter isso em segredo, não quer ser incomodado como sempre pelos... você sabe..."

Fizemos uma pausa enquanto eu absorvia a informação.

"Mas não acho que ele vá ficar muito tempo", ele disse, apressando-se para retomar a conversa, "provavelmente, apenas uns dois dias..."

"E, claro, vai estar ocupado."

"Correto."

"Comprando antiguidades..."

"Hummm... Mas não vá dizer que eu contei."

SE A HISTÓRIA DO METALLICA tivesse se encerrado com os últimos grandes shows em estádios de 1993, ninguém teria reclamado. Eles haviam passado de renegados de Los Angeles nos anos 1980 — magricelos da sarjeta de Sunset Strip, forçados a tentar a sorte em outro lugar — a integrantes da maior, talvez a melhor, banda de heavy metal do mundo. Após uma jornada que começou com a saraivada vibrante, embora beirando o clichê, de riffs de *Kill 'em all* e foi até a sofisticação abrangente e calculada de *Metallica* — um disco tão popular que recebeu até apelido —, o próximo destino não tinha mais importância, não mesmo. Certamente não para James Hetfield. Contanto que continuassem a fazer música, James não estava nem aí para a quantidade de noites em que tocariam no Madison Square Garden ou se seriam capa da *Rolling Stone* mais uma vez — eles eram o Metallica, e você, não, papo encerrado, seu babaca! Nem mesmo Jason Newsted tinha do que reclamar. Ou melhor, tinha, mas não a respeito disso. "Nunca pensei que fosse possível ter um álbum no topo das paradas com o tipo de música que tocávamos", disse, surpreso de verdade. Mas até aí eram várias as coisas que ele nunca tinha pensado ser capaz de fazer até entrar para o Metallica.

A única pessoa que ainda exigia mais e mais era o garoto eternamente insatisfeito: Lars Ulrich. Na verdade, se a tumultuada primeira década da carreira do Metallica era prova de sua determinação, ambição e habilidade de conciliar a personalidade cada vez mais poderosa de James Hetfield e, por um curto período, a do astucioso Cliff Burton, os dez anos seguintes revelariam ainda mais sobre seu desejo incompreensível de levar sua empreitada a alturas cada vez maiores. A uma altura tão acima, que não caberia nem mesmo nos sonhos de Cliff Burnstein e Peter Mensch. De fato, muito além do permitido pela imaginação dos fãs do Metallica; tanto que o conceito da banda em si — todas as antigas noções sobre a sua essência — se transformaria a tal ponto que muitos admiradores antigos deixariam de acompanhá-los, desiludidos por considerarem que haviam se vendido de vez. Não porque tinham feito um disco ultracomercial como o Álbum Preto, mas, ao contrário, devido à concepção de álbuns que, de maneira perigosa, iam contra a natureza da banda com uma força maior do que a que tinham nos primórdios mais selvagens da carreira. O que James chamou mais tarde, com um toque extra de sarcasmo, de "a grande reinvenção do Metallica".

E foi o que aconteceu. Os sinais não estavam apenas no som do grupo, mas também no visual — de modo simbólico, nos cabelos que haviam ficado mais curtos de repente. "Não que a banda inteira tenha saído para cortar o cabelo", disse Lars em 2009, quando brinquei com ele sobre o assunto. Mas, de várias maneiras, foi o que fizeram — ou pareciam ter feito quando as primeiras fotos de divulgação do "Metallica reinventado" foram publicadas no verão de 1996, na época do lançamento de *Load*, o novo álbum que todos aguardavam ansiosamente, mas que não era, de maneira alguma, o que se esperava após o Álbum Preto. De uma hora para outra, também, surgiram piercings, tatuagens e — o que foi mais chocante para os fãs de metal — maquiagem. Uma coisa era ver Kirk Hammett — sempre o mais delicado, em comparação aos outros — posando com rímel nos olhos, exibindo novas tatuagens e piercings no rosto, incluindo um *spike* pequeno de prata dependurado no lábio inferior, exagerando o máximo que podia a fim de alterar a percepção que as pessoas tinham sobre quem eles eram na verdade. Ver Lars imitando Kirk, ainda que maneirando nas tatuagens (ele não faria nada de que fosse se arrepender depois), também era estranho, porém mais fácil de engolir para quem soubesse do que Lars era capaz a fim de manter o Metallica nos olhos do público. No entanto, ver James Hetfield com topete, delineador preto nos olhos, regata branca e fumando charuto trazia a sensação momentânea de que o mundo havia enlouquecido de vez (o único um pouco fora de sintonia, como sempre, era Jason, que tinha cortado o cabelo alguns meses antes e estava deixando-o crescer na época em que as fotos de divulgação de *Load* foram tiradas). Uma coisa era se esforçarem ao máximo para inovar; outra, exagerar a ponto de produzirem algo irreconhecível e espalhafatoso. De repente, em 1996, o Metallica — na forma de Lars e de seu mais novo aliado na banda, Kirk — parecia próximo da segunda opção, algo perigoso. Era como se Lemmy, do Motörhead, tivesse, de uma hora para outra, entrado no palco de vestido longo e tiara. Na verdade, era ainda mais chocante que isso. Se Lemmy tivesse feito uma coisa dessas, seria gozação, mas o Metallica não estava brincando. Como ouvi um dos editores da revista dizer ao examinar as fotos de divulgação de *Load* pela primeira vez, resumindo a reação de uma geração inteira: "Que porra é essa?".

A resposta, numa única palavra: sobrevivência. Assim como em 1990 Lars fora esperto o bastante para compreender que o Metallica corria o risco de ficar para trás se não seguisse a tendência e produzisse um álbum tão viável do ponto de vista comercial quanto os de outras bandas contemporâneas, com menos credibilidade, porém mais bem-sucedidas, como o Cult e o Mötley Crüe, agora, em meados dos anos 1990, ele percebia que o mundo tinha mudado de novo e que se o Metallica não acompanhasse a mudança poderia sucumbir, como tinha sido o caso de vários contemporâneos da década de 1980. A chegada do grunge e, com ele, de um novo paradigma musical tinha provocado isso.

Em 1992, a *New Music Express* tinha declarado que o novato Nirvana era "um Guns N' Roses de quem a gente podia gostar". Essa frase dizia muito e, embora repudiada por Lars no início, foi rapidamente assimilada por ele, uma vez que, primeiro o Nirvana, e depois Pearl Jam, Soundgarden, Alice in Chains e inúmeras outras bandas menores, que seguiram em sua trilha, mudaram a cara do rock de maneira tão intensa que ela se tornou irreconhecível para os antigos fãs. Enquanto, na superfície, álbuns como *Nevermind*, do Nirvana, e *Ten*, do Pearl Jam, coabitavam as mesmas coleções que incluíam *Appetite for destruction* e o Álbum Preto, o significado subjacente deixava claro que algo diferente, radical e novo estava acontecendo na música. O rock ainda era o rock, mas não com letra maiúscula. Como se quisessem enfatizar quanto eram diferentes de seus antecessores recentes, os integrantes da maioria das bandas grunge usavam cabelos curtos e cavanhaques, e, em vez dos trajes glamourosos de grupos como o Guns N' Roses e Def Leppard, o figurino era formado por jeans velho e surrado e camisa xadrez larga, assumindo um visual desleixado ao mesmo tempo em que mudavam a afinação de suas guitarras. E o que era mais bizarro: ninguém vinha de Nova York ou Los Angeles, ou mesmo de Londres ou San Francisco, mas de um lugar chuvoso no Noroeste chamado Seattle, famoso por suas microcervejarias e seus cafés e pela fábrica da Boeing (que logo seria superada como principal empregadora da cidade pela Microsoft, em rápida ascensão). Era um estilo de vida original e impossível de imitar, a menos que você também fosse de Seattle, o que nenhum dos gigantes do rock dos anos 1980 era, é claro. Um paradoxo, no entanto, reside no fato de que o hard rock e o heavy metal em geral, e o Metallica em particular, sempre tinham sido bastante populares na cidade, do mesmo modo que eram um componente musical central das Midlands inglesas, tão chuvosas e desoladas pelas indústrias como Seattle. Na verdade, Kurt Cobain certa vez descreveu a música do Nirvana como "um cruzamento entre Black Sabbath e Beatles", muito semelhante ao casamento musical que, por ironia, o Metallica talvez quisesse reproduzir naquele momento.

As semelhanças paravam por ali, porém, uma vez que, sob a perspectiva grunge, o Metallica era visto como velha guarda. Era impossível competir com o novo gênero, cujo nascimento declarou a morte do heavy metal tal como era conhecido, deixando bandas que tinham ficado milionárias da noite para o dia, como Mötley Crüe, Poison, Bon Jovi, Def Leppard, Iron Maiden, Judas Priest e, sim, Guns N' Roses e Metallica, sem rumo. Em muitos aspectos, o Metallica teve sorte de a turnê de 1993 ter terminado no momento certo, quando a onda grunge começava a alcançar o auge. Após quase três anos na estrada, um longo intervalo estava nos planos. Naquele momento, serviria também para se distanciar de uma cena musical que sofria uma transição tão rápida que era como se houvesse um precipício logo abaixo do penhasco se esfarelando sob seus pés.

Como Lars disse em 1996, às vésperas do lançamento de *Load*, o álbum que esperava ser a salvação do Metallica do mesmo triste destino que tinha ceifado a carreira de todo mundo, de Iron Maiden a Ozzy Osbourne e Mötley Crüe: "Quando o Álbum Preto saiu, ninguém sabia quem era Kurt Cobain. É impressionante". Na época dessa declaração, no entanto, o grunge já tinha terminado, então, ele podia se dar ao luxo de ser gentil. Quando nos falamos em 1993, no auge da influência do grunge, ele parecia se sentir ameaçado, zangado até. "Acho que tudo isso tem muito mais a ver com atitude do que com algum lance musical", me disse, de mau humor. Quando o pressionei, admitiu: "O Soundgarden fez um grande álbum e o Alice in Chains também. Mas essa exaltação de Seattle... Não estou totalmente convencido. Não sairia levantando nenhuma bandeira em relação a isso".

"E quanto ao Nirvana?", insisti. O que achava deles? A voz dele esfriou: "O que eu acho do Nirvana?", ele se calou, tentando pensar na resposta certa em vez de demonstrar seus reais sentimentos. "O Nirvana não me incomoda. Não é uma banda que me diz muito, mas não me incomoda, eles têm umas músicas de metal pop bastante cantaroláveis." Eu ri, e ele prosseguiu, encorajado: "Mas a atitude deles me irrita um pouco. Porque eles parecem, não sei, forçados". Ele se sentia ofendido de algum modo? "Não, é a atitude displicente deles em geral: 'Oh, não queremos ser uma grande banda; oh, não queremos vender um milhão de discos'. Se não quer vender discos, então não lance discos, esse é meu raciocínio. Deviam estar contentes porque tem um milhão de pessoas querendo escutar a música deles." Nunca tinha ouvido Lars soar tão velho, tão fora de sintonia. Ele parecia Dee Snider, que, ao ver o Metallica no palco pela primeira vez anos antes, virou para Jonny Z e perguntou: "O que é *isso*, Jonny?".

No final, porém, assim que resolveu o assunto em sua cabeça, Lars se acostumou com a ideia. Enquanto isso, os outros também tentavam se acostumar. O vocalista do Judas Priest, Rob Halford, cuja homossexualidade não era segredo no meio musical, mas que tinha sido mantida escondida da maioria dos fãs nos vinte anos anteriores, tinha escolhido aquele momento não apenas para deixar a banda e partir para a carreira solo, como para sair do armário ao vivo na MTV, onde apareceu em sua versão anos 1990: maquiagem, esmalte preto nas unhas e echarpe de penas pretas. Nada disso atiçou o interesse da geração grunge, que apenas riu de tudo. O vocalista do Iron Maiden, Bruce Dickinson, também percebeu o que estava acontecendo e deixou a banda para seguir em carreira solo, gravando dois álbuns "diferentes" de propósito. Nenhum dos dois foi bem-sucedido, e ele logo retornou aos shows menores, fazendo um som que não se encaixava em nenhuma descrição durante a era pós-grunge. Outros, como Mötley Crüe e Poison, adicionaram um toque grunge à performance, livrando-se de alguns integrantes e perdendo incontáveis fãs. Outros, ainda, como o Iron Maiden e o Judas Priest, seguiram em frente, trazendo imitações de antigos vocalistas para, com parcimônia, tentar evitar a invasão da maré que ia levando embora a carreira das duas bandas, mas só conseguiram adiar o inevitável (mais tarde, todos reverteriam às antigas formações de sucesso, a fim de forjar novas carreiras durante a era de resgate do rock clássico que estava por vir, mas isso ainda demoraria alguns anos e não poderia ter sido previsto no campo de batalha em que o grunge reinava nos meados da década de 1990).

Os únicos sobreviventes eram as poucas estrelas dos anos 1980 que sempre demonstraram ter tanto cérebro quanto músculos, e mesmo elas tiveram que ser cuidadosas ao elaborarem estratégias para ser bem-sucedidas. Bandas espertas, como Bon Jovi e Def Leppard, que fizeram mudanças descaradas no visual — cortaram o cabelo, livraram-se das ombreiras e até mesmo deixaram crescer um pouco de barba —, abandonaram por um tempo os grandes hinos do rock em favor de baladas mais discretas e agradáveis, esperando que ninguém percebesse que estavam dispostos a quase tudo pela sobrevivência de suas carreiras. Mas a movimentação na cena era rápida, e até mesmo essas bandas tiveram de refazer os planos às pressas com o repentino golpe fatal sofrido pelo movimento grunge, em abril de 1994, ocasião do suicídio de Kurt Cobain, que, após injetar altas quantidades de heroína, enfiou uma espingarda na boca. Em poucos meses, a ênfase no Reino Unido trazia à tona o britpop — bandas indie com guitarras barulhentas e postura agressiva na medida certa que fazia as estrelas do grunge parecer sérias demais, musicalmente entediantes e, o pior dos crimes, malvestidas. Bandas como Blur, Oasis, Pulp e o costumeiro bando de seguidores que vinham em seu rastro eram os novos messias das revistas de música, cuja postura artificial remontava a uma época anterior ao hard rock e ao heavy metal, aos primórdios dos Beatles, Kinks, The Who e Small Faces. De fato, no verão de 1995, Lars andava tão apaixonado pelo Oasis — que era para o britpop o que o Metallica fora para o thrash — que começou a seguir a turnê da banda, agindo mais uma vez como superfã cara de pau, circulando com Liam Gallagher, de 23 anos, e compartilhando um grama ou dois com o irmão mais velho — mas nem por isso mais sensato — dele, Noel.

Como mais tarde disse à *Mojo*: "Sou o cara que sai por aí descobrindo o que se passa no mundo do Oasis, do Guns N' Roses ou do Alice in Chains. Tenho curiosidade de ver como as outras bandas fazem as coisas. É divertido sentar com Liam Gallagher e conversar bobagens sobre música". Mas será que Liam já tinha ouvido falar do Metallica? Será que sabia quem era aquele tagarela de nome engraçado e sotaque esquisito? Ou, até mesmo, qual era o motivo para estar dando as caras na turnê norte-americana daquele ano? Nada disso tinha importância, não para Lars. Do mesmo modo que tinha colado no Diamond Head vários anos antes, ele estava ali no papel de fã para olhar, escutar e, talvez, aprender. Assim como no caso do Diamond Head, ele não chegara a mencionar que, na verdade, tocava um pouquinho de bateria.

Se a música estava mudando, o show business também estava. Em 1994, o Metallica encaminhou um processo contra a Elektra em San Francisco, com a intenção de romper o acordo que tinha com a gravadora. O contrato original previa 14% de royalties por sete álbuns. Eles nunca chegaram a renegociá-lo, como era a norma para a maioria das bandas naquela posição, nem mesmo depois dos lucros obtidos com a presença de *...And justice for all* nos Top 10, almejando, em vez disso, um novo acordo de parceria quando expirasse o vigente. No entanto, em 1993, ficaram alarmados ao descobrirem que nenhum dos vários vídeos, DVDs e boxes de coletâneas que tinham lançado contavam como um dos sete álbuns estipulados no contrato com a Elektra — nem mesmo o miniálbum *Garage days re-revisited*. Eles consideravam isso particularmente injusto, já que as versões originais dos contratos eram baseadas nas convenções da década de 1970, quando a rotina presumia que os artistas lançassem dois álbuns por ano, e vídeos, DVDs e caixas especiais não existiam.

O resultado foi que, na ocasião da renegociação do contrato, na sequência do enorme sucesso do Álbum Preto, começaram do zero, acertando um acordo de nova parceria com o presidente da Elektra, Bob Krasnow, em abril de 1994. Os novos contratos ainda estavam sendo redigidos quando foram cancelados em virtude da incorporação da Elektra pelo grupo Time Warner Music naquele verão. O diretor do grupo Time Warner, Bob Morgado, escolheu Doug Morris, presidente da Atlantic, como novo presidente e cabeça da Warner Music nos Estados Unidos, um conglomerado que incluía a Elektra, a Atlantic e a Warner. Na sequência, Krasnow pediu demissão da Elektra, assim como o diretor da Warner, Mo Ostin. Lars não estava exagerando quando os descreveu como os "chefões mais interessados em música... Tivemos um grande acordo por dez anos, mas a situação é muito diferente agora, o conjunto de regras é outro".

A ação judicial do Metallica exigia que fossem liberados do que restava do contrato com a Elektra, para que pudessem assinar com outra gravadora "livres de qualquer interferência ou de obrigações com a Elektra". Em resposta, uma declaração da Time Warner alegou que a ação "não tinha mérito. O contrato é um documento válido, e a Elektra fará valer com rigor todos os seus direitos dentro da lei". O resultado foi uma declaração de guerra da parte da banda. Não tinha a ver apenas com dinheiro, Lars insistiu: "Estamos mais interessados numa perspectiva a longo prazo". A decisão de não renegociarem o contrato após o sucesso do Álbum Preto foi deliberada, baseada na crença de que "Bob [Krasnow] nos compensaria mais tarde". O que queriam era mais controle sobre o catálogo antigo e uma porção maior nos lucros líquidos. "Os ganhos seriam maiores a longo prazo apenas se fizéssemos bons discos para as pessoas comprarem", disse Lars ao *Washington Post*. "A beleza dessa parceria é que tudo depende de nós."

Morgado, no entanto, "preferia uma estrutura mais tradicional de risco/recompensa em que os selos se arriscam ao pagar adiantamentos substanciais", explicou a advogada do Metallica, Jody Graham, "que depois são recuperados por meio dos royalties do artista. É quando recebem a recompensa por arriscarem seu dinheiro". No entanto, o Metallica nunca havia estado numa situação em que o investimento não pudesse ser recuperado, portanto não havia razão para a Elektra estabelecer um acordo baseado em "risco". O sucesso da banda tinha eliminado de vez qualquer possibilidade de risco pelos anos seguintes. Lars foi inteligente ao comentar: "Somos o sonho de toda gravadora porque não precisamos de marketing ou promoção nas rádios. Não fazemos videoclipes que custam milhões de dólares. Fazemos turnês até a exaustão, e a repercussão gera propaganda boca a boca. Os custos de manutenção da banda são os mais baixos que se podem encontrar". Ele podia estar exagerando um pouco — clipes e promoções caros haviam se tornado o padrão até mesmo para o Metallica —, mas era verdade em princípio. Além disso, legalmente, o que o Metallica estava argumentando era que a banda seria a responsável por quase 20% do faturamento doméstico da Elektra, gerando uma renda de 200 milhões de dólares só nos Estados Unidos. A mosca na sopa do Metallica, o argumento ao qual a Elektra se agarrava, era o fato de a banda ter gravado apenas quatro dos sete discos previstos no contrato. O contra-argumento: além dos álbuns, o Metallica tinha lançado também o EP *Garage days* — considerado um miniálbum, presente na parada Top 30 nos Estados Unidos — e, em 1993, um box especial, em edição de luxo, intitulado *Live shit: binge & purge*, contendo três CDs e dois vídeos de shows, vendido nos Estados Unidos por cem dólares (onde vendeu 300 mil cópias) e, no Reino Unido, por 75 libras. Dois vídeos que foram lançados, *Cliff 'em all* e *A year and a half in the life of Metallica* (detalhando a gravação do Álbum Preto), ganharam a platina, "apesar de não haver nenhuma obrigação contratual a esse respeito".

Em dezembro, Lars foi para Nova York, onde os depoimentos sobre o caso estavam em processo, e se reuniu com Robert Morgado: "Ele olhava para mim com um sorriso nervoso. Foi engraçado estar numa sala com doze advogados. E eu sentado ali, após ter dormido apenas três horas, ainda bêbado da noite anterior, de óculos escuros, sem tomar banho havia uma semana". Um novo acordo foi afinal acertado após uma reunião de Burnstein e Mensch, acompanhados de Lars, com Doug Morris e seus conselheiros. "Dissemos: 'Todas as pessoas capazes de dar um jeito nisso estão nesta sala. Não precisamos lidar com advogados, com a cadeia alimentar. Vamos discutir o assunto!'." Duas horas depois, chegaram a um acordo "satisfatório para as partes". Lars trocou um aperto de mão com Morris, "e o negócio foi acertado". O Metallica não saiu dali completamente vitorioso. Eles ainda teriam de produzir mais três álbuns, mas sob termos e condições financeiras bem melhores em relação ao modo como escolheriam o material desses discos — o impacto disso seria sentido nos cinco anos seguintes.

Enquanto isso, os outros membros do Metallica investiam em sua formação — literalmente no caso de Kirk, que se matriculou por um semestre no City College de San Francisco, onde frequentou aulas de cinema, jazz e estudos asiáticos (o último tendo relação com as origens filipinas de sua mãe) e tirou notas máximas em todas as matérias. Então separado de Rebecca, que recebeu um carro esporte e uma significativa compensação financeira pelo divórcio, e morando no centro da cidade — sua casa foi transformada num refúgio em estilo gótico, com vários corredores compridos iluminados à luz de velas, paredes cobertas com pôsteres raros de filmes como *Frankenstein* e *Drácula*, o amplo teto ilustrado com cenas de paisagens iluminadas pelo luar, relâmpagos e nuvens tempestuosas pintadas à mão —, Kirk se tornou parte de uma turma mais jovem, boêmia. Isso teve uma enorme influência em sua metamorfose no personagem maquiado, tatuado e cheio de piercings que encontraríamos pela primeira vez em *Load*. No que diz respeito à sua música, ele também havia progredido, embora, ao contrário de Lars, não na direção da instabilidade emocional do grunge ou do exibicionismo egocêntrico do britpop, mas de bandas inovadoras mais alternativas, como Nine Inch Nails, Aphex Twin e Prodigy, que se posicionaram como emissárias musicais do futuro próximo, subvertendo as guitarras com a grande inteligência dos computadores. Ele também andava bastante impressionado com caras que exibiam uma imagem excêntrica, neogótica, retratada de modo quase religioso, como Marilyn Manson e Perry Farrell, para quem os piercings, a maquiagem e outros elementos tinham a ver com ideais distorcidos de autoimolação.

"Você pode ser, sim, o que o público pensa que você é, contanto que não se torne um chato", disse Kirk em 1996. Desde o sucesso fenomenal do Álbum Preto, ele tinha "começado a se sentir como um objeto". Frequentar a faculdade tinha ajudado a se reconectar com a realidade, ainda que numa versão mais seleta: "Quando eu era apresentado às pessoas, elas diziam: 'Uau, sempre pensei que você fosse um cara grandão e malvado. Mas você é bem legal e meio baixinho'. Um monte de gente se fixa nas expectativas do que o Metallica precisa ser em termos de aparência e som". Nada disso interessava a Kirk, ou, como ele ficou contente em descobrir (embora a surpresa não tenha sido total), Lars. Seria esse desejo mútuo de multiplicar a abrangência das inspirações do Metallica e, assim, aumentar o seu poder de influência, musical ou não, com o gosto de ambos por experiências lisérgicas, agora que o ecstasy havia se juntado à cocaína e — no caso de Kirk — à maconha como drogas prediletas da dupla, que faria com que o baterista e o guitarrista se aproximassem em meados dos anos 1990. Ambos haviam se divorciado e rejeitado uma vida careta e tinham a intenção de "ver o que existia lá fora", como considerou Lars, e essa nova proximidade teve o efeito colateral de isolar ainda mais James do propósito central do grupo, fazendo com que, de certo modo, ele se afastasse e ficasse sempre na defensiva — a nova dupla de melhores amigos fazia coisas como tirar fotos se beijando, sabendo que o conservador Hetfield ficaria furioso —, à medida que a dupla que desafiava de modo constante sua liderança nos anos seguintes. "Sei que ele é homofóbico. Não vamos questionar", Lars alegaria mais tarde à *Playboy*. Como era característico, James se opôs às fotos dos beijos entre Lars e Kirk, que circularam por um breve período em 1996, mas entendeu a motivação. "Totalmente", disse em 2009. "Sou o catalisador das aventuras homossexuais dos dois. Acho que tem a ver com as drogas também", James riu. Kirk, mais tarde, dissimulado, classificaria sua atuação nesse período como a de "árbitro" entre Lars e James, mas o fato é que ele jamais estivera tão próximo de Lars — ou tão distante de James — quanto naquele momento.

Se tais desventuras tinham a intenção de provar algo para Hetfield, esse "algo" passou despercebido pelos fãs de rock, que continuavam a pensar do mesmo jeito. Eles ou estavam à vontade com a própria sexualidade e a dos demais, ou eram o tipo de jovem babaca que escrevia "Lars é gay" em salas de bate-papo oficiais do Metallica — os resquícios desse comportamento ainda aparecem na internet, quando alguém quer dizer algo sarcástico sobre a banda. Lars, no entanto, estava apenas representando um papel. Determinado como nunca a manter a relevância do Metallica, excitado pela liberdade recém-encontrada com o abandono proposital da antiga imagem da banda, a portas fechadas ele ainda preferia uma vida hétero, conservadora, típica de um homem de negócios milionário. Sua nova mansão no topo de uma colina em Marin County contava com quadra coberta de raquetebol, cinema, sala de jogos com mesa de sinuca, jukebox de CDs e um pátio com vista para San Francisco, algo como ter um mapa à sua frente — tudo isso protegido por um par de canhões idênticos e portões eletrônicos. Quando viajava, Lars gostava de mergulhar. Também estava prestes a se casar de novo. Após Deborah, teve um caso sério com Linda Walker, uma das figuras proeminentes da Q Prime, que tinha deixado o marido e o emprego para morar com ele. Mas as fagulhas do sucesso do Álbum Preto causaram vítimas nesse campo também, e Linda o deixou. Lars estava envolvido com Skylar Satenstein, médica plantonista e ex-namorada de Matt Damon — inspiração para a personagem Skylar, do seu primeiro filme de sucesso, *Gênio indomável*. Lars e Skylar se casariam em 1997 e teriam dois filhos: Myles, nascido em 1998, e Layne, em 2001.

Lars tinha o dinheiro e os meios para começar uma verdadeira coleção de objetos de arte, uma paixão, assim como a música, que ele herdara do pai. Como me disse em 2009: "Durante muitos anos foi a única área em que sentia que podia me expressar fora do Metallica. E era algo só meu. Quando se passa muito tempo num grupo como o Metallica, é preciso, de vez em quando, fazer coisas sozinho. Sentir que tem uma identidade, quem você é, sem ser parte de algo mais". Ele riu, ciente de suas palavras. Falar sobre serem os maiores astros do heavy metal mundial era coisa de criança. Mas falar sobre a sua coleção... "Por muitos anos foi o lugar em que curtia a minha solidão e, também, uma espécie de santuário criativo. Era o meu refúgio." Ele gostava de colecionar "escolas" de arte: expressionismo abstrato; o movimento COBRA (vanguarda europeia); arte bruta. Valorizava os trabalhos individuais de pintores modernos, como Jean-Michel Basquiat, o artista negro norte-americano, grafiteiro, que produziu clássicos neoexpressionistas e morreu de overdose de heroína com apenas 27 anos; Jean Dubuffet, pintor e escultor francês, pioneiro do conceito de *low art*, falecido em 1985, e o expressionista abstrato Willem de Kooning, norte-americano de origem holandesa que tinha sido um dos expoentes originais dos pintores da técnica *action painting*. Lars também era dono da "melhor coleção de Asger Jorn [pintor e escultor dinamarquês] do planeta".

James Hetfield, enquanto isso, estava envolvido em atividades menos cerebrais e em questões mais desafiadoras emocionalmente. Assim como Lars e Kirk, seu relacionamento de longa data — com Kristen, musa de "Nothing else matters" — não tinha conseguido sobreviver à devastação causada pela turnê de três anos do Álbum Preto. A maneira de lidar com isso não era buscar novos prazeres ou formas mais esotéricas de autoexpressão, mas mergulhar em hábitos do passado. Quando não estava bebendo cerveja ou assistindo aos Oakland Raiders, podia ser encontrado na garagem, customizando carros e motocicletas. Após a restauração do seu Chevy Nova 1974, dedicou-se a uma Blaze com tração nas quatro rodas, que apelidou de "A Besta". E também acumulava uma impressionante coleção de guitarras *vintage*, em especial, do ano de 1963, o de seu nascimento. Quando saía, gostava de ficar escondido, escolhendo bares e restaurantes do interior ou do oeste, onde sabia que não seria incomodado. James raramente ia a shows de rock, mas quando era o caso se sentia tão desconfortável que tinha de ficar bêbado para encarar a situação.

Quando não estava trabalhando, James gostava de caçar. Como Lars, tinha comprado uma propriedade num grande terreno em Marin County. Ao contrário de Lars, tinha transformado seu lar no que o baterista, num tom de brincadeira, classificara de "o maior pavilhão de caça do universo, com cervos mortos saindo de todas as paredes e rifles pendurados por todo canto". Quando visitava certo amigo num local fora de San Francisco, onde era "difícil chegar sem um 4 × 4", James podia "ficar sentado na varanda, bebendo, tocando música". Agora membro da National Rifle Association, ele mantinha uma coleção de armas que crescia a olhos vistos, era bom de tiro e se via como ambientalista, pertencendo, inclusive, à Ducks Unlimited, uma organização dedicada à preservação dos pântanos dos Estados Unidos. Seu sonho, contou à *Rolling Stone*, era ter seu próprio rancho "em algum lugar no meio do nada". Ele amava a natureza, ir para o mato. "Não sobrou muita coisa, isso me faz odiar as pessoas. Os animais não mentem uns para os outros. Eles são inocentes por dentro. E estão fodendo com eles."

O acontecimento mais importante da vida dele nesse período, porém, foi o reencontro com o pai, Virgil, com quem não falava havia mais de dez anos, uma ocorrência imprevista que repercutiu por um longo período em sua vida, tanto no papel de filho como no de pai. Presença intimidante, Hetfield sabia que sua personalidade taciturna havia se originado do relacionamento tenso com o pai. "Muito tinha a ver com provar para mim mesmo que eu era homem. Um monte de coisas que eu sentia que meu pai não tinha me ensinado, como mexer em carros, caçar, sobreviver. Sentia que tinha de aprender essas coisas para provar a mim mesmo que não havia nada de errado comigo, que eu era capaz. Meu pai era assim."

Foi, então, uma reconciliação que se deu passo a passo, não uma rendição completa. "Ainda há várias perguntas sem resposta", disse na época. "É possível odiar alguém assim para sempre." Pelo menos, conseguiram passar tempo juntos, "caçando, coisas do gênero". Pai e filho também compartilhavam o gosto pela música country. Quando a estação de rádio de uma faculdade convidou James para uma participação lado a lado com o astro do country Waylon Jennings — "para unir dois rebeldes de gêneros musicais diferentes" —, foi sugerido que James conduzisse uma pequena entrevista com Jennings. "Acho que meu pai me ajudou com algumas das perguntas", recordou mais tarde. "É engraçado, porque ele queria que eu conseguisse um CD autografado para ele, e Waylon trouxe alguma coisa do Metallica para eu autografar para o filho. Então, foi bem legal."

Após tantos anos distantes, James confessou: "Me vi muito nele". Não que tivessem discutido o passado em detalhes, "porque, sem dúvida, acabariam brigando". Ele não queria "cutucar o vespeiro". O passado, decidira, "sempre acaba fodendo com tudo". Essas seriam questões entre pai e filho que permaneceriam sem resolução, e a que Hetfield seria forçado a retornar após a morte do pai. Na época da breve reconciliação, Virgil Hetfield já estava bastante doente e morreu em 29 de fevereiro de 1996, após uma batalha de dois anos contra o câncer. James estava com ele no final e teve a chance de se despedir. Assim como sua mãe, o pai de James tinha se mantido fiel aos princípios rigorosos da Ciência Cristã. Embora ainda lutasse contra o conceito, James enxergou a maneira do pai de lidar com a doença — evitando os remédios em favor de acordar ao amanhecer todos os dias e fazer seus estudos da Ciência Cristã diários — com um grau maior de admiração dessa vez. "Ele se manteve fiel até o final. E isso o ajudou a se manter forte, a consciência de que tinha feito as coisas a seu modo." Eles tinham passado horas discutindo não apenas a religião da família, mas a fé em geral: "E eu disse que não tinha ressentimentos... Resolvi muita coisa a respeito da minha raiva, da ausência quando ele partiu".

Quatro dias após a morte de Virgil, James Hetfield pegou um voo para Nova York para finalizar as gravações de *Load*. "Foi meio como retornar à morte de Cliff", disse à *Rolling Stone*. "Voltamos ao trabalho e extravasamos alguns sentimentos por meio da música." Não no tom raivoso de canções apocalípticas como "Dyer's Eve" de *...And justice for all*, ou "The god that failed", do Álbum Preto, mas numa melancolia mais conformada em faixas dramáticas como a brutalmente franca "Until it sleeps" e seu refrão inquietante: "So hold me, until it sleeps..." [Então me abrace até dormir]. Ou "Mama said", triste e sentida, com nuances country e reflexões muito honestas: "Apron strings around my neck / The mark still remains..." [As tiras do avental ao redor do meu pescoço / A marca ainda continua...]. E num tom mais deprimente, "The outlaw torn", em que é difícil distinguir quem é o alvo — pai, mãe ou filho —, mas a desolação deixada para trás é bem específica: "And if my face becomes sincere / Be aware..." [E se meu rosto ficar sincero / Tome cuidado...].

Se o Álbum Preto tinha sido o primeiro disco do Metallica a conter visões maduras e pessoais originadas nas cicatrizes emocionais do letrista principal, as canções de *Load* mostrariam ainda muito mais. Hetfield diria mais tarde que a intenção era manter as letras "vagas", para que cada um pudesse interpretá-las à sua maneira, mas ficava claro, em músicas como "Poor twisted me" ("I drown without a sea" [Mergulho sem ter um mar]), "Thorn within" ("So point your fingers... right at me" [Então aponte seus dedos... direto para mim]), "Bleeding me" ("I am the beast who feeds the beast" [Sou a fera que alimenta a fera]) e outras, que James estava dirigindo seus verdadeiros sentimentos para um único "outro": ele mesmo. Algumas músicas e sua familiar retórica pareciam direcionadas ao mundo exterior — "Cure" (vício em drogas como metáfora para "doença" moral); "Ronnie" (baseada nos assassinatos cometidos pelo estudante Ron Brown em sua escola em Washington, em 1995) —, mas, em essência, eram uma viagem ao lado sombrio da mente de Hetfield. Tal como "King nothing", que parecia falar sobre os egos inflados que povoaram a turnê do Guns N' Roses e os quais desprezava, tinha se tornado uma música sobre o James "anticelebridades" que ele dizia enxergar no espelho do próprio camarim. Do mesmo modo, "Hero of the day" não era sobre "eles", mas "nós", e "Wasting my hate" — "I think I will keep it for myself" [Acho que vou guardar isso para mim] — nem é preciso explicar. Isso não era Hetfield sendo vago, mas, sim, franco ao extremo, e, pela primeira vez, soando bastante confuso, quase implorando ajuda.

Em termos da sonoridade, revelações ainda maiores estavam acontecendo — uma área em que James tinha muito menos a dizer que os novos e "reinventados" Ulrich e Hammett. O que era irônico, na verdade, é que James parecia ter mais a ver musicalmente com Jason, que agora estava morando com a namorada, que conhecera após o Álbum Preto, num subúrbio tranquilo em East Bay, onde jogava basquete com os moleques da vizinhança: "Quando volto da turnê, trago um monte de camisetas para eles". Nesse sentido, tanto James quando Jason tinham se tornado os "puristas do metal" da banda. Nenhum dos dois havia se sentido tocado ou ameaçado pelos anos do grunge. Nenhum dos dois nem sequer sabia o que era britpop. E nenhum dos dois ficaria muito impressionado com as exibições musicais e o visual dos hereges modernos da MTV, como Marilyn Manson ou Prodigy, embora Jason estivesse mais aberto a, pelo menos, compreender tais fenômenos, tornando-se bastante interessado em bandas de funk metal, como Red Hot Chili Peppers e Faith No More, reverenciando em especial o estilo exibicionista do baixista e cofundador do Chili Peppers, Michael "Flea" Balzary.

Nada disso pesou no momento da gravação de *Load*. Mais influente do que nunca, Kirk compartilharia com Lars e James os créditos de sete das catorze faixas do álbum. Mas Jason não recebeu nenhum dessa vez, de tanto que foi excluído do processo. O que foi irritante, já que ele "nunca tinha apresentado tanto material para um disco do Metallica". Eles tinham experimentado algumas das ideias, admitiu, mas "James compõe umas coisas tão boas que fica difícil competir". Escondendo seus reais sentimentos, tudo o que teve a dizer foi: "Fico mais satisfeito ao colocar as partes de baixo nas composições maravilhosas de James do que se tivesse cinco músicas minhas no disco". Na verdade, Jason estava se remoendo e começou a trabalhar numa série de projetos paralelos, gravados no estúdio que tinha em casa. Mas mesmo essa via de expressão estava fechada, uma vez que Hetfield havia decretado que ele não teria permissão para lançar a sua música, para não enfraquecer a base de fãs do Metallica. De acordo com Lars, a situação ficou "bem feia" por um tempo, após uma demo que Jason gravara com amigos — sob o nome IR8 — tocar numa rádio de San Francisco. "Fiquei furioso", estourou James. "Sempre achei que se um dos caras fosse tocar com outras pessoas, isso foderia com o Metallica. Não seria mais tão forte. Mas ele estava se sentindo reprimido; queria que as pessoas escutassem a sua música."

Mesmo durante as sessões de *Load*, Jason às vezes era vítima do temperamento explosivo de James: "Houve momentos durante as gravações em que eu entrava no estúdio principal quando ele estava trabalhando no baixo. Ele ficava copiando o estilo funkeado de Flea em algumas partes, e eu tinha de contar até cem para não explodir". James riria disso mais tarde e começaria a enxergar o lado de Jason. "Por que o chamamos para a banda se não gostávamos dele?" Mas essa é uma pergunta que nunca foi respondida adequadamente. Jason teria dito na época: "Vocês sempre terão a oportunidade de tocar a música de vocês. E eu sempre vou oferecer o meu apoio. Mas, em algum momento, de algum modo, vou querer exteriorizar as minhas coisas". Ou, como ele observou, desanimado, oito anos depois: "A última palavra é sempre de James". O dia do ajuste de contas estava próximo.

Eles tinham começado o processo de gravação com trinta músicas, demos gravadas nos dois últimos meses de 1994, no estúdio do porão de Lars — The Dungeon —, e então passaram ao trabalho sério com Bob Rock nos estúdios The Plant, em Sausalito, em março de 1995, onde prosseguiriam, com algumas interrupções, durante a maior parte do ano, parando para os festivais de verão. No início de 1996, a banda estava em Nova York, trabalhando em três estúdios ao mesmo tempo: Right Track, em Manhattan, onde concluíam a gravação dos *overdubs*, enquanto a mixagem prosseguia em outra sala, e o Quad Recording, do outro lado da rua, onde mixagens adicionais estavam sendo feitas. No final, tinham quase trinta músicas completas, material suficiente para pelo menos dois, talvez três álbuns, embora ninguém de fora da banda soubesse bem a razão disso.

Em sua determinação de salvar o Metallica da esquecimento pós-grunge, Ulrich e Hammett tinham combinado de criar o que, visto em retrospectiva, foi o movimento mais arrojado, ainda que nem sempre o mais apreciado, do Metallica até então. Não que eles tivessem deixado o thrash para trás — era como se quisessem se livrar da sonoridade do Metallica em si, como se propusessem uma reconfiguração consciente que havia começado com cortes de cabelo, tatuagens, maquiagem e piercings e atingido sua apoteose na concepção de um rock 'n' roll contrastante, com tendência para o blues, que preferia fazer dançar e sacudir em vez detonar e explodir. "Quando alguém diz 'Metallica', pensa em heavy metal, relâmpagos e trovões, cabelos compridos, moleques bêbados", explicou Kirk. "Mas os tempos mudaram, e o tipo de pessoa que escuta metal não é necessariamente assim. E por que deveríamos ser? Por que devemos nos conformar com um estereótipo determinado antes mesmo de entrarmos em cena?" Duas músicas do álbum eram longas — "Bleeding me", com mais de oito minutos de duração, e "The outlaw torn", com mais de nove —, mas eram a exceção. A regra era, mais ou menos, manter o som sucinto, rítmico, ou "escorregadio", como Lars e Kirk gostavam de descrevê-lo no estúdio — uma medida que Bob Rock estava mais do que contente em colocar na prática. Era, nas palavras dele, "uma chance para olhar para o que tinham feito antes e tentar coisas diferentes", embora, "quando se é grande como o Metallica, você faz as coisas, e os resultados nem sempre agradam a todos".

Como se quisessem compensar a ênfase em músicas mais curtas e cativantes, *Load* foi o álbum mais longo do Metallica até então, com uma duração total de 78 minutos e 59 segundos. A fim de destacar esse fato nos Estados Unidos, as primeiras cópias tinham até adesivos alardeando a longa duração do álbum, mais uma estranha regressão ao passado, à época em que Lars cronometrava cada uma das músicas para ter certeza de que eram longas o bastante. E então, o que era vergonhoso, a última música, "The outlaw torn", tinha sido encurtada em um minuto para caber no disco.

Em geral, eles acertaram. "Ain't my bitch" (um título ao estilo do Mötley Crüe para uma música que não era sobre "garotas", mas, sim, alguém preocupado apenas com os próprios problemas, repleta de efeitos *bottleneck* — típicos do blues e do country — na guitarra, mais uma novidade em álbuns do Metallica), a música de abertura, é tão estrondosa e comemorativa como qualquer outra do passado da banda. Mas todo o restante é tão novo que é difícil enxergar algo além do deslumbramento, o que James mais tarde chamaria de "a versão U2 do Metallica". Na verdade, para muitos fãs da banda, de então e de hoje, *Load* foi o princípio do fim. Não era apenas a música. Era o que ela representava. Para uma banda cuja base da reputação tinha sido o pouco-caso pelas tendências da moda, a nova sonoridade de *Load* era um ultraje mais que inaceitável. Até mesmo o encarte do álbum parecia ter sido desenhado para esnobar o máximo que pudesse. No encarte, desenhado por Andie Airfix, artista predileto do Def Leppard, em lugar das letras das músicas, havia agora um amontoado pós-moderno de fragmentos de letras, borrões *à la* teste de Rorschach, de HQ *Watchmen* e fotografias espalhadas, num estilo que combinaria mais com uma revista conceitual de moda.

Ainda mais controversa foi a capa, criada a partir do detalhe de uma imagem intitulada *Semen and blood III* — uma representação abstrata, em cores quentes, do líquido espirrado sobre um fundo preto manchado, não muitas linhas distantes da psicodelia de pôsteres de shows da década de 1960 —, do artista nova-iorquino Andres Serrano. Criada em 1990, como resultado da mistura do sêmen do próprio Serrano com sangue bovino, depois colocada entre lâminas de Plexiglas, a imagem foi sugerida para a capa do disco por Kirk, que a viu num livro de fotografias das obras de Serrano, *Body and soul*, que ele havia comprado durante uma visita ao Museu de Arte Moderna de San Francisco. "Quando vi a imagem pela primeira vez, achei que se parecia com uma ilustração daquelas chamas pintadas em *hot rods*. Tenho uma tatuagem assim", recordou. Não foi de todo ruim também que a arte de Serrano fosse bastante conhecida por flertar com a controvérsia. Sua ilustração de 1987, *Piss Christ*, uma versão turva, em tons de âmbar, de um crucifixo submerso na urina de Serrano, havia atraído a indignação da Igreja, fazendo com que o reverendo Donald E. Wildmon lançasse uma campanha pública contra a obra. Os senadores republicanos Jesse Helms e Alfonse D'Amato também denunciaram Serrano ao Senado, o segundo rasgando uma foto de *Piss Christ* ao meio, enquanto Helms rotulou o artista de "babaca".

Serrano, um ex-viciado em drogas de ascendência hispano-africana e na época com 45 anos, nasceu no Brooklyn, em Nova York, e causou impacto pela primeira vez no circuito contemporâneo das artes em meados dos anos 1980, tornando-se um alvo habitual — um pouco ao estilo do falecido Robert Mapplethorpe — dos direitistas simpatizantes de Reagan que tentavam impedir a liberação de recursos federais para as artes. Por ironia, a Igreja Católica estava menos preocupada. Em 1991, ele teve permissão para fotografar freis e freiras europeus para uma série de retratos bizarros, também incluídos em *Body and soul*, além de closes "artísticos" de cadáveres dispostos sobre mesas de necrotério. Quando Kirk mostrou *Semen and blood III* para Lars, ele "ficou entusiasmado de cara". James e Jason, como sempre, ficaram menos impressionados. Tanto que Newsted sempre saía da sala quando o assunto vinha à tona nas reuniões da banda, recusando-se depois a comentá-lo em público. "Acho que ele se importa demais com o que os fãs vão pensar", Hammett criticou. "Embora me preocupe com a opinião dos fãs, não vou deixar que isso dite ou censure o que eu faço." Hetfield deixou sua opinião bem clara. "Estava preocupado que não fôssemos conseguir levar a música às lojas populares do mundo", admitiu na época, contradizendo sua justificativa da escolha do título de *Kill 'em all*.

Falando com o jornalista Ben Mitchell, em 2009, James admitiu que estava desconfortável com a motivação subjacente à música e ao visual da era *Load*: "Lars e Kirk estavam à frente daqueles discos. Toda aquela conversa de 'precisamos nos reinventar' estava em pauta. A questão da imagem não é ruim para mim, mas, se ela não corresponde a você, então não faz muito sentido. Acho que eles estavam atrás de um lance bem U2, de Bono e seu alter ego. Eu não conseguia entrar na onda... A escolha da capa ia contra ao que eu estava sentindo". Ele também estava ressentido "por ser excluído em favor da ligação que os dois tinham por causa das drogas. Lars e Kirk estavam interessados em arte abstrata, fingindo que eram gays, acho que sabiam que isso me chateava. Era uma declaração a respeito de tudo aquilo. Amo arte, mas não em nome de chocar os outros. Apenas fui no embalo da coisa da maquiagem e toda aquela porcaria imbecil e estúpida que eles sentiam que tinham de fazer". Foi a primeira vez, ele confessou, que a banda se sentiu insegura em relação às escolhas musicais que estavam sendo feitas, mesmo com a ousadia declarada por Kirk e Lars: "Vários fãs ficaram bem descontentes com a música, mas muito mais, acho, com o visual".

Para Lars Ulrich, no entanto, a lógica era óbvia. Se não era mais possível para os integrantes do Metallica assumirem o papel de alternativos — essa tarefa tinha passado para a geração grunge —, então o mínimo que deveriam fazer era assegurar que estivessem entre as bandas que existiam além das convenções dos modismos do rock. "Agora você tem o U2, o R.E.M. e... o Metallica", ele disse em 1996. "Nos Estados Unidos, esse tipo de distinção não existe mais. Depois da chegada de Kurt Cobain, ficou tudo confuso. Hoje as bandas são apenas bandas: algumas mais pesadas, outras mais suaves, mas heavy metal e pop, isso e aquilo, é tudo uma grande salada."

No final, chegaram a um acordo sobre a pintura de Serrano: apenas um detalhe da imagem seria usado na capa final, e o título *Semen and blood III* não apareceria nos créditos. Em entrevista recente, Serrano disse: "No início, quando me encontrei com Kirk e Lars na Paula Cooper Gallery [em Nova York], não achei que estivessem procurando por controvérsia. Eles apenas viram algo que era forte e tinha um apelo que os interessava, era abstrato e, ao mesmo tempo, substancial e tangível num sentido real... Não acho que fosse uma novidade para eles". Embora não conhecesse a música da banda, "estava a par de quem eram e de sua reputação", gostou muito que o tivessem procurado. "Sempre quis que meu trabalho atingisse pessoas fora do mundo das artes." Kirk, revelou, também comprou o original. "Mais tarde, foi feita uma camiseta do *Load*, que ainda tenho. Saía com ela nas ruas e as pessoas faziam sinais de aprovação."

Com a reinvenção, veio uma necessidade de se atualizar. O logo do Metallica também era novo: as linhas mais agudas do original tinham sido suavizadas, simplificando e modernizando a aparência, transformando-o em "alternativo", em lugar de "metal"; Ross Halfin, rei dos fotógrafos do heavy metal, fora substituído por Anton Corbijn, responsável pela iconografia do U2 e a renovação do Depeche Mode; e o clipe de "Until it sleeps" diz mais, talvez, que a própria música de *Load*, sobre o Metallica "reinventado". Dirigido por Samuel Bayer, que já tinha trabalhado com o Nirvana e o Smashing Pumpkins, o vídeo foi rodado em Los Angeles em pouco mais de 48 horas, no começo de maio, e estreou na MTV menos de três semanas depois. Apesar das referências a Hieronymus Bosch representadas por figuras como o monstro devorador de humanos de *O jardim das delícias terrenas*, a queda de Adão e Eva em *Haywain* e a cena da crucificação de Cristo de *Ecce homo*, a maioria dos fãs de rock só captaria a óbvia influência de Marilyn Manson — Lars, de camisa aberta, mostrando os mamilos agora atravessados por piercings, o rosto de Kirk maquiado de um jeito melodramático, todos com novos cortes de cabelo estilosos. Qualquer que fosse o tema da música, ele ficava agrupado sob a mensagem principal: "Não somos estranhos e interessantes? Nós também usamos maquiagem e imagens neobíblicas, não somos apenas um Iron Maiden, Megadeth ou Slayer". O resultado foi um sucesso ainda maior do que "Enter Sandman". Primeiro — e único — single no Top 10 dos Estados Unidos, e segundo sucesso no Top 5 do Reino Unido, "Until it sleeps" alcançou a primeira posição na Austrália, na Suécia e na Finlândia e teve um sucesso enorme no Canadá, Noruega, Alemanha, Áustria, Suíça, Holanda e Nova Zelândia. O único grande mercado fonográfico que demonstrou resistência à novidade do Metallica foi a França. Apesar de dois singles do Álbum Preto terem alcançado o Top 10 no país, "Until it sleeps" foi um fracasso retumbante, assim como os demais singles de *Load*.

Os clipes de "Hero for the day" e "Mama said" eram menos pomposos e mais impressionantes, dirigidos por Anton Corbijn. O segundo era sutil, trazia James de chapéu de caubói sozinho no banco de trás de um carro, tocando a música ao violão, deixando para trás uma estrada metafórica perdida — os outros três membros da banda são apenas uma visão passageira, espiando-o através da janela. O final revela o cenário e mostra James num banco de carro, dentro de um estúdio. Ele então caminha até um cavalo branco, segura-o pelas rédeas e desaparece da tela não em direção ao pôr do sol, mas do camarim. "Hero of the day", por sua vez, tem como personagem principal um garoto entediado com os olhos vidrados na TV, na qual se desenrolam cenas relacionadas a temas de *Load* em todos os canais: um faroeste homônimo estrelado por James e Jason; uma luta de boxe entre Kirk e Jason em que James é o juiz; Lars e James, em ternos idênticos, na propaganda de uma bebida chamada Load; um programa de auditório, *Hero of the day*, apresentado por um sorridente Jason, e Lars, Kirk e James como competidores, e Kirk como âncora de um noticiário. Termina com o rapaz, depois de ter transado com uma garota e tomado alguns comprimidos com uísque, perdendo a consciência e sonhando com criaturas robóticas minúsculas saindo de seu ouvido em stop-motion. Ele acorda e vomita na privada.

O trabalho tinha qualidade e era divertido, rendendo o reconhecimento da crítica e reforçando o compromisso da banda de fazer bons clipes. Mesmo assim, as vendas do álbum estavam baixas, não apenas na França, mas no mundo todo, apesar de *Load* ter chegado ao topo das paradas nos Estados Unidos, no Reino Unido e em mais nove países. É normal, é claro, um álbum campeão de vendas ser seguido por um menos espetacular, ainda que com vendas bastante significativas. Mas *Load* vendeu menos da metade das cópias do Álbum Preto. Havia duas maneiras de interpretar isso (ou, talvez, a de James e a de Lars): ou a mudança de marcha tinha alcançado o efeito desejado e mantido a banda no topo das paradas, ou tinha reduzido de maneira significativa o seu público.

As críticas, que pareciam saudar o Metallica por terem sobrevivido mais do que pela qualidade da música, foram, em geral, excelentes. A *Rolling Stone* alegou que o álbum continha "uma levada magnetizante, que faz a ponte entre o rock *old school* e o lado mais pessimista do pós-grunge dos anos 1990". No Reino Unido, a revista *Q* deu quatro estrelas a *Load*, dizendo: "Esses caras se abrigaram no lugar mais sombrio de todos, no horror desnudo de suas próprias mentes", mas acrescentou, impassível, "eles não precisavam dos acessórios". À exceção daqueles fornecidos por Anton Corbijn e os vários maquiadores e figurinistas. O *New York Times* fez um resumo mais equilibrado: "Em *Load*, o Metallica alterou a sua música e desenvolveu novos dons. Hetfield se comprometeu com as melodias, cantando quando costumava latir, e a voz não soava mais tímida quando o volume estava baixo".

Assim como com o Álbum Preto, no mundo real a questão mais frequente dos fãs de longa data era: o que Cliff Burton (haviam se passado dez anos desde a sua morte) teria achado? "Só sei de uma coisa", disse Gary Holt, "eles jamais conseguiriam fazer o cara cortar o cabelo". Ele riu. "Eu vou para o túmulo achando isso. E não acho que Cliff gostaria muito das fotos da banda fumando charutos e bebendo martínis, de terno e cabelos curtos. Não tinha a ver com ele." John Bush, que tinha deixado o Armored Saint em 1993 para se juntar ao Anthrax, como parte da reinvenção pós-grunge da banda com o álbum *White noise*, enxergou de uma perspectiva oposta: "Se você não corre riscos como artista, é covarde — é o que eu penso. Então, não tenho problema algum com *Load*. O que foi pior, a meu ver, é que parecia um pouco forçado no sentido da imagem, tentando se afastar do termo 'metal', e acho que ficou um pouco exagerado. Mas ainda havia algumas músicas excelentes... Não acho que exista razão para eles se envergonharem, de jeito algum". Conforme observou David Ellefson, as bandas que ignoraram por completo essa realidade passaram por problemas de verdade. Como no caso do Megadeth, na ocasião do lançamento de *Youthanasia*, em 1994, ele recordou: "Tentávamos colocar clipes na MTV e eles negavam. Questionamos, e a resposta foi que não estavam veiculando nosso estilo, mas, sim, Nirvana, Pearl Jam e Alice in Chains... E o Metallica conseguiu sobreviver. Foi a única banda entre as Big Four que conseguiu se safar".

Em 2009, perguntei a James como ele achava que Cliff reagiria em relação à grande quantidade de mudanças introduzidas por *Load*. "Bom, acho que teria havido alguma resistência. Eu teria um aliado no que diz respeito a todas as coisas que você está mencionando. Acho que o Álbum Preto foi um grande disco e dou valor ao fato de que tivemos coragem de fazer aquilo e chamar Bob para trabalhar com a gente. Tinha de ser daquele jeito. Sabe, quando escuto *...And justice for all*, vejo que não podíamos ter continuado naquele caminho." Mas, em relação a *Load*, "tenho certeza de que teria tido um aliado contra tudo aquilo — a reinvenção ou a versão U2 do Metallica... O disco tem algumas músicas ótimas, mas a minha opinião é que toda a mudança visual e o resto não eram necessários. E a quantidade de músicas compostas diluiu a potência do veneno do Metallica. E acho que Cliff teria concordado com isso". Com a vantagem de olhar em retrospectiva e ver como as coisas poderiam ter sido feitas, até mesmo Kirk concordou. "Acho que Cliff teria abraçado a direção que estávamos tomando, porque ele sempre gostou de músicas melódicas. Mas, em termos de imagem, ele teria cuspido em tudo e xingado. Ele teria dito algo como: 'Caras, vocês estão completamente loucos!' e, provavelmente: 'Estou fora disso' ou: 'Não façam isso'."

Em 1996, no entanto, a revolução continuava. A turnê mundial de *Load* começou no verão, com a banda à frente do Lollapalooza, festival anual itinerante criado pelo vocalista do Jane's Addiction, Perry Farrell, em 1991, e apresentado como auge do advento da música alternativa no mundo. O anúncio de que o Metallica invadiria a festa naquele ano veio como mais um passo controverso na reinvenção da banda e, a princípio, pareceu não ter agradado a ninguém. Os fãs radicais do Metallica viam isso como mais uma prova de que a banda tinha se vendido à geração grunge; o público típico do Lollapalooza, por sua vez, entendia que o estilo e a cultura que deviam rejeitar se apoderava do festival (Ozzy Osbourne já tinha sido descartado como possível atração principal naquele ano, dando início em outubro aos primeiros shows do Ozzfest — festival criado por ele voltado aos fãs de metal para o qual convidava bandas emergentes dessa cena). No ano anterior, o Metallica tinha, após o show do Monsters of Rock em Donington, se apresentado em festivais europeus ao lado do Sugar e do Sonic Youth; a banda também tinha tocado num mesmo evento que o Hole, a banda de Courtney Love, em Tuktoyaktuk, no Canadá. Nada disso gerou comentários hostis, de modo algum. Mas com o Lollapalooza foi diferente, e o assunto, debatido por meses pelo próprio Farrell — que então negociava a venda da sua parte no empreendimento —, foi classificado por ele como nada menos que uma traição à visão original contrária ao sistema. Com Soundgarden, Ramones, Rancid e Screaming Trees agendados para se apresentar antes do Metallica no palco principal, não era bem assim. Kirk Hammett — que tinha ido a todos os Lollapalooza e até tocado em alguns, nos shows do Ministry e do Primus — era o único integrante com algum conhecimento do significado do evento, e parecia haver algo forçado em relação à pressa em serem escalados para o festival naquele momento. "A parte de que mais gosto é que fomos odiados de novo", disse James de um jeito desafiador. "Sinto um pouco de saudade disso. As pessoas gostam demais da gente agora." Tomando cuidado para não forçar demais os limites entre o "velho" e o "novo", apesar de ter Waylon Jennings, que James admitiu ter sido uma das inspirações de "Mama said", como um dos convidados especiais que se revezavam na turnê, a banda jamais voltaria a tocar essa música ao vivo.

Mas talvez o passo mais radical da banda tenha sido o anúncio de que, no verão seguinte, seria lançada uma continuação de *Load*, intitulada *Reload* e contendo as faixas que sobraram das sessões originais de *Load*. A ideia de gravar material para dois álbuns e lançar o segundo CD no meio de uma longa turnê tinha sido de Axl Rose, que havia comentado com Lars a respeito disso em 1990 — esse tinha sido o plano do Guns N' Roses antes que o compromisso com a gravadora fizesse com que lançassem os dois *Use your illusion* no mesmo dia. Mas Lars tinha guardado a ideia na cabeça. Não faria mal a ninguém usá-la para manter o novo acordo com a Elektra em dia, em termos de produzirem um novo disco rapidamente.

Mas apenas se o álbum não tivesse sido a decepção que foi. Desde a capa sem graça, monótona — mais uma pintura de Andres Serrano, dessa vez intitulada *Piss and blood* —, outra paisagem âmbar e vermelha, dessa vez com apenas uma espiral no centro, sugerindo talvez a forma de uma vagina, passando pelo encarte que era uma cópia do anterior (os borrões de Rorschach e os fragmentos das letras em fontes em desarranjo), até a música, também uma continuação do que fora feito antes, *Reload* tinha um visual e uma sonoridade que refletiam o que era: restos do prato principal. Com um instrumental primoroso, produzido por Bob Rock, fotografado por Corbijn e desenhado por Airfix, mas tão marcante quanto uma folha desbotada de fax.

Havia alguns destaques, mas eram poucos: a contagiante e feroz faixa de abertura, "Fuel", teria se encaixado bem em qualquer álbum anterior do Metallica, sendo a letra uma metáfora concisa a respeito daqueles que conduzem a vida como o seu carro: depressa demais. "The memory remains", lançada como primeiro single, era mais um momento especial — aparentemente, uma canção à moda antiga com riffs de heavy metal a respeito dos perigos do estrelato, mas estragada pelo desejo exagerado de incrementar demais com uma participação irritante e superficial de Marianne Faithfull, cantarolando palavras sem sentido, exceto o de fazer a banda parecer descolada. Até Hetfield acaba sendo engolido pelo lamaçal pós-moderno com seus versos descartáveis ("ashes to ashes, dust to dust, fade to black..." [das cinzas às cinzas, do pó ao pó, escurecendo). A banda tocaria a música com Faithful em apresentações nos programas *Top of the pops* e no *Saturday night live*, sendo que o último ajudou a empurrar o single para o Top 40 nos Estados Unidos (a última aparição da banda na parada por doze anos). O single "Memory" também continha a versão completa, de 10 minutos e 48 segundos, de "The outlaw torn", chamada agora "The outlaw torn (unencumbered by manufacturing restrictions version [versão livre de restrições])", com uma explicação na contracapa do single sobre o motivo de "a jam maravilhosa do final da música ter sido cortada" de *Load*. Ainda querendo tirar dupla vantagem de tudo, a banda transformou o "M" do logo original do Metallica num símbolo semelhante a uma *shuriken*, conhecida como estrela ninja, que se tornou uma alternativa nesse e em futuros lançamentos e itens de *merchandising*.

Menos interessante, mas, de certo modo, destacando-se em relação às outras músicas, "The unforgiven II" começa com a mesma introdução de *Por uns dólares a mais* da original, depois abre caminho para um riff elaborado, e, embora a guitarra de Hammett quase salve a faixa, ela desmorona por causa da inabilidade de criarem algo novo e diferente. A única outra faixa mais ou menos decente é "Low man's lyric" que, com mais de sete minutos, é comprida demais para algo com a velocidade de um canto fúnebre, mas pelo menos começa de um jeito mais interessante — a viola de roda (tocada por Bernado Bigalli) e o violino (por David Miles) adicionam uma textura contrastante. A letra parece mostrar James pedindo perdão pelo que se suspeita ser a infidelidade de um astro do rock que passa muito tempo longe de casa. É como um bizarro cântico de marinheiros em que o capitão implora para não afundar o navio.

O restante do álbum, porém, é um verdadeiro desfile de excessos, tais como "Devil's dance", uma tentativa malfadada de stoner rock — na época, a próxima tendência —, com vários trechos de guitarra muito bem tocados, mas sem propósito; "Better than you", que soa como sobra de estúdio do Nine Inch Nails, ou talvez de Marilyn Manson. "Can't stop the train from rolling" [Não posso impedir o trem de andar], entoa James solene, como um sonâmbulo.

Quando a versão do single ganhou o Grammy de 1998 por "Melhor Performance de Metal", foi um cara ou coroa para ver quem estava mais doente: a banda que a tinha gravado para provar que podia fazer algo além de metal ou os verdadeiros fãs de metal que não escutariam aquilo nem mortos. A seguir, vinha o rock genérico que se repetia em "Slither" e "Bad seed"; a monótona "Carpe diem baby" e seu título horroroso, e, a pior de todas, e com um título mais tenebroso ainda, "Where the wild things are", roubado do livro infantil de mesmo nome (*Onde vivem os monstros*, de Maurice Sendak), que, ao contrário de "Enter Sandman", não tem nada a acrescentar em termos de melodia ou letra a fim de reconfigurar ou engrandecer a história, deixando a sensação de que tinha sido intitulada assim "porque soava legal". Essa última música é também, o que não deixa de ser revelador, a única em que Jason recebe o crédito pela coautoria. E quando você pensa que não pode ficar pior, vem "Prince charming". Como eles podiam estar tão sem inspiração para compor essa miscelânea de banalidades e riffs fabricados? "Attitude" era mais um título de baixa qualidade, sobre James e seu fetiche por caça, mas que soava mais como o Ratt nos tempos do auge. "Whatever happened to sweat? [O que aconteceu para suar?]", berra James. O que tinha acontecido com os riffs fascinantes e as letras passionais? E, finalmente, "Fixxxer", um título terrível para uma música irritante que dura, o que é incrível, oito minutos, convencida de que é uma espécie de "Voodoo Chile"* da geração dos piercings genitais. Talvez seja.

Lançado mundialmente, sob desconfiança geral, em 18 de novembro de 1997, *Reload* cumpriu seu papel e foi para a primeira posição nos Estados Unidos, mas ficou apenas em quarto lugar no Reino Unido. Também teve desempenho inferior no Japão, porém, no resto do mundo, conseguiu por um triz igualar *Load* em termos de posição nas paradas. Em geral, no entanto, vendeu apenas metade que *Load*, que, por sua vez, não tinha alcançado metade das vendas do Álbum Preto. Em 2003, Bob Rock disse: "Acho que as pessoas reconhecem aquela era mais pelos cortes de cabelo do que por qualquer

* "Voodoo Chile" é a mais longa música gravada em estúdio por Jimi Hendrix e serviu de base para "Voodoo Child", considerada uma das obras-primas do cantor e guitarrista. (N.T.)

outra coisa. Como todo mundo, o desejo de um fã é que suas bandas favoritas permaneçam, que continuem a tocar do mesmo jeito. Foi a mesma coisa comigo e o Led Zeppelin, quando eles lançaram o *Led Zeppelin III* e eu detestei, porque era em grande parte acústico, e agora é um dos meus prediletos. As pessoas querem que as bandas representem algo e que se atenham a isso. Mas acho que a história vai mostrar que esses são grandes discos, especialmente no que diz respeito às letras".

Ao mesmo tempo em que Rock estava certo sobre o papel central de álbuns mais experimentais, ainda que não vendam bastante, na longevidade da carreira de um grupo, isso não altera o fato de que musicalmente *Reload* representa o ponto mais baixo do histórico de gravações do Metallica. Em termos de grandes experimentos, se eles tivessem parado em *Load*, receberiam os aplausos da história. Tal como as coisas são, *Reload* deixou uma mancha considerável no legado da banda. Embora talvez ainda não tivessem percebido, o Metallica — naquele momento a banda de heavy metal mais famosa e triunfante da história, independentemente das roupas que vestissem — estava prestes a adentrar o período mais sombrio de sua carreira. Uma época de álbuns repletos de covers e coisas antigas e requentadas, até mesmo um álbum com versões sinfônicas dos seus maiores sucessos. Um período em que o calculista Lars, com seu tino comercial, se revelaria o guardião da banda, arriscando-se a afastar os fãs — a ponto de processá-los, se necessário. Em que James finalmente enfrentou seus demônios pessoais a fim de repensar seu papel na vida. Em que Kirk retornaria às sombras, feliz por ser mais uma vez o esteio musical entre James e Lars (se os dois conseguissem chegar a algum acordo), e Jason enfim se cansaria de ser o "Newkid" e tomaria uma atitude, a única que de fato poderia tomar: partir.

Tudo isso era compreensível, ainda que corresse o risco de fazer com que os integrantes da banda se distanciassem como nunca haviam feito antes. O fato é que passariam seis anos até que o Metallica conseguisse compor e gravar um novo álbum e, então, seria tarde demais para salvá-los.

Treze
Monstrum

Desde a primeira vez que o vi — em Londres, no 100 Club, em 1987, um lugar tão quente e lotado que o suor pingava — até a última — aparecendo como um fantasma em Some kind of monster, *os olhos doces e sensíveis, mas repletos de fúria, ainda tentando fazer com que os outros vissem o que só ele poderia ver — parecia que Jason nunca estivera totalmente feliz. Ele era daquele tipo de cara com rosto comprido que leva tudo a sério demais e quer dominar o mundo com seu queixo saliente. Não era do tipo que dava risada, nem mesmo depois de um baseado. Era um dos caras que desejava fazer as coisas do jeito certo, mas ninguém queria ficar junto dele por muito tempo, pois sabia que sempre ficaria aquém das suas absurdas expectativas, como um personagem esquecido de* O apanhador no campo de centeio *que nunca cresceu.*

Não era só estar no Metallica e o que isso tinha feito com ele; parecia ser algo que já existia muito tempo antes disso. Uma inquietação que nunca conseguia satisfazer. Essa era a sensação que eu tinha sempre que estava com ele — próximo, reclamando de algo, ou distante, em algum lugar que sempre parecia grande demais para ele.

Naquela primeira vez no 100 Club não dava para falar nada, exceto que não era mais o Cliff ali. Às vezes, havia uma abertura na multidão e você tinha um vislumbre, como se fosse uma fotografia polaroide queimada nas pontas... James, curvado sobre o microfone, o braço direito se movendo sobre a Flying V... Lars, no fundo, mexendo furiosamente os braços e as pernas, um homem se afogando que tentava se salvar... Kirk, uma silhueta rápida, uma sombra, parecendo vacilar na sincronia com os outros... E ele, o cara novo, a única vez que prestamos atenção nele foi quando passou mal com o calor e os roadies correram para tentar acordá-lo. Depois, vários meses depois, quando nos conhecemos, no restaurante de um hotel em Miami, ele rosnou quando ouviu meu nome e negou que aquilo tivesse acontecido — talvez eu tenha me equivocado, eu e todas as outras pessoas gritando e apontando. Nunca tinha visto o 100 Club daquele jeito. Nem mesmo durante os anos do punk, o pior momento da casa, tinha visto cenas como essa. A maneira como o resto da banda mandou que ele calasse a boca, no entanto — rindo por causa de seus protestos, como que dizendo que não se importavam se aquilo tinha acontecido ou não, apenas que não atrapalhasse — me fez sentir pena dele. Outra daquelas coisas acidentais que só importavam para ele, o cara novo, era o que pareciam dizer, a sensação de que coisas assim estavam acontecendo com ele o tempo todo, que minha lembrança imprecisa tinha sido mais um alfinete em seu vodu.

Anos mais tarde, vendo sua participação no filme, reparei na dor em seu rosto ainda tão intensa como se estivesse à beira das lágrimas de raiva e superioridade. Enquanto falava, na defensiva, sobre como sua música era "seus filhos", da maneira como pessoas que não têm filhos costumam falar, senti pena mais uma vez, como alguém que vê um animal com dor e quer ajudar, mas teme ser mordido porque a falta de uma linguagem comum torna a oferta de conforto impossível.

Catorze anos, seis discos e somente três miseráveis créditos de coautoria depois, período em que a sombra impossível de Cliff Burton crescia a cada ano que passava, é possível pensar que se entrar no Metallica havia sido a melhor coisa que acontecera com Jason Newsted, sair para enfim retomar o controle de sua vida, algum vestígio de autoestima, foi pelo menos a segunda melhor coisa que lhe acontecera. É verdade que só o vi algumas vezes, falei com ele ainda menos e pouco o conhecia, só lia os sinais que ele sempre enviava, altos e claros, assim como todo o resto. E agora que ele tinha saído, eu não sentiria falta dele. Ninguém sentiria. Não como sentiram de Cliff. E esse foi o verdadeiro problema. Nada que Jason Newsted fez, faz ou fará algum dia pode ser comparado a todas as coisas que Cliff Burton não viveu tempo suficiente para fazer ou não fazer...

PARA O METALLICA, os anos entre *Reload*, em 1997, e o álbum seguinte, *St. Anger*, em 2003, foram perdidos. Houve muitos discos e turnês, infinitas notícias nos jornais e eventos de alto nível, mas, na essência, quando se olha de perto, nada de extraordinário ou novo aconteceu, quase nenhum avanço. Só um longo tempo esperando pelo pior; que alguém aparecesse, como de fato aconteceu, e apontasse que as roupas novas do imperador eram feitas de ar quente. Tendo vencido a indústria musical ao provar que não eram um bando de loucos, que podiam coexistir em paz com o mainstream, manter a credibilidade e ainda fazer com que todos os envolvidos ganhassem milhões de dólares — livrando-se do estigma do thrash antes de vencer as hordas grunge em seu próprio jogo —, o único inimigo que o Metallica não conseguiu superar, parece, foi a si mesmo. Não eram mais jovens nem bonitos, inflados pela fama e pelo sucesso, mas acometidos pela arrogância que destruíra os gigantes originais do rock a quem já tinham venerado, o Metallica agora parecia mais morto que vivo, sobrevivendo de glórias do passado, um dos maiores grupos de todos os tempos, mas cada vez menos relevante para aqueles que dominariam o século que começava.

Em novembro de 1998, exatamente um ano depois de *Reload*, foi lançado o duplo *Garage Inc.*; o primeiro disco incluía onze covers novos, e o segundo era uma compilação com dezesseis faixas do EP *Garage days revisited*, somados a todos os covers gravados para os vários lados B dos singles daqueles anos. Com as novas faixas gravadas no mesmo espírito das antigas — todos juntos no estúdio, relaxados, registrando erros e tudo mais (ou tantos quanto o produtor Bob Rock podia permitir) —, os dois CDs chegavam repletos de energia, funcionando como um excelente contraponto ao som sufocado e ultraproduzido de *Load* e *Reload*, como se o Metallica tivesse redescoberto seu animal interno. Mas havia um ar pesado de armação flutuando sobre o disco. Lançado, em parte, para combater a pirataria de discos contendo esses materiais raros, *Garage Inc.* também era uma tentativa de recuperar um pouco da credibilidade com a comunidade do heavy metal que o Metallica tinha sacrificado na sua "reinvenção" dos anos 1990 e, ao mesmo tempo, manter o alcance maior da imagem da banda que Lars e Kirk tinham trabalhado tanto para estimular. Então, apesar de o logo original do Metallica ter voltado para a capa, a foto da banda, mais uma vez tirada por Anton Corbijn, mostrava-os posando como mecânicos do lado de fora da "garagem", com Lars, que não fuma, segurando um cigarro, e Kirk, ainda tentando parecer descolado, com delineador e bigode esculpido, mostrando um cigarro e uma garrafa de cerveja, algo estranho para um mecânico. O encarte que acompanhava os CDs tinha sido desenhado novamente por Andie Airfix e trazia o mesmo visual moderno de *Load* e *Reload*, apesar de ter um pé no passado ao reproduzir a arte original de *Garage days* e as capas dos vinis de doze polegadas de "Creeping death", e mais uma série de fotos organizadas de maneira cronológica e *memorabilia* de arquivos que chegavam até a era Mustaine.

A escolha do material para o volume um também refletia o desejo de manter a fé no passado sem perder o recém-adquirido estilo mais antenado. Entre o inevitável cover do Diamond Head ("It's electric") e um aceno para a cena metal da década de 1980 (um medley de músicas do Mercyful Fate), fechando com *dois* covers do Discharge, banda punk britânica da década de 1980 ("Free speech for the dumb" e "The more I see"). Também há cinco covers de músicas simbólicas dos anos 1970 que influenciaram diretamente o Metallica ("Sabbra cadabra", do Black Sabbath; "Astronomy", do Blue Öyster Cult; "Whiskey in the jar", do Thin Lizzy) ou tiveram algum impacto desde então ("Turn the page", de Bob Seger, ouvida pela primeira vez no rádio do carro quando Lars estava cruzando a Golden Gate para sua mansão no condado de Marin). Há dois reconhecimentos indiretos da influência de Cliff Burton na banda em "Tuesday's gone", do Lynyrd Skynyrd, e "Die, die my darling", do Misfits. E, para encerrar, um exemplo aberto do diálogo com a geração atual de músicos cult numa versão de "Loverman", do disco *Let love in*, de Nick Cave and the Bad Seeds, de 1994.

Lançado a tempo para as compras de Natal, *Garage Inc.* satisfez as necessidades de um mercado ávido por coletâneas de grandes sucessos, sem que o disco tenha sido vendido dentro desse gênero, e, ao mesmo tempo, aumentou e consolidou a variedade da vasta base de fãs do Metallica. Divertido, mas não tão frívolo, leve, mas carregado de importância histórica, era um paliativo para manter a banda na estrada enquanto cumpria suas obrigações com Elektra, Phonogram e Sony. Algo para todo mundo, na verdade — exceto talvez os fãs sérios do Metallica, que ainda esperavam uma sequência verdadeira de *Load*. Como a *New Music Express* notou em sua resenha, o Metallica pode ter crescido "com uma dieta de spandex, tachas e a lamentável New Wave of British Heavy Metal... colocando velocidade em tudo aquilo e o elemento específico do thrash até o máximo grau", mas em *Garage Inc.*, "eles degringolam quando tentam ser tradicionais, como na leitura leve e indulgente de 'Sabbra cadabra', do Black Sabbath, ou no som de pub de 'Whiskey in the jar'. Enquanto isso, os covers do Blue Öyster Cult e de Bob Seger, sem mencionar a *power balad* do Lynyrd Skynyrd, sugerem que a meia-idade afeta as mentes mais adolescentes no final".

O resultado foi outro álbum em primeiro lugar nas paradas nos Estados Unidos, mas não tão bem-sucedido em outros lugares, inclusive no Reino Unido, onde chegou a número 29, a pior posição para um disco novo do Metallica desde *Master of puppets,* quase treze anos antes. Foram lançados três singles de *Garage Inc.* — "Turn the page", "Whiskey in the jar" e "Die, die my darling". Nenhum deles chegou ao Top 100 nos Estados Unidos, enquanto somente "Whiskey" chegou aos postos mais baixos do Top 30 no Reino Unido. Mesmo assim, a versão deles de uma música que tinha sido Top 10 na Grã-Bretanha em 1973 virou motivo de piada por causa do erro de Hetfield que trocou "*Wake for my daddio*" para "*Whack for may daddio*", por causa do sotaque irlandês do vocalista Phil Lynott, do Lizzy, criando uma linha central no refrão bastante insensível. Ele foi perdoado, no entanto, apenas porque ninguém leva esse tipo de CD muito a sério. Então o erro permaneceu em *Garage Inc.*

Foi, no entanto, um *tour de force* comparado ao que viria em seguida: outro CD duplo, lançado apenas doze meses depois, dessa vez gravado em uma apresentação ao vivo com uma orquestra, que ganhou o nome-trocadilho *S&M* [Symphony and Metallica]. Um ambicioso projeto colaborativo com o celebrado compositor clássico Michael Kamen e a Orquestra Sinfônica de San Francisco gravado durante duas noites no Berkeley Community Theater em abril de 1999, que apresentava uma seleção de canções do Metallica arranjadas para a banda e a orquestra. Isso já tinha sido feito antes, claro, pelo Deep Purple, a banda favorita de Lars, cuja apresentação de 1969 com a Royal Philarmonic Orchestra no Albert Hall, em Londres, resultou no *Concerto for group and orchestra*. Desde então, a ideia de que o rock — a mais grandiosa e vaidosa entre as linguagens pop — poderia ficar ainda maior com a adição de uma orquestra sinfônica de oitenta pessoas e um maestro tinha sido explorada de várias maneiras por diferentes artistas; do estilo neoclássico dos colossos do rock progressivo, como Rick Wakeman, cujo *Journey to the centre of the earth*, de 1974, combinava banda, orquestra e coro, Emerson, Lake & Palmer, que se apresentava regularmente acompanhado de uma orquestra no final dos anos 1970, e Roger Waters apresentando *The wall*, do Pink Floyd, em Berlim, em 1990, com uma orquestra da Alemanha Oriental; até os menos sérios do Electric Light Orchestra (ELO) e o modernismo pós-punk de Malcolm McLaren e sua versão proto-techno de *Madame Butterfly*, feita em 1984. Até o Scorpions tinha gravado um disco com a Filarmônica de Berlim, *Moment of glory*, que saiu apenas meses antes que o do Metallica.

Não era nenhuma novidade. Kamen, norte-americano de cinquenta anos, compositor, maestro e arranjador de orquestra, já tinha trabalhado com Pink Floyd, Queen, Eric Clapton, David Bowie e vários artistas de primeira linha. Quando foi apresentado ao Metallica em 1991 por Bob Rock, que o convidou para compor o arranjo orquestral de "Nothing else matters", Kamen sugeriu pela primeira vez "algum tipo de colaboração" em escala maior. Oito anos depois, conseguiu o que queria. De acordo com Kamen, a ideia era "criar um diálogo entre dois mundos que celebrasse o poder da música". Além da motivação financeira, que foi significativa — a chance de gravar outro disco que venderia 5 milhões de cópias depois de duas noites de trabalho, com um redirecionamento dos compradores mais uma vez para o catálogo anterior da banda —, nunca ficou claro o que o Metallica quis demonstrar com a colaboração.

Kamen estudou a música do Metallica por seis meses — o equivalente, ele calculou, a completar três trilhas sonoras —, criando arranjos para 21 músicas, incluindo duas novas composições de Hetfield/Ulrich, "No leaf clover" e "Human". Houve um ensaio preliminar com os principais músicos da orquestra, seguido de dois ensaios completos com a banda e toda a orquestra, para o qual o harpista Douglas Rioth chegou de motocicleta, com os CDs do Metallica sob os braços tatuados para que os autografassem. "Havia também [alguns] velhos babacas que ficavam nos olhando feio, tipo: 'Vão se foder, seus homens da caverna. A sua música é uma bosta'", reclamou James. "Mas havia outros que entendiam o que tentávamos fazer; conseguiam ver que levamos essa merda a sério. Temos paixão por nossa música, ela é nossa vida. Eles cresceram pensando algo diferente. Estudaram teoria, nós estudamos *UFO Live*." O show foi filmado e mais tarde lançado em DVD. Para promover os dois produtos, disco e DVD, o Metallica também fez shows com orquestras em Berlim e Nova York. Questionado depois do show de Berlim, no entanto, James riu. Quando a ideia foi considerada pela primeira vez, pensaram: "Vai se foder, isso não vai dar certo de jeito nenhum. É como trepar na igreja. Vamos nessa!". Subestimando a possibilidade ainda mais, acrescentou: "Seria divertido levar [a orquestra] numa turnê e vê-los cair na farra e se transformar em roqueiros decadentes. Levá-los para a estrada e ver como uma cerveja se transforma em cinco e de repente todos acabam presos, divorciados e viciados em heroína, quebrando seus violoncelos no palco".

Desenhado por Airfix e recheado com as obrigatórias fotos de Corbijn, tudo foi desapontador depois que a novidade esfriou. Como sempre havia pontos altos — a grande interpretação da instrumental "The call of Ktulu" (grafada da maneira incorreta no encarte, como "The call of *the* Ktulu") é incrível, assim como a abertura retrabalhada de Morricone, "The ecstasy of gold". As duas novas músicas, "No leaf clover" e "Human", também são impressionantes, mais experimentais do que qualquer coisa do período *Load/Reload*; a última é um primoroso teste de fogo em que banda e orquestra se misturam num efeito espetacular; a primeira é uma música arrebatadora e atmosférica que permite que oboé e teclados se misturem bem com guitarras explosivas, bateria e vocais. As remanescentes dezessete faixas, no entanto, mostram como é difícil misturar essas duas formas emocionais de música. "One" parece neutralizada; "Enter Sandman" vira um caos. Até "Nothing else matters", o primeiro contato de Kamen com a música da banda, soa desbotada, superficial. Outras, como "Hero of the day", funcionam melhor, mas só porque a orquestra tende a ficar mais ao fundo. No final, o que poderia ter sido uma experiência ao vivo única se torna, no disco e no DVD, um pouco mais do que um filme caseiro: fascinante, sem dúvida, mas para os que estavam lá, algo que não leva os demais a ouvir/assistir muitas vezes. Não dá nem para argumentar dessa vez que o Metallica tinha sido esperto ao olhar o mercado; foi um disco criado para não agradar ninguém: nem o fã radical de metal nem a geração nu metal de Limp Bizkit e Slipknot, que estava crescendo para desafiar a superioridade deles, assim como as estrelas grunge tinham feito uma década antes.

As críticas foram positivas, apesar de um pouco mornas. Na Grã-Bretanha, a *Q* foi amistosa, descrevendo como "apenas outro perdoável flerte com uma loucura estilo Spinal Tap". A *Rolling Stone* afirmou que o disco "criou a maior e mais lotada sala de gravação no rock... O efeito é atemporal". Mais tarde, no entanto, mudou de ideia descrevendo *S&M* como o "pior disco do Metallica... tão inútil quanto qualquer outro disco no qual uma banda de rock toca com uma orquestra". Mesmo assim, ele chegou a número um nos Estados Unidos, apesar de nem ao menos ter entrado no Top 30 britânico. "No leaf clover" também saiu como single obrigatório — o único do disco —, mas não foi sucesso nem mesmo nos Estados Unidos. Como o editor Alexander Milas, da *Metal Hammer*, disse: "Se voltarmos a *Justice* ou *Ride*, veremos que existe fúria e paixão como não existe mais. De repente, o Metallica não parece entender quem eram como banda... parecem estar muito ricos e muito distanciados do homem comum. Embora algumas músicas tenham qualidade, por exemplo, gosto mesmo de 'No leaf clover', que mostra uma banda básica e suja de thrash metal que se tornou parte da elite".

Se o Metallica começava a parecer o tipo de ídolo desgastado, nos palcos eles ainda eram considerados de primeira qualidade, tão grandiosos e imperdíveis como ver as pirâmides. E daí que eles nunca mais fariam outro disco tão bom quanto *Master* ou tão popular quanto o Preto? Que importa que tivessem perdido a pegada artística, se eles ainda eram incríveis ao vivo? O que fizeram em seguida, no entanto, quase destruiu por completo a reputação da banda.

No começo de 2000, foi descoberto que a demo de uma poderosa faixa nova do Metallica *à la* "Enter Sandman" chamada "I disappear", que entraria na trilha sonora de *Missão impossível II*, estava tocando nas rádios dos Estados Unidos. Indignados, exigiram uma investigação. A fonte foi encontrada em um novo e pioneiro serviço de internet *peer-to-peer* chamado Napster. Concebido a partir de um programa de computador escrito por um calouro de dezenove anos chamado Shawn Fanning, que permitia aos usuários trocar arquivos de música sem pagar nada, as investigações revelaram que o site tinha atraído cerca de 38 milhões de usuários nos primeiros dezoito meses. Também descobriram que no site todo o catálogo do Metallica estava disponível gratuitamente. Nesse ponto, toda a banda, Lars em especial, decidiu que algo precisava ser feito, instruindo a Q Prime a verificar como podiam entrar numa disputa judicial. O resultado foi um processo aberto na Califórnia em abril de 2000, alegando que o Napster violava três áreas das leis dos Estados Unidos: violação dos direitos autorais, uso ilegal de aparelho de interface de áudio digital e a Lei RICO, que trata de organizações criminosas. Os processos também envolviam as universidades de Indiana, Yale e Southern California, por contribuirem com a violação dos direitos autorais ao fornecer a tecnologia que permitia que seus estudantes usassem o Napster. O advogado do Metallica, Howard King, disse: "Não sabemos até que ponto isso é real, mas veremos o que será descoberto quando tivermos acesso aos arquivos do Napster para tentarmos encontrar as pessoas que fizeram o download e processá-las depois. Nosso objetivo é tirar o Napster do mercado e enterrá-lo". Numa declaração oficial, Lars justificou a ação, dizendo que "é ridículo saber que nossa arte está sendo trocada como uma mercadoria em vez de ser tratada como arte. Do ponto de vista de negócios, isso é pirataria, ou seja, tomar algo que não pertence a você; e isso é imoral e errado. A troca de tais informações — música, vídeos, fotos ou o que seja — é um tráfico de mercadorias roubadas".

Menos divulgado foi o fato de que o Napster já estava sendo processado pela Recording Industry Association of America (RIAA). Uma banda de rock ameaçando processar seus próprios fãs, no entanto, era a notícia principal. Depois de contratar uma empresa de consultoria on-line, a NetPD, para monitorar o serviço do Napster durante um fim de semana, uma lista de 317.377 usuários de internet que supostamente tinham trocado arquivos MP3 ilegais do Metallica foi entregue por Lars, indignado, na sede do Napster em San Mateo: treze caixas com mais de 60 mil páginas. A pedido do Metallica, os usuários foram banidos do site. Um estudante da Universidade de Indiana, Chad Paulson, fundador do site Students Against University Censorship, foi citado dizendo: "Não consigo acreditar [que o Metallica] queria processar seus fãs. Tenho certeza de que ninguém previu isso. Acho que é uma grande hipocrisia por parte deles, porque o Metallica permite que seus fãs gravem seus shows e distribuam as gravações, assim como Dave Matthews e Phish". Poucos dias depois, no entanto, as universidades de Yale e Indiana bloquearam o uso do Napster no campus. Como resultado, ambas foram retiradas do processo do Metallica. A Southern California fez o mesmo mais tarde.

A batalha sobre a legitimidade do site começou, e, em julho, fotos de Lars chegando em sua limusine para testemunhar perante o Comitê de Justiça do Senado norte-americano apareceram em todos os canais de notícias do país.

No final, a juíza federal Marilyn Hall Patel ordenou que o Napster colocasse um filtro no site em 72 horas ou fechasse imediatamente. Um acordo foi feito entre o Metallica e o Napster quando o conglomerado alemão de mídia Bertelsmann BMG comprou a empresa por 94 milhões de dólares, com o site impedindo que usuários trocassem faixas de qualquer artista que levantasse objeções. Apresentado como uma situação em que os dois lados saíram ganhando, o processo do Metallica na prática fechou o Napster em sua forma original. Menos de dois anos depois, a empresa entraria com um pedido de falência. Em setembro de 2002, quando outro juiz bloqueou a venda à Bertelsmann sob a lei de falência dos Estados Unidos, o Napster foi obrigado a liquidar seus bens. Ainda existe como um fornecedor on-line de downloads legais para membros que pagam uma taxa de inscrição. O verdadeiro perdedor na guerra contra o Napster foi, sem dúvida, o Metallica, por causa da marca permanente que deixou na imagem da banda. O Metallica pode ter tido a lei a seu favor no caso do Naspter, mas foi o site que saiu com a moral em alta, como se Shawm fosse um Robin Hood moderno contra o nojento Xerife de Nottingham, representado pela banda. Isso não só para os fãs que usavam o site, mas também para a maioria da imprensa musical na Grã-Bretanha e nos Estados Unidos e até mesmo para outros artistas que defenderam o Napster. Fred Durst, da banda de nu metal Limp Bizkit, disse na lata: "As únicas pessoas preocupadas [com o Napster] temem mesmo é por suas contas bancárias". Ele então concordou que o Limp Bizkit participasse numa turnê gratuita pelos Estados Unidos para apoiar o Napster. Numa carta ao *New York Times*, o rapper Chuck D afirmou: "Ao contrário de muitos dos meus colegas artistas, apoio o compartilhamento de arquivos de música na internet. Acredito que os artistas deveriam agradecer ao Napster. Deveríamos pensar nele como uma nova ferramenta de promoção".

Esse último ponto confirmava a opinião de muitos fãs, usuários do serviço de compartilhamento de arquivos apenas para ter uma amostra das faixas dos discos que depois comprariam nas lojas ou on-line. Os críticos, por outro lado, apontavam a hipocrisia de uma banda como o Metallica, que chegou, no passado, a ser conhecida na cena de troca de fitas cassetes na época pré-internet e agora reclamava por seus fãs fazerem o mesmo no equivalente mais moderno.

Independentemente das visões particulares sobre como o material com direitos autorais deveria ser disponibilizado na internet, essa última acusação era pouco séria, para dizer o mínimo. Fazer uma cópia em cassete de um disco para entregar a um amigo, que pode então fazer outras cópias dessa fita, é um processo trabalhoso, em que a qualidade do disco diminui cada vez que uma cópia é feita. Sugerir que isso poderia reduzir de modo significativo a capacidade de um artista de vender cópias originais de seus discos é falso. A diferença com o Napster era que uma faixa disponibilizada on-line poderia resultar em milhões de cópias perfeitas sendo baixadas num único dia. A ameaça à renda de um artista é óbvia. Como Scott Stapp, vocalista do Creed, disse na época: "Minha música é meu lar. O Napster está entrando pela porta dos fundos e me roubando". O padrinho do rap, dr. Dre, também saiu em apoio à banda, exigindo que outros 230.142 usuários do Napster fossem banidos por baixarem sua música. Depois de fazer um acordo "pouco sério" fora dos tribunais, Dre entrou com um processo contra o Napster igual ao do Metallica.

Surpreso pelo furor, Lars, que costumava ser tão esperto ao julgar a opinião dos fãs, tinha se equivocado na situação. Do ponto de vista dele e da Q Prime, o processo contra o Napster era algo normal. Três anos antes, ameaçaram a Amazon.com com um processo por venderem um disco não autorizado com raridades — a ação que tinha parcialmente levado ao lançamento de *Garage Inc.* — e perseguiram uma loja on-line, a N2K, distribuidora da Dutch East India Trading Co., e o selo independente britânico Outlaw Records por causa da venda de um disco pirata ao vivo. Em janeiro de 1999, eles também entraram com um processo em Los Angeles contra a grife de lingeries Victoria's Secret, requerendo reparações quando descobriram que a empresa tinha usado o nome Metallica em batons sem autorização. Também processaram Pierre Cardin por causa da venda de um smoking Metallica. Não houve nenhum problema de relações públicas nesses casos, e as duas empresas chegaram a acordos fora dos tribunais. Poucas semanas depois da aparição de Lars no tribunal para testemunhar no caso Napster, a banda estava processando a centenária produtora de perfumes Guerlain por violação de marca, já que o novo perfume deles se chamava Metallica, um aroma com notas de baunilha à venda por um preço elevado: 175 dólares por um frasco de 240 ml. Também enviaram cartas para várias lojas de departamentos, incluindo a Neiman Marcus e a Bergdorf Goodman, por estocarem o perfume, alegando "diluição, competição injusta, falsa designação de origem e ataques à reputação da banda de heavy metal", revelou Jill Pietrini, o advogado que representava a banda. Quando a resposta que receberam foi "não muito aceitável", iniciaram um processo pedindo que o tribunal ordenasse que a Neiman Marcus destruísse o estoque do perfume.

O problema no processo contra o Napster foi que, dessa vez, a banda parecia penalizar os próprios fãs. Assim, o caso colocou o foco da mídia sobre o Metallica de modo tão crítico como nunca antes. De repente, tanto fãs quanto mídia estavam contra eles; a internet se transformou num formigueiro de ataques contra a banda. No grupo Usenet do Metallica, havia um longo tópico intitulado "Kirk e Lars são gays", enquanto um hilário anúncio falso da banda sobre uma marca de roupas que se chamava Camp Chaos (criação do produtor, diretor, escritor e agora colunista político Bob Cesca) se tornou um dos itens mais populares na rede. Mostrava um desenho de Lars como um monstrinho pequeno e obcecado por dinheiro, e James como um ogro gigantesco com um único neurônio, gritando slogans como "Dinheiro bom! Napster ruim!". A dupla estava no meio de uma montanha de sacos com cifrões estampados, e Lars proclamava como a banda estava rica, reclamando contra os "chupadores sem pinto que tentam roubar nossa música com a porra do Napster" e como os advogados da banda vão "caçá-los como os trombadinhas que são".

Como disse Alexander Milas, tudo isso fez com que o Metallica parecesse "o anticristo. Isso fez com que todo o universo odiasse Lars Ulrich, que passou a ser visto como o maior filho da puta da galáxia". Milas se lembrou de ter assistido ao show do Metallica no estádio RFK em Washington, na turnê Summer Sanitarium naquele ano: "Bem no meio do show eles pararam de tocar e começou a passar um vídeo no telão. Era Lars Ulrich tocando bateria com uma Pepsi ao seu lado. Alguém fora da tela pega o refrigerante, ao que ele para de tocar e diz: 'Espera um pouco, isso não é legal, ele pegaram minha Pepsi. Sabe o que mais não é legal? Roubar a música dos outros e.... blá-blá-blá'. Não estou brincando! Estou parafraseando o que ele disse porque, nesse ponto, eu estava gritando junto com as outras 50 mil pessoas. Paguei tipo uns cem dólares, que é uma fortuna nessa idade, para ouvir Lars fazendo sermão sobre não roubar os discos quando eu tinha todos eles mais os singles. Foi ridículo. Na verdade, isso me afastou deles. Quando penso nisso hoje, é possível entender a posição dos caras, mas, na época, eram as pessoas erradas para encabeçar essa campanha".

O empenho de Lars na perseguição ao Napster tomou proporções exageradas em relação às outras ações legais. De repente, parecia ter uma dimensão bastante pessoal. Isso só piorou com as críticas contra o Metallica crescendo na mídia. No MTV Video Music Awards de 2000, Lars marcou outro gol contra famoso quando apareceu numa esquete anti-Napster com o apresentador da noite, Marlon Wayans. Este fazia o papel de um estudante universitário que estava baixando "I disappear" em seu dormitório quando Lars aparecia de repente, exigindo uma explicação. Quando o personagem de Wayans explicava que não estava roubando, apenas "compartilhando", Lars demonstrava o erro na atitude dele bebendo a Pepsi do garoto, depois chamando a equipe do Metallica para tirar tudo que havia no quarto, colocando antes um adesivo do Napster nos objetos. O vídeo provocou algumas risadas nos convidados da indústria fonográfica que estavam na plateia. Mas a aparição de Lars no palco naquela noite foi recebida com vaias dos demais espectadores. Apesar de parecer bastante desconfortável, Lars depois afirmou que "só tinha percebido aquilo" ao sair do palco. Em resposta, quando Shawn Fanning apareceu para apresentar um prêmio usando uma camiseta do Metallica, anunciou enfaticamente: "Pedi emprestada essa camiseta a um amigo. Talvez, se gostar, vou comprar uma para mim", ele recebeu muito aplausos. Mais uma vez, Lars diminuiu o problema, afirmando que "a coisa toda estava planejada" e que os organizadores tinham, no início, pedido que ele apresentasse o prêmio com Fanning, mas que os "advogados do Napster o convenceram a não fazer isso" no último minuto, preocupados com a possibilidade de Lars usar a oportunidade para piorar a situação com seus clientes. Falando com a *Playboy* apenas umas semanas depois, no entanto, Lars afirmou que tinha achado aquela a pior cerimônia de entrega de prêmios de que já havia participado e que fora embora mais cedo para jantar com alguns amigos.

Retratados como os vilões gananciosos, até James — que tinha se afastado pois sua esposa, Francesca, daria à luz ao segundo filhos deles, Castor, em maio de 2000 — admitiu que tinha se esquivado do assunto em certas entrevistas. Lars, no entanto, apesar de tremer um pouco nas situações inesperadas que sua postura linha dura o colocou, não cedeu: "Se alguém deixar de ser fã do Metallica porque não quero dar minha música de graça, que vá se foder". Parecia que o sentimento era mútuo, contudo, e até hoje a falência do Napster paira como uma sombra sobre tudo que o Metallica tentou fazer, as várias tentativas de reparação, incluindo uma tentativa de Lars de suavizar sua opinião em uma entrevista via internet ao explicar que a troca de arquivos era na verdade boa para os fãs, principalmente em lugares como Arábia Saudita, onde fazer download era o único modo de ter acesso a músicas que não podiam comprar em CD. "Acho ótimo, é o único modo de compartilhar a música nessa situação. Ficamos um pouco abismados com algumas coisas que estavam acontecendo no começo da internet, alguns anos atrás, mas estamos em paz com isso agora", declarou na entrevista.

Muito menos pública, mas ainda mais desastrosa, foi a ira de Jason Newsted, havia muito prevista, cuja saída oficial do Metallica foi anunciada em janeiro de 2001. A separação aconteceu porque James não queria deixar Jason lançar um disco de seu projeto paralelo Echobrain, mas, na prática, a separação já tinha começado quase no mesmo dia em que Jason entrou. "Durante as últimas turnês, ele ficava afastado de tudo", James contou à *Classic Rock* em 2003. "Em seu próprio mundo, usando fones de ouvido o tempo todo, nunca se comunicava, e nós tampouco éramos os reis da comunicação. Éramos apenas quatro caras quietos que tocavam e deixavam a besta seguir seu caminho." Como Lars se lembrou da última vez que conversamos, em 2009, Jason era "intenso, muito sério... ele entrou como o cara novo, e acho que permaneceu o cara novo nos catorze anos em que esteve na banda".

Na época, no entanto, Lars estava muito distraído com seus próprios problemas. Separado de Skylar e de seu filho de dois anos, Myles, ele estava vivendo numa suíte de hotel em Nova York enquanto mixava o disco de estreia do Systematic, *Somewhere in between*, para o selo TMC (The Music Company), apoiado pela Elektra, que ele tinha criado com o executivo de gravadora Tim

Duffy. (O selo mais tarde acabaria em razão das rusgas entre os dois fundadores.) Lars não estava nem aí, nesse momento, com o que acontecia com Jason. Kirk, por sua vez, achou que o disco do Echobrain era "ótimo" e ficou feliz pelo colega tê-lo lançado. Jason foi rápido ao apontar em quantos discos de outros artistas James tinha aparecido: fez os vocais da faixa "Hell isn't good" para a trilha do filme *South Park: bigger, longer and uncut*; participou de dois discos do Corrosion of Conformity, e tocou guitarra numa faixa de um disco do Primus. Mas James retrucou dizendo que não estava "se esforçando para vendê-los" e comparou o trabalho de Jason num projeto paralelo a "trair a esposa". Refletindo sobre a situação dois anos depois, Lars sentiu-se livre o suficiente para admitir que o motivo para a austeridade de James era o problema dele com "excesso de controle". Ele afirmou: "James tem sua visão da família perfeita, que é quase um tipo de máfia. Você é parte da família e se der um passo para fora está traindo e será banido. E isso está no centro das muitas questões que tentamos resolver nos últimos anos".

Houve, dizem, uma reunião da banda que durou nove horas e meia no hotel RitzCarlton em San Francisco, que aconteceu depois de outro extenso encontro uma semana antes. Newsted recebeu um ultimato: esquecer o Echobrain e ficar com o Metallica, ou lançar o disco do Echobrain e esquecer o Metallica. Jason deixou a banda nesse mesmo dia. Sua declaração oficial referia-se a "razões particulares e aos problemas físicos que tinha sofrido nos últimos anos tocando a música que eu adoro". Nos bastidores, no entanto, admitiu que tinha se sentido "sufocado". O que dói era que Jason sempre tinha admirado James, da mesma maneira que James sempre tinha admirado Cliff. "[James] me ensinou a ter determinação e perseverança", lembrou-se Newsted. "Muitas pessoas tentaram queimá-lo e quebrá-lo, mas ele sempre dava a volta por cima. E detonava. Não importa as diferenças que tivemos... Sempre vou vê-lo como um dos melhores músicos de todos os tempos."

James também olharia para o episódio com remorso, depois de tantos anos. Falando em 2003, influenciado pela lucidez adquirida com a experiência de ficar sóbrio, ele admitiu que seus "medos de abandono e problemas de controle" estiveram por trás da dificuldade de aceitar o desejo de Jason de gravar sua própria música: "Faz sentido que eu tentasse forçar a barra para manter a família unida, que ninguém saísse, por medo de que pudessem encontrar algo melhor em outro lugar, quando na verdade tudo que [Jason] tinha a fazer era tocar com outra banda e descobrir que seu lar era o Metallica. Você não sabe onde é sua casa até ir embora, e ele poderia ter gostado ainda mais de ser parte do Metallica. Esse poderia ter sido um final para aquela história". Foi honesto o suficiente para admitir, contudo, que o Echobrain "não foi a única razão pela qual ele saiu. Muitas outras coisas combinadas fizeram com que fugisse para um futuro próprio em outro lugar e procurasse sua felicidade, e todos esperamos que consiga encontrá-la".

Enquanto isso, o Metallica tinha um novo disco esperando para ser gravado. Com Jason fora e a falta de vontade da banda de encontrar um substituto imediato, Bob Rock se ofereceu para tocar baixo, e os outros aceitaram, gratos. Havia mais cicatrizes do enorme fracasso causado pelo Napster na reputação deles do que estavam dispostos a admitir e ainda cambaleavam abalados com a saída infeliz de Jason, e por isso, pela primeira vez, não tinham certeza de qual direção a música deles deveria tomar. O rock e o metal tinham passado por uma forte retomada no gosto público desde a última vez que o Metallica entrara num estúdio de gravação de maneira séria, em 1995. O nu metal, evidenciado pelas estrelas da mistura rap/rock como Limp Bizkit e Linkin Park, ocupava o lugar que antes fora do Metallica na vanguarda da música, mas não havia como convencer James Hetfield a parecer um rapper. Ao mesmo tempo, o mercado do rock clássico ainda não era visto como um lugar confortável para a banda, apesar de o estilo passar por um renascimento, confirmado por turnês de *revival* com as formações originais de Kiss, Black Sabbath, AC/DC, Iron Maiden e outros, gerando zilhões de dólares.

O pragmatismo era a prioridade, e, incapazes de sugerir algo mais concreto, os três ficaram felizes por Bob Rock tomar a dianteira e propor uma postura mais colaborativa, entrando no estúdio sem nada pronto para deixar rolar, uma ideia antes considerada uma maldição para os controladores Hetfield e Ulrich. Alugaram por seis meses um velho quartel do exército na periferia de San Francisco chamado *Presidio*, e, por sugestão de Rock, as sessões aconteceriam com um aspecto muito mais "livre" do que as dos discos anteriores do Metallica, com letras trabalhadas por todos, literalmente, já que se sentavam juntos numa sala e cada um escrevia uma linha, inclusive Rock. "Mudamos nosso processo nesse [disco]", contou Rock. "Carregamos o equipamento do meu estúdio [e] gravamos ali por dois meses. Criamos umas dezoito ideias para músicas. Foi uma postura diferente. Toda a coisa [tem] uma pegada bem ao vivo... quase uma atmosfera de garagem, só que com ótimos equipamentos de gravação para capturar o momento da concepção." Ele previu: "Esse disco vai se parecer com... o que eles são como pessoas, o que estão pensando e onde estão". Seria realmente isso, apesar de não ter acontecido da maneira como Bob ou mesmo a banda tinha concebido.

Haveria outro ingrediente inesperado dessa vez: a soma de um "orientador de intensificação de desempenho" no dia a dia (ao custo de 40 mil dólares mensais): o dr. Phil Towle. Ex-psicólogo esportivo que tinha trabalhado, entre os mais famosos, com o zagueiro dos Tennessee Titans Kevin Carter e o lendário treinador da NFL Dick Vermeil. A primeira incursão de Towle na música tinha sido com o guitarrista do Rage Against the Machine, Tom Morello. Contratado pela Q Prime para tentar trazer os membros remanescentes do Metallica e Bob Rock de volta a um ritmo que permitisse que trabalhassem bem no estúdio de novo, apesar dos problemas pelos quais tinham passado, Towle não só instigou sessões diárias intensivas de duas horas, como ficava por perto o resto do dia e da noite, tornando-se cada vez mais envolvido na realização do disco.

Na tentativa de revigorar a música deles, pós-thrash, pós-grunge, pós-reinvenção, pós-orquestra, pós-fama e fortuna e, óbvio nas entrelinhas, pós-Napster e pós-Jason — e agora com terapia em grupo —, a banda criaria uma nova sonoridade cujo aspecto mais imediato seria a escassez de solos de guitarra e um improvável e fragmentado som de bateria; um CD bastante antagônico e angustiado, recheado de canções com títulos como "Frantic", "St. Anger", "Some kind of monster" e "Shoot me again". O que o resto do mundo acharia dos resultados, no entanto, seria uma questão bastante debatida, mais ainda do que em *Load* e *Reload*. Mas essa discussão ainda era mais estranha quando, depois de três meses trabalhando no *Presidio*, James chegou uma manhã com notícias inesperadas. Estava indo para a reabilitação, e todos os outros planos teriam de ser colocados em espera por prazo indefinido.

"Quando começamos a tocar depois da saída de Jason, não rendíamos tudo que poderíamos", contou James mais tarde. "Começamos a compor e estávamos nos aprofundando mais em nós mesmos e explorando as razões da saída de Jason e o que isso significava para nós, mas esse processo provocou muitas emoções e a necessidade de melhorar como indivíduo. Então tomei a decisão de entrar em reabilitação." A saída de Jason pode ter tido o estopim, mas a realidade era que Hetfield vinha questionando seu estado mental e emocional desde a época em que planejava sua semana pensando em quantos dias ficaria de ressaca. Ele tinha tentado parar de beber em 1994 e suportou quase um ano sem álcool, porém estava infeliz com a escolha. Logo voltou a beber durante todo o tempo das turnês mundiais de *Load* e *Reload*.

Desde a morte do pai e a partir de seu casamento em agosto de 1997 com Francesca Tomasi, que era parte da equipe do Metallica, James tinha oscilado entre a sobriedade em casa e a loucura completa na estrada, mesmo depois do nascimento dos filhos Cali (em junho de 1998) e Castor. Feliz por cumprir o papel de homem de família gentil, longe dali — não só em turnês, mas também em suas frequentes viagens de caça só para homens —, James ainda era o mesmo cara com pavio curto de sempre. Quando, durante férias curtas nos meses iniciais da gravação do novo disco do Metallica, percebeu que estava longe no primeiro aniversário de Castor — caçando ursos e bebendo vodca na península de Kamchatka, na Sibéria, num ponto a quatro horas de helicóptero da cidade mais próxima —, desmoronou. Francesca o questionou, ameaçando abandoná-lo e partir com os filhos se ele não fizesse algo a respeito desse comportamento egoísta. "Foi o fim para mim", James confessou.

O desfecho foi um programa de onze meses de reabilitação — "um lindo casulo", como ele chamava. Não tão lindo para começar, no entanto, durante os primeiros e mais dolorosos dias da recuperação: "Percebi quanto minha vida estava fodida. Quantos segredos eu tinha, como minha vida era incongruente, e revelei tudo isso para minha esposa. A merda que acontecia na estrada... Mulheres, bebidas, o que fosse". Contar tudo que estava guardado também teve um forte efeito no resto da banda: "Tipo, eu era um delator e, de repente, queria bancar o certinho para minha esposa: 'É..., uau, não é terrível, querida, o que ele fazia?'". Mas, ao analisar os fatos depois de dez anos, a conclusão de

James é que isso "salvou o Metallica, sem dúvida. Aquilo precisava acabar". Atormentado pela possibilidade de perder tanto a esposa quanto a banda, decidiu: "Preciso me ajeitar, senão os dois vão sumir".

Também houve um efeito imediato em outro projeto que resultaria numa das realizações mais fascinantes da banda. Um mês antes de chegarem ao *Presidio*, eles tinham concordado em permitir que os cineastas nova-iorquinos Joe Berlinger e Bruce Sinofsky fizessem um documentário sobre a gravação do disco. A dupla estreou em 1992, com *Brother's keeper*, um aclamado documentário sobre o julgamento por homicídio de Delbert Ward. Quatro anos depois, lançou *Paradise lost: the child murders at Robin Hills*. Berlinger também era conhecido, apesar de ter tido menos sucesso, por sua estreia na ficção, com *A bruxa de Blair 2: O livro das sombras*, a ridicularizada sequência de *A bruxa de Blair*, tão desastrosa que ele precisou se esconder por algum tempo. De volta ao trabalho em documentários com Sinofsky, o grande projeto seria o trabalho com o Metallica.

As ambições iniciais do filme eram modestas: seria uma ferramenta promocional, assim como o documentário de 1991 *A year and a half in the life of Metallica* tinha sido para o Álbum Preto. O acordo era que o Metallica pagaria pelos custos de produção, mas Berlinger e Sinofsky teriam acesso total à banda, algo sem precedentes. A dupla de cineastas já negociara com a banda antes, na trilha sonora de *Paradise lost*, um filme "tanto sobre o julgamento do heavy metal quanto dos jovens acusados", de acordo com Berlinger. Desde então, ocorreram vagas discussões sobre fazer um documentário do Metallica, mas "eles sempre tiveram a desculpa de que ainda não estavam prontos para tanta exposição", lembrou-se Sinofsky. "No final, quando fomos convidados, em março de 2001, eles viviam a fase mais vulnerável, estavam no ponto mais baixo, num momento em que não era esperado que permitissem uma equipe de filmagem, ainda mais uma como a nossa, que faz filmes mais profundos. Mas nos convidaram, deram acesso completo; nunca disseram: 'Temos uma reunião agora, então não dá para entrar'. Toda porta estava aberta, nada ficou trancado a sete chaves. Nunca nos pediram para sair. Eles nos trataram, em termos de acesso, melhor do que em qualquer outro projeto no qual nos envolvemos."

Quando continuaram filmando durante a briga causada pela decisão de James de deixar tudo e procurar ajuda psiquiátrica, o filme se transformou em algo bem diferente: um estudo de pessoas em crise. Chamado *Some kind of monster* por causa de uma das faixas novas, o que mais surpreende nesse documentário repleto de sobressaltos é que o Metallica permitiu que tudo fosse filmado. Mas esse era o momento do *boom* dos reality shows. Hetfield ainda estava em seu prolongado programa de reabilitação quando os primeiros episódios de uma incrível série de TV chamada *The Osbournes* começaram a ser transmitidos nos Estados Unidos, um fenômeno que não escapou do radar de Ulrich, nem do de ninguém em 2002. Como principal força por trás do projeto do filme, os instintos de Lars para empurrar o Metallica em direção às últimas tendências se mostraram inspirados dessa vez, apesar de que não poderia ter imaginado como seria diferente o resultado do filme. Quando estreou no Sundance Film Festival, em fevereiro de 2004, os críticos ficaram tão impressionados que o colocaram na Seleção Oficial. Alguns críticos de música o compararam com o "rockumentário" paródia *This is Spinal Tap*. Mas isso não é correto. Não só havia menos risos em *Some kind of monster*, como a ideia de uma grande banda enfrentar seus problemas diante das câmeras sensibilizou a audiência, muito além dos fãs de rock, metal e alternativo. Dessa forma, o Metallica conseguiu algo que o novo disco não conseguiu: reabilitar sua reputação, restaurar o que estava deslocado, passando de desmancha-prazeres milionários destruidores do Napster a algo mais próximo da banda íntegra como eram vistos antes.

Não que soubessem disso no momento em que filmavam, como todas as cenas do filme deixam claro. Na verdade, em vez de aparecerem como conquistadores triunfantes, na maior parte dos 160 minutos de *Some kind of monster* o Metallica é retratado de modo a evidenciar como os integrantes estavam perdidos. O filme começa com o transporte do equipamento para o *Presidio* e termina dois anos e meio mais tarde, com a primeira turnê desde a saída de Jason Newsted. Nesse ínterim, passa pela polêmica com o Napster, a chegada do dr. Towle, o súbito retiro de James para o longo processo de reabilitação, a indicação de um novo baixista e muitos outros acontecimentos que nem Berlinger nem Sinofsky poderiam ter previsto. Assim, temos a dimensão de como o Metallica chegou perto de implodir durante os anos em que o disco e o filme estavam sendo feitos. Dessas primeiras semanas no estúdio, com James "num humor de merda" constante e brigando com Lars, até os dolorosos onze meses que ficou longe — quando os outros não tinham ideia de onde estava ou se voltaria: "Estou me preparando para o pior", contou Lars —, as câmeras registraram tudo, desafiando a regra número um do showbiz: nunca mostre os bastidores.

"Lars, Bob Rock e eu continuamos nos encontrando para reuniões, só para manter o ritmo", lembrou-se Kirk em 2003, "para manter a energia rolando e continuar em contato, porque todo o resto desabava ao nosso redor e sentíamos que, se fôssemos fortes e continuássemos juntos, pelo menos teríamos um ao outro. Era uma tristeza perceber que não sabíamos nada de James por um longo período, e eu precisava pensar num plano B. Sou do tipo de pessoa que sempre precisa de planos B ou, como diz meu terapeuta, saídas, rotas de fuga. Então pensei muito em tudo, e uma pergunta me desafiava: 'Tenho coisas suficientes na minha vida para preencher o vazio se o Metallica acabar?'. Descobri que tinha. Também perguntei se continuaria tocando, e não havia dúvidas; é o que faço. Mas eu estava pronto para o grande salto? E teria sido um grande salto; de volta ao chão, teria sido um recomeço. [Mas] depois de perceber que poderia fazer isso, senti confiança suficiente para esperar que a situação se resolvesse em vez de entrar em pânico com tudo que estava acontecendo com a banda".

James também estava consciente de que a banda poderia estar à beira do colapso sem ele. "Acho que todos pensaram nessa possibilidade, no que isso significava e que poderia ser algo saudável", refletiu. "Identificar que cada um de nós, como pessoa, é mais importante do que a coisa Metallica, a máquina e a força criativa. Certamente passei por isso na reabilitação; me libertei de tudo e me reconstruí. Crescer no Metallica era tudo que eu conhecia, e não percebia quanto estava usando e manipulando isso. Mas, sim, depois que o Jason saiu e entrei na reabilitação, os outros caras pensaram em como controlar o futuro, porém ele não depende deles, não depende de nenhum de nós, e perceber isso foi importante. Fez com que ficássemos mais fortes e nos deu uma perspectiva real de quanto significamos um para o outro e o quanto não percebíamos isso."

Kirk se lembrou de quando James enfim enviou uma mensagem, quatro meses depois de sair da reabilitação, "dizendo que ainda precisava de mais algum tempo para resolver certas coisas e que não tinha ideia de quanto tempo seria". A banda pensou que estava tudo acabado: "Seria um longo tempo. Depois de não ouvirmos nada dele por umas seis semanas, mais ou menos, Lars e eu estávamos ficando loucos especulando sobre o que ele estava fazendo, por que não entrava em contato e o que estava passando na cabeça dele. Enquanto isso, alguns amigos nos diziam que tinham encontrado com James no shopping e se impressionado por ele estar tão bem. E nos preocupávamos, porque amigos da banda o estavam encontrando, e nós, em compasso de espera. Isso continuou por setembro e outubro até a terceira semana de novembro. Minha esposa fez uma festa surpresa [de aniversário] para mim, e eu vi um cara parado num canto, uma sombra conhecida, e era James. Fiquei feliz em vê-lo e consegui perceber na hora em seu olhar que havia ali serenidade, consciência e sensibilidade como nunca antes. Foi incrível, trocamos umas palavras e tive certeza de que ele estava bem e são. Mas ele me disse: 'Sabe, ainda vai demorar um pouco'. Então, não voltamos a nos encontrar até março [de 2002] e só então começamos a ter reuniões para nos reconectar. Mas esse foi o período de ajuste que tivemos de passar para receber o novo James Hetfield, e foi também um momento de ajuste para ele".

Para James, a volta para a banda foi "muito assustadora. Qualquer novidade quando se está sóbrio é assustadora, o simples fato de sair da reabilitação desperta medo. Passar por algumas experiências catárticas [e] depois sair para o mundo é terrível. Você estava num casulo de segurança ali, então consegue se reconstruir. Mas, cara, sair era assustador. 'O que devo fazer? O que não devo fazer? Aonde devo ir? Não quero entrar aqui, porque algo poderia me lembrar disso ou daquilo.' Sabe, o medo de apenas viver estava comigo por um tempo. Então, voltar direto para banda não funcionaria. E era difícil explicar a eles por que ainda não era o momento certo. Precisava de tempo para me ajustar ao mundo e não podia simplesmente vir e plugar minha guitarra, porque sempre que fazia isso e começava a tocar era como uma rede de segurança, o mundo desaparecia e tudo estava bem. Era uma zona de conforto, e eu não queria esquecer todas as coisas que tinham de acontecer; como ter de explicar o que precisava; como era diferente para mim e como a dinâmica tinha mudado e como não faríamos mais turnês de dois anos. Minha família é importante, e não posso deixar meus filhos crescerem sem mim, e todas as outras prioridades precisariam se alinhar na minha vida. E essa atitude se espalhou dentro da banda, e começamos a prestar atenção no outro e a respeitar cada um e nossas necessidades. De repente, me sentia um estranho. Precisei me reapresentar para esses caras, e eles não sabiam o que pensar... Para eles, para minha esposa, para todo mundo. E para mim mesmo. Mas em especial para minha esposa, tenho certeza de que ela pensava: 'Eu o conheço, você é muito manipulador', e viciados são bastante manipuladores mesmo, e 'Ah, isso é apenas encenação', e, depois de dois anos, é uma nova vida. Mas, sim, houve uma mudança na dinâmica que precisou acontecer dentro do grupo. E certas coisas tiveram de mudar... Uma pessoa muda a si mesma e a tudo ao redor dela, todas as relações, amigos".

Uma das novas condições que James exigiu foi que só trabalhasse no estúdio entre meio-dia e dezesseis horas, algo com que os outros concordaram, mas com que se irritaram quando ele passou a insistir que não trabalhassem no disco além dessas horas, levando a uma cena no filme na qual Lars — bravo com a sugestão de James de que ninguém deveria nem ao menos *discutir* a música em sua ausência — caminhava pela sala e dizia: "Percebo agora que quase não o conhecia antes", seguida de uma cena de James indo embora de moto para comparecer a uma apresentação de balé da filha Marcella.

Outra cena memorável do filme consiste em um encontro doloroso entre Lars e Dave Mustaine que aconteceu enquanto James ainda estava em reabilitação. Nesse momento, o sempre equivocado guitarrista falava como ainda gostaria que a banda "tivesse me acordado e dito: 'Dave, você precisa de aconselhamento'", em vez de entregar uma passagem de ônibus naquela manhã fria em Nova Jersey, em 1982. Há algumas cenas incríveis com Jason, como a em que ele disse que contratar Towle havia sido algo "estúpido" e outra na qual Lars, Kirk e Bob foram a um show do Echobrain em San Francisco, mas descobriram que Jason já tinha "deixado o local" quando passaram pelos bastidores para cumprimentá-lo. Também são memoráveis as de Cliff Burnstein, já com a barba branca, olhando para o relógio enquanto ouvia uma fita do disco; Torben, o pai *à la* Gandalf de Lars, sugerindo que eles "apagassem" uma parte instrumental melancólica que tinham planejado para abrir o disco; algumas gravações do passado da banda, em especial uma de James muito mais jovem levantando uma cerveja para saudar a enorme plateia num festival ao ar livre, mostrando como estava bêbado; Kirk frustrado, brigando, em vão, por pelo menos um solo de guitarra no novo disco. Até o desfecho, no qual o novo disco — chamado de *St. Anger*, uma boa escolha — foi enfim lançado com críticas negativas devastadoras (não mostradas no filme), mas ainda assim chegou ao topo das paradas norte-americanas. Há um momento de epifania, no entanto, quando, perto do final, a banda apareceu gravando um vídeo na prisão de San Quentin, com James, ainda que reticente, assumindo o manto do falecido Johnny Cash.

Há também mostras bobas de Kirk Hammett tranquilo usando um chapéu de caubói cobrindo o cabelo, que já estava comprido de novo, enquanto olhava para o rancho que tinha comprado, ou explicando como tinha começado havia pouco tempo a surfar, uma atividade bem distante de sua imagem anterior de notívago; o leilão da maior parte da coleção de arte de Lars na Christie's, em Nova York. "Podemos conseguir mais coquetéis aqui?", ele pedia, espantado, quando o total superava a marca dos 40 milhões de dólares. Também emocionantes são as cenas de Lars testemunhando ante um comitê do Senado, afirmando que o Napster tinha "sequestrado nossa música" enquanto, do lado de fora, os fãs destruíam CDs do Metallica; ou Bob Rock tentando tirar alguma música do ambiente pesado, depois que James voltou ao trabalho, não só produzindo e tocando baixo, mas participando da composição das letras e fazendo o melhor para permanecer de boca fechada durante as numerosas discussões induzidas pela terapia.

O melhor — e o pior — são as cenas angustiantes com o dr. Towle. Ele aparece ora colando cartazes no estúdio com as palavras "Dividam-se", ora sugerindo que a banda entrasse num "estado meditativo" quando tocassem juntos, o que poderia nos fazer pensar que era melhor descartá-lo por oferecer soluções que poderiam ser encontradas em livros de autoajuda. Mas foi nas sessões com Towle, no entanto, que eles finalmente admitiram que nunca haviam lidado bem com a morte de Cliff Burton e que permitiram que esse luto não expresso se voltasse primeiro contra Jason e depois contra si mesmos.

Como Towle contou à *Classic Rock*: "Havia a cura relativa a Cliff Burton, que deveria ser feita com psicodrama. Não fizemos isso, mas aconteceu no processo de reabilitação de James. A banda nunca disse adeus ou passou por um tempo apropriado de luto... Só continuaram como sempre tinham feito, jogando o lixo embaixo do tapete... Tanto que aprenderam que as pendências do passado contaminam o presente".

Um das sequências menos angustiantes do filme mostra os testes com os baixistas. Desde o começo, prometeram que o novo cara não sofreria o mesmo destino de Jason. Em consequência, os candidatos vieram de bandas de alto perfil, incluindo Pepper Keenan, do Corrosion of Conformity, Scott Reeder, do Kyuss, Chris Wyse, do Cult, Twiggy Ramirez, do A Perfect Circle, Eric Avery, do Jane's Addiction, e Danny Lohner, do Nine Inch Nails. Cada um tinha algo diferente a oferecer. Mas, como Lars, astuto, apontou: "Se Cliff Burton aparecesse hoje, talvez não fosse o cara também". No final, entretanto, escolheram Rob Trujillo, que tinha muito em comum com a musicalidade de Cliff, com seu estilo marcante de dedilhado exagerado, e também na personalidade, por sua capacidade relaxada, quase estoica, de lidar com as atitudes dos outros.

Nascido em Santa Monica, Califórnia, em 23 de outubro de 1964, Roberto Agustín Miguel Santiago Samuel Trujillo Veracruz aprendeu a tocar baixo aos quinze anos. Cresceu ouvindo os ritmos de James Brown e Parliament, mas tocando Black Sabbath e Van Halen em festas. Estudava jazz na faculdade quando desistiu para tocar com uma banda contemporânea do Metallica, o Suicidal Tendencies, cuja mistura de punk e metal foi absorvida na cena proto-thrash (tanto que foi a banda de abertura do Metallica numa turnê em 1993). Recentemente, Trujillo tinha tocado na banda de Ozzy Osbourne, também tinha aparecido em discos do hardcore funkeado do Infectious Grooves, participado de um disco solo do guitarrista do Alice in Chains, Jerry Cantrell, e em outros projetos. Com 38 anos, casado e com dois filhos, era um cara corpulento e surfista, sempre usando bermudas e camisetas cortadas. Tampouco, ao contrário dos caras do Metallica, tinha pensando em cortar o cabelo comprido. Mas Rob Trujillo não era alheio a seu valor. Estava de férias no Taiti quando recebeu a ligação. "Bom, venha até o estúdio, vamos tirar um som" ele lembrou de ter ouvido de Kirk. Com "nenhum tempo para aprender as músicas", começou tocando "Battery", pois era uma que ele "meio que sabia", seguida de "Sad but true", "Whiplash" e "For whom the bell tolls": "Eles não falaram que haveria uma equipe de filmagem e que estavam fazendo um documentário até uns vinte minutos antes — 'Tudo bem para você, né?'. É engraçado. Eu estava sempre tentando me esconder das câmeras que Ozzy tinha ao seu redor por causa do programa de TV. Isso, com certeza, seria diferente".

As emoções conflitantes em seu rosto quando recebeu a oferta ficaram evidentes no filme. Rob colocou a cabeça entre as mãos e balbuciou: "Não sei o que dizer", quando informaram que ele receberia "um adiantamento" de um milhão de dólares só por entrar na banda. "Havia toda essa mística sobre como eles eram o Metallica do mal. Não vi isso. Na verdade, no começo, não identificar esse Metallica do mal me deixou até meio desconfortável." A entrada de Rob Trujillo "teve um efeito calmante na banda", observou Alexander Milas. "Ele não era um vira-lata. Tinha um pedigree incrível. Rob não ficou deslumbrado com o Metallica. E contribuiu muito. Ele se descrevia como 'um guerreiro samurai com uísque', o que acho que pode resumir bastante sua presença de palco. É muito divertido assisti-lo. Um baixista eletrizante — quantos desses se pode nomear?"

Quando, no final de *Some kind of monster*, James descobriu os planos de Towle de trazer sua família para San Francisco e depois acompanhar a banda durante a turnê, ficou preocupado se o bom doutor "não estava achando que havia se tornado parte da banda". Tentando discutir isso com ele, criou um dos momentos mais constrangedores, num filme repleto de situações desse tipo, e o terapeuta demonstrou seu mal-estar diante de qualquer sugestão de que poderia ter prolongado demais sua presença e, ao fazer isso, apareceu mais cheio de conflitos e carente do que Jason. Ele falou que tinha "visões" como "orientador de desempenho" e que precisava garantir que o baixista era o "correto".

Assistindo ao filme cinco anos depois, Lars me contou: "Eles começaram a nos filmar no estúdio e de repente a coisa toda explodiu, depois se transformou em algo bem diferente. Então, tenho orgulho de termos permitido que continuassem e de não termos impedido nada. Meio que criou vida própria, e

Joe e Bruce sentiram que presenciavam algo especial com suas câmeras e nos pediram para confiar neles e seguir na onda porque sentiam que havia algo único acontecendo. E confiávamos o suficiente nos dois para deixar que fizessem seu trabalho. De algum modo, havia um aspecto bastante liberador nisso. Porque depois que você se liberta até um ponto, consegue parar de ser tão autocentrado... logo deixou de ser nós e eles para se tornar uma coisa só".

Isso realmente ajudou no processo pelo qual estavam passando?

"Acho que é possível afirmar que as câmeras, com alguma ajuda da terapia que estávamos fazendo para resolver nossos problemas, nos ajudaram a não filtrar ou nos censurar... havia uma vulnerabilidade complementada pela presença das câmeras naqueles momentos em que dizíamos tudo o que estávamos pensando e sentindo." Ele riu, ainda consciente de quão "nus" todos tinham se permitido ficar.

Também conseguimos ver bem de perto a tortuosa concepção do mais controverso, certamente o mais difícil de ouvir, de todos os discos do Metallica. Entre a raiva e as frustrações, as traições e os problemas emocionais, as músicas de *St. Anger* refletem a briga pessoal de Lars com o Napster, a perda de Jason, o fantasma de Cliff e as pessoas que tinham se tornado, no Metallica, conflituosas, estressadas, muito ricas e, de repente, com dúvidas imensas. No aspecto musical, o resultado está longe de ser bom. Não há solos de guitarra, a bateria tem som de máquina, como se uma bigorna estivesse sendo martelada. E não há nenhum momento mais tranquilo, nenhuma balada, nenhum instrumental, nenhum ponto de fuga para o turbilhão temeroso de guitarras loucas, baixo estilingado e vocais doloridos. Analisando faixa por faixa, algumas, como "Dirty window", "Invisible kid" e "Shoot me again" podem estar entre as mais duras e honestas que a banda produziu desde o desfigurado, mas direto, *Justice*, quinze anos antes; com certeza, são mais originais e profundas que a sem graça "I disappear", que as precedia. No geral, entretanto, *St. Anger* soa como deveria: é uma pílula amarga de engolir. "I'm madly in anger at you!" [Estou com uma raiva louca de você!], grita Hetfield na faixa título; "My lifestyle determines my deathstyle" [Meu estilo de vida determina meu estilo de morte], afirma honesto em "Frantic". Quando a última faixa, "All in my hands", termina com seu grito repetitivo, "Kill, kill, kill, kill!", o silêncio nos faz pensar.

Concebido em grupo, nem mesmo a banda gostou de tudo no álbum. De acordo com Kirk, só quatro músicas tiveram quatro votos (incluindo o de Bob) para entrar no disco. A antiprodução de Rock pouco ajudou, as várias seções de cada música foram repassadas muitas vezes antes de serem cortadas e montadas no computador. Mais tarde, Kirk reclamaria de que tinha gravado mais de cem partes de guitarra no curso da gravação, mas não tinha ideia se seriam usadas, nem por que a maioria tinha sido descartada. Rob Trujillo, ele acrescentou, não era o único que tinha de aprender as canções do zero antes de poder tocar ao vivo. David Bowie e Brian Eno fizeram algo parecido no passado, o U2 e o Radiohead também. Mas isso era experimentação musical num nível desconhecido no universo da música pesada.

Para tentar amenizar um pouco a estranheza, *St. Anger*, lançado em junho de 2003, saiu com uma capa incrível desenhada por Pushead — a imagem de um punho com uma corda amarrada ao redor do pulso. Isso só serviu para confundir os críticos já hostis a essas tentativas conscientes de radicalismo. As críticas foram quase todas amargas. A *Rolling Stone* chamou de um "*mea culpa* para os fãs antigos já que o agora trio, sem Newsted, mais uma vez montou uma maratona de riffs complexos, dessa vez acompanhada por letras catárticas de um Hetfield sóbrio e protegido pela terapia. Mas há muitas coisas estranhas na produção — como um som de bateria que faz com que Lars Ulrich pareça uma criança de dois anos tocando em panelas com uma colher. E o pobre Kirk Hammett, o solista da banda que separou as brigas dos dois líderes por vinte anos, não é premiado com nenhum solo. Isso, sim, é algo que dá raiva". Para os que ouviam pela primeira vez, disse Alexander Milas, "*St. Anger* era uma confusão absoluta".

O diretor de marketing do Metallica disse a Kirk que o disco era "uma porra de um desastre comercial". Talvez ele estivesse certo. Apesar de ter chegado a número um nos Estados Unidos e em vários outros países, e número três no Reino Unido, no geral *St. Anger* vendeu metade do que *S&M* tinha conseguido e continua sendo, provavelmente, o disco menos popular da banda, menos ainda do que *Reload*. "Ainda me incomoda até hoje", contou o escritor e cronista de longa data do Metallica, Joel McIver, "porque a banda o apresenta como um símbolo de rebelião e um catalisador para a mudança, quando na verdade é somente uma coletânea de riffs bobos e letras pueris". Pela primeira vez desde *Master of puppets*, o Metallica não tinha o objetivo de fazer um disco que agradasse os fãs ou os críticos, mas que agradasse a eles mesmos; um disco que tivesse, para eles, um significado mais profundo. Em relação a isso, foram bem-sucedidos; *St. Anger* deveria ser visto, pelo público, sob uma ótica pessoal, semelhante à que se recorre para compreender outros discos controversos, como *Tonight's the night*, do Neil Young, *Low*, do Bowie, *Plastic Ono band*, de John Lennon; ou sob uma perspectiva tão feroz como a do demente *Funhouse*, do Stooges; tão autopiedosa quanto *In utero*, do Nirvana; tão desagradável quanto *Berlin*, do Lou Reed. Discos que refletiam as grandes crises pessoais que os artistas passaram, mas que todos, de primeira, acharam impossíveis de ouvir sem chorar ou jogar longe, furiosos por não cumprirem o papel de entreterem da maneira convencional.

"Tem [a ver com] uma profunda raiva contida dentro das nossas personalidades", disse Kirk. "Exploramos de maneira profunda a personalidade de cada um e descobrimos que há muita raiva acumulada da infância, algo para que fama, dinheiro e celebridade não funcionam como antídoto." Em *Kill 'em all*, "éramos jovens com muita raiva e agora somos homens de meia-idade com muita raiva. O que aconteceu em nossa infância é parte de fundação mental, e tratar isso de modo positivo é algo que descobrimos como fazer nos dois últimos anos, e esse é o som de *St. Anger*".

Será que expurgar sua raiva afeta sua criatividade?

"Consigo ver como alguém poderia ser surpreendido por esse medo de ficar sem criatividade", disse James. "Mas realmente não acredito nisso. A música foi um grande dom para mim, e descobri isso desde cedo, mas não preciso do álcool, não preciso de raiva, não preciso de serenidade, não preciso de nada disso para ser criativo." Tudo de que precisava, disse, era de "vida. "Passei um bom tempo tentando largar todo o resto: sexo, drogas, rock 'n' roll; chocolate está sendo uma luta brava hoje em dia, ou trabalho. Na reabilitação, vi tudo isso, pessoas levando certos comportamentos ao extremo a ponto de se tornarem vícios; qualquer atividade compulsiva que começou a arruinar suas vidas. Então qualquer coisa pode ser levada a esse extremo, mas estou confortável com o desconhecido e confio nisso, então a vida está preenchendo esse buraco. A vida e sua rotina são o melhor para mim."

A razão pela qual o disco parece tão fragmentado, me contou James, é a própria condição dos integrantes da banda naquele momento. "Para mim, *St. Anger* é diferente de todos. É mais uma declaração do que um disco para mim. É mais a trilha sonora para o filme, de certo modo. Isso é o que estava acontecendo na nossa vida, sendo documentado. Mas foi essa fragmentação que nos uniu. Então foi uma peça de quebra-cabeça bastante necessária para que chegássemos a este ponto, hoje."

Mesmo *Some kind of monster*, agora visto como um ponto alto na carreira da banda, atraiu críticas diversas quando foi lançado. No *Observer Music Monthly*, Charles Shaar Murray o classificou como "uma trombada repleta de momentos ridículos". O *Village Voice*, antes grande defensor da banda, descreveu o filme como "duas horas e meia de besteiras defendendo quão 'importante' é o Metallica e, pior, quanta 'integridade' eles têm". Com o passar dos anos, o documentário, visto como bajulador, provou ser um convite para a história do Metallica direcionado a pessoas novas, mais que seus discos. Como toda boa arte, seu apelo provou ser universal: você não precisa conhecer o Metallica ou gostar de heavy metal para entender o que está acontecendo ali, nem para ficar chocado ou impressionado.

"É engraçado", disse David Ellefson, "porque assisti a *Some kind of monster*, e as pessoas comentavam alarmadas o fato de eles terem contratado um terapeuta. E eu pensei: porra, dá um tempo! [No Megadeth] tivemos, tipo, *quatro* terapeutas! Eu já estive nessa situação, já fiz o mesmo, vivi esse filme. Na verdade, essa é uma das coisas nas quais *ganhamos* do Metallica. Ganhamos deles em terapia de grupo!".

Alexander Milas considerou: "Lembro que quando assisti pela primeira vez foi emocionante. O Metallica, naquele ponto, tinha se tornado um saco de pancada, para mim, como jornalista, mas também como fã, sempre repetia o mesmo: oh, era muito melhor antes do Álbum Preto, foi quando tudo acabou, com Cliff. De repente, eles estavam se revelando como seres humanos, com defeitos e emoções. E eu meio que voltei a gostar de Lars Ulrich. Ressuscitou meu amor pelo Metallica, como uma banda do presente, e não como uma relíquia dos anos 1980. Ao mesmo tempo, fiquei bem chocado por terem feito o filme. Era quase como se estivessem cometendo um ato de suprema penitência para seus fãs".

No entanto, para James Hetfield, era bem mais do que isso. Antes dos eventos mostrados no filme, "as coisas não estavam funcionando para mim; a rotina na banda afetou tudo que estava ao nosso redor". Não era tão simples sair da reabilitação e esperar que a vida voltasse "ao normal". A partir desse ponto, não havia "normal". A vida dentro e fora do Metallica seria "uma obra em construção". Ele adorava estar no Metallica, mas não era mais o cara de vinte e poucos anos que apertava peitos e bebia vodca, com cabelo comprido despenteado e camiseta do Misfits manchada de cerveja. Tinha permitido que o verdadeiro James Hetfield desaparecesse. A partir de então queria que ele voltasse: "Não só dentro da banda ou na turnê, mas em casa. Tentei escapar dessa sensação, mas não importava para onde fosse, seria identificado como aquele cara do Metallica, e, por mais ridículo que parecesse, assumi isso. Meio que me submeti a isso e estava dando autógrafos quando queria jantar com meus filhos ou tirando fotos quando estava de férias. Mas não precisava fazer isso. Qualquer ser humano diria: 'Pode me deixar em paz por um segundo?'. E, apesar de toda essa atenção, eu me sentia solitário e perdido, e havia muita negação também. Aconteceu por uma razão e trago do passado coisas boas, porém encontrei um novo amor pela vida sendo eu mesmo, e não o cara do Metallica".

Foi uma pena que Jason tenha precisado sair para que tudo entrasse nos eixos. "Acho que se Jason tivesse aguentado mais dois ou três dias, em vez de sair daquela reunião dizendo: 'Estou fora, não tem discussão', tudo teria sido bem diferente na banda", disse Kirk. "Foi um enorme aprendizado e algo que Jason iniciou para todos nós. Ele foi o sacrifício para nosso crescimento espiritual e mental, bem como para nosso crescimento criativo, e isso é uma merda. É medieval."

Catorze
O novo preto

Foram anos depois, quase outra vida, mais de uma, e estávamos os dois batendo papo, repassando os mesmos acontecimentos como só dois velhos profissionais poderiam fazer, levando tudo numa boa. Ele estava em forma — quando não esteve? —, e eu também. O artigo, não mais para a Kerrang!, *mas para o* Times, *tampouco era sobre o novo disco, mas sobre a recessão e como o rock tinha voltado a crescer por causa disso. Era novembro de 2008, e os bancos mundiais estavam à beira do colapso, mas o Metallica estava de volta melhor do que nunca. As duas coisas poderiam, de algum modo, estar ligadas? Nenhum de nós acreditava por um segundo nisso, claro, mas é o que o jornal tinha pedido, e como queríamos fazer algo com essa pauta — uma boa promoção para ele, um belo perfil para mim —, entramos no jogo. Éramos figuras eminentes em nossas áreas, jogando conversa fora e sendo bem pagos por isso enquanto o resto do mundo enfrentava um inferno nos caixas eletrônicos quebrados.*

O que realmente me impressionou depois foi como eu tinha ficado surpreso, só por um momento, ao perceber quanto ele tinha esquecido de mim... de nós — assumindo que já existiu um "nós".

"Ei", ele tinha dito no começo, seu agradável sotaque ainda intacto, apesar de mais americanizado pelos anos, como era de esperar, "quem imaginaria aquela vez em Miami, travados, que a próxima vez que nos encontraríamos teríamos, somando nós dois, seis filhos?".

Ele falava sobre aquela noite no Monsters of Rock em 1988, em seu quarto de hotel, ouvindo aquelas horríveis mixagens iniciais de Justice. *Tínhamos conversado muitas vezes desde então, nos encontrado em lugares diferentes — Tóquio, Los Angeles, Londres, batido papo pelo telefone, jantado com amigos —, e fiquei ofendido por ele só se lembrar daquela noite distante, dominada pelas drogas.*

Aí, pensei em onde ele esteve nesse ínterim, as turnês de dois anos, as mansões de 15 milhões de dólares, a segunda ex-esposa e as amantes que nem conheci, a coleção de arte tão preciosa e vasta que tinha de ser mantida escondida num cofre com ar condicionado em algum lugar do deserto da Califórnia, antes de ser vendida, ou "transmitida", como ele diz agora — uma dessas expressões frescas que os muito ricos usam para descrever algo que o resto das pessoas luta para compreender. Os drinques com Courtney Love, as partidas de tênis com John McEnroe, os casos nos tribunais, os conselheiros pessoais e os acordos de merchandising *rendendo zilhões de dólares, as eternas ligações de celulares. Merda sempre acontece, onde você estiver e com quem estiver, mas parece que é pior quando você é Lars Ulrich, o cérebro por trás da banda de metal mais pesada de todas.*

"É", eu falei, "quem poderia imaginar..."

A verdadeira reabilitação do Metallica começou na estrada. A turnê Madly in Anger with the World teve início oficialmente em 30 de abril de 2003, quando fizeram a primeira apresentação com Rob Trujillo durante a gravação de um clipe para o single "St. Anger" na prisão de San Quentin. Um vídeo incrível, não menos pelo pequeno discurso que James dá aos presos com cara ameaçadora antes do começo da filmagem, que não se vê no clipe finalizado, mas que aparece em *Some kind of monster*, mesmo sendo difícil não ver isso como algo artificial; tudo parte da campanha de marketing para provar que tinham passado a fase de maquiagem asquerosa e de beijos entre homens e voltado para a fase barra-pesada. Exceto, claro, que os caras do Metallica nunca foram barra-pesada: Ulrich era um moleque de classe média que tinha identificado uma grande chance e lutado para conquistá-la, de maneira total e sem nenhuma vergonha; Hetfield, a personificação do mágico de Oz, um coração pequeno que batia rápido escondido atrás de uma máscara assustadora, equilibrando-se e rezando para que ninguém conseguisse ver quem ele era de verdade; Hammett, o eterno sossegado que conseguia manter a cabeça baixa no fogo cruzado entre os líderes sem nunca perdê-la de vez, mesmo que isso significasse acabar um pouco chamuscado na maior parte do tempo. O único que ostentava uma visão ligeiramente ameaçadora era Trujillo, e mesmo ele não tinha vindo das ruas; era só aparência. Como Alexander Milas disse: "Desculpe, mas não há nenhuma credibilidade numa banda fazendo algo parecido com isso [o vídeo da prisão]. Como dá para acreditar numa banda de metal que passa hidratante? Não dá para acreditar".

Mesmo assim, é preciso ter coragem, como James, para dizer a um bando de caras musculosos, carecas e tatuados: "Raiva é uma emoção contra a qual lutei a maior parte da minha vida". Estavam, pelo menos, tentando restabelecer sua identidade musical e levar a sério o vídeo de "St. Anger", e essa foi a atitude mais contundente do Metallica desde "One", quase quinze anos antes. Uma semana depois, foram homenageados no programa tributo *Icons* da MTV, em que bandas de metal contemporâneas, que inclusive já os tinham enfrentado por causa do Napster, como Korn e Limp Bizkit, mostraram seu respeito. Foi outra oportunidade significativa de reencontro com o público. O Metallica também tocou ao vivo, o primeiro show com Rob e o primeiro desde o retorno de James da reabilitação. "Queremos espalhar esse novo desejo de viver", ele contou à *Rolling Stone*, fazendo o melhor para soar confiante. "Há uma nova força no Metallica que nunca existiu antes. Ainda há partes temerosas também. Mas estou muito bem. E tenho muito orgulho das novas músicas. Acho que fizemos algo no qual não tiramos o pé do acelerador."

Eles sabiam que o verdadeiro teste, no entanto, aconteceria quando voltassem à estrada. James, em especial, estava ansioso, aterrorizado pela possibilidade de uma recaída, desfazendo dois anos de trabalho que já tinha completado. Assim como no estúdio, haveria novas regras acordadas entre todos; a mais importante relativa ao comportamento dos que lidavam com o vocalista, mais do que o próprio Hetfield. Quer dizer, os outros podiam beber, fazer o que quisessem, mas deveriam estar conscientes disso e fazê-lo longe de James nos bastidores. "Kirk, Trujillo e eu ainda podemos tomar todas, pode acreditar", garantiu Lars. "Não tem problema. James foi compreensivo em relação a isso. Ele não dá sermões, nem policia ou ataca os outros." Ficar sóbrio na estrada "foi ótimo, mas assustador ao mesmo tempo", disse James. Ele se perguntava: "Quantas horas tinha perdido sentado num bar em algum lugar conversando com pessoas que nunca reencontraria?". Em vez disso, tentava ver aquilo tudo como "se estivesse fazendo sua primeira turnê", passeando e descobrindo coisas sobre os vários lugares no mundo, em vez de tratar tudo como um borrão bêbado sem forma, como fizera no passado.

Para se soltar um pouco, o Metallica realizou quatro apresentações para membros do fã-clube no Fillmore Theater de San Francisco (antes conhecido como Fillmore West). Em junho, a banda estava de volta à Europa, à frente de festivais, a primeira vez em cinco anos. Apesar das exigências iniciais de James de que "não faria turnês de dois anos", a turnê mundial Madly in Anger durou dezenove meses, com shows lotados até a data final em San Jose, Califórnia, em 29 de novembro de 2004. Foram feitos intervalos nesse período, para permitir que James e os outros voltassem para casa e ficassem com a família. Mas em todos os outros aspectos, para o mundo exterior, parecia que tudo tinha voltado ao normal. Em Paris, fizeram três shows em três casas diferentes num único dia.

As críticas negativas ao disco foram melhoradas aos olhos do público pela recepção que *Some kind of monster* recebeu depois da estreia no festival de Sundance em fevereiro de 2004. "Ouvimos muitos colegas de outras bandas falando sobre quantas vezes viram o filme e quanto se identificaram com ele", me contou Lars. "Foi mais bem recebido pela indústria do cinema do que pela musical, [e] na indústria musical foi mais bem recebido pelos colegas do que por desconhecidos. Acho que muita gente sentiu que era informação demais. Outros ficaram um pouco irritados. Mas os amigos e os caras de outras bandas elogiaram bastante e conseguiram se identificar com a maior parte do filme."

No mesmo mês do Sundance, o Metallica ganhou outro Grammy de "Melhor Performance de Metal", dessa vez pelo single "St. Anger". Naquele verão a banda participou pela segunda vez do festival em estádios US Summer Sanitarium, com o Linkin Park e o Limp Bizkit como bandas de abertura, proporcionando o aval da galera mais moderna. Rob Trujillo assumiu tudo isso em seus ombros gigantes. "Ignorei a mídia e até os fãs. Falei para mim mesmo: 'Serei o Robert de sempre [e] darei 100% da minha capacidade'." Mais fácil falar do que fazer, ele admitiu mais tarde. "Foi intenso. Precisei aprender todo o repertório, 22 anos de música. E precisei aprender o *St. Anger*." Ele também teve que lidar com as relações complicadas, esticar-se como uma teia pelo palco entre os três membros principais. "É preciso saber como se equilibrar entre cada um", disse de maneira diplomática, "porque são muito diferentes".

Em 2005, eles descansaram durante o ano todo, a primeira vez que fizeram isso de modo voluntário desde 1994, a paz só interrompida em novembro, quando concordaram em aparecer como convidados especiais dos Rolling

Stones, o único grupo para o qual o Metallica ficou feliz em abrir, em dois shows enormes no estádio AT&T Park em San Francisco. Para uma banda baseada em unidade e intimidade, na importância de manter o grupo mais forte do que os indivíduos, os três membros que tinham tocado em todos os discos do Metallica também falaram sobre a necessidade de expressar individualidade; procurar solidão quando a turnê acabasse ou quando encerrassem uma gravação. No fundo, ainda eram caras solitários, mesmo se estivessem, cada um a seu modo, tentando integrar a vida familiar ao grupo.

James tinha se estabelecido definitivamente em sua nova casa com Francesca e as crianças, após o nascimento da terceira filha, "meu anjinho", Marcella. Pela primeira vez, ele tinha participado do parto, cortando o cordão umbilical: "Minha filha foi quem nos juntou de novo". Ele não saía mais para caçar: "Não sinto mais necessidade de matar coisas só pelo prazer de matar". Sua casa ainda estava cheia de cabeças de animais que ele tinha caçado, incluindo um porco-do-mato, um antílope e um búfalo de mais de setecentos quilos, que precisou de quatro tiros de rifle para desabar. Para ter adrenalina, James agora preferia dirigir a "240 quilômetros por hora no carro". Certo de que tanto ele quanto o Metallica eram mais fortes por terem sobrevivido aos altos e baixos, falou: "Passei a maior parte da vida tentando evitar brigas, ou bebendo até esquecê-las ou me escondendo delas, mas ser capaz de enfrentá-las e resolvê-las e saber que você vai crescer depois de atravessar o fogo e tudo vai ficar bem, todas essas coisas sobre as quais conversamos — Napster, Jason, reabilitação — nos deixaram mais fortes como pessoas e como banda. Gravitamos um em direção ao outro e percebemos a gratidão que sentimos por estarmos vivos e no Metallica".

Lars, enquanto isso, vivia com a atriz dinamarquesa Connie Nielsen, que tinha conhecido durante uma das paradas na Madly in Anger no final de 2003. Eles mais tarde teriam um filho, Bryce Thadeus Ulrich-Nielsen, nascido em San Francisco em 2007, que se juntou a Myles e Layne, do casamento de Lars e Skylar, e Sebastian, de um relacionamento anterior de Connie. Graças à combinação de Metallica, Napster e *Some kind of monster*, Lars havia se tornado tão conhecido nos Estados Unidos que chegou a participar de uma edição especial de celebridades do programa *Who wants to be a millionaire*, no qual arrecadou 32 mil dólares para a Haight Ashbury Free Clinic (que oferece cuidados primários para viciados em drogas e pessoas com problemas mentais). Depois de vender a maior parte da sua coleção de arte, Lars voltou a colecionar. Como ele falou: "É uma das áreas na qual posso ser eu mesmo. Não tem nada a ver com ser o baterista de uma banda de rock. Sou aceito pelo que sou nos círculos de arte. Adoro ir a ateliês, galerias e leilões". Era seu "santuário". Falando comigo nos bastidores em Glasgow, em 2009, explicou o tipo de arte que estava comprando na época: "Compro mais pinturas que outras coisas. Gosto mais pinturas que de esculturas. Muita arte contemporânea tem mais a ver com a ideia do que com a execução. E estou bem mais interessado na execução que na ideia. Estou interessado naqueles momentos entre o pintor e a tela, mais que em como alguma ideia pode ser sensacional... Pollack, De Kooning, Rauschenberg, Jasper Johns, Rothko, Gorky. E depois alguns europeus, como [o pintor e escultor Jean] Dubuffet. Mas principalmente pintores...". Ele até começou a pintar, apesar de não ser "nada muito sério. Confie em mim! Paul Stanley e Ronnie Wood não precisam se preocupar!", ele riu.

Kirk Hammett também estava desfrutando a vida doméstica, vivendo no bairro Pacific Heights, em San Francisco, em sua mansão gótica repleta de ambientes em madeira escura, opulentos crucifixos e animais empalhados, com a esposa havaiana Lani e o filho, Angel Ray Keala, nascido em setembro de 2006, bem como os cães Darla e Hoku e vários gatos. (Eles teriam um segundo filho, Vincenzo Kainalu, em junho de 2008.) Tinham se conhecido no auge da era *Load*, e, apesar de passarem algum tempo no rancho, andando a cavalo ou surfando, Kirk ainda era o mesmo cara que gostava de ficar em casa, queimando incenso, como antes. Ele também tinha se tornado um colecionador de *memorabilia* de velhos filmes de Hollywood. Ainda adorava ler HQs, velhas e novas. "Ainda gosto muito daquelas coisas, sim", ele me contou em 2009. "Não acho que vou me cansar disso. Ainda adoro ler essas HQs, assisto a filmes de terror, compro brinquedos. Ainda sou o mesmo cara; só tenho mais dessas coisas." O *Frankenstein* original, de 1931, continua sendo seu favorito. "Mas há um empate entre *Frankenstein* e *A noiva de Frankenstein*." Seu livro favorito é *O livro tibetano dos mortos*. Ele pratica ioga e lê filosofia budista. "Os ensinamentos budistas ecoam forte em mim." Crê na lei cármica, é vegetariano;

sua bebida favorita não é mais cerveja, mas champanhe. "Clássica, sim", ele riu. E, claro, raramente passa um dia sem tocar guitarra.

Na música, o que selou o acordo de reabilitação da banda com o público foi a decisão deles de transformarem suas aparições nos festivais de verão de 2006 numa celebração dos vinte anos de *Master of puppets*, tocando o disco completo pela primeira vez, faixa por faixa. O Metallica entrava no nicho de rock clássico um pouco tarde, mas como então estava ali, queria ganhar o máximo com isso, como sempre. Falando com Kirk na época, ele descreveu *Master* como "meu disco favorito do Metallica. Senti que conseguimos nos impor como banda e como pessoas, e isso começou com *Master of puppets*. E só terminou porque perdemos um caro amigo e tivemos que nos reconstruir e recomeçar". Olhando para trás, ele falou, sentia que *Master* e o Álbum Preto ainda eram os melhores discos da banda: "Tínhamos essa visão. Em *Master*, só queríamos fazer o disco mais pesado e consistente que pudéssemos; com o Álbum Preto tinha mais a ver com espalhar o evangelho do Metallica e ser pesado ao mesmo tempo". Foi a realização de *Master* que trouxe mais lembranças, porque "foi um tempo incrível para nós. Estávamos colocando todas as notas corretas nos lugares corretos. Mas não tínhamos o objetivo de fazer algo que aguentasse o teste do tempo por vinte anos. Isso não estava em nosso radar. Só queríamos fazer o melhor disco que fosse possível na época. Só focamos nisso e mandamos ver. E sempre sentimos que se déssemos o máximo e mesmo assim não saísse como queríamos, pelo menos poderíamos dizer que havíamos tentado. Essa foi nossa atitude. Para ser franco, fico espantado por soar tão atual. Ouvi outro dia, só para recordá-lo antes de conversar com você, e meu pensamento foi: se *Master* fosse lançado hoje, não ficaria atrás dos discos mais recentes em termos de som, qualidade, gravação, conceito. Ele ainda é relevante hoje. Mesmo as letras que James escrevia na época ainda são relevantes. A música, os sons, a atitude, a proposta, tudo é relevante porque as pessoas ainda usam as técnicas que nós criamos. Estávamos conscientes do quanto as pessoas esperavam de nós. Éramos uma banda diferente, uma banda extrema, e estávamos conscientes do fato de que tínhamos um som bastante único e determinados a expandi-lo. E tudo veio direto sobre nós...".

Chamada de Escape from the Studio 06 Tour (em referência ao estúdio onde estiveram trabalhando em ideias para o próximo disco), eles tocaram pela primeira vez todo o disco no gigantesco festival Rock am Ring na Alemanha, em 3 de junho. Incluindo as primeiras apresentações completas de "Orion" (no passado, só trechos da seção intermediária tinham sido tocadas como parte do solo de baixo de Jason ou como passagens instrumentais espontâneas em outras músicas). Assim como o *Master* inteiro, era notável que apenas uma música, "Fuel", da era *Load/Reload* fosse incluída e nenhuma de *St. Anger*. As três músicas de sempre do Álbum Preto — "Enter Sandman", "Nothing else matters" e "Sad but true" — formaram a base do bis, e as três de sempre de *Ride the lightning* ("Creeping death", "For whom the bell tolls" e "Fade to black") foram tocadas no começo do show. Além disso, apenas "One", de *Justice*, e "Seek and destroy", de *Kill 'em all*, com Kirk tocando sua guitarra Boris Karloff; James com um cavanhaque extracomprido; Lars, com menos cabelos mas com a energia ainda alta; Rob fazendo caretas em "Orion" enquanto canalizava o espírito de Cliff. Foi um espetáculo incrível que seria repetido naquele mesmo mês no festival Donington na Inglaterra, agora renomeado como festival Download, e mais uma vez nas datas remanescentes na Irlanda, Estônia, Itália e, em agosto (depois de outra parada), nos dois shows no Japão e na apresentação final climática no Olympic Main Stadium em Seul, Coreia do Sul, em 15 de agosto.

Enquanto isso, a portas fechadas, havia planos para um retorno ainda mais surpreendente e astuto às suas raízes com o disco seguinte. No meio do caminho da gravação de *St. Anger*, Phil Towle tinha dito para eles: "Todo esse trabalho que estão fazendo agora não é para este disco, é para o próximo". E era verdade. Analisando a situação com sabedoria, a banda tinha saído do limbo e decidido não incluir Bob Rock no novo projeto. Por coincidência — ou talvez não —, havia uma petição on-line com mais de 20 mil assinaturas virtuais de fãs pedindo que o Metallica não contratasse Rock como produtor. Seu crime: muita influência sobre a música da banda. Ou, para ser mais preciso, ele foi o bode expiatório por todos os anos de mudanças na fórmula; culpado pelos cabelos curtos, a maquiagem e as cenas inquietantes de dúvidas e terapia em *Monster*. Era como se ele nunca tivesse sido perdoado por ser o cara que entrou e transformou o Metallica de uma lagarta thrash metal numa borboleta do rock comercial, com as vendas multimilionárias do Álbum Preto. Alguém precisava levar a culpa por *Load* e *St. Anger.* Rock parecia despreocupado com a questão em público, sem mostrar seus próprios sentimentos, dizendo apenas que a petição era dolorosa para seus filhos. "Às vezes, mesmo com um grande técnico, um time continua perdendo", ele disse, desculpando-se. "É preciso ter um pouco de sangue novo."

A banda concordava e em fevereiro de 2006 anunciou que o próximo disco do Metallica seria produzido por Rick Rubin. Os fãs de metal comemoraram. Rubin era o homem que tinha contratado o Slayer e produzido *Reign in blood*, ainda visto como o maior disco de thrash metal de todos. Mas apesar de as credenciais de Rubin ser impecáveis, o verdadeiro motivo pelo qual foi eleito tinha mais a ver com sua mais recente e sólida reputação de produtor *da moda* que tinha reconstruído sozinho a carreira de Johnny Cash, salvando-o do ostracismo em que tinha caído, com a série de discos *American recordings*, que transformou a sorte do cantor, artística e comercialmente, nos anos 1990, a ponto de Cash ser muito mais famoso na época da sua morte, em 2003. Rubin tinha acabado de fazer um trabalho idêntico com Neil Diamond e seu incrível disco de retorno *12 songs,* lançado em 2005, resgatando um compositor que tinha sido muito famoso do seu purgatório criativo em Las Vegas, onde era desprezado pela mídia. Essa faceta de Rubin não podia ser ignorada. Nem, indo mais direto ao ponto, que, ao mesmo tempo em que tinha ajudado Cash a retomar sua carreira, Rubin havia feito um trabalho parecido com o AC/DC, insistindo que a formação original fosse restabelecida antes de conduzi-los durante a gravação do melhor disco da banda nas últimas décadas, *Ballbreaker*, de 1995.

Um homem grande, sempre vestido com camisas largas e calças cáqui camufladas, com a longa barba desgrenhada, os óculos escuros e a forma roliça como marca registrada, Rubin lembra um Orson Welles mais hippie, e sem dúvida há algo de diretor musical nele. Sua voz é calma e sempre reconfortante; muitos dos artistas com quem trabalhou o chamavam de O Guru. Rubin gostava de ir descalço às reuniões, abraçava uma filosofia zen de vegetarianismo e lei cármica, segurava um terço budista formado por contas de lápis-lazúli enquanto falava, fechava os olhos e balançava para a frente e para trás em silêncio enquanto ouvia a música, antes de pronunciar julgamentos.

A música se tornou uma paixão desde que Rubin era um adolescente judeu e gordo em Lido Beach, Long Island, Nova York. O mais interessante, considerando a carreira que ele desenvolveria, é que amava Beatles, mas "nunca gostou dos Stones". Sem importar o gênero musical — do heavy metal ao country, do hip hop ao pop, e trabalhou com todos em algum momento —, o mais relevante sempre foi a força das canções, ele dizia. Daí suas inspiradas sugestões a Cash, então com quase setenta anos, para fazer covers de músicas como "Hurt", do Nine Inch Nails, "Personal Jesus", do Depeche Mode, e "Rusty cage", do Soundgarden. (Também sugeriu que Cash tentasse "Addicted to love", de Robert Palmer, mas era um experimento demasiado pós-moderno para o sexagenário.) "Não tenho nenhuma formação, nenhuma habilidade técnica", insistia Rubin, apesar de saber tocar guitarra e conhecer muito bem os estúdios de gravação, "só tenho essa capacidade de ouvir e ajudar o artista a fazer o melhor possível a partir da perspectiva de um fã".

Ao longo da carreira, Rubin produziu discos cruciais para a carreira do Beastie Boys (*Licensed to ill*), LL Cool J (*I need a beat*), The Cult (*Electric*), Red Hot Chili Peppers (*Blood sugar sex magik*) e muitos outros. Apesar desse currículo, em que misturou rock com rap — assim como o sensacional trabalho com o Beastie Boys e LL Cool J, Rubin também foi o produtor responsável por "Walk this way", o primeiro grande sucesso a fundir rock e rap, para o Run-DMC e o Aerosmith em 1985 —, a primeira paixão de Rubin foi o rock e o heavy metal. Trabalhar com o Metallica seria uma oportunidade única para trazer todo o considerável talento à mesa.

"Ele sempre pensa no quadro mais geral", contou Lars sobre as primeiras sessões com Rubin. "Não analisa o andamento da bateria ou diz para James tocar algo em fá sustenido. Ele se preocupa mais com a sensação: todo mundo está tocando junto? Rick é um cara que sente a vibração." Ou como Rubin explicou: "O som correto encontra seu caminho. Muito do que faço tem a ver com apresentar e ouvir esse som correto". Rápido em elogiar, ele também é rápido em criticar. "Não tem muitos tons de cinza com ele", contou Lars. "Ele fala o que pensa. Ou algo é ótimo ou uma porcaria."

Rick conhecia Lars, James e Kirk havia anos, mas nunca tinham trabalhado juntos antes, e os integrantes do Metallica não conheciam os métodos dele. "Imaginem que vocês não são o Metallica", Rubin disse logo no começo. "Não precisam tocar sucessos, apenas criar material para tocar numa batalha de bandas. Como seria o som?" Esse foi um posicionamento, decidiu James, que deu "foco" instantâneo ao projeto. De acordo com Lars, "Rick disse que queria fazer o disco definitivo do Metallica". Para Rubin — um verdadeiro fã de metal que já rechaçou a oportunidade de trabalhar com Ozzy Osbourne, ele me contou, "porque só estou interessado em fazer um disco clássico do Black Sabbath que tente recapturar aquela era dourada" —, esse foi o código para fazer um disco do Metallica que só se pensava ser possível durante a era de Cliff Burton. Ou como disse Lars: "Sempre que havia uma bifurcação no caminho, o comentário comum era: 'Em 1985, teríamos feito isso'". Rob Trujillo, de sua perspectiva sempre mais pé no chão, apontou o fato de que Rubin insistia que eles sempre ficassem de pé no estúdio enquanto tocavam "e agitassem, como se estivessem no palco".

O produto final, como prometido, remete de maneira explícita aos discos da banda dos anos 1980 — atualmente, uma geração depois, considerados clássicos do gênero —, até mesmo na escolha, típica do período anterior aos CDs, de colocar dez faixas. Tirando uma, todas tinham mais de seis minutos, outro sinal claro do foco do disco, e estavam creditadas aos quatro membros, algo que *não* acontecia na década de 1980. Qualquer esperança de que esse pudesse ser algum tipo de retorno à era dourada do Metallica é extinta, no entanto, com a dupla de abertura: "That was just your life" e "The end of the line". Entre as duas, as cruéis semelhanças: têm mais de sete minutos de duração; bebem na fonte de *Ride the lightning*, pelo menos na primeira audição; podiam ser esquecidas minutos depois de terem vibrado seus previsíveis finais, como a maioria do disco, na verdade. Isso não quer dizer que faixas como "Broken, beat & scarred" (mais de seis minutos) ou "The day that never comes" (quase oito) não sejam gravações sólidas típicas da banda: a última se assemelha a uma experiência de *Load* misturada com *Justice*, começa calma e depois, na metade, explode numa loucura *à la* Iron Maiden; a primeira é um pouco mais convencional, apesar de mais bem mixada, mas parece saída de *Justice*, até mesmo no solo de guitarra tirado de "One". O problema é que deixam na memória poucas lembranças depois de ouvi-las, ao contrário do efeito de "Creeping death" ou "Leper messiah" nas primeiras vezes que as escutamos.

A música com o pavoroso título de "All nightmare long", outro épico thrash com mais de oito minutos, visto do prisma dos valores de produção modernos de Rubin, é a melhor faixa do disco, marcada por James descendo a mão na guitarra com ferocidade genuína enquanto Kirk parece tirar o atraso nos solos que não pôde tocar em *St. Anger*, inserindo todos aqui. A formidável "Cyanide", que segue (mais de seis minutos), parece reunir o melhor de *Master* e *Load,* se isso é possível, e fica evidente que, pela primeira vez, desde os anos 1980, o Metallica permite que as músicas tenham liberdade, não como os grandes "movimentos" do passado, mas abandonando o padrão comercial que tinha adotado com Bob Rock. Nenhuma dessas faixas termina em *fade out*, mas, sim, de maneira mais brusca. O outro momento alto do disco é "The unforgiven III", um monólogo comovente ao piano, com cordas e metais, improvisado sobre a introdução atmosférica da original, desencadeando uma música de quase oito minutos que lembra "Nothing else matters" e "Orion", a única faixa lenta de um álbum determinado a completar o círculo em vez de quebrar o molde, incluindo a maior celebração de guitarras na porção final; uma música para ser amada ou odiada. Depois dela, no entanto, o disco cai bastante, começando com "The Judas kiss", mais oito minutos lembrando a banda que gravou "Sad but true" e "Disposable heroes", com mais solos frenéticos de Kirk que, em vez de deslumbrar o ouvinte, têm o efeito oposto de fazer com que se perguntem se não é um pouco demais.

Essa sensação chega a sua apoteose no momento mais egocêntrico — e, para ser sincero, embaraçoso —, que é a instrumental "Suicide & redemption" com quase dez minutos, cuja intenção era ser uma grande "The call of Ktulu" e poderia ter funcionado se não fosse tão longa. Única faixa que termina em *fade out*, é uma aposta segura que a maioria dos ouvintes pode preferir pular. Isso mostra as principais falhas do disco: a vontade de fazer dele algo simbólico demais e a direção muito anos 1980. A última faixa é a mais curta, apenas cinco minutos. "My apocalypse" reforça a tentativa de recriar a era dourada da banda, lembrando a faixa-título de *Master of puppets*, com um riff resgatado de "Battery". A pergunta inevitável: quem eles queriam agradar com isso?

Os fãs jovens demais para terem conhecido o som original à época dos lançamentos? O produtor cujo *modus operandi* pretendia capturar o espírito daquela era de auge? Ou talvez uma banda que se perdeu tanto em termos musicais que deseja apagar tudo e voltar ao que considerava tempos mais simples e sinceros? Ou, de modo mais cínico, ganhar o mercado de rock clássico como AC/DC, Iron Maiden e Kiss fazem, reforçando a nostalgia de um passado nem sempre compartilhado que cresceu de maneira desproporcional em relação a seu significado original? Ou queriam fingir que tudo depois do Álbum Preto não tinha acontecido e recomeçar do ponto em que as coisas ainda não estavam confusas, estranhas e fodidas?

Essa parecia ser a mensagem do Metallica quando James caracterizou as novas músicas como "o velho Metallica... mas com mais sentido" ou quando eles começaram a tocar a faixa título de *...And justice for all* nos shows. Kirk, enquanto isso, falava sem rodeios que o novo disco era "o sexto álbum da banda" em vez de ser o nono — quer dizer, a sequência do Álbum Preto, e não de *St. Anger*. Isso vinha de um dos principais incentivadores das mudanças musicais da banda na década de 1990.

Todas essas não seriam razões para não gostar do novo disco do Metallica. Se a maioria das letras parecia abordar a morte, isso tampouco era ruim. Nas palavras de J. R. R. Tolkien, "as melhores histórias humanas sempre tratam de uma coisa: a inevitabilidade da morte". O que, no final, desapontava não eram as músicas — sólidas tentativas de fazer o que já tinha sido o melhor deles, criar petardos thrash metal para a nação headbanger —, nem a produção de Rubin, que, apesar de sua reputação de valorizar mais a atmosfera do que a técnica, era rígido e polia bastante o som. A impressão que fica é de uma banda trazendo um produto bem definido e pensado com cuidado no mercado; algo que poderia ser perdoado se, como no caso do Álbum Preto (a primeira grande tentativa de fazer isso), houvesse resultado grandes músicas como "Enter Sandman" e "Sad but true"; ou, numa diração contrária, como no caso de *Load*, em que a determinação de subverter a imagem da banda se sobrepôs às músicas. Mas nesse, um disco que pretendia refutar essas noções em favor de um retorno para os velhos princípios de musicalidade e empenho artístico, o Metallica erra bastante o alvo.

Do som pesado da batida que abre o disco (como se o Metallica estivesse voltando devagar à vida, como na cena do filme *Frankenstein*, um dos favoritos de Kirk, em que o doutor grita: "Está vivo! Está vivo!"), até a capa estranha com a imagem frontal de um caixão — que seria repetida, apesar de terrível, durante a turnê mundial de dois anos na qual embarcariam para promover o disco —, sem falar no pior título entre todos, *Death magnetic*, uma referência oblíqua aos ídolos do rock que morreram jovens, como se fossem ímãs para a morte, é o Metallica seguindo uma fórmula batida. Thrash fácil, o som clássico da era dourada de uma banda que então produzia material com alguns problemas e poucas surpresas para os que, como eu, têm mais lembranças do que cabelo. Até o encarte, pedante, parece bastante mal pensado, parte da visão adulta de um desenho de criança, as letras das músicas parcialmente escondidas pelo corte em forma de caixão que está em todas as páginas e que torna ainda mais difícil decodificar porque estão dispostas de maneira aleatória, começando com a letra da última faixa (talvez não tão aleatória, afinal). O encarte também conta com fotos da banda feitas por Anton Corbijn, mas poderiam ter sido tiradas por qualquer um — poses estudadas de cada membro com jaqueta de couro contra uma parede granulada em preto e branco.

Nada disso impediu que *Death magnetic* se tornasse um sucesso colossal quando foi lançado em 12 de setembro de 2008, indo direto para a posição número um em 32 países, incluindo a Grã-Bretanha e os Estados Unidos — a primeira vez que isso acontecia desde *Load*, doze anos antes —, provando que os fãs do metal preferiam mesmo um Metallica da era dourada ainda que com padrão rebaixado a um Metallica pós-moderno, caçador de Napster e paciente de terapeutas. O disco vendeu mais de 490 mil cópias nos três dias seguintes ao lançamento nos Estados Unidos, fazendo com que fosse a única banda na história das paradas norte-americanas a ter cinco discos em primeiro lugar (quebrando o empate anterior com Beatles, U2 e Dave Matthews Band). As críticas foram generosas. O *New York Times* elogiou o disco por "composições que são sujas e complexas", enquanto a revista *Time* afirmou que "as músicas voam com a força da montanha-russa mais perigosa do mundo, e quando elas o colocam no chão, depois de sete ou oito minutos estonteantes, mas melodiosos, a única definição apropriada é vertigem". A reação básica foi a mesma, com a crítica da *Kerrang!* afirmando que o "Metallica mais uma vez soa como uma das bandas mais excitantes do mundo", zombando "da concorrência moderna [no metal]".

A chave para esse sucesso, Lars me contou alguns meses depois, durante a segunda rodada de shows no Reino Unido, "foi o momento certo". *Death magnetic* foi "uma reconciliação com o passado". Ele imaginava se era possível que a banda voltasse com tanto fervor a suas raízes thrash. "Mas sabia que, se isso acontecesse, seria algo natual. Não podia ser forçado." Isso tinha sido possível pela "combinação entre Rick Rubin, o vigésimo aniversário de *Master of puppets* e a maneira como nos [re]familiarizamos com aquele disco, voltando a tocá-lo inteiro, e nos sentimos confortáveis com isso; o elemento Rob Trujillo; o alinhamento dos planetas... De repente, tudo saiu natural, e parecia bom, certo e verdadeiro, com um pouco de insistência de Rick Rubin, que tentava nos convencer de que não precisávamos negar este nosso lado e blá-blá-blá".

Tinha muito a ver com a substituição de Bob Rock por Rick Rubin, James me contou mais tarde: "Acho que Bob tinha ficado confortável. Nós nos sentíamos muito confortáveis uns com os outros, em especial durante todo o processo emocional de *St. Anger.* Aprendemos tanto sobre o outro, estávamos tão próximos. Foi bom mudar, e acho que Rick Rubin é o exato oposto de Bob Rock. O fato de podermos compor, ajudar na pré-produção e participar sem que Rick Rubin nos vigiasse o tempo todo permitiu que fôssemos capazes de voltar a criar como banda, depois de todas aquelas experiências quase mortais do filme *Some kind of monster* e de *St. Anger*. Então, foi a coisa certa no momento certo. Não estou falando mal de Bob, de jeito nenhum, porque ele nos levou a um patamar a que nunca tínhamos ido antes. Aprendemos muito com ele". Mas aquilo, de repente, era diferente. Tinha de ser.

Velhos amigos tinham suas visões sobre o disco. Flemming Rasmussen descreveu *Death magnetic* como "um bom passo na direção certa", mas acrescentou: "Acho que eles deveriam ter me chamado. Se queriam fazer um disco como este, por que não me chamaram? Não é tão bom quanto *Ride* ou *Master,* com certeza, não". Perguntei se ele conseguia se ver trabalhando de novo com a banda. "Não tenho ideia. Espero que sim." Xavier Russell também ofereceu uma resposta cuidadosa: "Acho que é muito melhor que seus discos mais recentes. É meio que um retorno. Algumas músicas soam como antes de *Master of puppets*". O problema, disse X, é que "você o escuta inteiro e acha bastante bom. Depois de terminar, pensa: consigo me lembrar de algumas das músicas?". Geoff Barton afirmou: "Odiei a produção. Se estavam tentando reativar o espírito de 1986, eles fizeram um bom trabalho. Mas não acho que esteja tudo ali, para ser honesto. O estranho é ver que a banda completou um círculo e se tornou nostálgica". Quando Geoff entrevistou James por causa do disco, "[ele] estava muito nostálgico em relação aos dias de thrash. A *Metal Hammer* tinha acabado de produzir um especial sobre thrash, e ele tinha uma cópia, estava lendo e seus olhos quase se encheram de lágrimas".

O sucesso de *Death magnetic* se justificou por algo mais do que força ou as músicas. Teve a ver com o bom e velho marketing feito de maneira moderna, afinal não vale a pena um retorno se não há ninguém para ver. Meses antes de o álbum chegar às lojas, um novo site, www.missionmetallica.com, foi lançado, em antecipação à pirataria na internet (quase uma década depois do Napster, baixar músicas se tornou um hábito rotineiro) e para maximizar o interesse na compra de uma "cópia física" (vinil ou CD) do próximo álbum. Para começar, a banda oferecia aos visitantes do site amostras da gravação, incluindo contato com o produtor Rubin, e prometia alguns tesouros, como vídeos caseiros, cenas e fotos do trabalho no estúdio. Os 350 minutos de gravações atrairiam quase 10 milhões de visitantes de 161 países. Havia também uma entrevista exclusiva para o fã-clube, membros da Mission Metallica, como eram chamados, e o disco foi transmitido em *stream* um dia antes do lançamento mundial, possibilitando um boca a boca valiosíssimo entre a comunidade de internet. Os membros do Mission Metallica também receberam os primeiros ingressos da turnê que se seguiria. Além de tudo isso, os fãs ainda podiam interagir com a banda, que os convidou a postar vídeos em que eles mesmos estivessem tocando músicas do Metallica no YouTube, aos quais Lars assistia antes de postar seus próprios vídeos de agradecimento. O clip tinha recebido mais de 1,2 milhão de visitas na época do lançamento, uma semana depois. Para uma banda que tinha se posicionado, no começo da década, contrária à crescente influência da internet, o Metallica se estabeleceu como uma das bandas pioneiras na utilização da tecnologia disponível. Não importa os erros que Lars cometeu, não se pode dizer que ele não tenha aprendido com eles. E em pouco tempo.

Enquanto isso, fora do espaço virtual, o Metallica também bateu novo recorde por ter juntado a maior quantidade de rádios na história para uma transmissão "exclusiva", chamada de *The world premiere of* Death magnetic. O programa, promovido pela *FMQB* (a revista da indústria de rádio dos Estados Unidos), foi apresentado por Dave Grohl e Taylor Hawkins do Foo Fighters e trazia entrevistas com os quatro integrantes. Foi transmitido por mais de 175 estações nos Estados Unidos e Canadá. O primeiro single do disco, "The day that never comes", também foi lançado e chegou ao topo das paradas de rock, enquanto outras sete faixas do álbum entraram em outras três paradas: rock, rock alternativo e artistas contemporâneos, fato nunca visto antes. Foram feitas ações promocionais parecidas na Europa e no Reino Unido. A Radio 1 da Grã-Bretanha transformou 12 de setembro no Metallica Day e devotou todas as 24 horas a tocar músicas da banda e o novo disco, tendo como ápice a transmissão ao vivo de um show especial só para membros do fã-clube na O2 Arena de Londres. Um evento igual aconteceu em Berlim.

No entanto, o Metallica não conseguiu evitar problemas. Como sempre, a internet podia servir para confundir e conspirar. Em 2 de setembro, dez dias antes da data oficial de lançamento, uma loja francesa começou a vender cópias do disco. Em poucas horas, versões on-line tomavam conta das redes de troca de arquivos em todo o mundo. Dessa vez, contudo, o Metallica tinha previsto a situação e estava pronto com uma resposta. "Pelos padrões de 2008, isso é uma vitória", contou Lars, determinado, ao *US Today*. "Se me dissessem há seis meses que nosso disco só teria vazado dez dias antes, eu teria apostado. Fizemos um grande disco, e as pessoas parecem estar gostando dele mais do que se esperava." A comunidade na internet ainda tinha mais um truque na manga virtual. Dois dias antes da data do lançamento oficial, um site chamado MetalSucks.net postou um link num site russo com um domínio que oferecia o álbum em formato editado. Com título atrevido, *Death magnetic: better, shorter, cut* trazia a versão editada do original, cortando uma média de dois ou três minutos de cada faixa, fazendo valer a crítica do famoso comentarista do site Pitchfork, Cosmo Lee, que havia declarado que o disco ficaria bom se editassem as faixas muito longas.

No final, entretanto, o Metallica dominava a internet de um modo que não seria considerado possível nos velhos dias de luta contra o Napster. Seis meses depois de *Death magnetic*, foi lançado *Guitar Hero: Metallica.* Um game da Activision para o qual a banda tinha dedicado algum tempo, deixando a promoção do disco para filmar várias cenas em que os movimentos dos integrantes seriam captados para se transformar em gráficos do jogo. O game trazia 28 das músicas mais conhecidas do Metallica, mais 21 faixas de artistas relacionados à banda, como Motörhead, Diamond Head e Judas Priest e até novatos como The Sword e Mastodon. Em certo sentido, esse foi o movimento mais esperto na área de negócios que o Metallica tinha feito desde o convite para que Bob Rock os ajudasse a se tornar um sucesso comercial, quase vinte anos antes. *Guitar Hero*, um jogo simples, mas muito inteligente, baseado na ideia de tocar um instrumento musical apenas apertando botões, já tinha provado ser tão lucrativo que estava sendo considerado um caminho inovador capaz de ajudar a indústria musical a se reconstruir por facilitar o acesso ao rock para uma nova geração de moleques adoradores de guitarras.

Criado por uma empresa de hardware chamada RedOctane — responsável por um velho jogo de fliperama chamado *Guitar Freaks*, um grande sucesso no Japão, e disposta a produzir uma versão para consoles — o *Guitar Player* original foi feito com um orçamento aproximado de 1 milhão de dólares. A edição inaugural tinha um logo metálico na caixa e um controle em formato de Gibson SG, guitarra favorita de Angus Young, do AC/DC, e de Tony Iommi, do Black Sabbath, e se transformou num sucesso imediato, ganhando prêmios e conseguindo boas críticas como "o melhor jogo de música já inventado". Percebendo que o "elemento magia", o ingrediente extra que faz um produto ser único e popular, era o periférico em formato de guitarra, as 47 músicas que o jogo original trazia foram expandidas para 64 no *Guitar Hero II*, o quinto jogo mais vendido quando lançado em 2006. Disponível tanto para PlayStation 2 quanto para X-Box 360, a última versão vinha com um controle em forma de Gibson Explorer. O importante dessa vez, no entanto, foi a adição de grandes astros do rock, como AC/DC, Aerosmith, Van Halen e Guns N' Roses. "Achamos o pote de ouro", contou o desenvolvedor John Tam. "[As bandas] entenderam que não estragaríamos suas músicas, mas prestaríamos uma homenagem para que as pessoas as apreciassem de maneira diferente da que já experimentavam antes."

A franquia agora vale milhões de dólares; concorrentes começaram a aparecer, em especial a MTV Networks, que desenvolveu o jogo *Rock Band*. No entanto, não foi o fato de a Activision comprar a RedOctane por 100 milhões de dólares para adquirir *Guitar Hero* que fez o jogo decolar fora dos devotados círculos de *gamers*, mas, sim, a novidade que fortaleceria *Guitar Hero III*: o uso de uma estrela de rock reconhecível por todos — Slash, do Guns N' Roses e, mais recentemente, do Velvet Revolver. Até então, apesar de trazer músicas reais de bandas reais, o jogo tinha usado uma série de avatares parecidos com nomes falsos, como Axel Steel e Izzy Sparks. Slash foi o primeiro astro de verdade a ter os movimentos capturados, e essa imagem foi transferida para o jogo. "Não sou um cara que joga muito videogame", admitiu Slash para o repórter Jon Hotten, da *Classic Rock*. "Quando concordei em fazer isso, foi só o nerd em mim que me fez concordar. Todo o resto dizia: não faça isso."

Com o avatar de Slash reconhecível, de repente o jogo despertou o interesse de um público além do habitual. Lançado em outubro de 2007, trazia 73 músicas e estava disponível não só para PlayStation e Xbox, mas também Wii, PC e Mac. Faturou 100 milhões de dólares somente na primeira semana. Um mês depois, atingiu a marca oficial de jogo mais vendido do ano. A Activision quase não conseguiu atender a demanda de Natal. Seis meses depois, tinha vendido mais de 8 milhões de cópias. Quando a versão seguinte do jogo estava pronta para sair, em março de 2009, com o Metallica substituindo Slash como a atração "real", a versão existente tinha superado o marco de 1 bilhão de dólares em vendas e era o segundo jogo de computador mais vendido desde 1995.

Para Slash, que tinha recebido um pagamento fixo generoso e nenhum royalty, o impacto que o jogo teve foi muito maior do que o dinheiro; apesar de já ser um dos mais famosos guitarristas do mundo, a imagem dele chegou a um público muito maior que a plateia normal de rock. "Tenho uma história específica que pode jogar um pouco de luz sobre este fato", ele explicou. "Um amigo meu que é produtor tem um filho de uns seis anos. Fui até a casa dele e ainda não conhecia o menino. Quando cheguei, a criança ficou doida: 'Você é o cara do *Guitar Hero*'. Ele não conseguia entender. Um pouco mais tarde, ele se aproximou e perguntou: 'Ei, você também toca guitarra?'. Isso mudou a maneira como encaramos a venda de discos porque, com a indústria musical em declínio, a indústria de games começou a vender muita música. É uma mudança interessante, com certeza. Se você está numa banda, a maior sorte que pode ter é ser abordado por um cara da Activision ou o pessoal do *Rock Band* dizendo que gostaria de contar a história de sua carreira. Há muito dinheiro para ganhar aí."

Isso foi algo que o Metallica — que já tinha contribuído com imagens e músicas para *Rock Band* — tinha levado bem a sério quando aceitou a proposta para criar sua própria versão de *Guitar Player* por 1 bilhão de dólares. Lars, esperto, usou a situação, afirmando que era apenas para entreter a molecada. "Nossos filhos adoram jogar *Guitar Hero* e *Rock Band*", ele contou à *Rolling Stone*. "É incrível. Há algo positivo nos videogames. É tão legal sentar ali e ver seus filhos conversando sobre Deep Purple, Black Sabbath e Soundgarden."

Como sempre, no entanto, o verdadeiro negócio do Metallica aconteceu na estrada. A turnê World Magnetic deixaria a banda na estrada durante a maior parte dos três anos seguintes, mas a agenda foi montada de modo que evitasse o estresse e a tensão sobre os ombros dos quatro pais de família que formavam a banda. "Tocamos por duas semanas e tiramos duas de descanso", Lars me contou. A banda voa para a Califórnia, onde todos moram, de qualquer parte do mundo, indo direto do palco para a limusine e um jato particular. A revista *Billboard* informou que a turnê World Magnetic tinha faturado um total em vendas de ingressos (até aquele momento) de 76.613.910 dólares. Na mesma edição, havia um cálculo de que, entre 2000 e 2009, o Metallica tinha faturado em vendas de ingressos um total de 227.568.718 dólares. Números impressionantes, mas que só mostram uma fração das finanças verdadeiras. Com a adição dos lucros dos discos e do *merchandising*, isso poderia dobrar ou até triplicar.

O show em si foi montado em torno do novo disco, como era de esperar, mas também passava por várias mudanças em cada nova fase da turnê. O show ao vivo do Metallica é sempre uma experiência visceral, a banda toda vestida de preto independentemente da fase da carreira. Assim foi a primeira parte da turnê World Magnetic: um show montado num palco redondo e cercado por caixões, ocultando a aparelhagem de iluminação, mas com ênfase no que pode ser chamado com justiça de "diversão para a família". Enquanto eu assistia de um dos lugares mais caros no O2, em Londres, ficava espantado com a diversidade das 20 mil pessoas presentes. Embaixo, cercando o palco, os fãs mais radicais, fazendo o sinal dos chifrinhos com a mão, do tipo que poderia ser encontrado no auge da banda, vinte anos antes. À minha direita havia outra ala repleta de garotas, do tipo que se vê normalmente em shows de Robbie Williams, dançando como se estivessem ouvindo Michael Jackson, dando sensualidade a músicas como "One" e "Sad but true". Agradecendo aos fãs do Metallica que tinham "permanecido fiéis", James acrescentava aos que eram muito jovens para terem visto a banda antes: "Vocês têm pais legais". Era um comentário que se tornaria um hábito nesses shows, jogando palhetas de guitarra para a multidão sempre que via alguém jovem o suficiente para merecer uma. Ele ainda caminhava pelo palco como um atirador solitário, cuspindo muito e grunhindo no microfone, mas agora o orgulhoso marido e pai não se intimidava mais, a ponto de não poder ser visto. Na verdade, era impossível evitá-lo.

Robert Trujillo, tocando com o baixo quase à altura dos joelhos, caminhava entre os quatro cantos do palco como se estivesse patrulhando, carregando uma metralhadora dentro de um pântano. Lars e Kirk faziam o que sempre tinham feito, o segundo arqueado sobre a guitarra, os primeiros sinais da meia-idade, talvez, surgindo em contraste com sua postura relaxada, andando pelo palco com um pouco mais de cuidado; o primeiro, ainda inclinado sobre a bateria, levantando-se e gesticulando muito para a plateia, como sempre tinha feito, deixando claro que não era só o baterista, mas um *frontman*, como se alguém tivesse alguma dúvida disso. O mais incrível desses sobreviventes de um passado glorioso era que a banda permanecia no palco muito depois de as luzes se acenderem e dos balões prateados com o logo do Metallica caírem sobre a plateia, sinalizando o final. Mesmo assim, os quatro membros continuavam se movendo pelo palco conversando com a galera, chutando os balões no caminho, jogando palhetas de guitarra e se inclinando para tocar a mão dos fãs. Era uma nova e melhorada versão dos dias em que ficavam nos bastidores dos piores lugares e esperavam que meia dúzia de fãs curiosos viessem e contassem no que tinham errado naquela noite. Isso continuou por muito tempo, dez minutos, vinte minutos... Nunca tinha visto artistas fazerem aquilo, principalmente em palcos redondos, quando ir embora depende de saídas escondidas, por isso achei aquilo bastante comovente.

Algumas semanas depois, em 4 de abril, o Metallica foi indicado ao Rock and Roll Hall of Fame. "Ainda parece algo surreal", disse James, mostrando orgulho e felicidade, antes de acrescentar: "O bom disso é que vamos mexer um pouco com as coisas. Temos muitos outros amigos que gostaríamos de trazer para o Rock and Roll Hall of Fame. Há muita música pesada que pertence a esse lugar". Outros artistas que foram indicados naquele ano foram os pioneiros do rap Run-DMC, o virtuose da guitarra Jeff Beck, o cantor de soul Bobby Womack e o grupo vocal de R&B Little Anthony and the Imperials. O principal, no entanto, foi o Metallica, que voou até lá direto de dois shows em Paris. Para ajudá-los a comemorar, a banda convidou centenas de parentes, amigos e colegas que tinham tido alguma influência em sua carreira, reservando seis mesas a um custo de 50 mil dólares cada no evento realizado no Public Hall Auditorium, um lugar histórico onde os Beatles tocaram em 1964. "O Metallica é o padrão ouro do metal contemporâneo", disse o curador do Hall of Fame, Howard Kramer. "Apesar da fama deles, nunca fizeram nenhum esforço para lucrar em cima disso. As pessoas acreditam neles. É por isso que ainda estão aqui."

Entre os muitos rostos familiares do passado, todos convidados pela banda, estavam Ron McGovney, Jason Newsted, Bobby Schneider, Jonny e Marsha Z, Martin Hooker, Gem Howard, Xavier Russell, Ross Halfin, Michael Alago, Flemming Rasmussen, Bob Rock, Rick Rubin, Dave Thorne, Anton Corbijn, Torben Ulrich e Ray Burton, para citar apenas alguns. Havia uma notável exceção: Dave Mustaine, que fora convidado, mas havia recusado depois de ser informado que não seria nomeado. Como contou, sarcástico, a Dave Ling da *Classic Rock*: "Lars Ulrich me ligou e ofereceu a chance de ir e não ser nomeado, de ficar sentado na plateia. 'É só para quem tocou nos discos', foi o que ele me disse. Teria sido muito estranho. Não estou mais lutando contra os demônios do passado, esse jogo já terminou. Mas quer saber? Se Deus quiser que eu esteja no Hall of Fame, eu acabarei lá".

Uma pena, pois teria sido uma chance de a banda incluir algum dos primeiros clássicos no curto show que fizeram naquela noite. Tanto Jason quanto Rob tocaram baixo durante "Master of puppets" e "Enter Sandman", enquanto o pai de Cliff Burton, Ray, aceitou a homenagem no lugar do filho. Ao contrário de Mustaine, Jason Newsted tinha feito as pazes com a banda. Como ele falou antes: "Seremos parceiros pelo resto de nossas vidas". Ele tinha ficado "deprimido por umas seis semanas" depois que saiu da banda, então fez uma turnê com sua banda Echobrain, passou mais algum tempo tocando com o Voivod e até substituiu Rob por algum tempo na banda de apoio do Ozzy Osbourne. Mais do que isso, disse Jason, tinha "aproveitado a vida. Ninguém mais pode me dizer o que *não* fazer".

Pouco antes do evento, pedi a Lars uma palavra final sobre o assunto Jason. Ele falou: "Às vezes é um pouco difícil, porque houve problemas de personalidade dentro da banda. Sua dedicação — e estou falando num sentido positivo — à perfeição e à busca de que tudo fosse melhor às vezes entrava em conflito com o resto da banda, porque ainda estamos falando de rock 'n' roll, afinal. E essa rigidez parecia se aproximar de algo que lembrava mais atletismo ou estratégias militares. De vez em quando era preciso dizer: 'Porra! Estamos numa banda de rock!', apesar de ser uma banda bem pesada. Queria fazer música porque queria distância de uma vida estruturada, queria agitação. Então acho que tudo ficou sério demais e houve alguns conflitos de personalidade. Mas não tenho nada de mal a falar. Jason foi um membro leal e dedicado e sempre deu o máximo pela banda".

O último passo para definir essa nova fase como intocáveis do rock clássico veio no verão de 2010, com um retorno à Grã-Bretanha e à Europa para a turnê das Big Four. Foram onze festivais ao ar livre com o Metallica como atração principal, ao lado de Slayer, Megadeth e Anthrax. O ponto alto da turnê foi um show para mais de 100 mil pessoas em Knebworth, lugar com mais de quinhentos anos de história e que já foi palco de alguns festivais de rock históricos nas últimas quatro décadas. Seguindo os passos de gigantes como Pink Floyd e Led Zeppelin, o Metallica já tinha tocado ali num show próprio, no verão de 2009. Em agosto de 2010, tocaria de novo com as Big Four, como parte do Sonisphere daquele ano, outro show com mais de 100 mil espectadores.

Esse se tornaria o show mais esperado do calendário de rock europeu daquele ano. A turnê começou com um show lotado para 55 mil pessoas em 16 de junho no Aeroporto Bemowo, em Varsóvia. Nas semanas seguintes, repetiriam a experiência na Holanda, Alemanha, Espanha, Suécia, Suíça, República Checa, Bulgária (o show foi transmitido em HD para vários cinemas em todo o continente), Romênia, Turquia e Inglaterra. Sendo a turnê mais aguardada do verão, a pergunta era como estava a relação entre as bandas. Assim como os conhecidos ataques de Dave Mustaine à banda, o Metallica já tinha tido suas desavenças com o Slayer. O guitarrista Kerry King os chamara de "velhinhos frágeis" depois de assistir a *Some kind of monster.* Lars chegou a brincar que "a razão pela qual fizemos o filme foi encher o saco do Kerry King. Ser a fonte de sua diversão, isso é ótimo!". Mas era fácil deixar de lado as diferenças quando havia tanto em jogo. Se Lars se sentira ultracompetitivo na companhia do Slayer e do Megadeth, em particular, ligando para saber os números da venda de *merchandising* a cada noite durante a turnê conjunta Clash of the Titans, em 1991 (que também teve a participação do Anthrax), ele afirmava que, na nova turnê, "queria apoiar" os companheiros. "Não sinto mais a necessidade de provar que meu pinto é grande", considerou.

No show de abertura em Varsóvia, o enorme aeroporto parecia estar cercado de gente, com o palco parecendo um gigantesco monólito. A área de bastidores era formada por algumas tendas juntas, com alguns ônibus atrás delas. Somente poucas pessoas caminhavam por ali, incluindo as bandas. Carrinhos de golfe iam para o palco de vez em quando, levando os músicos pelos duzentos metros. Havia pouca coisa acontecendo para entreter os jornalistas britânicos, só os ocasionais seguranças estúpidos e motoristas dos ônibus, mas nada de empresários e nenhuma groupie. Lars estava com alguns amigos; Rob, também. Tom Araya saiu do ônibus do Slayer usando chinelos. Dave Mustaine estava com o filho. Estava tudo estranho e deserto, o foco era manter tudo calmo. O único elemento rock 'n' roll era um estande distribuindo gratuitamente vodca de uma marca local, com modelos peitudas em uniformes de aeromoças — um belo toque organizado pelo promotor local.

No palco, o Anthrax fez o mesmo show da reunião em 2005, centrado em material da era de *Among the living* ("Anti-social", "Got the time") e uma parte de "Heaven and hell", do Black Sabbath, em tributo ao vocalista Ronnie James Dio, que havia falecido em 16 de maio. O Megadeth estava animado. O recente retorno do baixista David Ellefson para a banda depois de um exílio de cinco anos parecia ter deixado todos revitalizados. O repertório resgatou *Rust in peace* — um ensaio para a versão especial do vigésimo aniversário do disco, que seria lançada em breve — e alguns dos maiores sucessos. Mustaine repetiu muitos "amamos vocês!". O Slayer tocou o repertório de 2010, mas sem o tradicional bate-cabeça de Araya, pois ainda estava se recuperando de um machucado no pescoço, mas mesmo assim foi um show muito forte. Como Joel McIver, que também estava lá, disse: "O Metallica reina supremo, com um show bem mais longo — os outros tiveram entre quarenta minutos e uma hora — mais pirotecnia, uma produção maior e, claro, o fato de que já era noite, o que ajuda".

Mas com ou sem as Big Four, tudo tinha a ver com uma banda. Como contou Ellefson em entrevista recente: "Toda vez que um novo disco do Metallica saía, o [guitarrista do Megadeth] Marty Friedman falava que teríamos de ir para a estrada, porque eles eram 'os reis'. Ele se referia à turnê Big Four. Para ser honesto, havia uma "grande", e era o Metallica. Eles estavam *quilômetros* à nossa frente, eram o U2 do heavy metal. Eles meio que transcendem tudo. São a verdadeira realeza. Há uma grande e depois, lá longe, as outras três".

A pergunta é: para onde vai o Metallica agora? Bem, isso depende, como sempre, para uma banda com antenas tão compridas e sensíveis como esta, do *Zeitgeist*, o espírito do tempo. Não são mais os aventureiros musicais de quando tinham ficado famosos, passaram a maior parte da carreira cooptando, com sucesso, todas as tendências musicais principais para formar uma história única, e a verdadeira genialidade deles não foi inventar o gênero musical mais influente do rock, mas ter conseguido atravessar muito bem os modismos que se formaram nos últimos trinta anos. A turnê Big Four foi outro movimento astuto e um impressionante sucesso, repetindo-se no verão americano em 2011, e sendo considerada para os anos subsequentes, tomando como modelo o Ozzfest ou o Lollapalooza.

O mais certo é que agora, com a indústria musical vulnerável e novas formas de distribuir música sendo estudadas, não há nenhuma razão forte para lançar um novo disco, apesar de que, com números tão gigantescos de vendas de *Death magnetic* — mais de 5 milhões no mundo todo até meados de 2010, é provável que lancem talvez até algum tipo de sequência. Podemos ter certeza é que as plataformas de distribuição poderão variar. Como disse Dante Boutto, outro defensor deles, ex-editor da *Kerrang!* e da *Metal Hammer* e agora executivo da Universal Records: "Acho que eles vão dar às pessoas opções de como comprar sua música. E acho que vão criar formatos que recompensarão a lealdade dos fãs. Acho que o vinil vai continuar importante para o Metallica, as caixas, toda a parte de artigos colecionáveis. E montar todos esses formatos será uma parte importante do que eles fazem também. Por que não? A possibilidade de várias escolhas será o futuro".

Só sete artistas venderam mais discos nos Estados Unidos que o Metallica. Três — Beatles, Led Zeppelin e Pink Floyd — estão oficialmente enterrados. Os outros, Eagles, Aerosmith, Rolling Stones e Van Halen, apesar de ainda fazerem turnês e gravarem, podem todos ser considerados nostálgicos, ótimos de assistir, mas incapazes de ser considerados vanguarda quando se fala em fazer nova música. Até pouco tempo o Metallica era a única exceção. Não só por fazer turnês e gravar, mas por ainda ter vitalidade. Por quanto tempo isso vai continuar, no entanto, só o tempo dirá. Agora, não importa muito. O apelo vai continuar intocado. Haverá outra banda como o Metallica, ou esse mundo já acabou para sempre? "Essa é uma ótima pergunta", disse Bonutto, "e acho que, com o passar do tempo, a resposta será não, e os verdadeiros monstros do rock, que têm no Metallica um dos últimos exemplos, não serão substituídos". Por causa disso, o Metallica "está se tornando cada vez mais valorizado como atração principal de festivais e como criador de discos, porque há pessoas que querem comprar, e é muita gente. E isso é cada vez mais raro na indústria musical. Ela trabalha agora contra a existência e o trabalho de bandas como o Metallica, que criou boa música por tanto tempo. Então pode ser que nunca sejam substituídos, o que faz deles uma espécie ameaçada de extinção e, portanto, muito especial".

E o que, alguém pode se perguntar, não pela primeira nem talvez última vez, Cliff Burton teria pensado de sua banda? De acordo com as ideias de alguns fãs, Cliff ficaria horrorizado com algumas das mudanças pelas quais o Metallica passou; dizem também que ele era um fundamentalista musical que teria mantido os princípios artísticos da banda puros e haveria muitos outros discos tão maravilhosos como a visão original deles em *Master of puppets* e *Ride the lightning*. Isso é ignorar o fato de que o gosto musical de Cliff sempre foi muito mais amplo do que heavy metal e thrash. Ele adorava Lynyrd Skynyrd e R.E.M., Kate Bush e Velvet Underground. Ele se encantava com as harmonias vocais de Simon & Garfunkel e ainda era um estudante devotado do maior gênio musical de todos, Bach. Cliff não era bobo e teria ficado encantado e orgulhoso com o sucesso financeiro da banda e estaria disposto a sustentá-lo tanto quanto os outros. Na verdade, nunca saberemos o que Cliff Burton teria feito quando o mundo deles mudou depois do Álbum Preto. Pode-se presumir que ele teria sido o primeiro a apoiar as mudanças, encorajando-os a fazer misturas musicais ainda maiores. Não se espera que as bandas de metal evoluam: AC/DC, Black Sabbath e Iron Maiden soam as mesmas desde seus primeiros (e sempre melhores) discos. É possível imaginar que Cliff seria contrário a essa filosofia com ainda mais força que Lars, Kirk e James, este último com menos ênfase que os outros. Tudo que podemos ter certeza, como James me contou na última vez que conversamos, é que Cliff "tinha uma personalidade única, muito forte, ele sempre nos espantava. E este cara sentado aqui sente uma saudade enorme dele".

E se o Metallica nunca conseguiu superar a beleza do trabalho que fizeram enquanto Cliff estava ali, tiveram outras conquistas igualmente importantes. Em 1988, Jason Newsted, com apenas 25 anos e ainda espantado com a maneira como era maltratado, porém mais bem capacitado a avaliar como a banda funcionava quando as portas do camarim estavam fechadas, contou à *Rolling Stone*: "O Metallica vai ser uma das bandas que, em 2008, ainda será escutada, assim como as pessoas ainda ouvem os discos do Zeppelin e do Sabbath". As estatísticas bancam essa previsão. As vendas dos discos do Metallica alcançaram o patamar de um pouco mais de 100 milhões de cópias no mundo todo (65 milhões só na América do Norte), com discos de ouro e platina em mais de quarenta países. O Álbum Preto ganhou o prestigioso disco de diamante da RIAA (para vendas de 10 milhões de cópias nos Estados Unidos) e vendeu o dobro disso mundialmente. Houve numerosos prêmios: nove Grammys e dezenas de outros de prestígio.

Mais importante, assim como o Zeppelin, o Metallica se arriscou em todos os discos que lançou, podendo ter perdido seus fãs mais devotos ao tentar algo novo e interessante, mesmo quando isso quase os matou. "Isso será parte do nosso legado para sempre", sentenciou Lars. Lançar um disco parecido com o anterior nunca foi a onda deles. "Isso, para mim, teria matado a banda porque não somos assim. E se a banda é uma extensão de quem você é como pessoa, então não daria certo. Simplesmente não daria certo."

Como Dante Bonutto afirmou: "Qualquer banda que tem uma longa carreira — e isso é o mais difícil de conseguir nessa indústria — precisa encará-la como uma viagem, não pode ser um platô. Você precisa ter altos e baixos. Se tiver esses momentos, terá um lugar para onde voltar, algo para lutar contra. É muito importante criar essa dinâmica numa carreira, e o Metallica conseguiu isso. Lars sempre teve a visão de que o Metallica poderia ser tão grande quanto o Led Zeppelin ou outra banda do gênero. Ele também tinha um conhecimento enciclopédico da história do rock, sabia por que os grupos não davam certo e o que funcionava. Com o Metallica dá para argumentar que a sua fraqueza original, ser tão extremo, no final se tornou sua força. Então, os caras sempre foram a banda legal que era mais pesada que todas as outras e, ao mesmo tempo, era alternativa. E, claro, o que é alternativa hoje vira comercial amanhã. Mas se você começar no meio, não há muito lugar para ir. Você precisa começar na periferia, e eles estavam bem na ponta com o primeiro disco".

Então, o Metallica está tranquilo para os próximos anos? Perguntei a James na última vez que nos falamos. Estão pensando em manter a mesma linha no próximo disco, será feito com o Rick? "Não sabemos o que nos reserva o futuro, e essa é a beleza de ser parte de uma banda. O que tocamos agora, as coisas do *Death magnetic*, se ajusta ao que adoramos fazer. E parece tudo perfeito. Na verdade, é fácil descer o cacete no último disco. É quase um clichê. Não estou atacando *St. Anger.* Foi o que precisava ser. Foi perfeito. Mas aquelas músicas ao vivo não se encaixam muito no show. Não que isso não possa acontecer mais para a frente. Mas a direção em que estamos agora com *Death magnetic* parece boa. E gosto da potência deste disco. Gosto da maneira como voltamos a *Lightning*, *Puppets,* que têm menor quantidade de músicas, mas são realmente boas. Estamos a fim de tocar todos os singles dele ao vivo. Todos se encaixam perfeitamente, sem esforço."

Para Kirk Hammett: "Era muito importante que atravessássemos toda essa bosta que tínhamos de passar, porque, no final, nos tornamos pessoas melhores; além disso, mais sábias e mais conscientes de como o Metallica é frágil, muito frágil. Temos um ditado que tiramos dos quadrinhos: você nunca está a mais de trinta segundos do caos e do desastre completo. Quero dizer, em trinta segundos, tudo pode ir pro saco. Então, nós nos forçamos para aprender como apreciar o que temos, muito mais do que antes, quando parecia que éramos invencíveis. Estamos em um ótimo momento e passamos por um momento difícil, mas ainda estamos juntos".

A última vez que falei com Lars Ulrich perguntei como seu relacionamento com James tinha mudado durante todos esses anos. "Muitos dos elementos básicos ainda são os mesmos. Em vez de mudar, eles se expandiram. E isso é algo diferente. A única coisa que James e eu fazemos é compartilhar o amor pela música — em especial, um amor pela música pesada e uma paixão sem paralelo por todas as coisas que fizemos no Metallica. Já se passaram quase trinta anos e, sem dúvida, o que nos une é o Metallica. Nos últimos dez anos também foi adicionado outro elemento em nosso relacionamento, que são as crianças. Temos filhos. Eu tenho três, ele também. São todos mais ou menos da mesma idade, todos se encontram. Então, ser pai de crianças com a mesma idade trouxe outra dimensão à amizade. Hoje, conversamos bastante sobre outras coisas além de música, como nossas vidas nos subúrbios de San Francisco, sobre rodízio entre pais para dar caronas e jogos de futebol, lancheiras e o dever de casa, essas coisas. Temos personalidades bastante diferentes, mas, de algum modo, acho que percebemos nesses anos que elas se complementam e isso é necessário para que possamos nos sentir completos, para que os dois sintam que têm algo a oferecer. [Tivemos] altos e baixos. Mas quando olho para trás, nunca chegou a um ponto em que deixou de funcionar. Somos bastante responsáveis. Atendemos o telefone e chegamos mais ou menos na hora, quando precisamos. A coisa boa é que percebemos que o que existe entre nós é maior do que as partes individuais. E isso, acho, sempre foi a mensagem subliminar do Metallica e do relacionamento. Nós nos amamos e cuidamos um do outro, e tivemos problemas no passado para explicitar isso. Envelhecermos significa que compartilhamos nossa juventude, em que estivemos preocupados principalmente com duas coisas, beber e transar. Não prestávamos tanta atenção no resto. Então, quando você passa dos quarenta, de repente começa a perceber como são incríveis muitas das coisas que estão a nosso redor."

"Começou com a música e ainda é uma parte bem importante", disse James quando fiz a mesma pergunta. "Quer dizer, temos gostos musicais diferentes, e isso não é um problema." Ele tinha ficado espantado, ao ouvir uma entrevista recente no rádio com Kirk, quando "ele disse como era próximo de Lars. Eles têm as mesmas visões políticas, os mesmos interesses sociais e coisas assim. E comecei a pensar nisso. Lars e eu não compartilhamos nada disso. Somos quase o oposto em tudo, exceto quando fazemos música. É uma sintonia. Em todos os intervalos no trabalho da banda, quando voltamos e conversamos sobre o que aconteceu em nossas vidas rola sempre uma coincidência entre nossas descobertas musicais. E os opostos se complementam. Acho que essa é a beleza da coisa. Isso nos ajudou a batalhar por muitas conquistas juntos, mas, por causa das extremas diferenças, há diferentes pontos de vista com os quais podemos aprender e trabalhar".

Não podia deixar de perguntar como essa nova compreensão mútua impactou a capacidade de James de compor. Porque é algo importante, não é? Ao ficar feliz, de repente não se consegue mais compor...

James riu: "Acho que toda pessoa que passa por algo como o que passei ficaria bastante preocupado com isso: 'Bem, era de onde vinha minha criatividade'. [Mas] a criatividade virá de onde tiver de vir. A faísca interna é a catalisadora. Qualquer coisa pode ser digerida e retomada, como o Metallica. Quando estou feliz, escrevo o riff mais pesado possível. Quando me sinto confortável, pego a guitarra e escrevo o riff mais rápido possível. Então, é o oposto, devo dizer. Ser feliz não está superestimado. Mas sempre haverá questões que envolvem raiva comigo, não importa o que aconteça. Tenho ferramentas para lidar com elas agora. Consigo enxergar o futuro e não levar as coisas de modo tão pessoal. Fazer quarenta anos foi a melhor coisa para mim, e é incrível como tudo pode melhorar. Não sei se existe, mas sempre parece haver outra peça divertida do quebra-cabeça revelado". Fez uma pausa e depois acrescentou: "Não vou começar a escrever sobre passeios entre as flores agora. Simplesmente não vou...".

Epílogo

A Grande

Quando a turnê mundial do Metallica World Magnetic finalmente terminou em novembro de 2010 na Austrália — mais de dois anos depois do lançamento de *Death magnetic* —, a notícia oficial era o início de um período sabático prolongado da banda. Nos bastidores, entretanto, já começavam a aparecer planos de uma volta do Metallica à estrada em abril de 2011, para realizar o show dos Big Four nos Estados Unidos pela primeira vez. Aparentemente estava programada uma única apresentação norte-americana, nos mesmos moldes da bem-sucedida turnê europeia no verão anterior, porém foram rapidamente adicionados à agenda mais shows na Europa, além de datas só do Metallica na América do Sul. O mais prestigiado seria em Knebworth Park, na Inglaterra, em 8 de julho, sexta-feira, no festival Sonisphere.

Quando conversei ao telefone com Lars Ulrich em março de 2011, ele falou que o show nos Estados Unidos — a ser realizado no mesmo lugar do festival Coachella — seria a única apresentação do Big Four no país. Ao mesmo tempo, sugeriu, "o Metallica vive no reino da palavra 'possibilidades', então quem sabe o que virá em seguida?".

Aproveitei a oportunidade para perguntar o que ele achava do fenômeno Big Four e por que, depois de tantos anos tentando afastar o Metallica o máximo possível de suas origens thrash metal, era viável agora reafirmar essas raízes? "Ótima pergunta", ele riu. "Não há um plano. Isso é definitivamente uma daquelas coisas que vão acontecendo sem muito controle. Quando fizemos as duas semanas de shows, principalmente no Leste Europeu no verão passado, ninguém sabia o que ia acontecer, nem qual seria o clima, ou como os fãs reagiriam. Então, era o tipo de situação em que só nos restava esperar e ver. Mas... aquelas duas semanas tiveram um clima realmente muito bom. Não só os bastidores e os bons momentos entre todos os membros das bandas, mas obviamente os fãs sem dúvida curtiram muito isso, e além disso houve também a transmissão via satélite para o mundo. Foi um sucesso em todas as frentes. Então, acho que, em algum momento, era inevitável dividirmos isso com alguns fãs e amigos em outras partes do mundo. Assim, estamos dando pequenos passos em direção a isso."

Poderia haver mais shows nos Estados Unidos, então? Ou o Big Four poderia se tornar um evento anual, o que o Ozzfest e o Lollapalooza já foram antes? "Em vez de contar a você o que vai acontecer, posso falar o que não vai acontecer. Não há nenhum grande plano em ação. Não houve nenhuma reunião geral para decidir nada — Somos em dezessete músicos mais nossos managers! Não há nada acontecendo. Os caras que administram o espaço em que acontece o Coachella perguntaram se estávamos interessados em tocar ali este ano e pensamos que seria legal trazer o show aos Estados Unidos. Depois, a organização do Sonisphere sondou nosso interesse em fazer alguns shows na Europa Ocidental. Mas não é algo em que estamos trabalhando ativamente. Acho, na verdade, que por isso está funcionando, porque é algo realmente autêntico e bastante orgânico, isento de negociações mirabolantes e sem armações para a dominação mundial. Como eu disse, é algo que parece acontecer de maneira muito orgânica.

"Então, quando você pergunta no que estamos pensando, a melhor resposta é 'um passo de cada vez'. Tudo acontece bem devagar. Primero, nos convidaram para Knebworth e a França na sequência. Então algumas semanas depois alguém apareceu e disse: e a Escandinávia? Depois, foi a Itália. E assim o roteiro avançou aos poucos. Uma proposta de cada vez, nenhum plano, nenhuma grande produção. Esse é o espírito: deixar as coisas rolarem."

O fato é que certos acontecimentos simplesmente têm um momento certo. Em 1995, ou até antes, isso não teria funcionado. O Metallica não teria tido interesse em participar da turnê Clash of the Titans em 1990, quando Slayer, Megadeth e Anthrax tocaram juntos.

"Acho que definitivamente chegou a hora certa. Como eu disse milhares de vezes, nos bateu uma nostalgia, uma vontade de celebrar o passado, há uns dois anos, pouco antes de termos a honra da indicação ao Rock and Roll Hall of Fame, e nossa decisão foi reunir alguns camaradas desses anos de luta para tocar e assim honrar a cena thrash da Bay Area. Mas acho que a razão pela qual está funcionando, pelo menos internamente para as bandas, é que estamos todos num ponto da carreira em nos sentimos bem confortáveis com quem somos, com nossas próprias identidades e com todo o resto. Parece-me que a competitividade que isso teria gerado alguns anos atrás desapareceu. Não há realmente ninguém brigando por espaço de palco, duração do show, tamanho do logo da banda ou esse tipo de merda. Nenhuma conversa assim chegou aos meus ouvidos e, pelo que eu sei, nada disso está acontecendo. Há quinze ou vinte anos, acho que não seria possível montar uma turnê assim sem que todos brigassem pelo último lanche na bandeja.

"Então, acho que o momento em que os envolvidos estavam prontos para celebrar o passado chegou naturalmente, e, em especial, para fazer isso com um pé no futuro. São quatro bandas que estão, potencialmente, ainda em sua melhor forma, que ainda gravam discos tão relevantes quanto os que já gravaram. E quatro bandas que ainda têm muito a dizer e ainda possuem milhares de fãs jovens do metal que nem tinham nascido quando o movimento começou. Posso afirmar, pelo menos em relação ao Metallica, que se isso fosse 100% nostalgia, não estaríamos interessados. Não me interessa simplesmente celebrar os grandes dias do passado. Você me conhece bem o suficiente para saber disso. Uma coisa é, de vez em quando, nos reunirmos para tomar um vinho e rir das besteiras que costumávamos fazer. Mas para um projeto desse porte era preciso ter um elemento do tempo atual ou alguma ligação relevante com o futuro."

Esta característica de sempre querer avançar foi uma das coisas que tornou o Metallica tão único. Contei a Lars que, durante a pesquisa para este livro, o baixista do Megadeth, David Ellefson, me confidenciou como ele e outros caras costumavam se reunir para ouvir cada novo disco do Metallica, no passado, e diziam: "Bom, eles conseguiram de novo...". Essa, afinal, é a diferença essencial entre o Metallica e os outros? Sempre ter sido muito bom, como diz Lars, em manter um pé no futuro e sempre progredir com a história?

Sensível ao fato de que o Metallica estava agora em turnê com as mesmas bandas que tinha deixado para trás, Lars se esforçou para encontrar a resposta politicamente correta. "Bom, sim, claro. Fiquei muito feliz que o Ellefson tenha dito isso, é algo legal de ouvir. Mas isso tem o lado bom e o ruim. O lado positivo dessa nossa atitude é continuarmos a buscar novas aventuras e a enfrentar os obstáculos para descobrir o que há de novo. Por outro lado, isso é obviamente o que nos incomoda quando seguimos por caminhos que as pessoas não entendem, o que as leva a julgar que estamos loucos ou fazendo merda. Então, nosso modo de agir é bom e ruim, óbvio. Mas prefiro isso do que ficar acomodado, essa atitude é só parte da composição genética das quatro pessoas nesta banda. Somos curiosos e inquietos por natureza, ficamos entediados facilmente e sempre queremos ampliar nossos limites e descobrir o que há de novo. É algo que nos mantém estimulados. Mas, como você sabe, nestes trinta anos, é o que também enche o saco. Mas vou sempre preferir isso a ficar parado e definhar no que estamos fazendo. Manter-se na zona de conforto e só abraçar o que você faz porque tem medo de ver o que existe aí fora..."

Ellefson caracterizou os shows das bandas que formam o Big Four como "há uma Grande e depois bem atrás dela estamos nós, as outras três". E é verdade, não? No primeiro dia, nasceu o Metallica. Depois no segundo ou terceiro, os deuses do metal criaram o Slayer, depois o Megadeth, e aí por diante.

Lars suspirou forte: "Ah, cara... Gosto da ideia de 'no primeiro dia'. Aceito todos os elogios. Tivemos alguns lances diferentes. Não sei. Obviamente, Jonny Z foi importante ao nos levar à Costa Leste, onde conhecemos os caras do Anthrax, e assim por diante. Em algum ponto, o mero alinhamento dos planetas ou como as coisas se encaixam é importante. Obviamente, com James Hetfield, Dave Mustaine, Cliff Burton e Lars Ulrich foi um grupo bastante potente de personalidades tipo A. Então, claro, havia muita coisa acontecendo naquela criação coletiva, muitas inspirações musicais, ânimos e heranças diferente... obviamente havia muita coisa se misturando em nosso caldeirão de referências, naquela época.

"Acho que é mais fácil para você criar essas analogias. Nos últimos anos, olhei para os dias do passado, para a competitividade... Não sei se tem algo a ver com o peso da idade. Não sei se tem algo a ver com ter filhos. Quando você se torna consciente de sua própria mortalidade, começa a priorizar coisas diferentes além de si mesmo — sua família, o bem-estar dos outros. Sabe que na verdade é mais importante para os membros do Metallica se divertirem e se relacionarem bem do que sermos o Número Um ou coisas assim. Tudo muda de perspectiva, e estar em um bom clima passa a ser mais importante que competir. Sei que fui competitivo quando tinha vinte anos e sei que passei muito tempo interessado no que outras bandas estavam fazendo. Mas não é algo que realmente aparece no meu radar em 2011. É realmente só quando sou pressionado em entrevistas que esse tipo de comparação aparece. Não fico envergonhado com isso, mas parece que faz muito, muito tempo e é como se existissem energias bem diferentes em jogo. Hoje em dia, minha prioridade é me divertir com os caras quando tocamos, e assim também é com relação ao Big Four. Não há algo forçando que essa reunião aconteça. Acho, cada vez mais, que as pessoas envolvidas nisso fazem porque realmente desfrutam, e isso é algo especial, que garante a realização. Se não for divertido, prefiro ficar em casa, brincar com meus filhos e ser um bom pai. Não vou sair de casa por algo que não tenha um bom clima."

Aprofundei a pergunta e quis saber se, para o Metallica, fazer os shows do Big Four havia ajudado a se reconectar com suas raízes no metal e com a audiência legítima do metal? "Acho que é tudo parte do pacote. Quer dizer, é indissociável. Obviamente, foi crucial tocar *Master of puppets* integralmente em 2006, o que foi algo que nunca tínhamos feito antes e que há dez anos eu nem teria pensado que faríamos. Mas fizemos e foi muito divertido. E repassar *Master of puppets* enquanto compúnhamos o novo disco certamente influenciou *Death magnetic*. E Rick Rubin nos encorajou muito, para que ficássemos confortáveis ao abraçar nosso passado. Passamos muito tempo dos últimos 25 ou trinta anos atentos a estilos diferentes para o futuro. Mas nunca nos permitimos nos inspirar em nosso próprio passado. E Rick Rubin nos incentivou a revisitar sem medo *Ride the lightning*, *Master of puppets* e assim por diante.

"Então, havia estes dois elementos. Depois veio o Rock and Roll Hall of Fame, que trouxe outro tipo nostalgia. Estávamos sentados depois de tocar no Bercy, em Paris, e Biff [Byford] tinha vindo nos ver. Ele tocou "Motorcycle man" [do Saxon] conosco diante de 20 mil parisienses. Nós nos divertimos muito, foi absolutamente fantástico e depois, quando estávamos bebendo juntos, nos sentimos bem não só com quem éramos hoje, mas com nosso passado e, obviamente, com o futuro. Assim, esses acontecimentos importantes nos últimos dez anos desencadearam a ideia do Big Four. Também deriva disso o fato de que agora o lado do Metallica com o qual estamos mais nos divertindo é o mais pesado, mais rápido, mais maníaco, mais descontrolado que, digamos, o clima mais *Load/Reload*, blues britânico. Estamos muito à vontade com nosso lado metal. E, nos últimos dois anos na estrada, tocamos músicas como "Dyers Eve" e "The shortest straw" [ambos do *Justice*], "Orion" [do *Master of puppets*] e até "The call of Ktulu" [de *Ride the lightning*], uma noite na Austrália. Voltar a tocar "Trapped under ice" e nos divertir com essas antigas canções é algo realmente legal. Em especial, porque sabemos que não foi algo forçado ou planejado, nem por motivos mal-intencionados."

Claro que ele não deixou de perceber que o Metallica tinha várias datas para comemorar nos próximos doze meses. Em 2011, foi comemorado o 25º aniversário do lançamento de *Master of puppets*; o vigésimo do lançamento do Álbum Preto; o trigésimo da formação do Metallica e os 25 anos da morte de Cliff Burton. Perguntei a ele se sentia que os feitos da banda estavam simplesmente se acumulando. Mais risos. "Certamente, pode parecer isso quando se enumera as coisas assim. Você me conhece há mais de 25 anos e sabe que, pelo menos hoje em dia, não costumo ostentar nossas conquistas. Repassamos o *Master of puppets* há cinco anos, o que foi muito divertido. Que grande coisa foi tocar aquele disco e encontrar inspiração para compor *Death magnetic* e tudo isso. Mas, desde então, não é algo que estivemos procurando de forma específica. Posso dizer agora, 1º de março [de 2011], não há planos rígidos para comemorar nenhuma dessas datas importantes; nossa agenda é muito mais relaxada. Temos seis ou sete shows do Big Four e uma visita ao Brasil, para tocar no Rock in Rio, algo que nunca fizemos antes. Além disso há outras possibilidade rolando, como uma oferta para tocar numa parte do mundo onde nunca estivemos antes. Mas, tirando isso, não vamos planejar uma grande festa de aniversário para receber tapinhas nas costas."

Na ocasião da minha conversa com Lars, os ensaios ainda demorariam em torno de seis semanas para começar. Como ele afirmou: "O ritmo está o mais tranquilo possível. É o máximo de descanso que o Metallica consegue. Realmente não fizemos nada, nem nos vimos desde novembro quando terminamos na Austrália. Mas, quando recomeçarmos nos primeiros dias de abril, tenho certeza de que alguém vai tocar no assunto das comemorações e veremos se sai algo. O espírito do Metallica é este. Eu às vezes penso que essas coisas saem melhor se houver um pouco de energia impulsiva nelas."

Haveria tanta discussão, no entanto, nos meios de comunicação que a pressão cairia sobre eles para que fizessem algo, tanta que se não fizessem todos comentariam o descaso com datas tão importantes.

Continuando a conversa, ele expirou cansado, referindo-se ao alarde da imprensa. "Eles não estão nem aí com a gente! Não se preocupam com a cena metal!". Depois de uma pausa ironizou: "Talvez pensemos em como comemorar coletivamente. Por exemplo, ao chegar a meia-noite, todo mundo se dá tapinhas nas costas. Muito bem, parabéns! Agora vamos continuar com a vida."

Continuei cutucando. Os fãs adoram um aniversário, falei. Mais risos. "Tenho certeza de que vamos fazer algo. Ainda parece meio incerto. Ainda não guardei os presentes de Natal. Ainda parece muito no começo do ano. Mas, ouça, quando nós quatro estamos no mesmo espaço... Tive uma conversa muito longa com Hetfield ontem sobre nossos filhos na escola. Falo bastante com o James por telefone e também troco muitos e-mails com Kirk, que está no Havaí, e Rob, que mora em Los Angeles. Mas, na segunda semana de abril, quando nos reunirmos e começarmos os ensaios, tenho certeza de que algo vai surgir, então tenha fé. Vamos fazer o que pudermos. É o que sempre fazemos."

Outro ponto forte da banda quando toca nos festivais do verão norte-americano e europeu é apresentar material novo. Em março de 2011, havia muitos comentários em relação à entrevista de Kirk concedida à *Rolling Stone*, na qual falava vagamente sobre uma provável visita de duas semanas a um estúdio de gravação em maio de 2011, acrescentando que não era um disco do Metallica, mas outro projeto. Tudo parecia maravilhosamente intrigante... Lars tentou fugir do assunto em nossa conversa, afirmando que, diante da qualidade do material, todos ficariam sabendo.

Seriam sinais de novo material, então?

"James me contou na Austrália que ele tinha uns setecentos [novos] riffs. Claro que isso é um pouco exagerado. Quando conversei com ele ontem, me contou que tinha voltado a tocar guitarra nas últimas semanas. E, quando James Hetfield afina sua guitarra, ele já cria entre três e cinco riffs usáveis. É meio assustador o cara ser tão prolífico e tão talentoso. Basicamente, ele não pode tocar guitarra sem um equipamento de gravação por perto, porque ele cria tudo no ato. É inacreditável! Mike Gillies é o cara que basicamente o segue onde ele for com um gravador. É como um show em tempo integral, para garantir que todos esses riffs sejam gravados. Esse, claro, é o lado bom. O lado ruim é passarmos uns três meses ouvindo todos eles. Mas fazemos isso com um sorriso no rosto, porque sabemos que é muita sorte James criar todos esses riffs. E então vêm a parte mais difícil, que definitivamente não é nosso forte: editar.

"Também há horas e horas de jams e afinações. Depois do show em Coachella, em abril, vamos começar a nos reunir e trabalhar com dois anos e meio de riffs e jams, e é possível que muitas sementes para o próximo disco do Metallica estejam aí, porque ocorreram muitos grandes momentos nessas jams. Quando faz jams em vez de "compor", o resultado tende a ser mais orgânico e a fluir um pouco mais. Então espero que haja alguns bons momentos. Podemos usar o restante dos riffs para, quem sabe, ringtones ou outra ideia maluca... não sei. O que você faz? Montar um website — spareriffs.com?"

Setembro de 2011 também foi marcado por outra data importante: os 25 anos da morte de Cliff, uma parte tão grande da mitologia do Metallica. Os caras fariam algo especial para marcar esse momento?

"Acho que todo mundo marca [cada ano] de maneira individual. Acima de tudo, o Cliff que eu conheci tinha uma atitude voltada a ser único e especial, não aderir a um modo coletivo de fazer as coisas. Até hoje, ainda acho que nunca encontrei ninguém tão único e especial em seu próprio jeito de olhar o mundo. Ele foi realmente o cara mais independente que conheci. Então acho que a melhor maneira de honrar sua independência e seu espírito é fazer o que quiser. O que Cliff significou para você? O que a música dele significou? O que sua personalidade, sua poesia, sua forma de tocar baixo, o que isso tudo significou? O que se extrai disso? Acho que, 25 anos depois, tentar tirar alguma fórmula disso ou colocar algum tipo de parâmetro no que as pessoas deveriam ou não fazer e pensar parece simplesmente contradizer tudo que Cliff defendeu. Então, acho que, mais uma vez, vamos ver o que acontece. Referindo-se novamente à palavra 'possibilidade', nessa banda tudo sempre é uma possibilidade, algo de que gostamos."

A verdade sobre o que a banda estava fazendo no estúdio no verão de 2011 veio alguns meses depois, quando foi divulgado que os caras estavam trabalhando em um disco com Lou Reed chamado *Lulu*. As críticas ao projeto começaram no momento em que a notícia se espalhou e só ficaram mais quentes depois que todo o mundo finalmente ouviu o disco. O exército de discípulos pós-punk de Lou protestou. A comunidade do metal julgou como lixo. Grande arte roqueira é sempre transgressiva, claro. As opiniões divididas — alguns consideram o disco simplesmente como uma ruptura das regras, e muitos como algo simplesmente errado — sempre rondam o cenário musical. Mas, depois de tudo que foi dito e feito, quem se dispor a ouvir com cuidado o que ambos fizeram juntos pode constatar que esse foi o melhor trabalho que Metallica e Lou Reed realizaram em décadas. Uma obra-prima que nos obriga a deixar os preconceitos na porta antes de mergulhar em suas sombras tremeluzentes.

Reed, cujo um dos últimos discos solo, *The raven* em 2003, foi um trabalho colaborativo de ambições similares baseado em contos e poemas de Edgar Allan Poe (com contribuições de Steve Buscemi, David Bowie, Willem Defoe, Laurie Anderson e Antony Hegarty, entre outros), tinha planejado voltar em 2011 com um conjunto de músicas inspiradas por duas peças do começo do século XX escritas pelo expressionista alemão Frank Wedekind: *Earth spirit* e *Pandora's box*. As duas, originalmente escritas em 1904 e ambientadas na Alemanha, em Paris e em Londres na década de 1890, se concentram em Lulu, uma mulher experiente e um ímã para os desejos sufocantes, o amor malicioso e o abuso de todos os homens, bons e ruins, que se apaixonavam por ela, até que, finalmente, deixada sem "nenhum sentimento real na alma", como Reed canta, ela encontra Jack, o Estripador, cujo "amor" prova ser o maior e mais fatal de todos. Pelo caminho, há meditações profundas sobre o que W. B. Yeats descreveu como "os únicos assuntos realmente interessantes para um adulto", sexo e morte. E isso é realmente música orientada a adultos.

Reed construiu uma carreira baseado no desejo de que, como dizia, "a inteligência que já habitou romances e filmes também entrasse no rock". Mas, apesar de seus melhores trabalhos, com e sem o Velvet Underground, sempre terem se beneficiado desse impulso criativo, ele esteve tão perto de se tornar uma caricatura de si mesmo que sua energia acabou se dissipando, espalhada de modo superficial no sarcasmo que paira sobre seu trabalho. É nessa lacuna que entra o Metallica. Um verdadeira banda de rock para tocar em clubes — ao contrário das mãos contratadas a preço de ouro com as quais Reed trabalhou nos últimos quarenta anos — extremamente direta em suas ambições musicais. Nunca houve muita brincadeira na melhor música do Metallica. O que eles trouxeram à última inspiração de Reed, então, foi um fogo puro, alegre e sem ironia; um soco de fúria para substituir o pulso frouxo. Foi uma combinação absolutamente devastadora.

Gravado no estúdio do Metallica em San Francisco, o *hype* do pré-lançamento centrou-se na pouca quantidade de reparos ou retrabalhos que aconteceram no estúdio. Mas o que se encontra ao ouvir *Lulu* pela primeira vez são sons incrivelmente construídos, camada sobre camada de belos ruídos que nos deixam tontos e perturbados, encantados e indignados. Não são apenas as faixas individuais, mas o conjunto total, apesar de várias delas se destacarem, como a incrível abertura "Brandenberg gate" ("I would cut my legs and tits off"*, canta Reed, indo direto ao ponto) ou "Pumping blood", cujos violinos dementes fazem lembrar uma de suas obras dos anos 1970,"Street hassle", progredindo lentamente até o ataque violento bem ao estilo do Metallica. Um trabalho conceitual que precisa ser absorvido no todo para que se possa começar a atravessar seus contrafortes sônicos. Com mais de noventa minutos não é exatamente agradável escutá-lo no iPod. A menos, talvez, que você esteja na

* Eu cortaria minhas pernas e meus peitos. (N.T.)

horizontal quando chegar aos doze minutos da faixa final, "Junior dad", dominada por ondas sedutoras de um zumbido que lembra a viola de John Cale, o harmônio de Nico e os lindos efeitos de baixo neo-orquestrais de Cliff Burton em instrumentais como "Orion".

Não era, claro, o clássico thrash retrógrado que os seguidores mais ferrenhos do Metallica esperavam. Nem o tipo de poesia punk pós-moderna e inquieta que os críticos poderiam assimilar facilmente. Mas, como Kirk Hammett conceituou, "É algo diferente. Um bicho novo". Algo como um cachorro grande e preto, talvez, que choraminga, rosna, morde e caga em lugares que não devia. E faz tudo de novo além de cuspir em você.

Muitos críticos do mainstream entenderam e elogiaram o disco. Os críticos de metal tradicionalistas ficaram indignados, no entanto. Certamente, esse não é um disco feito para o fã de rock "médio". Ou, como lamenta Reed em "The view", "I want to have you doubting / Every meaning you've amassed".* O peso acumulado ao longo do disco certamente faz isso com o ouvinte. Alguns acharam o clima meio hipnótico desorientador e mórbido, até repulsivo. E não adianta falar que isso foi intencional. A náusea de faixas como "Little dog" ("A puny body and a tiny dick / Little dog can make you sick"**) é tão tangível que muitos questionaram por que estavam ouvindo aquilo.

Para outros — não só os fanáticos por Reed acostumados a sua autoaversão, suas frases sombrias e amargas, seu desejo quase juvenil de falar o indizível —, no entanto, a beleza oculta que essas canções tentam expressar, unindo artistas tão díspares dentro do universo do rock, é simplesmente impressionante.

Quando o disco foi lançado no final de outubro de 2011, provou ser o maior fracasso comercial da carreira do Metallica, o primeiro disco do grupo a não chegar ao Top 30 nem na Grã-Bretanha, nem nos Estados Unidos. Isso apesar dos protestos tanto do Metallica quanto de Reed diante dos protestos na imprensa. "Por que isso é surpreendente?", deu de ombros Reed. "Uma parceria estranha seria entre Metallica e Cher. Nós formamos uma parceria óbvia."

* Quero que você duvide / Todo sentido que acumulou. (N. T.)
** Um corpo fraco e um pinto pequeno / Cachorrinhos podem ser horríveis. (N. T.)

"Eu tinha estes enormes pontos de interrogação", confirmou James Hetfield. "Como vai ser? O que vai acontecer? Então foi ótimo quando [Lou] nos mandou as letras de *Lulu*. Foi algo em que pudemos nos agarrar. Eu pude me deslocar da posição de vocalista e letrista e me concentrar na parte musical... Sentei-me com um violão e deixei esta tela escura nos conduzir. Foi um grande presente ser convidado a estampar 'METALLICA' neste disco. E foi o que fizemos."

De acordo com Reed, *Lulu* foi "a melhor coisa que já fiz. E fiz com o melhor grupo que poderia encontrar no planeta. Todos os envolvidos foram honestos. Isso chegou ao mundo de maneira pura. Fomos até onde poderíamos dentro dos limites da realidade".

Como se antecipasse o fracasso, no entanto, o Metallica, astuto como sempre, já anunciou que estava de volta ao estúdio compondo o próximo "verdadeiro" disco do Metallica, mesmo com *Lulu* caindo nas paradas. De acordo com Rob Trujillo, estavam trabalhando mais uma vez com Rick Rubin, e o disco poderia ser lançado no final de 2012. Apenas dez dias depois do lançamento oficial de *Lulu*, o Metallica anunciou que seria a atração principal do Download Festival 2012, o maior festival de rock mainstream na Inglaterra. E eles não apresentariam nada de *Lulu* ou de qualquer outro dos discos mais recentes, mas tocariam o Álbum Preto inteiro, ainda seu campeão de vendas. Um mês depois, lançaram *Beyond magnetic*, um "EP Digital" inicialmente apenas disponível no iTunes com material que ficou de fora do *Death magnetic*.

Tudo parecia exatamente como era: uma ação de segurança cuidadosamente pensada para ajudar a reconquistar os corações e as mentes — pelo menos 5 milhões deles, numa contagem superficial — dos que tinham abandonado o barco com *Lulu*. Também, em dezembro de 2011, eles finalmente comemoraram o trigésimo aniversário com quatro shows no Fillmore Theater em San Francisco, onde não cabem mais de 1.200 pessoas. Membros do fã-clube foram convidados para assistir ao show, e o fato de uma banda como o Metallica tocar numa sala tão pequena tornou o evento muito especial. Membros do fã-clube podiam comprar entradas para os quatro shows por US$ 19,81 (para comemorar o ano em que começaram: 1981). No interior da casa de shows, eles montaram um minimuseu, com direito a memorabilia da banda, como as artes originais dos discos, o baixo de Cliff Burton e a bateria de Lars Ulrich usada na turnê mundial Damaged Justice de 1988-89. Mostrar esses objetos era um reconhecimento implícito de que entendiam quem são seus fãs.

Os shows foram meticulosamente montados não só com um setlist diferente a cada noite, mas com uma banda de abertura diferente, uma canção nova apresentada a cada noite e participações incríveis de alguns dos maiores nomes do metal (Ozzy Osbourne, Rob Halford, Dave Mustaine) e alguns favoritos dos fãs (Jason Newsted). Também convidaram a cada noite um fã para subir ao palco e participar de uma jam com a banda. O comediante Jim Breuer esquentou a casa com uma apresentação de comédia, houve brindes, e, durante a festa, a banda desceu várias vezes para conversar com a plateia, como se estivessem tocando na sala de alguém.

Do preço acessível do ingresso à incrível atenção aos detalhes, ficou claro que o Metallica queria restabelecer o bom relacionamento com seus fãs — um reconhecimento impecável de que, apesar das exposições de arte e da parceria com Lou Reed, a banda entendia a importância de não ser apenas grato, mas também de mostrar essa gratidão. Os jornalistas se banquetearam com esse evento, e logo o gosto amargo da colaboração com Lou Reed já tinha sido esquecido. O entusiasmo pelo próximo disco já estava crescendo. O Metallica ainda tinha, no entanto, mais um truque na manga.

Na última vez em que falei com Lars fiz uma pergunta final, pelo menos por enquanto: a que Peter Mensch estava se referindo quando mencionou em uma entrevista, em 2011, que o Metallica estava planejando um grande show teatral em 2012? O evento que ele insinuou seria algo na linha das apresentações do *The Wall* do Pink Floyd, no começo da década de 1980 — retomadas em 2011 por Roger Waters com sua própria versão bastante teatral.

Houve a conhecida explosão de risos. "Ah... no espírito de verdade, justiça e informações precisas, como diz alguém, essa possibilidade ainda está no ar, sim. Várias pessoas, em várias partes do mundo, estão pensando nessa ideia, que pode algum dia ganhar vida, sim."

Perguntei se ele tinha visto o show *The Wall* apresentado por Roger Waters nos Estados Unidos em 2010 e na Grã-Bretanha e na Europa em 2011:

"Vi, sim. Absolutamente fantástico. Foi incrível, muito inspirador, e achei que foi uma mistura perfeita entre um pé no passado e outro futuro. Foi definitivamente muito, muito legal."

Então eles planejavam algo parecido para o Metallica? Lars titubeou, mas completou com esta explicação:

"Quero dizer que a coisa toda [os shows originais do *The Wall* entre 1980-81] foi bastante importante no palco do ...*And justice for all*, o conceito de construir e destruir. Foi o que inspirou a Lady Justice. Então, obviamente, Roger Waters, sua visão e o que ele fez esses anos todos, não só como músico, mas como artista e com os espetáculos que concebeu, são com certeza uma grande fonte de inspiração para nós."

A resposta real a isso veio em fevereiro de 2012, quando foi anunciado que o Metallica estava idealizando um novo festival chamado Orion Music + More. As datas iniciais seriam [ou foram] 23 e 24 de junho de 2012, e o local, Atlantic City. Eles também confirmaram que seriam a atração principal do festival nos dois dias tocando o Álbum Preto na primeira noite e o *Ride the lightning* inteiro no segundo.

Quando estávamos nos despedindo, Lars mencionou este livro e perguntou sobre o desempenho, interessado como sempre em números, acrescentando depois que tinha comprado uma cópia. "Sabíamos que se alguém poderia escrever um grande livro sobre o Metallica seria você", acrescentou gentil. Ofereci um exemplar autografado para ele que, para não me passar seu endereço, sugeriu que eu levasse o livro comigo quando fosse ao Download em 2012.

Prometi ao Lars que faria isso.

Notas e fontes

As bases deste livro, citações e fatos da história, foram coletadas em minhas pesquisas, começando com as várias entrevistas e conversas que tive, durante todos estes anos, com Lars Ulrich, James Hetfield, Kirk Hammett, Cliff Burton, Ron McGovney e Jason Newsted, além de muitas outras, inclusive algumas pessoas que, por questões particulares, preferem não ser citadas.

As que concordaram em dar entrevista para este livro são: Ron McGovney, Brian Slagel, Bob Nalbandian, Patrick Scott, Ron Quintana, Brian Tatler, Lemmy, Joey Vera, John Bush, Gary Holt, Jonny Z, Marsha Z, David Ellefson, William Hale, Jess Cox, Michael Alago, Martin Hooker, Gem Howard, Flemming Rasmussen, Geoff Tate, Bobby Schneider, Steve "Krusher" Joule, Dave Thorne, Mike Clink, Alan Niven, Andres Serrano, Joel McIver, Alexander Milas, Xavier Russell, Geoff Barton, Malcolm Dome, Dante Bonutto e outras que preferem ficar anônimas.

Outras que me forneceram informações e ideias importantes durante todo esse tempo, em entrevistas a jornais e revistas, mas também em histórias pessoais ou comentários soltos incluem: Jim Martin, Slash, Joe Satriani, Scott Ian, Dave Mustaine, Ozzy Osbourne, Big Mick Hughes, John Marshall, Peter Mensch, Cliff Burnstein, Ross Halfin, Brian "Pushead" Schroeder, Rod Smallwood, Bob Rock, Fish, Huey Lewis, Dennis Stratton, Dave Murray, Robb Flynn e, mais uma vez, algumas que preferem não ser mencionadas. Estou em dívida com todas elas por sua honestidade e generosidade. Também passei um bom tempo coletando o máximo de material possível de tudo que foi publicado — e, em alguns casos, não publicado —, incluindo livros, revistas e artigos de jornal, fanzines, sites, programas de TV e de rádio, DVDs, demos, CDs piratas e qualquer outra forma de mídia que contivesse informações úteis, embora as mais importantes tenham sido listadas aqui.

No entanto, é preciso fazer uma menção especial a alguns livros e artigos que acrescentarem muito a minhas próprias ideias e pesquisas. Primeira e mais central é a série de excelentes livros e artigos do renomado historiador do Metallica e do thrash, Joel McIver, cujos livros, *To live is to die: the life and death of Metallica's Cliff Burton* (Jawbone, 2009); *Justice for all: the truth about Metallica* (Omnibus Press, 2003); e *The 100 greatest metal guitarrists* (Jawbone, 2008) foram especialmente úteis. Também Bob Nalbandian, por ter me dado acesso a seus excelentes arquivos da Shockwaves; Harald Oimoen, por ter permitido que usasse citações de sua comovente entrevista de 1987 com Jan e Ray Burton, e Ben Mitchell, que concordou com o uso de citações da sensacional entrevista de 2009 para a *Classic Rock* com James Hetfield. Da mesma maneira, as primeiras entrevistas de Ian Fortnam, em 2003, com James, Lars e Kirk, também inspiradoras, para a mesma revista; Joe Matera, por sua grande entrevista de 2003 com Bob Rock, citada aqui; Rob Tannenbaum, cuja entrevista de abril de 2001 para a *Playboy* com Lars, James, Kirk e Jason foi demolidora, e o sempre excelente David Fricke, da *Rolling Stone* (ainda o melhor). Também, Paul Stenning, cujo livro *Metallica: all that matters* (Plexus, 2009) jogou uma nova e interessante luz sobre os primeiros anos da banda; o livro de memórias de Brian Tatler, *Am I evil* (www.diamond-head.net, 2010); *Metallica: the frayed ends of metal*, de Chris Crocker (St Martin's Press, 1993); *Walk this way: the autobiography of Aerosmith*, de Stephen Davis (Virgin Books, 1999); *The dirt: Mötley Crüe — Confessions of the world's most notorious rock band* (HarperCollins, 2001); e *Slash: the autobiography* (HarperCollins, 2007).

Há muitos outros livros, também, todos listados a seguir, e merecedores de elogios e reconhecimento por terem moldado a direção desta obra. Agradeço aos autores e convido os leitores a comprá-los. A maioria deles adquiri quando foram lançados. Muitos, no entanto, descobri que estão disponíveis via internet. Se conseguirem os originais, no entanto, recomendo que comprem, porque não há nada como segurar, sentir e cheirar o livro real, agora já meio amarelado. Mais uma vez, meu profundo agradecimento a todos.

Revistas e jornais

Entrevista com Dave Mustaine, Bob Nalbandian, *The Headbanger*, janeiro de 1984
Entrevista com DM, *Metal Forces*, 1984
Entrevista com Kerry King, Sylvie Simmons, *Kerrang!*, abril de 1985
Entrevista com Cliff Burton, Harald O, fevereiro de 1986
Entrevista com Lars Ulrich e James Hetfield, Steffan Chirazi, *Sounds*, 15 de fevereiro de 1986
James Hetfield, *Thrasher*, 1986
Entrevista com LU, Sylvie Simmons, *Creem*, outubro de 1986
Entrevista com LU, Paul Elliot, *Sounds*, fevereiro de 1987
Entrevista com LU, Dele Fadele, *New Music Express*, 21 de março de 1987
Entrevista com JH, Scott Ian, Simon Witter, *i-D*, abril de 1987
Entrevista com LU e JH, Richard Gehr, *Music & Sound Output*, setembro de 1988
Entrevista com LU, JH, Jason Newsted e Peter Mensch, *Rolling Stone*, janeiro de 1989
Entrevista com LU, *Kerrang!*, fevereiro de 1989
Artigo sobre JH, *Mega Metal Kerrang!* nº 15, verão de 1989
Entrevista com LU, Christine Natanael, *Metal Mania*, janeiro de 1990
Entrevista com LU e JH, Mat Snow, *Q*, setembro de 1991
Entrevista com LU, JH e Bob Rock, *Rolling Stone*, novembro de 1991
Entrevista com JH, David Fricke, *Rolling Stone*, abril de 1993
Entrevista com LU e a equipe de advogados, *Washington Post*, outubro de 1994
Entrevista com LU, David Fricke, *Rolling Stone*, maio de 1995
Entrevista com LU, JH, Kirk Hammett e JN, *Rolling Stone*, junho de 1996
Entrevista com LU, *Kerrang!*, setembro de 1996
Entrevista com JH, *Washington Post*, abril de 1997
Entrevista com DM, Joel McIver, *Record Collector*, 1999
Entrevista com Michael Kamen, *Star Tribune*, 7 de janeiro de 2000
Entrevista com JH, Ian Fortnam, *Front*, fevereiro de 2000
Entrevista com Chad Paulson, Melissa Arnold, *University Wire*, 14 de abril de 2000

Entrevista com LU, Howard King, Scott Stapp, Dr. Dre, Andrew Martel, *University Wire*, 24 de abril de 2000
Entrevista com Jill Pietrini, Jojo Moyes, *Independent*, 16 de dezembro de 2000
Entrevista com LU, JH, KH, JN, *Playboy*, abril de 2001
Entrevista com JH, *Rolling Stone*, junho de 2003
Entrevista com LU, *Rolling Stone*, julho de 2003
Entrevista com LU, JH, KH, Ian Fortnam, *Classic Rock*, agosto de 2003
Entrevista com dr. Phil Towle, Martin Carlsson, *Classic Rock*, agosto de 2003
Artigo sobre LU, *Classic Rock Status Quo Special*, 9 de novembro de 2003
Entrevista com BR, Joe Matera, 2003
Entrevista com LU, KH, CB, JN, *Kerrang! Special*, 2004
Entrevista com LU, *Rolling Stone*, agosto de 2004
Entrevista com Rob Trujillo, Gemma Tarlach, *Knight Ridder / Tribune News Service*, agosto de 2004
Entrevista com Rick Rubin, Lynn Hirschberg, *New York Times*, setembro de 2007
Entrevista com LU, *Metal Hammer*, outubro de 2007
Entrevista com LU, *Rolling Stone*, abril de 2008
Entrevista com LU, JH e KH, *Rolling Stone*, junho de 2008
Entrevista com RT, *Rolling Stone*, outubro de 2008
Entrevista com LU, JH and KH, *Mojo*, dezembro de 2008
Entrevista com LU, *Stereo Warning*, 2008
Entrevista com JH, Ben Mitchell, *Classic Rock*, julho de 2009
Entrevista com Slash e John Tam, Jon Hotten, *Classic Rock Slash Special*, 2010

TV, RÁDIO E FILME

Entrevista com LU, Rádio KUSF, junho de 1983
Jeff Hanneman, *Arena*, BBC, 1988
JH, KM, John Marshall, Mick Hughes, *Behind the music*, MTV, 1998
Ron Quintana, Harald Oimoen, *The true story: Metallica, Dark souls*, meados dos anos 1990
Entrevista com LU, KH, JN, PT, Cliff Burnstein, DM, Torben Ulrich, *Some kind of monster*, 2004
Entrevista com JH, *The culture show*, BBC, 2005

Fontes da internet

Entrevista com Ron McGovney, http://demos.metpage.org/, 1996
Entrevista com Lloyd Grant, http://demos.metpage.org/, janeiro de 1997
www.metallica.com
Entrevista com DM, Fredrik Hjelm, Shockwaves, 2001
Entrevista com DM, *Spread TV*, programa de Dave Navarro, 10 de abril de 2008, www.ManiaTV.com
Entrevista com DM, Bob Nalbandian, Shockwaves, 2004
Entrevista com Cronos, Richard Karsmakers, www.Fortunecity.com, 1996

Outras fontes on-line

www.metalsludge.com
www.rollingstone.com
www.wikipedia.com
www.forgottenjournal.com
www.blabbermouth.com
www.globalnet.com
Uk.movies.ign.com (para as entrevistas de Berlinger e Sinofsky, 12 de julho de 2004, feitas por Spence D.)
www.MTV.com
www.metalsucks.net
AP Online
Entrevista com Torben Ulrich, Leigh Weathersby, www.amazon.com, janeiro de 2005
Entrevista com Cronos, Malcolm Dome, transmitida originalmente por www.totalrock.com, setembro de 2009

Índice remissivo

Este livro, composto na fonte Fairfield,
foi impresso em papel Pólen Soft 70 g/m², na Geográfica.
São Paulo, maio de 2019.